社會立法析論（第二版）

Analysis to Social Legislation

陳武雄◎著

序

社會福利的推展，直接關係到民眾生活福祉及社會安和樂利。環顧世界，只有在經濟高度發展，人民自由意志充分發揮的先進國家，始有完善的社會福利制度；換言之，社會福利的有效建制，已成爲一個國家邁向文明、進步的重要指標。我國憲法及增修條文對於各項社會福利的措施，均有原則性規定，政府及人民亟應本此原則，共同促進社會福利的健全發展。社會福利的推動，其主要目標旨在讓所有的人「從搖籃到墳墓」，在人生過程中，能免於匱乏、免於恐懼，達到生命有價值、生活有品味、生計有保障的理想境地。

近年來，政府社會福利的政策方向已有相當幅度的轉變：在理念方面，已由選擇性的扶助走向需要性的均衡發展；在範圍方面，已由過去的局部推動做到目前的全面開展；在功能方面，已由消極救助趨向積極福利。儘管如此，個人認爲，社會福利政策絕對不可萬箭齊發，更不能包山包海；務必在平衡國家財政預算的前提下，區分輕重緩急，循序漸進；秉持有多少力、做多少事的原則，以最需要照顧的民眾同胞爲優先考量。

誠然，社會福利工作極爲繁雜和連鎖，各項業務措施的推動，涉及的層面多重。尤其，隨著政治民主的轉化，社會結構的變遷，透過選舉活動的催化和推進，使得整個社會福利發展已面臨亟需重新思考、反省和再出發的挑戰；亦即我國社會福利已邁向一個需要用新觀念、新思維和新作法來描繪和擘劃新的社會福利藍圖的時代。

吾人深知，社會政策是實施社會福利的原則與方針，而社會福利的有效推展端賴社會立法作爲基礎與依據。我國社會立法自民國六十二年兒童福利法公布以來，六十九年有老人福利法、殘障福利法、社會救助法，七十八年有少年福利法；接著七十九年進行殘障福利法第一次修正，八十二年進行兒童福利法第一次修正。直至八十四年再有兒童及少年性交易防制條例，八十六年有性侵害犯罪防治法、社會工作師法；另八十六年又進行老人福利法、殘障福利法及社會救助法的大幅修正，八十七年再增家庭暴力防治法。之後，八十九年有特殊境遇婦女家庭扶助條例，九十年有志願服務法，九十一年有兩性工作平等法，九十二年有兒童及少年福利法整合修正。至此，我國社會立法應已漸臻完備。

綜觀一連串的社會福利立法與修法過程，其間八十四年二月至八十七年四月正值個人服務於內政部社會司，負責全國社會福利行政的執行與推動。而在這段期間，適逢老人福利法、殘障福利法及社會救助法三大法案的大幅修正，另又陸續制定公布：兒童及少年性交易防制條例、性侵害犯罪防治法、社會工作師法、家庭暴力防治法。對於該等法案之修法或立法，由於個人職務關係，非但均需全程參與，更需扮演主導角色；其中過程，可說酸、甜、苦、辣，樣樣備嚐；尤對修法或立法之來龍去脈，更是瞭若指掌；此乃引起個人下定決心撰寫本書之最大動機與動力。另因近幾年來，個人一直受聘中國文化大學社會福利學系講授「社會政策與社會立法」，深感坊間似乎很難找到一本足作這門課程參考的教學用書；基於這個理由，更感覺到確有必要將多年教學編撰的講義，加以整理、修正、補充；並融合從事社會福利工作累積的經驗，完成一本社會政策與社會立法相關的用書。

《社會立法析論》一書共含十八章，第一章：以社會立法基本理念為起點，第十八章：用社會立法未來展望作總結；另十六章每章均分別針對各種不同的社會立法，分：(1)前言：就其立法背景、政策依據先作簡要說明；(2)法案內涵：以母法為經，施行細則為緯，綜合予以詳述解說；(3)析評與展望：就研析心得提出個人見解與看法；(4)結語等四大部分的架構撰述。至盼本書之出版，對於青年學子修習「社會政策與社會立法」能有一本可作參考的用書；也希望對有志參加社會行政高、普考試及社會工作師考試者有所助益；更期盼對實際從事社會福利工作的朋友，能提供些許協助思考的方向。

近年來，多項社會立法均隨著社會福利政策的調整而作修（增）

訂，為讓讀者能夠擷取最新資料，本書再版時，針對：兒童及少年福利法、老人福利法、身心障礙者保護法、兒童及少年性交易防制條例、性侵害犯罪防治法及社會救助法等各章亦均進行大幅修正，並增列性騷擾防治法乙章及附錄：兒童及少年福利法施行細則、性騷擾防治法及施行細則等法條全文、九十三年修正核定之社會福利政策綱領。倉促之際，承揚智文化事業股份有限公司鼎力協助，得以順利再版，至深感謝，亦值欣慰；筆者才疏學淺，所知有限，書中謬誤之處，想必難免；尚祈學者、專家不吝指正。

陳武雄 謹識

目　錄

第一章　社會立法基本概念

任何一種社會現象，必定先有問題的發生，致引起社會注目，接著才會積極思考如何解決問題的對策，並經多方研究討論，形成政策；惟政策僅是一個基本策略或指導原則，務須制定法律，始能產生執行的效力；因此便將解決問題的政策，透過立法程序制定法律，做爲各級政府機關執行的法源依據，進而據此編列預算，進用人力，將解決問題的政策，經由法律的約束，付諸行政，落實實施。由此觀之，問題→政策→立法→行政的邏輯關係，乃貫徹執行公共政策的必然途徑。

壹、社會立法的意義

社會立法的意義，學者專家說法不一，但其內容大同小異；茲擇重說明如下：

1. **美國海倫克拉克**（Helen I. Clarke）在其所著的《社會立法》（*Social Legislation*）一書中指出：「社會立法是制定法律，以保護及改進社會某些特殊需要的人群利益或社會的一般福利」。
2. **言心哲**在其所著的《現代社會事業》一書中指出：「社會立法是用法律的力量，來解決社會問題」。
3. **龍冠海**認爲：「社會立法是社會政策要成爲有效力的東西，必須制成法律，這樣的法律就是社會立法」。
4. **陳國鈞**在其所著《社會政策與社會行政》一書中提到：「社會立法是制定社會的法律，以保護及改進社會中某些有特殊需要的個人、團體的利益或社會大眾的福利」。
5. **劉脩如、陳國鈞**合著《社會立法》一書中指出：「經由立法的方式，制定法律，用以保護某些特殊需要救助人群的經濟生活安全，或是普遍促進社會大眾的福利，這一部分的立法，便是社會立法」。
6. **葉楚生**在其所著《社會工作概論》一書中提及：「社會立法的作用，在經由立法程序，制定各種法案，以保護並改善因年齡、性別、種族、身心缺陷或經濟困難，而不能自行獲得合理生活者之經濟與社會地位，以促進有關社會福利之各種措施」。

7.**華力進**認為：「社會立法泛指各種有關處理由現代工業化所造成的種種問題之立法，諸如：社會保險、失業保險、童工及女工之保障、工廠及礦場之安全、工人權利之保障，以至各種社會安全立法，均屬社會立法」。

8.**我國**《社會工作辭典》：社會立法有狹義及廣義之分：

(1)就**狹義**言，乃著眼於解決社會問題，指以保護處理經濟劣勢狀況下，為一群弱者的生活安全所制定的社會立法。

(2)就**廣義**言，乃著眼於增進社會大眾福利，凡以改善大眾生活，促進社會福利而制定的有關法律皆屬之，包括：衛生保健的立法、國民就業的立法、國民住宅的立法等等皆是。

綜合言之，個人認為：「**社會立法**」(Social Legislation）乃國家為解決社會問題，落實執行社會政策，透過立法程序，以保護社會中某些特殊需要族群的權益，及改進社會大眾一般的福利，所制定的各種法案。基此，吾人深知，社會政策若是沒有透過社會立法的制定，根本不可能成為具有解決社會問題效力的對策。而所謂社會政策(Social Policy）：「它是國家政策的一部分，即係國家為預防或解決社會問題，經由立法的程序，運用行政的措施；以全民為對象，為提高全民生活品質，增進全民生活福祉，進而促使經濟的和社會的均衡發展為目標；所採行的指導原則和行動策略」。析言之：

1.社會政策的性質是國家基本政策。

2.社會政策的實施對象是社會的全體。

3.社會政策的目標是經濟的和社會的均衡發展。

4.社會政策的落實執行有賴立法的程序及行政的措施。

貳、社會立法的起源

回顧過去，在一七七○年至一八三○年的六十年期間，由於：(1)瓦特的蒸氣動力機器和亞當史密斯（Adam Smith）的自由經濟學說（一七七六年《原富》出版），(2)孟德斯鳩（Montesquieu,一七四八年

《法意》出版）和盧梭（Roussean，一七六二年《民約論》出版）的天賦人權與個人自由思想，促成了資本家建立起資本主義的世界，亦使勞工陷入最悲慘的時代。接著：(1)一七七六年的美國獨立，(2)一七八九年的法國大革命，(3)一七九一年在法國、一八〇〇年在英國相繼禁止組織工會，(4)一八〇七年美國人傅爾頓（Robert Fulton）首先使用汽輪，(5)一八一四年英國倫敦泰晤士報首先使用汽動印刷機；以上這一連串的科學發明和思想制度，固然帶給十九世紀人類文化的突飛猛進，但同時也產生許多負面的影響。例如：(1)「機器代替人力」的結果，造成勞力低廉，乃至勞動者失業；(2)「所有權絕對」的原則，造成權力的濫用，致有貧富階級的對立；(3)「契約自由」的原則，成爲經濟上強者壓榨弱者的護身符，產生勞資衝突；(4)「自由競爭」的原則，造成大資本家吞併小資本家的戰場，演成托辣斯現象；(5)法律上「過失責任」的觀念，讓大企業所發生的工業災害，受害工人無法獲取賠償。因此，如何透過社會立法的力量，來保障或改善弱勢族群的權益，乃爲眾所關注的重要議題。綜上所述，社會立法的起源，應可從事實上與觀念上的起源兩方面來說明。

㈠先就事實上的起源來說

一三四八年英國遭受「黑死病」肆虐之後：一三四九年英皇愛德華三世頒布法律，明文規定體力健壯的貧民，必須接受僱用，禁止流浪行乞；一五三一年英皇亨利第八頒布法令，規定官吏對其所轄區內急待救濟的老弱貧民應予以調查登記，發給證照，許其在指定區域內行乞；一五三六年英皇頒布法律，首次設立一項由政府主辦的「公共救濟計畫」，規定教區應負責供養住滿三年不能工作的貧民；一五六二年頒布學徒（Artificers）律令，規定工資、工時及學徒制；一五六三年國會採取措施以充實教區救貧經費，規定每戶應依其財產收入按週捐款以救濟貧民；一五七二年伊莉沙白女皇通過國會提出「普通稅收」，以增加救濟經費，並設置管理員負責貧民救濟事務，認定救助不能謀生的貧民係屬政府應負的責任；一五九七年頒布法令，規定保安官吏得推選教堂執事及四住戶主充任貧民監督，並設救濟院以收容不能工作的貧民，又規定父母與子女在法律上彼此應負擔贍養的責任。

迄至一六○一年，伊莉沙白女皇將以前頒布的所有各項法令，全部加以彙整編纂、修正補充成爲法典頒布，此即世界歷史有名的「救貧法」(Poor Law)，該法爲英國救貧法律最後的代表，法條規定教區對沒有親屬供養之區內貧民務須負擔救濟責任。依據該法規定，貧民分爲三類：

1.壯健乞丐，必須做工。
2.無工作能力者，分別以院內收容或院外救助兩種方式予以救濟。
3.失依兒童，分別以孤兒院收養、家庭寄養及家庭補助三種方式予以撫養。

至於救濟經費，則以救貧稅、私人借款和罰鍰三者爲來源。綜觀上述足以看出，事實上從一六○一年英國「救貧法」的頒布實施之後，世界開始有了社會立法。

㈡再就觀念上的起源而言

社會立法的動力可說是來自產業革命，當產業革命發生時，原封建社會產生的立法已不能適應新的情況；於是英國於一八○二年有保護學徒的健康與道德法案頒訂；又德皇威廉第一於一八一一年發表演說，首次提及Social Legislation這個名詞。

到了一八八○年後，德國鐵血宰相俾斯麥（Bismarc K）爲保障勞工生活安全而制訂一連串的社會保險法案，諸如：(1)一八八一年的勞工災害保險法，(2)一八八三年的勞工疾病保險法，(3)一八八五年的勞工傷害保險法，(4)一八九一年的勞工老年殘廢保險法，(5)一九一一年將前述四種法案合併爲一，並另增「孤兒寡婦保險法」，成爲世界著名的社會保險法；從此社會立法的思想觀念遂盛行於世。今天世人所稱的社會立法，大抵乃指產業革命以後，基於保護勞工開始而發展的一連串立法。因此，我們可以說，社會立法起源於勞工立法；同樣地，社會政策也是起源於勞工政策。

參、社會立法的任務

人是社會動物，亦是群居動物，人不能一刻離開社會而單獨生活。一般言之，人在社會生活中，具有兩種互動的面向：一是合群性，循此發展，人與人之間必有合作、分工和互助的互動關係；另一是排他性，循此發展，人與人之間必有競爭、衝突和鬥爭的互動關係；因爲人類的社會生活合群性與排他性兩種互動關係同時存在，在此情況之下必然會因利益衝突而產生社會問題。又因人與人之間，古往今來，都是不平等的，而不平等的因素有二：(1)**天賦的不平等**：即人有智愚賢不肖之分，(2)**人爲的不平等**：即政治的、經濟的、教育的、社會的各種原因所造成的強者與弱者之分。天賦的不平等，任何人都沒辦法平衡；而人爲的不平等，政府當局應有責任去設法削平，這個削平的工作，唯有靠立法予以解決。因此，解決社會問題，維護社會正義，就是社會立法的任務；分析言之，社會立法的任務可以分爲下列兩方面。

㈠消極性的保護

保護居於不利狀況的弱勢族群。例如：老人福利法、身心障礙者保護法、性侵害犯罪防治法、家庭暴力防治法、兒童及少年性交易防制條例、社會救助法等是。

㈡積極性的改善

改善社會大眾的生活環境。例如：職業訓練法、就業保險法、兩性工作平等法、優生保健法、志願服務法、人民團體法等皆是。

第二章　兒童及少年福利法

壹、前言

兒童及少年是國家未來的希望，更是國家未來的主要資源；其素質的優劣，攸關社會的定亂，民族的盛衰與國家的興亡。所以，古今中外，莫不對於兒童及少年之關懷、照顧、保護、教育及培植等工作，予以相當重視。一九〇九年美國老羅斯福總統專爲全國兒童福利政策召開「白宮兒童會議」(White House Conference on Children)，一九一二年成立「兒童局」，一九二〇年又成立「美國兒童聯盟」，足見其對兒童之重視。一九五九年聯合國也發表了「兒童權利宣言」，呼籲個人、家庭、團體、社會、國家都必須致力促進兒童身心健全發展，謀求兒童正常生活。

我國兒童福利工作一向秉持「關心一般兒童，更要保護不幸兒童」的政策目標積極推動；基於這個前提，我國推動兒童福利措施的取向是以家庭爲中心，針對問題，建立法制，以專業的體制，強化科際整合，激勵民間參與，建構具有國情特色，並符合現代標準的服務措施；目前我國兒童福利措施係以：托育服務、兒童保護及加強發展遲緩兒童早期療育三大重點，責成直轄市、縣（市）政府積極推展。爲維持兒童身心健康，促進兒童正常發育，保障兒童福利；我國特於民國六十二年二月八日制定公布「兒童福利法」，並歷經八十二年二月五日第一次修正，八十八年四月二十一日第二次修正，八十九年六月十四日第三次修正，九十一年六月二十六日第四次修正。另經千呼萬喚，我國終於在民國八十八年十一月二十日正式成立「內政部兒童局」。

至於少年福利方面，由於少年身心發展尚未成熟；因之，提供少年妥適的照顧與保護、良好的生活空間、正當的休閒娛樂，促使少年身心健康成長，當是政府責無旁貸的任務。爲增進少年福利，健全少年身心發展，提高父母及監護人對少年之責任感；我國特於民國七十八年一月二十三日制定公布「少年福利法」，並歷經八十九年六月十四日第一次修正，九十一年六月二十日第二次修正。

依據內政部統計資料顯示，截至九十一年底，我國未滿十二歲之兒童計有三六一萬一、八三二人，占總人口數的百分之十六點○三；滿十二歲至未滿十八歲之少年計有一九三萬二、七○一人，占總人口數之八點五八；二者合計共有五五四萬四、五三三人，占總人口數的百分之二四點六二；針對這些標的人口之福祉照顧，我國法律原區別兒童及少年分別予以規範，旨在強調兒童重保育，少年重輔導之不同成長過程；惟兒童及少年在保護、福利措施及相關需求上均有其延續性及一致性，且原訂「兒童福利法」與「少年福利法」性質有所雷同，另規範確有其差異與不足之處，致在執行上常衍生困擾。再者，上開兩項法律施行迄今，由於社會環境及家庭結構之變遷，兒童及少年之福利需求亦隨之日新月異，在運作上難免面臨新的挑戰。又觀諸聯合國兒童權利公約及其他國家有關兒童法律之立法體例，多無類似我國以年齡區隔立法之情事；亟有必要將二法予以整合爲一，以強化政府及民間機構、團體對兒童及少年之保護工作，落實對兒童及少年之福祉照顧。於是內政部爰擬具「兒童及少年福利法」合併修正草案，報請行政院轉請立法院審議，案經立法院於九十二年五月二日審議三讀通過，並奉總統於同年五月二十八日公布施行。

綜觀我國兒童及少年福利政策之依據分別爲：

㈠中華民國憲法

1.我國憲法第一百五十五條規定：「國家爲謀社會福利，應實施社會保險制度。人民之老弱殘廢，無力生活，及受非常災害者，國家應予以適當之扶助與救濟」。

2.第一百五十六條規定：「國家爲奠定民族生存發展之基礎，應保護母性，並實施婦女、兒童福利政策」。

㈡社會福利政策綱領

行政院民國八十三年七月十四日第二三八九次院會審議通過，八十三年七月三十日修正核定之「社會福利政策綱領」「貳、實施要項」中「（參）福利服務」之第十四點規定：「對於需要指導、管教、保護、身心矯治與殘障重建之兒童與其父母、養父母、監護人提供親職教育與社會服務；並提供周延兒童托育與育樂服務，以保障兒童權益，健全其身心發展」。另第十五點規定：「健全少年身心發展，滿足少年對於教養、輔導、服務、育樂之各類需求，以增進少年福利」。

㈢社會福利政策綱領實施方案

此項方案行政院亦於民國八十三年七月十四日審議通過，八十三年七月三十日修正核定。該方案「參、福利服務」中：

1. 第五點規定：「建立完善兒童保護體系暨諮詢輔導服務網絡」。
2. 第六點規定：「對發展遲緩之特殊兒童建立早期通報系統，並按其需要提供早期療育、醫療或就學等相關方面之特殊照顧」。
3. 第七點規定：「研訂兒童福利機構設置與管理準則暨其專業人員資格標準與訓練辦法，並規劃家庭托兒保姆專業制度」。
4. 第八點規定：「訂定獎勵公民營機構設置育嬰室、托兒所等各類兒童福利設施及優待兒童、孕婦措施之辦法」。
5. 第九點規定：「建立少年保護網絡，結合各級政府相關單位、民間團體、機構共同參與」。
6. 第十點規定：「獎勵民間單位設立各類少年福利機構，提供少年各項需求服務」。
7. 第十一點規定：「鼓勵地方政府設置青少年福利服務中心，並結合區域內相關機關，以加強中心功能提供區域性諮商輔導及支持性服務」。

貳、法案內涵

兒童及少年福利法（Child and Youth Welfare Law）本文計有七章七十五條。第一章：總則，第二章：身分權益，第三章：福利措施，第四章：保護措施，第五章：福利機構，第六章：罰則，第七章：附則。兒童及少年福利法施行細則計有24 條。茲將兩法案之全部內涵綜合予以詳述解說於后。

一、總則

㈠目的

兒童及少年福利法之制定，係為促進兒童及少年身心健全發展，保障其權益，增進其福利。（第1條第1項）

兒童及少年福利依本法之規定，本法未規定者，適用其他法律之規定。（第1條第2項）

㈡定義

本法所稱兒童及少年，指未滿十八歲之人；所稱兒童，指未滿十二歲之人；所稱少年，指十二歲以上未滿十八歲之人。（第2條）

㈢兒童及少年之保護及教養

父母或監護人對兒童及少年應負保護、教養之責任。對於主管機關、目的事業主管機關或兒童及少年福利機構依本法所為之各項措施，應配合及協助。（第3條）

㈣兒童及少年健康之維護

政府及公私立機構、團體應協助兒童及少年之父母或監護人，維護兒童及少年健康，促進其身心健全發展，對於需要保護、救助、輔導、治療或身心障礙重建之兒童及少年，應提供所需服務及措施。（第4條）

㈤處理兒童及少年事務之優先考量

政府及公私立機構、團體處理兒童及少年相關事務時，應以兒童及少年之最佳利益為優先考量；有關其保護及救助，並應優先處理。（第5條第1項）

兒童及少年之權益受到不法侵害時，政府應予適當之協助及保護。（第5條第2項）

㈥主管機關

本法所稱主管機關：在中央爲內政部；在直轄市爲直轄市政府；在縣（市）爲縣（市）政府。（第6條第1項）

上項主管機關在中央應設置兒童及少年局；在直轄市及縣（市）政府應設兒童及少年福利專責單位。（第6條第2項）

㈦中央主管機關之權責

下列事項，由中央主管機關掌理，但涉及各中央目的事業主管機關職掌，依法應由各中央目的事業主管機關掌理者，從其規定（第7條）：

1. 全國性兒童及少年福利政策、法規與方案之規劃、釐定及宣導事項。
2. 對直轄市、縣（市）政府執行兒童及少年福利之監督及協調事項。
3. 中央兒童及少年福利經費之分配及補助事項。
4. 兒童及少年福利事業之策劃、獎助及評鑑之規劃事項。
5. 兒童及少年福利專業人員訓練之規劃事項。
6. 國際兒童及少年福利業務之聯繫、交流及合作事項。
7. 兒童及少年保護業務之規劃事項。
8. 中央或全國性兒童及少年福利機構之設立、監督及輔導事項。
9. 其他全國性兒童及少年福利之策劃及督導事項。

㈧地方主管機關之權責

下列事項，由直轄市、縣（市）主管機關掌理。但涉及各地方目的事業主管機關職掌，依法應由各地方目的事業主管機關掌理者，從其規定（第8條）：

1. 直轄市、縣（市）兒童及少年福利政策、自治法規與方案之規劃、釐定、宣導及執行事項。
2. 中央兒童及少年福利政策、法規及方案之執行事項。
3. 兒童及少年福利專業人員訓練之執行事項。

4.兒童及少年保護業務之執行事項。

5.直轄市、縣（市）兒童及少年福利機構之設立、監督及輔導事項。

6.其他直轄市、縣（市）兒童及少年福利之策劃及督導事項。

㈨主管機關及各目的事業主管機關之權責劃分

本法所定事項，主管機關及各目的事業主管機關應就其權責範圍，針對兒童及少年之需要，尊重多元文化差異，主動規劃所需福利，對涉及相關機關之兒童及少年福利業務，應全力配合之。（第9條第1項）主管機關及各目的事業主管機關權責劃分如下（第9條第2項）：

1.**主管機關**：主管兒童及少年福利法規、政策、福利工作、福利事業、專業人員訓練、兒童及少年保護、親職教育、福利機構設置等相關事宜。

2.**衛生主管機關**：主管婦幼衛生、優生保健、發展遲緩兒童早期醫療、兒童及少年心理保健、醫療、復健及健康保險等相關事宜。

3.**教育主管機關**：主管兒童及少年教育及其經費之補助、特殊教育、幼稚教育、兒童及少年就學、家庭教育、社會教育、兒童課後照顧服務等相關事宜。

4.**勞工主管機關**：主管年滿十五歲少年之職業訓練、就業服務、勞動條件之維護等相關事宜。

5.**建設、工務、消防主管機關**：主管兒童及少年福利機構建築物管理、公共設施、公共安全、建築物環境、消防安全管理、遊樂設施等相關事宜。

6.**警政主管機關**：主管兒童及少年保護個案人身安全之維護、失蹤兒童及少年之協尋等相關事宜。

7.**交通主管機關**：主管兒童及少年交通安全、幼童專用車檢驗等相關事宜。

8.**戶政主管機關**：主管兒童及少年身分資料及戶籍相關事宜。

9.**財政主管機關**：主管兒童及少年福利機構稅捐之減免等相關事

宜。

10.其他：其他兒童及少年福利措施由各相關目的事業主管機關依職權辦理。

主管機關應定期對兒童及少年福利需求，兒童及少年福利機構及服務現況調查、統計、分析。（施行細則第23條）

㈩諮詢委員會之設置

主管機關爲協調、研究、審議、諮詢及推動兒童及少年福利政策，應設諮詢性質之委員會。（第10條第1項）前項委員會以行政首長爲主任委員，學者、專家及民間團體代表之比例不得低於委員人數之二分之一。委員會每年至少應開會四次。（第10條第2項）

(十一)兒童及少年福利專業人員之培養

政府及公私立機構、團體應培養兒童及少年福利專業人員，並應定期舉辦職前訓練及在職訓練。（第11條）

上述所定政府應培養兒童及少年福利專業人員，除由大專校院相關系科培植外，得委託有關機關，學校選訓。（施行細則第2條第1項）至於政府應定期舉行職前訓練及在職訓練，每年至少辦理一次。（施行細則第2條第2項）

(十二)經費來源

兒童及少年福利經費之來源如下（第12條）：

1.各級政府年度預算及社會福利基金。

2.私人或團體捐贈。

3.依本法所處罰鍰。

4.其他相關收入。

上述第三款依本法所處之罰鍰，應全數供作促進兒童及少年福利業務之經費使用。（施行細則第3條）

二、身分權益

㈠兒童出生之通報

兒童出生後七日內，接生人應將其出生之相關資料通報戶政及衛生主管機關。（第13條第1項）其出生通報表由中央衛生主管機關定之。（第13條第3項）前述所定七日內，自胎兒出生之翌日起算，並以網路通報日或發信郵戳日爲通報日，非以網路通報或郵寄者，以主管機關收受日爲通報日。（施行細則第4條）

接生人無法取得完整資料以填報出生通報者，仍應爲上項之通報。戶政主管機關應於接獲通報後，依相關規定辦理；必要時，得請求主管機關、警政及其他目的事業主管機關協助。（第13條第2項）

㈡兒童及少年收養之認可

1. **顧慮兒童及少年之最佳利益**：法院認可兒童及少年收養事件，應基於兒童及少年之最佳利益，斟酌收養人之人格、經濟能力、家庭狀況及以往照顧或監護其他兒童及少年之紀錄決定之。（第14條第1項）
2. **尊重兒童及少年之意願**：滿七歲之兒童及少年被收養時，兒童及少年之意願應受尊重。兒童及少年不同意時，非確信認可被收養，乃符合其最佳利益，法院應不予認可。（第14條第2項）
3. **准許兒童及少年與收養人先行共同生活**：法院認可兒童及少年之收養前，得准收養人與兒童及少年先行共同生活一段期間，供法院決定認可之參考；共同生活期間，對於兒童及少年權利義務之行使或負擔，由收養人爲之。（第14條第3項）
4. **認可收養前之訪視**：法院認可兒童及少年之收養前，應命主管機關或兒童及少年福利機構進行訪視，提出調查報告及建議。收養人或收養事件之利害關係人亦得提出相關資料或證據，供法院斟酌。（第14條第4項）

   主管機關或兒童及少年福利機構進行上項訪視，應調查出養之

必要性，並給予必要之協助。其無出養之必要者，應建議法院不為收養之認可。（第14條第5項）

5. **被遺棄兒童及少年收養之認可**：法院對被遺棄兒童及少年為收養認可前，應命主管機關調查其身分資料。（第14條第6項）
6. **父母對出養意見不一致之處理**：父母對於兒童及少年出養之意見不一致，或一方所在不明時，父母之一方仍可向法院聲請認可。經法院調查認為收養乃符合兒童及少年之最佳利益時，應予認可。（第14條第7項）
7. **認可或駁回收養之作為**：法院認可或駁回兒童及少年收養之聲請時，應以書面通知主管機關，主管機關應為必要之訪視或其他處置，並作成報告。（第14條第8項）

㈢兒童及少年收養關係之效力

1. 收養兒童及少年經法院認可者，收養關係溯及於收養書面契約成立時發生效力；無書面契約者，以向法院聲請時為收養關係成立之時，有試行收養之情形者，收養關係溯及於開始共同生活時發生效力。（第15條第1項）
2. 聲請認可收養後，法院裁定前，兒童及少年死亡者，聲請程序終結。收養人死亡者，法院應命主管機關或其委託機構為調查，並提出報告及建議，法院認收養於兒童及少年有利益時，仍得為認可收養之裁定，其效力依前項之規定。（第15條第2項）

㈣兒童及少年收養關係之終止

養父母對養子女有下列之行為，養子女、利害關係人或主管機關得向法院聲請宣告終止其收養關係（第16條）：

1. 有第三十條各款所定行為之一。
2. 違反第二十六條第二項或第二十八條第二項規定，情節重大者。

㈤收養資訊中心之設立

1.中央主管機關應自行或委託兒童及少年福利機構設立收養資訊中心，保存出養人、收養人及被收養兒童及少年之身分、健康等相關資訊之檔案。（第17條第1項）

2.收養資訊中心、所屬人員或其他辦理收出養業務之人員，對上項資訊，應妥善維護當事人之隱私並負專業上保密之責，未經當事人同意或依法律規定者，不得對外提供。（第17條第2項）

3.第一項資訊之範圍、來源、管理及使用辦法，由中央主管機關定之。（第17條第3項）

㈥代覓收養人

1.父母或監護人因故無法對其兒童及少年盡扶養義務時，於聲請法院認可收養前，得委託有收出養服務之兒童及少年福利機構，代覓適當之收養人。（第18條第1項）

2.上項機構應於接受委託後，先為出養必要性之訪視調查；評估有其出養必要後，始為寄養、試養或其他適當之安置、輔導與協助。（第18條第2項）

3.兒童及少年福利機構從事收出養服務項目之許可、管理、撤銷及收出養媒介程序等事項，由中央主管機關定之。（第18條第3項）

三、福利措施

㈠兒童及少年福利措施之辦理

直轄市、縣（市）政府，應鼓勵、輔導、委託民間或自行辦理下列兒童及少年福利措施（第19條第1項）：

1.建立發展遲緩兒童早期通報系統，並提供早期療育服務。

2.辦理兒童托育服務。

3.對兒童及少年及其家庭提供諮詢輔導服務。

4.對兒童及少年及其父母辦理親職教育。

5.對於不能維持生活、無力撫育其未滿十二歲之子女或被監護人者，予以家庭生活扶助或醫療補助。

6.對於無謀生能力或在學之少年，無扶養義務人或扶養義務人無力維持其生活者，予以生活扶助或醫療補助。

7.早產兒、重病兒童及少年與發展遲緩兒童之扶養義務人無力支付醫療費用之補助。

8.對於不適宜在家庭內教養或逃家之兒童及少年，提供適當之安置。

9.對於無依兒童及少年，予以適當之安置。

10.對於未婚懷孕或分娩而遭遇困境之婦嬰，予以適當之安置及協助。

11.提供兒童及少年適當之休閒、娛樂及文化活動。

12.辦理兒童課後照顧服務。

13.其他兒童及少年及其家庭之福利服務。

上項第九款無依兒童之通報、協尋、安置方式、要件、追蹤之處理辦法，由中央主管機關定之。（第19條第2項）

第十二款之兒童課後照顧服務，得由直轄市、縣（市）政府指定所屬國民小學辦理，其辦理方式、人員等相關事項標準由教育部會同內政部定之。（第19條第3項）

㈡三歲以下兒童之醫療照顧措施

政府應規劃實施三歲以下兒童醫療照顧措施，必要時並得補助其費用。（第20條第1項）

上項費用之補助對象、項目、金額及其程序等之辦法，由中央主管機關定之。（第20條第2項）

㈢發展遲緩兒童或身心障礙兒童及少年之處置

1.**建立檔案管理**：各類兒童及少年福利、教育及醫療機構，發現有疑似發展遲緩兒童或身心障礙兒童及少年，應通報直轄市、縣（市）主管機關。直轄市、縣（市）主管機關應將接獲資

料，建立檔案管理，並視其需要提供、轉介適當之服務。（第22條）

2. **發展遲緩兒童之早期療育服務**：政府對發展遲緩兒童，應按其需要，給予早期療育、醫療、就學方面之特殊照顧。（第23條第1項）父母、監護人或其他實際照顧兒童之人，應配合前項政府對發展遲緩之兒童所提供之各項特殊照顧。（第23條第2項）

上述所稱早期療育，指由社會福利、衛生、教育等專業人員以團隊合作方式依未滿六歲之發展遲緩兒童及其家庭之個別需求，提供必要之治療、教育、諮詢、轉介、安置與其他服務及照顧。（施行細則第5條第1項）經早期療育後仍不能改善者，輔導其依身心障礙者保護法相關規定申請身心障礙鑑定。（施行細則第5條第2項）至所稱發展遲緩兒童，指在認知發展、生理發展、語言及溝通發展、心理社會發展或生活自理技能等方面，有疑似異常或可預期有發展異常情形，並經衛生主管機關認可之醫院評估確認，發給證明之兒童。（施行細則第6條）

早期療育所需之篩檢、通報、評估、治療、教育等各項服務之銜接及協調機制，由中央主管機關會同衛生、教育主管機關規劃辦理。（第23條第3項）

㈣兒童及孕婦之照顧

兒童及孕婦應優先獲得照顧。（第24條第1項）交通及醫療等公、民營事業應提供兒童及孕婦優先照顧措施。（第24條第2項）

㈤少年進修、職業訓練及就業輔導

1. 少年年滿十五歲有進修或就業意願者，教育、勞工主管機關應視其性向及志願，輔導其進修、接受職業訓練或就業。（第25條第1項）
2. 雇主對年滿十五歲之少年員工提供進修訓練機會，辦理績效良好者，勞工主管機關得予獎勵。（第25條第2項）

四、保護措施

㈠兒童及少年之禁止行為

1. 兒童及少年不得爲下列行爲（第26條第1項）：
   (1)吸菸、飲酒、嚼檳榔。
   (2)施用毒品、非法施用管制藥品或其他有害身心健康之物質。
   (3)觀看、閱覽、收聽或使用足以妨害其身心健康之暴力、色情、猥褻、賭博之出版品、圖畫、錄影帶、錄音帶、影片、光碟、磁片、電子訊號、遊戲軟體、網際網路或其他物品。
   (4)在道路上競駛、競技或以蛇行等危險方式駕車或參與其行爲。

   父母、監護人或其他實際照顧兒童及少年之人，應禁止兒童及少年爲前項各款行爲。（第26條第2項）

   任何人均不得供應第一項之物質、物品予兒童及少年。（第26條第3項）

   警察機關、學校或直轄市、縣（市）主管機關發現兒童及少年有上述第二十六條第一項第一款或第三款情形，應予以勸導制止，並酌情通知兒童及少年之父母、監護人或實際照顧之人加強管教。（施行細則第9條）
2. 兒童及少年不得出入酒家、特種咖啡茶室、限制級電子遊戲場及其他涉及賭博、色情、暴力等經主管機關認定足以危害其身心健康之場所。（第28條第1項）

   上述營業場所之負責人應於場所入口明顯處，張貼禁止未滿十八歲之兒童及少年進入之標誌。對顧客之年齡有懷疑時，應請其出示身分證明；無身分證明或不出示證明者，應拒絕其進入該場所。（施行細則第10條）

   父母、監護人或其他實際照顧兒童及少年之人，應禁止兒童及少年出入前項場所。（第28條第2項）

   第一項場所之負責人及從業人員應拒絕兒童及少年進入。（第

28條第3項)

㈡對兒童及少年之禁止行為

1.父母、監護人或其他實際照顧兒童及少年之人，應禁止兒童及少年充當前條第一項場所之侍應或從事危險、不正當或其他足以危害或影響其身心發展之工作。(第29條第1項)
任何人不得利用、僱用或誘迫兒童及少年從事前項之工作。(第29條第2項)

2.任何人對於兒童及少年不得有下列行爲(第30條)：
(1)遺棄。
(2)身心虐待。
(3)利用兒童及少年從事有害健康等危害性活動或欺騙之行爲。
(4)利用身心障礙或特殊形體兒童及少年供人參觀。
(5)利用兒童及少年行乞。
(6)剝奪或妨礙兒童及少年接受國民教育之機會。
(7)強迫兒童及少年婚嫁。
(8)拐騙、綁架、買賣、質押兒童及少年，或以兒童及少年爲擔保之行爲。
(9)強迫、引誘、容留或媒介兒童及少年爲猥褻行爲或性交。
(10)供應兒童及少年刀械、槍礮、彈藥或其他危險物品。
(11)利用兒童及少年製作有關暴力、猥褻、色情或其他有害兒童及少年身心發展之出版品、圖畫、錄影帶、錄音帶、影片、光碟、磁片、電子訊號、遊戲軟體、網際網路或其他物品。
(12)違反媒體分級辦法，對兒童及少年提供或播送有害其身心發展之圖畫、錄影帶、影片、光碟、電子訊號、網際網路或其他物品。
(13)帶領或誘使兒童及少年進入有礙其身心健康之場所。
(14)其他對兒童及少年或利用兒童及少年犯罪或爲不正當之行爲。

3.父母、監護人或其他實際照顧兒童之人，不得使兒童獨處於易發生危險或傷害之環境；對於六歲以下兒童或需要特別看護之

兒童及少年，不得使其獨處或由不適當之人代為照顧。（第32條）

上述所定不適當之人，指下列各款情形之一（施行細則第11條）：

(1)無行為能力人。

(2)七歲以上未滿十二歲之兒童。

(3)有法定傳染病者。

(4)身心有嚴重缺陷者。

(5)其他有影響受照顧兒童及少年安全之虞者。

㈢出版品、電腦軟體、電腦網路應予分級

出版品、電腦軟體、電腦網路應予分級；其他有害兒童及少年身心健康之物品經目的事業主管機關認定應予分級者，亦同。（第27條第1項）

前項物品列為限制級者，禁止對兒童及少年為租售、散布、播送或公然陳列。（第27條第2項）

第一項物品之分級辦法，由目的事業主管機關定之。（第27條第3項）

㈣孕婦之禁止行為

孕婦不得吸菸、酗酒、嚼檳榔、施用毒品、非法施用管制藥品或為其他有害胎兒發育之行為。任何人不得強迫、引誘或以其他方式使孕婦為有害胎兒發育之行為。（第31條）

㈤兒童及少年之協助或輔導

兒童及少年有下列情事之一，宜由相關機構協助、輔導者，直轄市、縣（市）主管機關得依其父母、監護人或其他實際照顧兒童及少年之人之申請或經其同意，協調適當之機構協助或輔導之（第33條第1項）：

1.違反第二十六條第一項、第二十八條第一項規定或從事第二十九條第一項禁止從事之工作，經其父母、監護人或其他實際照

顧兒童及少年之人盡力禁止而無效果。

2.有品行不端、暴力等偏差行為，情形嚴重，經其父母、監護人或其他實際照顧兒童及少年之人盡力矯正而無效果。

前項機構協助、輔導所必要之生活費、衛生保健費、學雜各費及其他相關費用，由扶養義務人負擔。（第33條第2項）

㈥通報之責任

1.醫事人員、社會工作人員、教育人員、保育人員、警察、司法人員及其他執行兒童及少年福利業務人員，知悉兒童及少年有下列情形之一者，應立即向直轄市、縣（市）主管機關通報，至遲不得超過二十四小時（第34條第1項）：

(1)施用毒品、非法施用管制藥品或其他有害身心健康之物質。

(2)充當第二十七條第一項場所之侍應。

(3)遭受第三十條各款之行為。

(4)有第三十六條第一項各款之情形。

(5)遭受其他傷害之情形。

2.其他任何人知悉兒童及少年有前項各款之情形者，得通報直轄市、縣（市）主管機關。（第34條第2項）

3.直轄市、縣（市）主管機關於知悉或接獲通報前二項案件時，應立即處理，至遲不得超過二十四小時，其承辦人員並應於受理案件後四日內提出調查報告。（第34條第3項）

4.第一項及第二項通報及處理辦法，由中央主管機關定之。（第34條第4項）

5.第一項及第二項通報人之身分資料，應予保密。（第34條第5項）

㈦兒童及少年之協助就醫

兒童及少年罹患性病或有酒癮、藥物濫用情形者，其父母、監護人或其他實際照顧兒童及少年之人應協助就醫，或由直轄市、縣（市）主管機關會同衛生主管機關配合協助就醫；必要時，得請求警察主管機關協助。（第35條第1項）

前項治療所需之費用，由兒童及少年之父母、監護人負擔。但屬全民健康保險給付範圍或依法補助者，不在此限。（第35條第2項）

㈧兒童及少年有立即危險或危險之虞之緊急保護及安置

1. 兒童及少年有下列各款情形之一，非立即給予保護、安置或爲其他處置，其生命、身體或自由有立即之危險或有危險之虞者，直轄市、縣（市）主管機關應予緊急保護、安置或爲其他必要之處置（第36條第1項）：
   (1)兒童及少年未受適當之養育或照顧。
   (2)兒童及少年有立即接受診治之必要，而未就醫者。
   (3)兒童及少年遭遺棄、身心虐待、買賣、質押，被強迫或引誘從事不正當之行爲或工作者。
   (4)兒童及少年遭受其他迫害，非立即安置難以有效保護者。
2. 直轄市、縣（市）主管機關爲前項緊急保護、安置或爲其他必要之處置時，得請求檢察官或當地警察機關協助之。（第36條第2項）
3. 第一項兒童及少年之安置，直轄市、縣（市）主管機關得辦理家庭寄養、交付適當之兒童及少年福利機構或其他安置機構教養之。（第36條第3項）
4. 直轄市、縣（市）主管機關依前條規定緊急安置時，應即通報當地地方法院及警察機關，並通知兒童及少年之父母、監護人。但其無父母、監護人或通知顯有困難時，得不通知之。（第37條第1項）
5. 緊急安置不得超過七十二小時，非七十二小時以上之安置不足以保護兒童及少年者，得聲請法院裁定繼續安置。繼續安置以三個月爲限；必要時，得聲請法院裁定延長之。（第37條第2項）繼續安置之聲請，得以電訊傳眞或其他科技設備爲之。（第37條第3項）

   上述所定七十二小時，自依本法第三十六條第一項規定緊急安置兒童及少年之時起，即時起算。但下列時間不予記入（施行細則第12條）：

(1)在途護送時間。

(2)交通障礙時間。

(3)其他不可抗力之事由所生不得已之滯帶時間。

又聲請法院裁定延長者，每次得聲請延長三個月。（施行細則第13條）

6.直轄市、縣（市）主管機關、父母、監護人、受安置兒童及少年對於前條第二項裁定有不服者，得於裁定送達後十日內提起抗告。對於抗告法院之裁定，不得再抗告。（第38條第1項）聲請及抗告期間，原安置機關、機構或寄養家庭得繼續安置。（第38條第2項）

7.安置期間因情事變更或無依原裁定繼續安置之必要者，直轄市、縣（市）主管機關、父母、原監護人、受安置兒童及少年得向法院聲請變更或撤銷之。（第38條第3項）

8.直轄市、縣（市）主管機關對於安置期間期滿或依前項撤銷安置之兒童及少年，應續予追蹤輔導一年。（第38條第4項）

9.安置期間，直轄市、縣（市）主管機關或受其交付安置之機構或寄養家庭在保護安置兒童及少年之範圍內，行使、負擔父母對於未成年子女之權利義務。（第39條第1項）

10.法院裁定得繼續安置兒童及少年者，直轄市、縣（市）主管機關或受其交付安置之機構或寄養家庭，應選任其成員一人執行監護事務，並負與親權人相同之注意義務。直轄市、縣（市）主管機關應陳報法院執行監護事務之人，並應按個案進展作成報告備查。（第39條第2項）

11.安置期間，兒童及少年之父母、原監護人、親友、師長經主管機關許可，得依其指示時間、地點及方式，探視兒童及少年。不遵守指示者，直轄市、縣（市）主管機關得禁止之。（第39條第3項）主管機關為前項許可時，應尊重兒童及少年之意願。（第39條第4項）

上述規定之申請探視，應以書面為之。直轄市、縣（市）主管機關應就會面過程做成紀錄。（施行細則第14條）

12.安置期間，非為貫徹保護兒童及少年之目的，不得使其接受訪

談、偵訊、訊問或身體檢查。（第40條第1項）兒童及少年接受訪談、偵訊、訊問或身體檢查，應由社會工作人員陪同，並保護其隱私。（第40條第2項）

上述所定社會工作人員，包括下列人員（施行細則第15條）：

(1)直轄市、縣（市）主管機關編制內或聘僱之社會工作及社會行政人員。

(2)受直轄市、縣（市）主管機關委託之社會福利團體、機構之社會工作人員。

(3)醫療機構之社會工作人員。

(4)執業之社會工作師。

㈨兒童及少年因家庭變故之安置或輔助

1. 兒童及少年因家庭發生重大變故，致無法正常生活於其家庭者，其父母、監護人、利害關係人或兒童及少年福利機構，得申請直轄市、縣（市）主管機關安置或輔助。（第41條第1項）
   上述所定家庭發生重大變故，致無法正常生活於其家庭者，由居住地主管機關認定之；必要時，得洽商有關機關認定之。（施行細則第16條）
2. 前項安置，直轄市、縣（市）主管機關得辦理家庭寄養、交付適當之兒童及少年福利機構或其他安置機構教養之。（第41條第2項）
3. 直轄市、縣（市）主管機關、受寄養家庭或機構負責人依第一項規定，在安置兒童及少年之範圍內，行使、負擔父母對於未成年子女之權利義務。（第41條第3項）
4. 第一項之家庭情況改善者，被安置之兒童及少年仍得返回其家庭，並由主管機關續予追蹤輔導一年。（第41條第4項）
5. 第二項及第三十六條第三項之家庭寄養，其寄養條件、程序與受寄養家庭之資格、許可、督導、考核及獎勵之辦法，由直轄市、縣（市）主管機關定之。（第41條第5項）
6. 直轄市、縣（市）主管機關依第三十六條第三項或前條第二項對兒童及少年為安置時，因受寄養家庭或安置機構提供兒童及少年必要服務所需之生活費、衛生保健費、學雜各費及其他與安置有關之費用，得向扶養義務人收取；其收費規定，由直轄市、縣（市）主管機關定之。（第42條）

7.直轄市、縣（市）主管機關對依本法安置之兒童、少年及其家庭，應進行個案調查、諮詢，並提供家庭服務。（施行細則第17條第1項）

8.依本法處理兒童及少年個案時，當地主管機關應通知其居住地及戶籍所在地主管機關提供資料；認為有續予救助、輔導或保護兒童及少年之必要者，得移送兒童及少年戶籍所在地之主管機關處理。（施行細則第17條第2項）

9.直轄市、縣（市）主管機關發現接受安置之兒童及少年，與其交付安置之親屬家庭、寄養家庭或機構間發生失調情形者，應協調處理之；其不能適應生活者，應另行安置之。（施行細則第18條）

㈩兒童及少年家庭處遇計畫

1.兒童及少年有第三十條及第三十六條第一項各款情事，或屬目睹家庭暴力之兒童及少年，經直轄市、縣（市）主管機關列為保護個案者，主管機關應提出兒童及少年家庭處遇計畫；必要時，得委託兒童及少年福利機構、團體辦理。（第43條第1項）

2.前項處遇計畫得包括：家庭功能評估、兒童及少年安全與安置評估、親職教育、心理輔導、精神治療、戒癮治療或其他與維護兒童及少年或其家庭正常功能有關之扶助及福利服務方案。（第43條第2項）

3.處遇計畫之實施，兒童及少年本人、父母、監護人、實際照顧兒童及少年之人或其他有關之人應予配合。（第43條第3項）

⑾建立個案資料並予保密

1.依本法保護、安置、訪視、調查、評估、輔導、處遇兒童及少年或其家庭，應建立個案資料，並定期追蹤評估。（第44條第1項）

2. 因職務上所知悉之秘密或隱私及所製作或持有之文書，應予保密，非有正當理由，不得洩漏或公開。（第44條第2項）

㈩追蹤輔導及福利服務

1. 對於依少年事件處理法所轉介或交付安置輔導之兒童少年及其家庭，當地主管機關應予以追蹤輔導，並提供必要之福利服務。（第45條第1項）
2. 前項追蹤輔導及福利服務，得委託兒童及少年福利機構為之。（第45條第2項）

㈪兒童及少年姓名及身分資訊之保密

1. 宣傳品、出版品、廣播電視、電腦網路或其他媒體不得報導或記載遭受第三十條或第三十六條第一項各款行為兒童及少年之姓名或其他足以識別身分之資訊。兒童及少年有施用毒品、非法施用管制藥品或其他有害身心健康之物質之情事者，亦同。（第46條第1項）
2. 行政機關及司法機關所製作必須公開之文書，不得揭露足以識別前項兒童及少年身分之資訊。（第46條第2項）
3. 除前二項以外之任何人亦不得於媒體、資訊或以其他公示方式揭示有關第一項兒童及少年之姓名及其他足以識別身分之資訊。（第46條第3項）
4. 上述第46條第1項及第3項所定其他足以識別身分之資訊，包括兒童及少年照片或影像、聲音、住址、親屬姓名或其關係、就讀學校班級等個人基本資料。（施行細則第20條）

㈫訪視、調查及處遇

1. 直轄市、縣（市）主管機關就本法規定事項，必要時得自行或委託兒童及少年福利機構、團體進行訪視、調查及處遇。（第47條第1項）
2. 直轄市、縣（市）主管機關或受其委託之機構或團體進行訪視、調查及處遇時，兒童及少年之父母、監護人、實際照顧兒童及少年之人、師長、雇主、醫事人員及其他有關之人應予配合並提供相關資料；必要時，該主管機關並得請求警政、戶政、財政、教育或其他相關機關或機構協助，被請求之機關或機構應予配合。（第47條第2項）

㈤親權或監護權之宣告停止

1.父母或監護人對兒童及少年疏於保護、照顧情節嚴重，或有第三十條、第三十六條第一項各款行爲，或未禁止兒童及少年施用毒品、非法施用管制藥品者，兒童及少年或其最近尊親屬、主管機關、兒童及少年福利機構或其他利害關係人，得聲請法院宣告停止其親權或監護權之全部或一部，或另行選定或改定監護人；對於養父母，並得聲請法院宣告終止其收養關係。（第48條第1項）

2.法院依前項規定選定或改定監護人時，得指定主管機關、兒童及少年福利機構之負責人或其他適當之人爲兒童及少年之監護人，並得指定監護方法、命其父母、原監護人或其他扶養義務人交付子女、支付選定或改定監護人相當之扶養費用及報酬、命爲其他必要處分或訂定必要事項。（第48條第2項）前項裁定，得爲執行名義。（第48條第3項）

㈥監護人或受託人之指定或改定

1.有事實足以認定兒童及少年之財產權益有遭受侵害之虞者，主管機關得請求法院就兒童及少年財產之管理、使用、收益或處分，指定或改定社政主管機關或其他適當之人任監護人或指定監護之方法，並得指定或改定受託人管理財產之全部或一部。（第49條第1項）

2.前項裁定確定前，主管機關得代爲保管兒童及少年之財產。（第49條第2項）

五、福利機構

(一)兒童及少年福利機構之分類

兒童及少年福利機構分類如下（第50條）：

1. 托育機構。
2. 早期療育機構。
3. 安置及教養機構。
4. 心理輔導或家庭諮詢機構。
5. 其他兒童及少年福利機構。

前項兒童及少年福利機構之規模、面積、設施、人員配置及業務範圍等事項之標準，由中央主管機關定之。（第50條第2項）

兒童及少年福利機構之目的事業，應受各該目的事業主管機關之輔導、監督。（施行細則第21條）

第一項兒童及少年福利機構，各級主管機關應鼓勵、委託民間或自行創辦；其所屬公立兒童及少年福利機構之業務，必要時並得委託民間辦理。（第50條第3項）

(二)專業人員之遴用

兒童及少年福利機構之業務，應遴用專業人員辦理；其專業人員之類別、資格、訓練及課程等之辦法，由中央主管機關定之。（第51條）

(三)申請設立許可及辦理財團法人登記

1. 私人或團體辦理兒童及少年福利機構，應向當地主管機關申請設立許可；其有對外勸募行爲且享受租稅減免者，應於設立許可之日起六個月內辦理財團法人登記。（第52條第1項）
2. 未於前項期間辦理財團法人登記，而有正當理由者，得申請核准延長一次，期間不得超過三個月；屆期不辦理者，原許可失其效力。（第52條第2項）

3.第一項申請設立之許可要件、申請程序、審核期限、撤銷與廢止許可、督導管理及其他應遵行事項之辦法，由中央主管機關定之。（第52條第3項）

㈣不當宣傳之禁止及捐贈之公開徵信

兒童及少年福利機構不得利用其事業為任何不當之宣傳，其接受捐贈者，應公開徵信，並不得利用捐贈為設立目的以外之行為。（第53條第1項）

㈤輔導監督及評鑑獎勵

主管機關應辦理輔導、監督、檢查、評鑑及獎勵兒童及少年福利機構。（第53條第2項）前項評鑑對象、項目、方式及獎勵方式等辦法，由主管機關定之。（第53條第3項）

六、罰則

㈠接生人違反規定之處罰

接生人違反第十三條規定者，由衛生主管機關處新臺幣六千元以上三萬元以下罰鍰。（第54條）

㈡供應兒童及少年為禁止行為之物質或物品之處罰

父母、監護人或其他實際照顧兒童及少年之人，違反第二十六條第二項規定情節嚴重者，處新臺幣一萬元以上五萬元以下罰鍰。（第55條第1項）

1.供應菸、酒或檳榔予兒童及少年者，處新臺幣三千元以上一萬五千元以下罰鍰。（第55條第2項）
2.供應毒品、非法供應管制藥品或其他有害身心健康之物質予兒童及少年者，處新臺幣六萬元以上三十萬元以下罰鍰。（第55條第3項）
3.供應有關暴力、猥褻或色情之出版品、圖畫、錄影帶、影片、

光碟、電子訊號、電腦網路或其他物品予兒童及少年者，處新臺幣六千元以上三萬元以下罰鍰。（第55條第4項）

㈢未禁止兒童及少年出入不得出入場所之處罰

父母、監護人或其他實際照顧兒童及少年之人，違反第二十八條第二項規定者，處新臺幣一萬元以上五萬元以下罰鍰。（第56條第1項）

㈣未拒絕兒童及少年進入不得進入場所之處罰

父母、監護人或其他實際照顧兒童及少年之人，違反第二十八條第三項規定者，處新臺幣二萬元以上十萬元以下罰鍰，並公告場所負責人姓名。（第56條第2項）

㈤未禁止兒童及少年從事危害或影響其身心發展工作之處罰

父母、監護人或其他實際照顧兒童及少年之人，違反第二十九條第一項規定者，處新臺幣二萬元以上十萬元以下罰鍰，並公告其姓名。（第57條第1項）

㈥利用、僱用或誘迫兒童及少年從事危害或影響其身心發展工作之處罰

父母、監護人或其他實際照顧兒童及少年之人，違反第二十九條第二項規定者，處新臺幣六萬元以上三十萬元以下罰鍰，公告行為人及場所負責人之姓名，並令其限期改善；屆期仍不改善者，除情節嚴重，由主管機關移請目的事業主管機關令其歇業者外，令其停業一個月以上一年以下。（第57條第2項）

㈦違反對兒童及少年為禁止行為之處罰

違反第三十條規定者，處新臺幣三萬元以上十五萬元以下罰鍰，情節嚴重者，並得公告其姓名。（第58條第1項）

㈧違反媒體分級辦法之處罰

違反第三十條第一項第十二款規定者，加重處新台幣十萬元以上五十萬元以下罰鍰，並得勒令停業一個月以上一年以下。（第58條第2項）

㈨使孕婦為有害胎兒發育行為之處罰

任何人違反第三十一條第二項規定者，處新臺幣一萬元以上五萬元以下罰鍰。（第59條）

㈩使兒童或少年獨處於易發生危險或傷害環境之處罰

父母、監護人或其他實際照顧兒童及少年之人，違反第三十二條規定者，處新臺幣三千元以上一萬五千元以下罰鍰。（第60條）

⑾違反通報責任規定之處罰

負有通報責任之人，違反第三十四條第一項規定而無正當理由者，處新臺幣六千元以上三萬元以下罰鍰。（第61條）

⑿違反保密規定之處罰

違反第三十四條第五項、第四十四條第二項、第四十六條第三項而無正當理由者，處新台幣六千元以上三萬元以下罰鍰。（第62條）

⒀違反不得報導或記載規定之處罰

違反第四十六條第一項規定者，各目的事業主管機關對其負責人及行爲人，得各處新臺幣三萬元以上三十萬元以下罰鍰，並得沒入第四十六條第一項規定之物品。（第63條）

⒁違反應予配合規定之處罰

兒童及少年之父母、監護人、實際照顧兒童及少年之人、師長、雇主、醫事人員及其他有關之人違反第四十七條第二項規定而無正當理由者，處新臺幣六千元以上三萬元以下罰鍰，並得按次處罰，至其

配合或提供相關資料為止。（第64條）

㈤命令接受親職教育輔導

父母、監護人或其他實際照顧兒童及少年之人有下列情事之一者，直轄市、縣（市）主管機關得令其接受八小時以上五十小時以下之親職教育輔導，並收取必要之費用；其收費規定，由直轄市、縣（市）主管機關定之（第65條第1項）：

1. 對於兒童及少年所為第二十六條第一項第二款行為，未依同條第二項規定予以禁止。
2. 違反第二十七條第二項、第二十八條第一項、第三十條或第三十二條規定，情節嚴重。
3. 有第三十六條第一項各款情事之一者。

經直轄市、縣（市）主管機關令其接受前項親職教育輔導，有正當理由無法如期參加者，得申請延期。（第65條第2項）

拒不接受第一項親職教育輔導或時數不足者，處新臺幣三千元以上一萬五千元以下罰鍰；經再通知仍不接受者，得按次連續處罰，至其參加為止。（第65條第3項）

㈥違反設立許可及勸募行為規定之處罰

違反第五十二條第一項規定者，由設立許可主管機關處新臺幣六萬元以上三十萬元以下罰鍰，並公告其姓名，並命其限期申辦設立許可，屆期仍不辦理者得按次處罰。（第66條第1項）

經設立許可主管機關依第五十二條第一項規定令其立即停止對外勸募之行為，而不遵令者，由設立許可主管機關處新臺幣六萬元以上三十萬元以下罰鍰並限期改善；屆期仍不改善者，得按次處罰並公告其名稱，並得令其停辦一日以上一個月以下。（第66條第2項）

㈦福利機構限期改善屆期仍不改善之處罰

兒童及少年福利機構有下列各款情形之一者，設立許可主管機關應通知其限期改善，屆期仍不改善者，得令其停辦一個月以上一年以下（第66條第3項）：

1.虐待或妨害兒童及少年身心健康者。

2.違反法令或捐助章程者。

3.業務經營方針與設立目的不符者。

4.財務收支未取具合法之憑證、捐款未公開徵信或會計紀錄未完備者。

5.規避、妨礙或拒絕主管機關或目的事業主管機關輔導、檢查、監督者。

6.對各項工作業務報告申報不實者。

7.擴充、遷移、停業未依規定辦理者。

8.供給不衛生之餐飲，經衛生主管機關查明屬實者。

9.提供不安全之設施設備者。

10.發現兒童及少年受虐事實未向直轄市、縣（市）主管機關通報者。

11.依第四十七條第一項須辦理財團法人登記而未登記者，其有對外募捐行為時。

12.有其他重大情事，足以影響兒童及少年身心健康者。

依本法第六十六條第三項規定通知兒童及少年福利機構限期改善時，應要求受處分者提出改善計畫書，並由主管機關會同目的事業主管機關評估其改善情形。（施行細則第22條）

㈥福利機構令其停辦拒不遵守之處罰

依第六十六條前二、三兩項規定令其停辦而拒不遵守者，處新臺幣六萬元以上三十萬元以下罰鍰，經處罰鍰，仍拒不停辦者，設立許可主管機關應廢止其設立許可。（第66條第4項）

㈦福利機構對停止收容之適當安置不予配合之處罰

兒童及少年福利機構停辦、停業、解散、撤銷許可或經廢止許可時，設立許可主管機關對於該機構收容之兒童及少年應即予適當之安置。兒童及少年福利機構應予配合；不予配合者，強制實施之，並處以新臺幣六萬元以上三十萬元以下罰鍰。（第66條第5項）

㈩移送司法機關處理

依本法應受處罰者，除依本法處罰外，其有犯罪嫌疑者，應移送司法機關處理。（第67條）

七、附則

㈠十八歲以上未滿二十歲之人準用之規定

十八歲以上未滿二十歲之人，於緊急安置等保護措施，準用本法之規定。（第68條）

㈡罰鍰之強制執行

依本法所處之罰鍰，經限期繳納，屆期仍不繳納者，依法移送強制執行。（第69條）

㈢加重其刑之規定

成年人教唆、幫助或利用兒童少年犯罪或與之共同實施犯罪或故意對其犯罪者，加重其刑至二分之一。但各該罪就被害人係兒童及少年已定有特別處罰規定者，不在此限。（第70條第1項）

對於兒童及少年犯罪者，主管機關得獨立告訴。（第70條第2項）

㈣以不正當方法領取本法相關補助或獎勵費用之處置

以詐欺或其他不正當方法領取本法相關補助或獎勵費用者，主管機關應撤銷原處分並以書面限期命其返還，屆期未返還者，依法移送強制執行；其涉及刑事責任者，移送司法機關辦理。（第71條）

㈤扶養義務人不依規定支付相關費用之處置

扶養義務人不依本法規定支付相關費用者，如為保護兒童及少年之必要，由主管機關於兒童及少年福利經費中先行支付。（第72條）

㈥本法修正公布施行後福利機構之處置

本法修正施行前已許可立案之兒童福利機構及少年福利機構，於本法修正公布施行後，其設立要件與本法及所授權辦法規定不相符合者，應於中央主管機關公告指定之期限內改善，屆期未改善者，依本法規定處理。（第73條）

㈦施行細則

本法施行細則，由中央主管機關定之。（第74條）

㈧施行日期

本法自公布日施行。（第75條）

參、析評與展望

一、兒童及少年福利法之子法及重要之相關規定

兒童及少年福利法除本法外，其授權訂定之子法及相關之重要規定計有：

㈠授權訂定之子法

1.兒童及少年福利法施行細則。（第74條）
2.兒童及少年福利機構設置標準。（第50條第2項）
3.兒童及少年福利機構設立許可及管理辦法。（第52條第3項）
4.私立兒童及少年福利機構從事收出養服務許可及管理辦法。（第18條第2項）
5.兒童及少年福利機構專業人員資格及訓練辦法。（第51條）
6.三歲以下兒童醫療補助辦法。（第20條第2項）
7.兒童及少年收養資訊管理及使用辦法。（第17條第3項）

8. 內政部兒童及少年福利機構評鑑及獎勵辦法。（第53條第3項）

9. 無依兒童及少年安置處理辦法。（第19條第2項）

10. 兒童及少年保護通報及處理辦法。（第34條第4項）

11. 出版品及錄影節目帶分級辦法。（第27條第3項）

12. 電腦網路內容分級處理辦法。（第27條第3項）

13. 國民小學辦理兒童課後照顧服務及人員資格標準。（第19條第3項）

14. 內政部兒童及少年福利促進委員會設置要點。（第10條）

㈡重要之相關規定

1. 兒童及少年福利機構專業人員訓練核心課程。
2. 落實兒童及少年保護家庭暴力與性侵害事件通報及防治工作實施方案。
3. 寄養家庭安置兒童及少年性侵害防治及案件處理注意事項。
4. 保母人員技術士技能檢定規範。
5. 發放幼兒教育券實施方案。
6. 托育機構評鑑作業規範。
7. 發展遲緩兒童早期療育服務實施方案。
8. 內政部兒童之家辦理收容業務實施要點。
9. 內政部所屬少年教養機構學員安置輔導實施要點。

二、兒童及少年福利法之特色

「兒童及少年福利法」修正草案業經立法院三讀通過，並奉總統令公布施行。惟其施行細則，授權訂定之子法及重要之相關規定均尚未訂定完成。綜合研析，本法案之修法應具有下列特色。

㈠整合兒童福利法與少年福利法

過去兒童福利法與少年福利法分別適用於十二歲以下與以上之未成年人，往往造成兒童屆滿十二歲原先安置、輔導或保護工作即需中斷，另由少年福利法規範。然而，兒童少年之需求與問題，難以十二歲區分，爲妥善保護兒童及少年之權益，兩法之福利與輔導工作、人力與資源實有整合之必要；因此，本法乃將兩法予以整合，針對未滿十八歲之兒童及少年提供一體之保障，以維護其最佳利益。

㈡增列有關兒童少年身分權益專章

兒童及少年之身分、戶籍與親子關係之確認，攸關其就學、健保、以及扶養保護，實爲保護兒童少年之根本；因此，本法增列「兒童及少年身分權益」專章，一方面授權行政機關得介入出生登記及親子關係之確認；另一方面也宣示兒童及少年作爲一個權利主體的地位，而不再僅是被保護的客體；基此，不得因兒童及少年之國籍給與差別待遇。

㈢加強初期預防與家庭支持之服務

將原兒童福利法「福利服務」一章區分爲「一般性福利措施」與「早期療育服務措施」兩部分；一方面透過早期療育，強調對於發展遲緩及身心障礙兒童的初期預防；另一方面比照過去透過一般性福利服務，使政府與家庭功能相輔相成，共同協助兒童少年身心之健康發展。

㈣強化對兒童少年之保護措施

將原兒童福利法「保護措施」一章區分爲「一般性保護」與「強制性保護」兩部分；前者重在對兒童及少年非行之預防與輔導、以及對於兒童、少年之一般性保護；後者針對受虐或其他需政府介入家庭之個案，提供強制性保護，以保障兒童少年之權益。

三、兒童及少年福利法之修法重點

分析言之，兒童及少年福利法之修法應可凸顯下列各項重點：

1.**增列兒童及少年福利各目的事業主管機關之權責分工**：兒童及少年福利工作之推廣，重在專業領域之科際整合及所涉各行政部門之橫向聯繫與分工；故第九條明定，本法所定事項，主管

機關及各目的事業主管機關就其權責範圍，針對兒童及少年之需要，尊重多元文化差異，主動規劃所需福利，對涉及相關機關之兒童及少年福利業務，應全力配合之。前項所稱目的事業主管機關包括：衛生、教育、勞工、建設、工務、消防、警政、交通、新聞、戶政、財政等機關。

2. **將原應設「促進委員會」修改爲應設「諮詢委員會」**：原兒童福利法及少年福利法均明定應設促進委員會；唯修法後，本法第十條明定，主管機關爲協調、研究、審議、諮詢及推動兒童及少年福利政策，應設諮詢性質之委員會。前項委員會以行政首長爲主任委員，學者、專家及民間團體代表之比例不得低於委員人數之二分之一，委員會每年至少應開會四次。

3. **加重接生人之出生通報責任**：爲更落實出生通報制度，讓新生兒的姓名、戶籍、身分等權益不致因父母怠於辦理出生登記而受影響；本法第十三條明定，兒童出生後七日內，接生人應將其出生之相關資料通報戶政及衛生主管機關。接生人無法取得完整資料以填報出生通報者，仍應爲前項之通報。違反前述規定，可由衛生主管機關處以新台幣六千元以上三萬元以下罰鍰。戶政主管機關應於接獲通報後，依相關規定辦理；必要時，得請求主管機關、警政及其他目的事業主管機關協助。

4. **明定中央衛生主管機關應統一印製出生通報表**：爲防止僞造出生證明書之情事發生，杜絕假報親生、販嬰等犯罪行爲，第十三條第三項明定，出生通報表由中央衛生主管機關定之；藉以更積極的作爲保障兒童的身分權。

5. **明定兒童及少年收養認可應有之作爲**：爲確保被收養兒童及少年之權益，本法第十四條明文規定，兒童及少年收養認可應考量之因素：(1)顧慮兒童及少年之最佳利益，斟酌收養人之人格、經濟能力、家庭狀況及以往照顧或監護其他兒童及少年之紀錄；(2)尊重兒童及少年之意願，滿七歲之兒童及少年被收養時，兒童及少年之意願應受尊重；(3)准許兒童及少年與收養人先行共同生活一段期間，供法院決定認可之參考；(4)認可收養前進行訪視，法院認可之收養前，應命主管機關或福利機構進行訪視，提出調查報告及建議。

6.**明定兒童及少年收養關係之終止**：為免損害被收養兒童及少年之權益，本法第十六條明文規定，養父母對養子女有：(1)第三十條各款所定行為之一（此條規定係指任何人對兒童及少年不得有之行為，如遺棄、身心虐待、利用兒童及少年行乞等等），(2)違反第二十六條第二項或第二十八條第二項規定，情節重大者（此兩條規定係指父母、監護人或其他實際照顧兒童及少年之人，放任兒童及少年吸煙、飲酒、嚼檳榔、飆車……，或出入酒家、特種咖啡茶室、限制級電子遊戲場……，）；養子女、利害關係人或主管機關得向法院聲請宣告終止其收養關係。

7.**明定被遺棄兒童及少年收養之認可**：被遺棄兒童及少年，若其父母雙方或父母一方身分不明，或行蹤不明，或避不見面，或父母不詳而兒童已滿七歲；法院對其認可收養前，應命主管機關調查其身分資料，以保障被遺棄兒童及少年之身分權益。

8.**明定中央主管機關應設立「收養資訊中心」**：為免日後發生近親結婚、發現遺傳性疾病、或欲尋找親生父母資訊等「知」的權利之相關問題；本法第十七條明定，中央主管機關應自行或委託兒童及少年福利機構設立「收養資訊中心」，保存出養人、收養人及被收養兒童及少年之身分、健康等相關資訊之檔案，統籌收養相關資料之建立與保存。

9.**明定「代覓收養人」之機制**：此一機制建置的主要目的為：(1)就出養之一方言：無力自行養育子女之出養者，經機構評估了解，確有出養必要時，即由機構代覓適當之收養人，以杜絕販賣子女及非法媒介等情事發生；(2)就收養之一方言：機構亦先進行面談及評估，確認其收養動機良善後，提供收養人於收養兒童前應先具備之親職教育能力及相關課程及輔導團體，以提昇收養人與被收養人間之親子關係品質及增強家庭之功能。故本法第十八條明定，父母或監護人因故無法對其兒童及少年盡扶養義務時，於聲請法院認可收養前，得委託出養服務之兒童及少年福利機構，代覓適當之收養人。

10.**增列對兒童及少年提供家庭支持性服務**：爲協助現代家庭解決因社會變遷所產生的各種托育需求與教養困難；本法第十九條明定，直轄市、縣（市）政府，應鼓勵、輔導、委託民間或自行辦理：兒童托育服務、兒童課後照顧服務、兒童少年及其父母親職教育、未婚懷孕或分娩而遭遇困境之婦嬰給予適當之安置及協助、兒童及少年適當之休閒、娛樂及文化活動等家庭支持性服務，以協助弘揚家庭之功能。

11.**明定三歲以下兒童之醫療照顧措施**：本法第二十條規定，政府應規劃實施三歲以下兒童醫療照顧措施，必要時並得補助其費用。至於費用之補助對象、項目、金額及其程序等之辦法，由中央主管機關定之。

12.**增訂發展遲緩兒童或身心障礙兒童及少年之處置**：對於發展遲緩兒童或身心障礙兒童及少年而言，第一關卡爲：出生通報，主管機關應盡速掌握新生兒篩檢資料，對疑似發展遲緩兒童或身心障礙兒童及少年，即早進行早期療育；第二關卡爲：透過初步篩檢工作，由衛生、教育、社政等主政單位共同負責辦理，科以橫向之行政配合，從衛生所、基層醫療院所、托兒所或幼稚園單位進行；第三關卡爲：賦予通報之義務，本法第二十二條明定，各類兒童及少年福利、教育及醫療機構，發現有疑似發展遲緩兒童或身心障礙兒童及少年，應通報直轄市、縣（市）主管機關。直轄市、縣（市）主管機關應將接獲資料，建立檔案管理，並視其需要提供、轉介適當之服務。

13.**明定兒童及少年之禁止行爲**：本法第二十六條明定，兒童及少年不得吸菸、飲酒、嚼檳榔、吸毒、飆車及閱讀不良書刊、A片等影音產品；父母、監護人或其他實際照顧兒童及少年之人，未善盡禁止之責任者，視情節不同，可處新台幣三千元至三十萬元不等的罰鍰。又第二十八條明定，兒童及少年不得出入酒家、特種咖啡營業場所、限制級電子遊戲場及其他涉及足以危害兒童及少年身心健康之賭博、色情、暴力等場所，或至前項之場所打工；父母、監護人或其他實際照顧兒童及少年之人，未善盡禁止之責任，可處新台幣二萬元以上十萬元以下罰鍰，並公告其姓名。

14.**明定出版品、電腦軟體、電腦網路應予分級**：本法第二十七條明定，出版品、電腦軟體、電腦網路應予分級；列爲限制級者，禁止對兒童及少年租售、散布、播送或公然陳列；供應兒童及少年有關暴力、猥褻或色情之出版品，光碟、影片、電子訊號或電腦網路，可處新台幣六千元以上三萬元以下罰鍰。

15.**明定孕婦之禁止行爲**：本法第三十一條明定，孕婦不得吸菸、酗酒、嚼檳榔、施用毒品、非法施用管制藥品或爲其他有害胎兒發育之行爲。任何人不得強迫、引誘或以其他方式使孕婦爲有害胎兒發育之行爲。違反前述有害胎兒發育之行爲，可處新台幣一萬元以上五萬元以下罰鍰。

16.**明定兒童及少年保護之通報責任**：本法第三十四條明定，醫事人員、社會工作人員、教育人員、保育人員、司法人員、警察及其他執行兒童及少年福利業務人員，知悉兒童及少年有：(1)施用毒品、非法施用管制藥品……，(2)充當第二十八條第一項禁止出入場所之侍應，(3)遭受第三十條之被遺棄、被虐待等等各款之禁止行爲，(4)有立即危險或危險之虞亟需緊急保護及安置之情形，(5)遭受其他傷害之情形等，應立即向直轄市、縣（市）主管機關通報，至遲不得超過二十四小時。違反前述規定，而無正當理由者，可處新台幣六千元以上三萬元以下罰鍰。

17.**明定強化兒童及少年之緊急保護及安置措施**：爲妥善維護兒童及少年的安全與健康發展；本法第三十六條明定，兒童及少年有：(1)未受適當之養育或照顧，(2)有立即接受診治之必要，而未就醫者，(3)遭遺棄、虐待、買賣、質押，被強迫或引誘從事不正當之工作者，(4)遭受其他迫害，非立即安置難以有效保護者等情形之一，非立即給予保護、安置或爲其他處置，其生命、身體或自由有立即之危險或有危險之虞者，直轄市、縣（市）主管機關應予緊急保護、安置或爲其他必要之處置，並應續予追蹤輔導一年。

18.**明定兒童及少年家庭處遇計畫之實施**：為強化兒童及少年保護工作之機能，並回復家庭功能；本法第四十三條明定，兒童及少年有第三十條或第三十六條第一項各款情事，或目睹家庭暴力之兒童及少年，經直轄市、縣（市）主管機關列為保護個案者，該主管機關應提出兒童及少年家庭處遇計畫；且規定處遇計畫之實施，兒童及少年本人、父母、監護人、實際照顧兒童及少年之人或其他有關之人均應予配合。前項處遇計畫得包括：家庭功能評估、兒童少年安全與安置評估、親職教育、心理輔導、精神治療、戒癮治療或其他與維護兒童及少年或其家庭正常功能有關之扶助及福利服務方案。

19.**明定兒童及少年姓名及身分資訊之保密**：為免遭受第三十條或第三十六條第一項各款行為之兒童及少年受到二度傷害，本法第四十六條規定，宣傳品、出版品、廣播電視、電腦網路或其他媒體不得報導或記載這些兒童及少年之姓名或其他足以識別身分之資訊。兒童及少年有施用毒品、非法施用管制藥品或其他有害身心健康之物質之情事者，亦同。違反前述規定，可處新台幣三萬元以上三十萬元以下罰鍰，並得沒入第四十六條第一項規定之物品。

20.**明定兒童及少年福利機構之分類**：本法第五十條明定，兒童及少年福利機構分為：(1)托育機構，(2)早期療育機構，(3)安置及教養機構，(4)心理輔導或家庭諮詢機構，(5)其他兒童及少年福利機構。

21.**加重命令接受親職教育輔導之規定**：原兒童福利法規定，命令接受親職教育輔導之時數為四小時以上，拒不接受或時數不足者，處新台幣一千二百元以上六千元以下罰鍰，並採連續罰，至其參加為止。本次修法將命令接受親職教育輔導之時數提高為八小時以上五十小時以下，並收取必要之費用。如有正當理由無法如期參加者，得申請延期；拒不接受或時數不足者，處新台幣三千元以上一萬五千元以下罰鍰，同樣採連續罰，至其參加為止。其立法精神，旨在希望藉此產生嚇阻作用。

22. **增列十八歲以上未滿二十歲之人準用本法之規定**：實務上常發生少年於安置期間年滿十八歲，而其之後無法繼續接受保護措施之情形；本法特增列第六十八條明定，十八歲以上未滿二十歲之人，於緊急安置等保護措施，準用本法之規定。

23. **將原兒童福利法施行細則不法領取補助之罰鍰規定移列至母法**：原兒童福利法第十四條規定，以詐欺或其他不正當方法領取兒童福利法規定之各項補助費者，主管機關應予追回；涉及刑事責任者，移送司法機關辦理。類此關係人民權利義務的事項僅於施行細則予以規定，有違法律保留原則；故此次修法，增列第七十一條明定，以詐欺或其他不正當方法領取本法相關補助或獎勵費用者，主管機關應撤銷原處分，並以書面限期命其返還，屆期未返還者，依法移送強制執行；其涉及刑事責任者，移送司法機關辦理。

四、兒童及少年福利政策之展望

欣逢「兒童及少年福利法」將兒童福利法及少年福利法整合修正公布；展望未來，對於兒童及少年福利推展的方向，個人認為，下列重點工作亟待努力增強。

㈠加速建構完整兒童及少年福利法規體系

配合「兒童及少年福利法」之修正公布，加速進行施行細則及相關子法之訂定，以建構完整兒童及少年福利法規體系，俾對未滿十八歲兒童及少年能有一體適用之權益保障措施。

㈡積極研商訂定幼托整合方案

目前幼稚園之主管機關屬教育部，而托兒所之主管機關屬內政部；非但雙頭馬車，且其幼托年齡及內容均有重疊之處；內政部與教育部應群策群力，共同推展幼托整合工作，規劃後續配套措施，研擬「幼兒教育與照顧法」，以健全我國學前幼兒教保體系。

㈢賡續推動「社區保母支持系統」

為落實執行「五五五」安親專案，針對最需要照顧的五種人口：(1)嬰幼兒，(2)學齡前幼兒，(3)下課後的國小學童，(4)需要特別關懷，(5)需要長期照顧的老人、病患和身心障礙者，提供適切的照顧；其中前三者應賡續推動「社區保母支持系統」，並補助原住民、偏遠地區及地方政府普設托兒所、課後托育中心，以資因應。

㈣落實兒童少年保護工作

兒童少年保護工作是兒少福利重要之一環，亦是最難落實執行的業務；為強化此項工作成效，應加強輔導地方政府及民間團體辦理緊急救援、安置輔導、強制性親職教育及家庭輔導重建等；並有效辦理兒童少年保護教育宣導、建構兒童少年保護網絡，落實通報制度，整合跨專業服務；以確保兒童少年免於遭受虐待、疏忽等不法侵害。

㈤建置「發展遲緩兒童早期療育個案管理資訊系統」

發展遲緩兒童如未能於三歲之前及早發現並接受療育，很有可能導致身心障礙之不幸。因之，如何加強發展遲緩兒童早期療育之教育宣導，提高通報率，普設早期療育據點，充實早期療育設施設備，提供均衡性及便利性早期療育服務功能，均為刻不容緩的急切要務。尤其更應加速建置「發展遲緩兒童早期療育個案管理資訊系統」，應用社會工作員專業知能的增強訓練，以提昇發展遲緩兒童早期療育之具體成效。

㈥規劃辦理兒童少年照顧方案

為因應社會的快速變遷及兒童少年之迫切需求，建構全面福祉的兒童少年照顧服務應是整體社會所共同追求的願景。因之，如何規劃實施「兒童少年照顧方案」，期從兒童少年之經濟安全、托育照顧、保護安置、福利服務、教育訓練、休閒娛樂、醫療保健等面向，提供以兒童少年為中心，兼顧健全家庭功能之整合性服務方案，俾以增進兒童少年福祉，實乃不容等待的創新措施。

㈦推動外籍配偶家庭子女親職教育

爲因應外籍、大陸新娘日益增加的趨勢，亟應思考提供外籍或大陸配偶瞭解如何奠定嬰兒發展完整人格之基礎、如何妥善教養兒童、如何提昇家庭之親子和諧與互動關係；基此，透過加強辦理親職教育，拍攝親職教育宣導短片、辦理親子活動等方式，以提昇外籍或大陸配偶家庭之夫妻及親子互動關係有待積極辦理。

㈧結合社會資源有效防杜兒童少年犯罪

爲有效防杜兒童少年犯罪，應結合家庭、學校、社會等資源，針對不良適應行爲及遭遇不幸之兒童及少年，提供追蹤輔導服務，協助改善兒童少年之適應狀況，建立良好之適應行爲，以促進兒童及少年身心之健全發展。

㈨強化兒童少年網路安全認知

配合知識經濟之推廣及行政院新聞局網站內容分級制度之推動，廣結民間力量，加強辦理兒童少年網路安全宣導活動，強化兒童少年網路安全認知，保護兒童少年免受不良網站內容之影響。

㈩致力提昇寄養家庭的照顧品質和能力

寄養家庭是維護兒童及少年最佳利益的另一處所，如何調整寄養家庭對兒童少年的期望及其對原生家庭的負面觀感至爲重要；令人憂心的是，仍有不少寄養家庭對親職、母職、及低社經家庭存有刻板印象，未能突破親子關係的迷思。無可諱言的，受虐兒童少年在原生家庭曾有特別與眾不同的經驗，若寄養家庭的父母完全昧於這種事實，且又沒有經過訓練缺乏處理的能力；極有可能會讓兒童及少年再次經歷成人世界的拒絕，一再受到傷害，導致更加扭曲他們對人際關係的看法。因之，如何運用社會工作員發揮專業知能，扮演兒童少年與寄養家庭的催化角色，致力提昇寄養家庭的照顧品質和能力，應爲兒童少年保護工作的另一要務。

(十一)寬列推展兒童及少年福利經費預算

「兒童及少年福利法」之修正公布，兒童及少年福利雖有更爲健全的法律基礎，惟更需要有充裕的經費及足夠的人力才得有效推展。目前兒童及少年福利經費預算占整體社會福利預算之第三位，次於身心障礙者福利及老人福利；若以標的人口的平均分配，相對顯得較爲短少。因之，今後，各級政府，尤其是地方政府，如何寬列或訂定一定比例推展兒童及少年福利預算，實爲整體社會福利發展應予重新思考的課題。

(十二)加強培訓兒童及少年福利專業人才

兒童及少年福利業務之推展，舉凡：托育服務、發展遲緩兒童早期療育、兒童少年保護工作、兒童少年心理輔導工作等等，在在需要豐富的專業知能及科際整合的能力。爲能配合兒童及少年福利法修正之落實實施，加強兒童及少年福利專業人才的培訓應爲第一要務。

(十三)落實主管機關及各目的事業主管機關之權責分工

兒童及少年福利工作牽涉範圍既廣且雜，絕非單一領域之力量所能克竟事功。因之，本法修正時特增列主管機關及各目的事業主管機關的權責範圍；務須各相關機關發揮科際整合的功能，針對兒童及少年之多元需求，主動規劃所需福利措施；始能使兒童及少年福利業務在專業分工及專業整合兼籌並顧的情況下，展現具體、輝煌的成效。

肆、結語

兒童及少年福利的發展，早期係以問題取向（problem orientation）爲主，即針對有特殊需求的兒童及少年，如：被遺棄、貧困失依、受虐、行爲偏差、情緒困擾、發展遲緩、身心障礙、非行兒童及少年，提供關懷、救助、安置、保護、輔導、養護或矯正等措施；直至目前則以發展取向（development orientation）爲主，即其服務的對象擴及一般兒童及少年健全生活之所需，包括：衛生保健、托育服務、教育、就業、休閒娛樂及司法保護等領域。易言之，其發展的趨勢是：(1)從不幸特殊到一般關懷的健全生活，(2)從機構收容至家庭維繫的服務方案，(3)從兒少本身到家庭生態的整體考量。這些服務措施透過政策、立法與行政的運作設計，當父母不能維護、協助或改善兒童及少年發展時，透過政府、民間與專業的力量予以支持、補充或代替來滿足兒童及少年的需求、保障兒童及少年的權益及增進兒童及少年的福利。

兒童少年福利的內容可分爲：支持、補充及替代三道防線。第一道防線是支持性服務，此即當家庭結構仍然完整，但家庭關係及親子關係產生緊張，使家庭成員蒙受壓力，設若其壓力持續進行而未能減緩，將導致家庭結構之破壞，如：遺棄、分居、離婚或其他危機時，則經由以家庭爲基礎的計畫及兒少保護機構所提供的支持性服務，並借助家庭本身的力量，增強父母親的努力；致力處理父母的婚姻衝突，設法減低親子關係的緊張，使得家庭功能得以修補、維持、改善，以免對兒童少年造成不良的影響。其具體內容包括：兒童少年津貼、托育服務、親職教育、兒童少年休閒娛樂、諮商服務等。

兒童少年福利的第二道防線是補充性服務，此即當父母親的角色扮演不當，導致親子關係的嚴重損傷；惟其家庭結構只要透過補充與輔助，仍能使其子女繼續生活在家庭中，而不致受到傷害。補充性服務是從家庭系統以外尋求協助，其具體內容包括：家庭經濟補助、家務員服務、托育服務、課後照顧等。

替代性服務是兒童少年福利的第三道防線，此即當子女陷於非常危險的境地，需要短暫的或永久的解除親子關係，始能維護兒童少年之權益；這種替代性服務可能是臨時性的、短暫的，也可能是長時間的、永久的；重要的是要以「兒童及少年之最佳利益」爲考量，以決定替代時間的長短。其具體內容包括：寄養家庭、收養家庭、兒童少年教養機構、育幼院、中途之家等。

具體、完善的兒童及少年福利政策，需要決策者仔細詳估社會變遷及未來環境，思考其應採用的原則及實施的策略；在政策制定之後，尤需有完備的法規及健全的制度加以配合。由於兒童少年福利政策的制定是反映民間對兒童少年照顧理念的認同，及家庭、社會與政府角色的定位；因此，兒童少年福利政策的制定，應對標的服務人口考慮到公平、正義、效率、均衡、整合等原則；尤應去除因政黨輪替而造成政策的搖擺動盪，致使兒童少年的權益受損、福利受害。

總之，兒童少年福利已不再只是單純的人道主義問題，也不只是消極地針對需要救濟和特別照顧的不幸兒童及少年，而是更進一步積極地針對一般兒童少年權益保護的導引；包括：教育、衛生、社政等各方面的福利措施，及滿足兒童少年時期生理、心理、休閒、娛樂的需求；促使兒童少年得以充分發揮其潛能，達成均衡且健全的成長發展。個人認爲，今後兒童及少年福利政策，應以「全人式」照顧爲目標，運用社會工作專業方法，致力增進家庭和諧，促進親子關係，提昇兒童少年創造思考及解決問題的能力，增強兒童少年的社會適應；以人性化、家庭化、社區化的服務導向，提供兒童及少年多元性、可近性、個別性的關懷服務。

第三章　老人福利法

壹、前言

依據內政部人口統計資料發現，我國於八十二年九月時，六十五歲以上老年人口計有一四七萬餘人，佔總人口比例百分之七，已達聯合國世界衛生組織所訂的高齡化社會指標；迄至民國八十六年底，六十五歲以上老年人口已增加到一七五萬餘人，佔總人口比例百分之八點〇五；截至九十一年底，六十五歲以上老年人口已達二〇三萬餘人，佔總人口比例百分之九點〇二。另據行政院經建會的推估，我國人口老化的趨勢將加速成長，至民國一〇九年，老年人口總數將達三五四萬餘人，佔總人口比例百分之一四點〇八，約爲八十二年的二倍；及至民國一二〇年，老年人口總數估計會有五一七萬餘人，佔總人口比例百分之二〇點〇七，亦即每五人中就有一人是高齡老人。

此外，隨著醫藥衛生的進步，我國國民的平均餘命亦逐年增加；依內政部統計資料顯示，八十二年的國民平均餘命：男性爲七一點六一歲，女性爲七七點五二歲，兩性平均七四點二八歲；迄至八十六年國民平均餘命：男性爲七一點九三，女性爲七七點八一，兩性平均七四點五八；截至九十一年國民平均餘命：男性爲七三點〇三，女性爲七八點八二，兩性平均七五點六六；由此可見，國人六十五歲退休後，平均還有將近十五年的老年生活需要作妥善的生涯規劃。

另就老化指數而言，八十二年我國剛邁入高齡化社會時爲百分之二八點二四，八十六年則爲百分之三五點六五，而九十一年已達百分之四四點一七。而老年人口依賴比，八十二年爲百分之一〇點四八，八十六年爲百分之一一點六二，九十一年爲百分之十二點七八。至於扶養比，八十二年爲百分之四七點六〇，八十六年爲百分之四四點二二，九十一年爲百分之四一點七二。從這些資料更可看出，老化指數及老年人口依賴比逐年升高，而扶養比卻逐年降低，顯現年青一代未來負責扶養長輩的責任愈來愈重。

從高齡人口快速增加，國人平均壽命延長的現象，足以表示在生命週期中，每個人擁有更大的發展空間，可以彩繪更多采多姿的人生；但整體人口結構及家庭型態的改變，也讓我們必須以嚴肅的態度來思考高齡化社會所衍生的問題。根據內政部統計處所作多次老人生活狀況調查資料，及內政部社會司委託學者專家所作老人福利需求報告，綜合分析發現，老人感到最重要的需求順位爲：第一：「健康醫療」，其次依序爲：「經濟安全」、「教育休閒及娛樂」、「居住安養」、「心理及社會適應」及「家庭關係支持」。吾人深知，壽命延長的目標容易實現，但如何因應老人需求，追求安適而有尊嚴的高齡生涯以展現個人存在的價值與意義，則是對高齡者、家庭、社會、甚至政府最大的挑戰；又如何透過社會安全制度的建立，及對家庭、社會功能強化，讓高齡者生活更加充實，更爲現代化國家社會福利政策的理想目標。我國在八十二年九月已經邁入高齡化社會，以老年人口增加的快速及所面臨的問題，亟需及早規劃因應策略以滿足老人需求。

爲弘揚敬老美德，維護老人健康，安定老人生活，保障老人權益，增進老人福利；我國於民國六十九年一月二十六日制定公布「老人福利法」全文二十一條。迄至八十六年六月十八日才第一次修正公布全文三十四條。這次修正應是老人福利法自六十九年公布施行以來經過十七年所進行的大幅修正，將原僅二十一條的法案增至三十四條，計增加十三條條文。此後，於八十九年五月三日又第二次修正公布第三條、第四條、第十五條、第二十條、第二十五條、第二十七條條文；九十一年六月二十六日第三次修正公布第九條條文，並增訂第十三條之一條文。

另我國爲因應獨居老人問題之嚴重性，特依據老人福利法及國軍退除役官兵輔導條例，於民國八十七年五月七日經行政院第二五七七次會議通過「**加強老人安養服務方案**」，茲將該方案之重點規定擇述如下：

㈠方案目標

1.保障老人經濟生活。
2.維護老人身心健康。
3.提昇老人生活品質。
4.充實老人照顧人力設施。

5.落實老人居住安養服務。

㈡實施期程

該方案之首期期程自民國八十七年五月至民國九十年六月止，期滿前三個月進行檢討修正，修正後之新方案維持三年期程。

㈢實施要項

1.老人保護網絡體系。
2.居家服務與家庭支持。
3.機構安養。
4.醫護服務。
5.社區照顧及社會參與。
6.教育宣導及人才培訓。
7.老人住宅。
8.老人年金、保險及補助。

「加強老人安養服務方案」第二期期程亦自九十一年六月至九十三年十二月三十一日實施完畢。第三期奉行政院於九十四年八月三十一日以院台內字第〇九四〇〇三七六五七號函核定，實施期程自民國九十四年一月一日起至九十六年十二月三十一日止；該方案第三期之重點規定如下：

㈠方案目標

1.加強老人生活照顧。
2.維護老人身心健康。
3.保障老人經濟安全。
4.促進老人社會參與。

㈡推動策略

期以資源開發、鼓勵民間投入及強化志工參與為主要策略。

1.於資源開發部分：除進行現有機構之資源盤點，並同步輔導地方政府依現有資源配置狀況進行未來服務發展規劃，以達服務

整體性及區域資源平衡發展。

2.於鼓勵民間投入部分：透過扶植民間團體設置社區照顧關懷據點，以健康促進之方式，提供在地的初級預防性照顧服務，並依需求連結各級政府所推動之社區照顧、機構照顧及居家服務等各項照顧服務措施，進而與長期照顧服務接軌，以達服務連續性。

3.於強化志工參與部分：配合社區照顧關懷據點之設立，推廣「在地人提供在地服務」，同時鼓勵健康老人參與志願服務，以達服務貼近民眾生活，並有效開發人力資源之目標。

㈢實施要項

1.長期照顧與家庭支持。

2.保健與醫療照顧服務。

3.津貼與保險。

4.老人保護網絡體系。

5.無障礙生活環境與住宅。

6.社會參與。

7.專業人力培訓。

8.教育與宣導。

綜研我國推展老人福利的政策依據爲：

㈠中華民國憲法

1.第十五條：「人民之生存權、工作權及財產權，應予保障」。

2.第一百五十五條：「國家爲謀社會福利，應實施社會保險制度。人民之老弱殘廢，無力生活，及受非常災害者，國家應予以適當之扶助與救濟」。

㈡中華民國憲法增修條文

第十條：「國家應重視社會救助、福利服務、國民就業、社會保險及醫療保健等社會福利工作，對於社會救助和國民就業等救濟性支出應優先編列」。

㈢社會福利政策綱領

行政院民國八十三年七月十四日第二三八九次院會審議通過，八十三年七月三十日修正核定之「社會福利政策綱領」「貳、實施要項」中「(參) 福利服務」之第十七點規定：「加強社區老人安、療養設施，結合社區資源建立居家照顧服務網絡，協助高齡者盡早建立生涯規劃，培養健康之生活態度」。

㈣社會福利政策綱領實施方案

此項方案行政院亦於民國八十三年七月十四日審議通過，八十三年七月三十日修正核定。該方案「參、福利服務」中：

1. 第十四點規定：「檢討修正老人福利機構設立標準，以加強老人福利機構之輔導管理，促進老人安、療養服務」。
2. 第十五點規定：「規劃實施老人生活津貼措施及年金保險制度以保障老人經濟生活安全」。
3. 第十六點規定：「結合區域相關老人機構，提供居家服務、居家護理、托老及文康休閒等措施」。
4. 第十七點規定：「普及老人教育，倡導老人生涯規劃」。

貳、法案內涵

老人福利法（Old Age Welfare Law）本法計有六章三十四條：第一章：總則，第二章：福利機構，第三章：福利措施，第四章：保護措施，第五章：罰則，第六章：附則。老人福利法施行細則計有十九條。茲將兩法案之全部內涵綜合予以詳述解說於后。

一、總則

㈠目的

老人福利法之制定，係爲弘揚敬老美德，維護老人健康，安定老人生活，保障老人權益，增進老人福利。（第1條）

㈡定義

老人福利法所稱老人，係指年滿六十五歲以上之人。（第2條）有關老人之年齡，以戶籍登記者爲準。（施行細則第2條）

至本法施行前公私立之老人福利機構，對已提供福利之人應繼續辦理，不受本法第二條所定年齡之限制。（施行細則第3條）

㈢主管機關

老人福利之主管機關，在中央爲內政部，在直轄市爲直轄市政府，在縣（市）爲縣（市）政府。（第3條第1項）

爲執行有關老人福利業務，各級主管機關應設專責單位或置專責人員。（第3條第2項）

涉及老人福利各項業務之相關目的事業主管機關，應就主管項目主動配合規劃並執行之。（第3條第3項）

㈣各級政府之權責

1. 各級政府應各本職掌或宗旨，對老人提供服務及福利。（第4條第1項）其所提供之服務與福利措施，應定期調查及評估地方老人需求、社會經濟狀況及其發展趨勢，訂定近程、中程、遠程計畫，據以執行。（施行細則第4條）
2. 各級政府得以委託興建、撥款補助、興建設施委託經營、委託服務或其他方式，獎助民間對老人提供服務及福利。（第4條第2項）其獎助辦法，由各級政府定之。（第4條第3項）
3. 各級政府得督促、協助有法定扶養義務之人應善盡奉養老人之

責。（第7條）其所定有法定扶養義務之人，乃指依民法規定順序定其履行義務之人。（施行細則第7條）

4. 各級政府爲提高老人福利專業人員素質，應經常舉辦專業訓練。（第8條第1項）有關專業人員之資格，由中央主管機關定之。（第8條第2項）
5. 各級主管機關爲協調、研究、審議、諮詢及推動老人福利，應設老人福利促進委員會；其組織規程，由中央主管機關定之。（第5條）
6. 各級政府接受私人或團體之捐贈，應妥善管理及運用；其屬現金者，應設專戶儲存，專作增進老人福利之用。但捐贈者有指定用途者，應專款專用。（施行細則第6條第1項）且其所受之捐贈，應辦理公開徵信。（施行細則第6條第2項）

㈤各級老人福利機構之職責

1. 各級老人福利機構亦應各本職掌或宗旨，對老人提供服務與福利。（第4條第1項）
2. 各級老人福利機構亦得督促、協助有法定扶養義務之人應善盡奉養老人之責。（第7條）
3. 各級老人福利機構對六十歲以上未滿六十五歲之人自願負擔費用者，得視內部設施情形，提供長期照護、養護或安養之服務。（施行細則第5條）
4. 各級老人福利機構接受私人或團體之捐贈，應妥善管理及運用；其屬現金者，應設專戶儲存，專作增進老人福利之用。但捐贈者有指定用途者，應專款專用。（施行細則第6條第1項）且其所受之捐贈，應辦理公開徵信。（施行細則第6條第2項）

㈥老人福利促進委員會之設置

各級主管機關爲協調、研究、審議、諮詢及推動老人福利，應設老人福利促進委員會；其組織規程，由中央主管機關定之。（第5條）

㈦經費

各級政府老人福利之經費來源如下（第6條）：

1.按年專列之老人福利預算。

2.社會福利基金。

3.私人或團體捐贈。

二、福利機構

㈠種類

地方政府應視需要設立並獎助私人設立下列各類老人福利機構（第9條第1項）：

1.長期照護機構：以照顧罹患長期慢性疾病且需要醫護服務之老人爲目的。

2.養護機構：以照顧生活自理能力缺損且無技術性護理服務需求之老人爲目的。

3.安養機構：以安養自費老人或留養無扶養義務之親屬或扶養義務之親屬無扶養能力之老人爲目的。

4.文康機構：以舉辦老人休閒、康樂、文藝、技藝、進修及聯誼活動爲目的。

5.服務機構：以提供老人日間照顧、臨時照顧、就業資訊、志願服務、在宅服務、餐飲服務、短期保護及安置、退休準備服務、法律諮詢服務等綜合性服務爲目的。

㈡設立標準

各類老人福利機構之設立標準，由中央主管機關定之。但涉及醫事服務者，會同中央衛生主管機關定之。（第9條第2項）此項設立標準業於民國八十七年六月十七日經內政部與行政院衛生署會銜修正頒布。

第一項各類機構所需之醫療或護理服務，應依醫療法、護理人員

法或其他醫事專門職業法等規定辦理。（第9條第3項）

㈢名稱

老人福利機構之名稱，除應依老人福利法第九條第一項規定標明其業務性質外；其由地方政府設立者，應冠以該地方政府之名稱；其由民間設立者，應冠以私立二字。（第10條）

㈣設立許可

創辦老人福利法第九條第一項之各類老人福利機構，應以申請書載明下列事項，申請當地主管機關許可；其經許可後，應層報中央主管機關備查。（第11條第2項）

1. 名稱及地址。
2. 組織性質及管理計畫。
3. 經費來源及預算。
4. 業務性質及規模。
5. 創辦人姓名、地址及履歷。

關於老人福利法第九條第一項之各類老人福利機構設立許可辦法，由中央主管機關定之。但涉及醫事服務者，會同中央衛生主管機關定之。（第11條第3項）

㈤其他規定

1. **單獨或綜合設立**：本法第九條第一項之各類老人福利機構，得單獨或綜合辦理；並得就其所提供之設施或服務收取費用，以協助其自給自足。（第9條第5項）惟私立老人福利機構提供設施或服務收取費用者，其收費規定，應報由當地主管機關核定。（施行細則第8條）
2. **跨越行政區域之主管機關**：私立老人福利機構設立地點跨越不同行政區域時，由受理其設立申請之機關爲主管機關。（施行細則第9條）
3. **獎助辦法**：第九條第一項各類老人福利機構之獎助辦法，由各級主管機關暨目的事業主管機關定之。（第9條第4項）

4.**辦理財團法人登記**：經許可創辦之私立老人福利機構，未於前項期間辦理財團法人登記，而有正當理由者，得申請當地主管機關核准延長一次，期間不得超過三個月；逾期不辦者，原許可失其效力。（第12條第2項）

5.**免辦財團法人之要件**：經許可創辦私立老人福利機構者，應於三個月內辦理財團法人登記。但小型設立且不對外募捐、接受補助或享受租稅減免者，得免辦財團法人登記。（第12條第1項）關於小型機構設立之規模、面積、設施、人員配置等設立標準，由中央主管機關定之。（第12條第3項）

6.**輔導、監督、評鑑及獎勵**

(1)老人福利機構應按年將工作報告及收支報告送請主管機關備查；主管機關對老人福利機構應予輔導、監督及評鑑。（第13條第1項）

(2)私立老人福利機構，辦理成績優良者，主管機關應予獎勵；其獎勵辦法由各級主管機關定之。（第13條第2項）

(3)私立老人福利機構不得兼營營利行爲或利用其事業爲任何不當之宣傳。（第13條第3項）

(4)私立老人福利機構辦理不善或違反原許可設立之標準或違反老人福利法第十三條第三項規定兼營營利行爲或利用其事業爲任何不當之宣傳者，主管機關應通知其限期改善。（第13條第4項）

7.**捐贈之管理、運用及公開徵信**：各級政府及老人福利機構接受私人或團體之捐贈，應妥善管理及運用；其屬現金者，應設專戶儲存，專作增進老人福利之用。但捐贈者有指定用途者，應專款專用。（第13條之1第1項）前項所受之捐贈，應辦理公開徵信。（第13條之1第2項）

8.**專業人員之遴用**：老人福利機構之業務，應擇用專業人員辦理之。（第14條）

9.**機構經營之要求**：各類老人福利機構所需之醫療或護理服務，應依醫療法、護理人員法或其他醫事專門職業法等規定辦理。（第9條第3項）

10. 獎勵辦法：各類老人福利機構之獎助辦法，由各級主管機關暨目的事業主管機關定之。（第9條第4項）

三、福利措施

㈠各級政府應辦之福利措施

直轄市、縣（市）政府應視實際需要，辦理下列事項（第15條第1項）：

1. 政府直接興建之國民住宅，提供符合國民住宅承租條件且與老人同住之三代同堂家庭給予優先承租之權利。
2. 專案興建適合老人安居之住宅，並採綜合服務管理方式，專供老人租賃。
3. 鼓勵民間興建適合老人安居之住宅，並採綜合服務管理方式，專供老人租賃。

依上項第一款規定承租之國民住宅，於老人非因死亡而未再同住時，國民住宅主管機關應收回該住宅及基地。（第15條第2項）

關於上述2.3.兩項所定適合老人安居之住宅，其設計應符合下列規定（施行細則第10條第1項）：

(1)提供老人寧靜、安全、合適、衛生、通風採光良好之環境及完善設備與措施。

(2)建築物之設計、構造及設備與措施，應符合建築法及其有關法令規定，並應具無障礙環境。

(3)消防安全設備、防火管理、防焰物品等消防安全事項，應符合消防法及其有關法令規定。

(4)社區規劃及住宅設計，應符合國民住宅條例所定國民住宅社區規劃及住宅設計規則之規定。

又關於上述2.3.兩項所定綜合服務管理，包括下列事項（施行細則第10條第2項）：

(1)環境清潔之維護。

(2)水電器材及房舍之維護、維修。

(3)門禁安全與緊急呼叫之受信及聯繫。

(4)其他必要之住宅管理及服務。

㈡經濟生活之保障

老人經濟生活保障，採生活津貼、特別照顧津貼、年金保險制度方式，逐步規劃實施。（第16條第1項）

關於年金保險之實施，依相關社會保險法律規定辦理。（第16條第2項）

又所稱**「特別照顧津貼」**（The Allowance of Special Care），係指對於罹患長期慢性病且生活自理能力缺損，需專人照顧之中低收入戶老人所給與之津貼。（施行細則第11條）

㈢中低收入者生活津貼

中低收入老人未接受收容安置者，得申請發給生活津貼。（第17條第1項）關於中低收入標準、津貼發給標準及辦法，由中央主管機關定之。（第17條第2項）目前有關中低收入老人生活津貼之發給，已於民國八十七年六月三日由內政部發布「中低收入老人生活津貼發給辦法」辦理之。

㈣居家服務

爲協助因身心受損致日常生活功能需他人協助之老人得到所需之持續性照顧，地方政府應提供或結合民間資源提供下列居家服務（第18條第1項）：

1.居家護理。

2.居家照顧。

3.家務服務。

4.友善訪視。

5.電話問安。

6.餐飲服務。

7.居家環境改善。

8.其他相關之居家服務。

以上關於居家服務之實施辦法，由地方政府定之。（第18條第2項）為積極推展居家服務工作，內政部已於民國八十七年三月十七日函頒「**加強推展居家服務實施方案**」暨教育訓練課程內容；要求各地方政府落實實施。

㈤無依老人喪葬之處理

無扶養義務之親屬或扶養義務之親屬無扶養能力之老人死亡時，當地主管機關或福利機構應為其辦理喪葬，所需費用，由其遺產負擔之；無遺產者，由當地主管機關或福利機構負擔之。（第19條）

㈥健康檢查及保健服務

老人得依意願接受地方主管機關定期舉辦之老人健康檢查及提供之保健服務。（第20條第1項）有關健康檢查及保健服務之項目及方式，由中央主管機關會同中央衛生主管機關定之。（第20條第2項）

㈦全民健康保險費等之補助

老人或其法定扶養義務人就老人參加全民健康保險之保險費、部分負擔費用或保險給付未涵蓋之醫療費用無力負擔者，地方政府應予以補助；其辦法由中央主管機關定之。（第21條）

㈧搭乘公共運輸工具及進入康樂場所之優待

老人搭乘國內公、民營水、陸、空公共交通工具、進入康樂場所及參觀文教設施，予以半價優待。（第22條）以上規定，老人可憑國民身分證或政府核發足以證明老人身分之證件，享受優待。（施行細則第12條）

㈨老人志願貢獻社會之協助

老人志願以其知識、經驗貢獻於社會者，社會服務機構應予以介紹或協助，並妥善照顧。（第23條）

㈩鼓勵參與社會活動

有關機關、團體應鼓勵老人參與社會、教育、宗教、學術等活動，以充實老人精神生活。（第24條）

(十一)敬老活動之舉辦

為弘揚敬老美德，各機關、團體、學校，得配合重陽節舉辦各種敬老活動。（施行細則第13條）

四、保護措施

㈠短期保護及安置

1. 老人直系血親卑親屬對其有疏於照料、虐待、遺棄等情事致其有生命、身體、健康或自由之危難，直轄市、縣（市）政府及老人福利機構得依職權並徵得老人同意或依老人之申請，予以適當短期保護與安置。老人如欲對其直系血親卑親屬提出告訴時，主管機關應協助之。（第25條第1項）
2. 老人因其直系血親卑親屬對其有疏於照料、虐待、遺棄等情事而接受短期保護及安置所需之費用，直轄市、縣（市）政府及老人福利機構得檢具費用單據影本及計算書，通知老人直系血親卑親屬限期繳納；屆期不繳納者，由直轄市、縣（市）政府老人福利經費先行代墊後，請求扶養義務人償還，並移送法院強制執行。（第25條第2項）

㈡建立老人保護體系

為發揮老人保護功能，應以直轄市及縣（市）為單位，建立老人保護體系。（第26條）

㈢安置無依老人

老人因無人扶養，致有生命、身體之危難或生活陷於困境者，直

轄市、縣（市）政府得依職權並徵得老人同意或依老人之申請，予以適當安置。（第27條）

五、罰則

㈠未經許可而成立福利機構之處罰

未經依法申請許可而成立老人福利機構者，處其負責人新台幣三萬元以上十五萬元以下罰鍰；其經限期申請設立許可或辦理財團法人登記，逾期仍未辦理者，得按次連續處罰，並公告其名稱，且得令其停辦。（第28條第1項）以上規定於本法修正公布日起滿二年實施。（第28條第2項）又其所定限期申請設立許可，其期間爲六個月。（施行細則第14條）

㈡福利機構未遵令改善或停辦之處罰

1. 私立老人福利機構辦理不善或違反原許可設立之標準或違反本法第十三條第三項規定兼營營利行爲或利用其事業爲任何不當之宣傳者，主管機關應通知其限期改善，逾期仍不改善者，得令其停辦。（第29條第1項）
2. 老人福利機構依本法第二十八條或第二十九條第一項規定令其停辦而拒不遵守者，再處新台幣五萬元以上二十五萬元以下罰鍰。（第29條第2項）
3. 老人福利機構經主管機關依第二十九條第三項規定處以罰鍰，仍拒不停辦者，處行爲人一年以下有期徒刑、拘役或科或併科新台幣五十萬元以下罰金。（第29條第3項）
4. 私立老人福利機構停辦、停業、歇業或決議解散時，主管機關對於該機構收容之老人應即予以適當之安置，老人福利機構應予配合；不予配合者，強制實施之，並處以新台幣三萬元以上十五萬元以下罰鍰；必要時，得予接管。（第29條第4項）有關接管辦法，由中央主管機關定之。（第29條第5項）

㈢對老人未盡扶養義務之處罰

依法令或契約有扶養義務而對老人有下列行為之一者，處新台幣三萬元以上十五萬元以下罰鍰，並公告其姓名；如涉及刑責，應移送司法機關偵辦（第30條）：

1.遺棄。
2.妨害自由。
3.傷害。
4.身心虐待。
5.留置無生活自理能力之老人獨處於易發生危險或傷害之環境。

㈣家庭教育與輔導

1.老人之扶養人或其他實際照顧老人之人違反老人福利法第三十條情節嚴重者，主管機關應對其施以四小時以上之家庭教育與輔導。（第31條第1項）以上家庭教育與輔導，如有正當理由，得申請原處罰之主管機關核准後延期參加。（第31條第2項）惟其核准延期參加者，以一次為限，最長不得逾三個月。（施行細則第18條）
2.凡應接受家庭教育與輔導不接受或時數不足者，處新台幣一千二百元以上六千元以下罰鍰，經再通知仍不接受者，得按次處罰至其參加為止。（第31條第3項）
3.依老人福利法第三十一條第一項規定施以家庭教育與輔導之內容，包括家庭倫理、親子溝通、人際關係、老人身心特性與疾病之認識及如何與老人相處等相關課程。（施行細則第17條第1項）以上應施以家庭教育與輔導之課程及時數，由直轄市、縣（市）主管機關依需要定之。（施行細則第17條第2項）

㈤處分書

依老人福利法所處之罰鍰，直轄市、縣（市）主管機關應填具處分書送達。受處分人接獲處分書後，應於三十日內繳納罰鍰。（施行細則第16條）

㈥處罰之主管機關

老人福利法所定之罰鍰及其他處罰之主管機關，係指直轄市、縣（市）主管機關。（施行細則第15條）

六、附則

㈠施行細則

本法施行細則，由中央主管機關定之。（第33條）

㈡施行日期

本法自公布日施行。（第34條）

參、析評與展望

一、老人福利法之子法及重要之相關規定

老人福利法除本法外，其授權訂定之子法及重要之相關規定計有：

㈠授權訂定之子法

1. 老人福利法施行細則。（第33條）
2. 老人福利機構設立標準。（第9條第2項、第12條第3項）
3. 老人福利機構設立許可辦法。（第11條第3項）
4. 老人長期照護機構設立標準及許可辦法。（第9條第2項、第11條第3項、第12條第3項）
5. 私人老人福利機構接管辦法。（第29條第5項）
6. 老人福利專業人員資格要點。（第8條第2項）

7.中低收入老人生活津貼發給辦法。（第17條第2項）

8.內政部老人福利促進委員會組織規程。（第5條）

9.直轄市縣（市）老人福利促進委員會組織規程。（第5條）

10.私立老人福利機構獎勵辦法。（第13條第2項）

㈡重要之相關規定

1.敬老福利生活津貼暫行條例。

2.老人健康檢查及保健服務項目及方式。

3.自費安養定型化契約（定有期限）範本。

4.自費安養定型化契約（未定期限）範本。

二、老人福利法之特色

綜觀我國於八十六年六月十八日以後修正公布之老人福利法，其所展現之特色約有下列數端：

㈠比照聯合國標準重新界定老人之定義

聯合國標準所稱老人，係指年滿六十五歲之人；而我國六十九年一月二十六日制定公布的老人福利法卻規定，年滿七十歲之人爲老人；顯與聯合國標準相差五歲。據說當時立法之所以作此決定，主要係考量我國經濟發展的狀況，擔心國家的財政負擔太重。及至八十六年修法時，民間團體、立法委員及學者專家一致認爲，我國所稱老人之定義，應與聯合國標準一致；因之，本法第二條明定，所稱老人，係指年滿六十五歲之人。

㈡明定老人福利機構之種類

六十九年制定之老人福利法僅將老人福利機構分爲：安養機構及療養機構；八十六年修法時，爲因應老人實際需求，特將老人福利機構區分爲：長期照護機構、養護機構、安養機構、文康機構及服務機構五類。主要是因爲罹患長期慢性疾病且需要醫護服務之老人逐年增加；且老人休閒康樂及聯誼活動之需求日益殷切；又老人日間照顧、

居家服務、餐飲服務，以及參與志願服務之服務措施亦更形重要。因之，本法第九條特別明定老人福利機構分爲五類。

㈢明定老人福利機構免辦財團法人登記之要件

爲使老人福利機構之設立，確實善盡照顧老人之責任；本法第十二條明定，經許可創辦之私人老人福利機構，應於三個月內辦理財團法人登記；除有正當理由申請當地主管機關核准延長一次三個月辦理者外，逾期不辦者，原許可失其效力。惟第十二條又規定，小型設立且不對外募捐、接受補助或享受租稅減免之福利機構，得免辦理財團法人登記；以免遭致發揮愛心務須擁有豐厚的資金始可實現之非議。

㈣明定接受捐贈務必妥善管理、運用及公開徵信

本法第十三條之一明定，各級政府及老人福利機構接受私人或團體之捐贈，應妥善管理及運用；其屬現金者，應設專戶儲存，專作增進老人福利之用。如捐贈者有指定用途者，應專款專用。而對所接受之捐贈，更應辦理公開徵信。由此規定，足以看出其立法精神旨在避免民間的善款，被流作其他用途，而捐贈者卻毫無所知；導致熱心公益人士的善心與願相違，因而可能影響其再度展現善心之意願。

㈤明定老人經濟生活保障所採之措施

經濟安全之保障是老人主要需求之一；本法第十六條明定，爲求老人經濟生活之保障，採生活津貼、特別照顧津貼、年金保險制度方式，逐步規劃辦理；且年金保險之實施，依相關社會保險法律規定辦理。其中爲罹患長期慢性病且生活自理能力缺損，需專人照顧之中低收入戶老人所設計之「特別照顧津貼」，實乃老人經濟生活保障之一大突破。如果規劃多年之「國民年金保險」能早日實施，更可使老人經濟安全得以免於後顧之憂。

㈥明定實施居家服務協助照顧身心受損之老人

爲協助因身心受損致日常生活功能需他人協助之老人得到所需之持續性照顧；本法第十八條特明定，地方政府應提供或結合民間資源

提供：居家護理、居家照顧、餐飲服務、居家環境改善、家務服務、友善訪視、電話問安等居家服務。從此，實施居家服務以擴大社會福利功能，開始有了法律的依據。

㈦明定建立老人保護體系保障老人安全

隨著社會的急遽變遷，家庭功能的衰退；老人遭致直系血親卑親屬疏於照料、虐待、遺棄之不幸事件日益增加；老人保護確爲推展老人福利最爲迫切需要的服務措施。因之，八十六年修法，對於如何透過法律規定保障老人安全，在立法院審議時，引起最熱烈的討論；最後終將僅列一條規定修正爲改列「保護措施」專章，計含三條。亦即在第二十五條、二十六條、二十七條明文規定，老人短期保護及安置、無依老人之安置及建立老人保護體系等；此乃本法第二次修法所展現之最大特色。

㈧明定對老人未盡扶養義務之處罰

爲匡正社會風氣，呼籲對老人負有扶養義務者務必善盡扶養義務，建立關懷老人就是關懷自己未來的觀念。本法第三十條明定，依法令或契約有扶養義務而對老人爲：遺棄、妨害自由、傷害、身心虐待、留置無生活自理能力之老人獨處於易發生危險或傷害之環境等行爲，處新台幣三萬元以上十五萬元以下罰鍰，並公告其姓名；如涉及刑責，應移送司法機關偵辦，希望藉此規定達到對應盡而未盡扶養義務者之嚇阻作用。

三、老人福利政策之展望

綜上所述，八十六年修正公布之老人福利法雖具有多項過去未有之特色；但爲因應老人之福利需求，展望未來，其應積極規劃辦理之重點工作應有：

㈠加速實施國民年金保險制度，保障老人經濟生活安全

我國一向重視家庭，對於親親子子、養老慈幼的家庭功能固然應

予盡力維繫，然而礙於人口成長及社會變遷的事實，不能不設想未來老人生活應由家庭與社會分工提供照顧及保障的必要性與迫切性。尤其是現代老人在生活照顧方面已有逐漸要求尊嚴生活、安全保障與信賴制度等趨勢，環顧世界各國驗證，國民年金保險是滿足上述老人需求，保障經濟生活安全，並達成養老、安老、敬老的良好制度。此項制度雖內政部、經建會等相關機關業已規劃多年，但似乎有點牛步化的感覺，確有加速立法，付諸實施的急切需要。

㈡加強建立老人保護網絡體系

老人保護工作是推展老人福利措施最為棘手的一環；為此，八十六年老人福利法修法時，對老人之保護措施特別提列專章加以規定；且八十七年五月七日行政院第二五七七次會議通過之「加強老人安養服務方案」更對老人保護網絡體系明定：(1)直轄市、縣（市）政府應結合村里幹事、社會工作人員、志工朋友等等，建立完整的通報制度，並設置緊急通報點，以應不時之需；(2)直轄市、縣（市）政府應設置「單一窗口」，主動掌握相關資訊及資源；(3)強化緊急醫療救護系統，並提供警民連線、安全警鈴等緊急支援服務，建立獨居老人安全網；(4)建立老人福利服務網際網路資訊站，提供老人亟需瞭解之資訊。儘管法與方案均有明確規定，惟環顧各級政府落實實施的狀況仍不盡理想。為安定老人生活，防止老人被疏忽、虐待或遺棄，提供老人保護安置，確保獨居老人安全……，加強建立老人保護網絡體系，不容等閒視之。

㈢居家服務及家庭支持資源體系有待完善建立

居家服務是較符合我國老人安養之理想模式，也是老人普遍認為最理想的養老方式；基此，八十六年老人福利法修法時，特別於第十八條明定，為協助因身心受損致日常生活功能需他人協助之居家老人得到所需之持續性照顧，地方政府應提供或結合民間資源提供居家服務。

另內政部亦於八十七年三月十七日頒布實施「加強推展居家服務實施方案」暨「教育訓練課程內容」。又八十七年五月七日行政院院會通過之「加強老人服務方案」亦有明定。因此，各地方政府應就法令之相關規定，研訂計畫，加強建立完善的居家服務資源體系；諸如：普設社區居家服務支援中心、加強家庭照顧者相關專業之訓練與講習、提供喘息服務或臨時、短期照顧等勞務性支援方案等，均爲刻不容緩的急切要務。

㈣加強建構社區照顧服務輸送網絡

我國目前的老人社區照顧尚屬發展初期，爲加強推動社區照顧之福利服務措施，內政部於八十五年十二月十六日特頒布實施「推動社會福利社區化實施要點」。期待藉由政府機關、民間力量、志工團隊、社區居民的共同參與，凝聚「認同感」與「歸屬感」；結合正式與非正式社區資源，建構福利服務輸送網絡，以最有效、最迅速方式與管理，滿足需要照顧的弱勢族群。所謂**「社區照顧」**（Community Care），從徹視面而言，即強調以「去機構化」（Deinstitutional）和激發居民之自助、互助精神，在以自己的力量來幫助別人的前提下，提供適當程度的干預和支持。至於推動老人社區照顧的具體做法爲：(1)對需要關懷、照顧的老人，留在自己的社區內由社區照顧（care in the community）(2)由社區居民志願付出愛與關懷，幫助社區中的老人（care by the community），(3)讓社區居民建立命運共同體之理念，相互扶持，守望相助，凝聚唇齒相依、休戚與共的共識，共同致力老人照顧與關懷的工作（care for the community）。環視英國、香港推展「社區照顧」成功的案例在在皆是；我國亟應以社區爲單位，加強建構社區照顧服務輸送網絡，作爲推展社會福利的據點，以迎合世界潮流，並嘉惠弱勢族群。

㈤發展銀髮產業，致力推動老人福利民營化

社會福利民營化應是當前我國社會福利的發展取向，中央政策再三提示：「民間能做的，政府不要做」，可見社會福利民營化的積極推動迫在眉睫。事實上，辦理老人福利，事先應可列出可委託民間辦理的福利項目，經由公開評鑑，訂定合約，並做通盤考量予以獎助，而不應僅提供業務費之有限補助，俾提高民間參與意願及彰顯服務績

效。基此，內政部曾於八十六年一月三十一日頒布實施「推動社會福利民營化實施要點」及「契約書範本」。社會福利民營化應是時代所趨，就老人的安養服務而言，如能擴大推廣民營化措施，應是提早看到這個趨勢的到來。民營化未必是萬靈丹，但不容否認的，民營化應是提供一種替代，或是一種選擇；至盼各級主管機關應該迎合時代需要擴大實施。至於發展銀髮產業方面，在推動初期，政府務須扮演刺激、引導和規範的角色；不僅在觀念上引導消費大眾提供相關資訊給企業機構，並且應該刺激、導引企業參與及投資銀髮產業，尤應辦理固定場所展示，建立企業者與消費者之間的溝通；俾政府與民間通力合作，共同發展銀髮產業，造福銀髮族群。

肆、結語

我國面臨高齡化社會的挑戰，老年人口急遽增加，老人福利工作確是一項艱鉅的福利工程；不過，只要有心想做，而且肯做，相信必定能做得很好。因之，今後政府相關機關應該倍加努力，不斷鑽研相關知能，分享服務經驗，藉以提昇服務品質，因應老人需求拓展服務項目；並結合工商企業、民間團體、社區、家庭共同參與，以人性化、全方位的需求導向，提供老人適切、安全、溫馨的福利服務。

吾人務須深切體認：「關心今日的老人，就是關心未來的自己」；每個人應該拆除心中的高牆，致力認同自己的社區；秉持「老吾老以及人之老」的精神，努力為自己生活的社區善盡棉薄之力。最後，個人認為，老人照顧的責任：第一道防線應該要以家庭為中心；亦即自己的父母當然要由自己來照顧，因為，父母生我、育我、養我、長我，做人子女者當然要有感恩圖報之情；第二道防線則是透過市場機制，亦即子女並非不肯照顧或無力照顧父母，而是工作忙碌無暇照顧，因此，經濟能力足以負擔且肯負起奉養責任的子女，則可透過市場機制，選擇理想的安養機構，讓父母在機構妥切的照顧之下安享餘年；第三道防線才是依靠社會福利的照顧，亦即子女並非不肯照顧，而是沒有能力照顧，面臨這種情況，政府當然應該義不容辭，挺身而出，經由福利服務的功能，竭盡照顧的責任；因為，這是民眾應享的福利，而非政府慈善的施捨。

總之，徒法不足以自行，唯有建構一個好的福利制度，老人基本權益受到確切的保障，崇老、尊老、敬老的社會運動才能在堅實的基礎上弘揚光大；具體而言，一個好的老人福利制度應包括：

1.以滿足老人經濟安全需求的國民年金保險制度。

2.以滿足老人醫療保健需求的老人醫療照護體系。

3.以滿足老人生活安康需求的老人安養養護體制。

4.以滿足老人休閒娛樂需求的老人文康教育設施。

5.以滿足老人臨終尊嚴需求的老人安寧照顧機制。

第四章　身心障礙者保護法

壹、前言

人生而平等，這是每一個民主國家對人權的共識；因此，我國憲法第七條明文規定：中華民國人民，無分男女、宗教、種族、階級、黨派，在法律上一律平等。另第十五條亦明示：人民之生存權、工作權及財產權在法律上一律平等。

至於對身心障礙者而言，其人權更應受到保障；我國對於身心障礙者之保護政策，可見諸於下列各項規定：

㈠中華民國憲法

我國憲法第一百五十五條規定：「國家爲謀社會福利，應實施社會保險制度。人民之老弱殘廢，無力生活，及受非常災害者，國家應予以適當之扶助與救濟」。

㈡中華民國憲法增修條文

我國憲法增修條文第十條規定：「國家對於身心障礙者之保險與就醫、無障礙環境之建構、教育訓練與就業輔導及生活維護與救助，應予保障，並扶助其自立與發展」。

㈢社會福利政策綱領

行政院民國八十三年七月十四日第二三八九次院會審議通過，八十三年七月三十日修正核定之「社會福利政策綱領」「貳、實施要項」中「(參) 福利服務」之第十八點規定：「舉辦各項殘障福利服務措施，以維護殘障者生活，尊重其人格，保障其合法權益」。

㈣社會福利政策綱領實施方案

此項方案行政院亦於民國八十三年七月十四日審議通過，八十三年七月三十日修正核定。該方案「參、福利服務」中：

1.第十八點規定：「舉辦殘障者福利需求調查，整合規劃福利施政，並定期評估其執行績效」。

2.第十九點規定：「結合區域內相關殘障福利機構，辦理殘障者就醫、就學、就業、就養之各項社區化福利服務」。

3.第二十點規定：「提供傷殘預防與早期療育服務，強化職能評估功能，籌設復建研究發展中心，推動傷殘復建之研究發展」。

4.第二十一點規定：「全面建立無障礙生活環境，落實保障殘障者人格及合法權益，賡續推動定額雇用殘障者就業保障措施，積極促進其參與社會生活」。

身心障礙者福利受到國際間普遍重視，係自一九七五年（民國六十四年）聯合國通過「殘障者福利宣言」開始，其後六年，即西元一九八一年（民國七十年）聯合國並宣布一九八一年爲「國際殘障者年」，提倡「機會平等與完全參與」，喚起世人正視殘障者的基本人權。另於一九八二年（民國七十一年）又再度決議通過「殘障者世界行動綱領」，並發布「八十年代國際殘障者復建宣言」（自一九八二年至一九九二年），期盼世界各國能就其不同經濟、社會、文化等背景，設計保障殘障者權益的具體行動。

依據內政部統計資料顯示，台灣地區民國八十一年領有身心障礙手冊之身心障礙者人數計有：二十二萬六、六四二人，佔總人口比例百分之一點〇九；可是截至九十一年底，身心障礙者人數已增至八十三萬一、二六六人，佔總人口比例百分之三點六九，十年之中增加總人口百分之二點六〇；其中各障礙類別人數最多者爲肢障者，計有三十五萬四、九〇三人，佔身心障礙者人口總數百分之四二點六九；其次爲聽障者，計有八萬九、一二九人，佔身心障礙者人口總數百分之一〇點七二；第三爲多障者，計有八萬一、六六七人，佔身心障礙者人口總數百分之九點八二；第四爲智障者，計有七萬六、九七六人，佔身心障礙者人口總數百分之九點二六；第五爲重器障者，計有七萬五、三二三人，佔身心障礙者人口總數百分之九點〇六；其他依次爲慢性精神病患者計有六萬八、七六三人，視障者計有四萬四、八八九人，失智者計有一萬三、九九六人，語障者計有一萬〇、五八二人，其餘各類者均較少數。我國爲了響應國際正視身心障礙者權益及呼應憲法保障人權的精神，特於民國六十九年六月二日首次制定公布「殘障福利法」全文二十六條，並歷經七十九年一月二十四日第一次修正公布全文三十一條，八十四年六月十六日第二次修正公布第三條，增列慢性精神病患者爲殘障類別；八十六年四月二十三日第四次修正公布全文七十五條，此次修正可說是殘障福利法的大翻修，不僅「殘障福利法」之名稱修正爲「身心障礙者保護法」，且將原僅三十一條之法案大幅增修到計含七十五條之多；此後八十六年四月二十六日又第五次修正公布第六十五條，九十年十二月二十一日第六次修正，最近一次修正是在九十二年六月六日立法院三讀通過，增訂第六十四條之一條文，並修正第二十六條及第六十二條條文，使本法全文增爲七十六條；且於九十二年六月二十五日奉總統令修正公布。

身心障礙者保護法自從以殘障福利法爲名稱於六十九年六月二日奉總統令公布施行後，已經歷七次修法，是所有社會福利立法修法次數最多的法案。自從本法於八十六年四月二十三日奉總統令修正公布爲「身心障礙者保護法」全文七十五條後，我國關於身心障礙者福利體制之建構可說已漸臻完備，不僅可藉此有效維護身心障礙者之基本權益，尤可藉此增進身心障礙者的福利措施。吾人深知，身心障礙者之主要需求不外：就醫、就學、就業、就養及無障礙生活環境之建構；八十六年的修法方向，應係完全配合身心障礙者的主要需求而集思廣益，規劃策訂。

貳、法案內涵

身心障礙者保護法（Protective Law for the Handicapped）全文計有八章七十六條：第一章：總則，第二章：醫療保健，第三章：教育權益，第四章：促進就業，第五章：福利服務，第六章：福利機構，第七章：罰則，第八章：附則。另身心障礙者保護法施行細則計有二十條。茲將兩法案的全部內涵綜合予以詳述解說於后。

一、總則

㈠目的

身心障礙者保護法之制定，係爲維護身心障礙者之合法權益及生活，保障其公平參與社會生活之機會，結合政府及民間資源，規劃並推行各項扶助及福利措施。凡身心障礙者保護法未規定者，適用其他法律之規定。（第1條）

㈡主管機關

身心障礙者保護法所稱主管機關：在中央爲內政部；在直轄市爲直轄市政府；在縣（市）爲縣（市）政府（第2條第1項）；身心障礙者保護法所定事項，涉及各目的事業主管機關職掌者，由各目的事業主管機關辦理。（第2條第2項）

㈢權責劃分

關於身心障礙者保護各級主管機關及各目的事業主管機關之權責劃分如下（第2條第3項）：

1.**主管機關**：主管身心障礙者人格及合法權益之維護、個人基本資料之建立、身心障礙手冊之核發、托育、養護、生活、諮詢、育樂、在宅服務等福利服務相關事宜之規劃及辦理。

2.**衛生主管機關**：主管身心障礙者之鑑定、醫療復健、早期醫療、健康保險與醫療復健輔助器具之研究發展等相關事宜之規劃及辦理。

3.**教育主管機關**：主管身心障礙者之教育及所需經費之補助、特殊教育教材、教學、輔助器具之研究發展、特殊教育教師之檢定及本法各類專業人員之教育培育，與身心障礙者就學及社會教育等相關事宜之規劃及辦理。

4.**勞工主管機關**：主管身心障礙者之職業訓練及就業服務、定額進用及就業保障之執行、薪資及勞動條件之維護、就業職業種類與輔助器具之研究發展、身心障礙者就業基金專戶經費之管理及運用等就業相關事宜之規劃及辦理。

5. **建設、工務、國民住宅主管機關**：提供身心障礙者申請公有公共場所零售商店、攤位、國民住宅、公共建築物停車位優惠事宜、公共設施及建築物無障礙生活環境等相關事宜之規劃及辦理。
6. **交通主管機關**：提供身心障礙者公共交通工具及公共停車場地優惠事宜、無障礙公共交通工具與生活通訊等相關事宜之規劃及辦理。
7. **財政主管機關**：主管身心障礙者及身心障礙福利機構稅捐之減免等相關事宜之規劃及辦理。
8. **其他**：其他措施由各相關目的事業主管機關依職權辦理。

(四)身心障礙者定義

本法所稱身心障礙者，係指個人因生理或心理因素致其參與社會及從事生產活動功能受到限制或無法發揮，經鑑定符合中央衛生主管機關所定等級之下列障礙並領有身心障礙手冊者爲範圍（第3條第1項）：

1. 視覺障礙者。
2. 聽覺機能障礙者。
3. 平衡機能障礙者。
4. 聲音機能或語言機能障礙者。
5. 肢體障礙者。
6. 智能障礙者。
7. 重要器官失去功能者。
8. 顏面損傷者。
9. 植物人。
10. 失智症者。
11. 自閉症者。
12. 慢性精神病患者。
13. 多重障礙者。

14.頑性（難治型）癲癇症者。

15.經中央衛生主管機關認定，因罕見疾病而致身心功能障礙者。

16.其他經中央衛生主管機關認定之障礙者。

上項障礙類別之等級、第七款重要器官及第十六款其他障礙類別之項目，由中央衛生主管機關定之。（第3條第2項）

㈤社會教育及相關宣導之推動

爲預防、減低身心障礙之發生，各級政府相關目的事業主管機關，應有計劃地推動身心障礙預防工作、優生保健、預防身心障礙之知識，針對遺傳、疾病、災害、環境污染和其他致殘因素，並推動相關宣導及社會教育。（第5條）

㈥身心障礙福利相關業務之辦理

1.**設立專責單位及遴用專業人員：**

(1)各級政府及各目的事業主管機關應設專責單位或置專責人員辦理身心障礙者權益相關事宜，其人數依其提供服務之實際需要定之。（第6條第1項）前述所稱專責人員，指全職辦理身心障礙福利工作，未兼辦其他業務者。（施行細則第3條第1項）

(2)身心障礙福利相關業務應遴用專業人員辦理（第6條第2項）；關於專業人員之遴用標準及培訓辦法，由中央各目的事業主管機關定之。（第6條第3項）前述所稱專業人員，指從事身心障礙相關福利工作，並符合專業人員之遴用標準者。（施行細則第3條第2項）

2.**編訂年度預算規劃辦理：**各級主管機關及各目的事業主管機關應依本法規定之權責，編訂年度預算規劃辦理。（施行細則第2條）

㈦設立身心障礙者保護委員會

1.各級主管機關應設立身心障礙者保護委員會，以行政首長爲主任委員，各目的事業主管機關、身心障礙者或其監護人代表、身心障礙福利學者或專家、民意代表及民間相關機構、團體代表等為委員；其中身心障礙者或其監護人代表、民意代表及民間相關機構、團體代表等，不得少於三分之一。（第7條第1項）

2. 上項保護委員會辦理下列事項（第7條第2項）：

(1)整合規劃、研究、諮詢、協調推動促進身心障礙者保護相關事宜。

(2)審議身心障礙者權益受損申訴事宜。

(3)其他促進身心障礙者權益及福利保護相關事宜。

3. 第一項保護委員會組織與會議及上項第二款身心障礙者權益受損申訴之處理，由各該主管機關定之。（第7條第3項）

4. 身心障礙者權益遭受損失時，其最終申訴之審議，由中央主管機關之保護委員會辦理。（第7條第4項）

(八)舉辦身心障礙者生活需求調查

各級政府應至少每三年定期於十二月舉辦身心障礙者生活需求調查、出版統計報告。（第8條第1項）行政院每十年辦理全國人口普查時，應將身心障礙者人口調查納入普查項目。（第8條第2項）

(九)身心障礙者之鑑定作業

1. 直轄市及縣（市）衛生主管機關應設鑑定小組指定醫療機構或鑑定作業小組辦理身心障礙者之鑑定服務；對設戶籍於轄區內經鑑定合於規定者，應由主管機關主動核發身心障礙手冊（第10條第1項）。

前述鑑定作業辦法，由中央衛生主管機關定之；身心障礙手冊核發辦法，由中央主管機關定之（第10條第2項）。至於辦理身心障礙鑑定服務所需之鑑定費，由直轄市、縣（市）衛生主管機關編列預算支應。（施行細則第5條第1項）且直轄市、縣（市）衛生主管機關應公告轄區內身心障礙鑑定之醫療機構。（施行細則第5條第2項）

2. 醫療機構或鑑定作業小組辦理身心障礙者鑑定時，對於可經由醫療復健或其他原因而改變原鑑定結果者，得指定期限辦理重新鑑定。（施行細則第6條第1項）身心障礙手冊原發給機關應依據前項重新鑑定期限，註明身心障礙手冊之有效時間，並於有效時間屆滿三十日前主動通知身心障礙者或其監護人辦理重新鑑定。（施行細則第6條第2項）

⑽重新鑑定及複檢

1. 身心障礙者因障礙情況改變時，應依鑑定小組之指定或自行申請重新鑑定。（第11條第1項）
2. 其對鑑定結果有異議時，得申請複檢一次，並負擔百分之四十之鑑定費；其異議成立時，應退還之。（第11條第2項）

身心障礙者依規定申請複檢，應於收到鑑定結果次日起三十日內，以書面向鑑定小組提出，逾期不得再對鑑定結果提出異議。（施行細則第7條）

⑾身心障礙手冊之變更及註銷

1. 身心障礙者於障礙事實變更或消失時，應將身心障礙手冊繳還原發給機關變更或註銷。（第13條第1項）又原發給機關發現身心障礙者持有之身心障礙手冊，所記載之障礙類別及等級顯與事實不符時，應限期令其重新鑑定；逾期未重新鑑定者，原發給機關得逕行註銷其身心障礙手冊（第13條第2項）；其重新鑑定之期限爲三十日。（施行細則第9條）

   上述所稱「障礙事實變更」，指經重新鑑定障礙類別或等級已變更者；又所稱「障礙事實消失」，乃指經重新鑑定已不符障礙類別或等級標準，或已逾身心障礙手冊所註明之有效時間者。（施行細則第8條）
2. 身心障礙手冊原發給機關應對轄區內身心障礙者建立檔案，並將其基本資料送戶政機關。（施行細則第10條第1項）身心障礙者之戶籍有異動或死亡登記時，戶政機關應通報社政機關。（施行細則第10條第2項）

㈩鑑定與免役鑑定問題之研商

有關身心障礙鑑定與免役鑑定間之相關問題，由內政部、教育部、衛生署會同國防部共同研商之。（第12條）

㈪建立彙報及通報系統

爲適時提供療育與服務，中央相關目的事業主管機關應建立彙報及下列通報系統（第14條第1項）：

1. 衛生主管機關：應建立疑似身心障礙六歲以下嬰幼兒早期發現通報系統。
2. 教育主管機關：應建立疑似身心障礙學生通報系統。
3. 勞工主管機關：應建立職業傷害通報系統。
4. 警政主管機關：應建立交通事故通報系統。
5. 消防主管機關：應建立緊急醫療救護通報系統。
6. 戶政主管機關：應建立身心障礙人口異動通報系統。

各目的事業主管機關依上項通報系統，發現有疑似身心障礙者保護法所稱身心障礙者時，應即時通知當地主管機關主動協助。（第14條第2項）前述所稱「主動協助」，係指主管機關於接到各目的事業主管機關通報後，應於七日內協助疑似身心障礙者申辦鑑定；如合於身心障礙資格，應轉請各目的事業主管機關提供相關專業服務。（施行細則第11條）

㈫建立個別化專業服務制度

各級主管機關及目的事業主管機關應建立個別化專業服務制度（The Institution of Individualization Professional Service），經由專業人員之評估，依身心障礙者實際需要提供服務，使其獲得最適當之輔導及安置。（第15條第1項）關於**「個別化專業服務制度」**包括：個案管理、就業服務、特殊教育、醫療復健等制度；其實施由各級主管機關及目的事業主管機關依各相關法規規定辦理或委託、輔導民間辦理。（第15條第2項）

(十五)設立身心障礙復健研究發展中心

為促進身心障礙復健與無障礙環境之研究發展及整合規劃之功能，中央應設立或輔導民間設立身心障礙復健研究發展中心。（第16條）

(十六)經費

身心障礙福利經費來源如下（第9條第1項）：

1.各級政府按年專列之身心障礙福利預算。

2.社會福利基金。

3.身心障礙者就業基金專戶。

4.私人或團體捐款。

5.其他收入。

上項第一款各級政府按年專列之身心障礙福利預算，應以各級政府舉辦身心障礙者生活需求調查報告為依據，按年從寬專列（第9條第2項）；如地方政府財政確有困難者，應由中央政府補助。（第9條第3項）

(十七)尊重與保障

身心障礙者之人格及合法權益，應受尊重與保障，除能證明其無勝任能力者外，不得單獨以身心障礙為理由，拒絕其接受教育、應考、進用或予其他不公平之待遇。（第4條）

二、醫療復健

(一)醫療復健服務之配合

1.中央衛生主管機關應整合全國醫療資源，辦理嬰幼兒健康檢查，提供身心障礙者適當之醫療復健及早期醫療等相關服務。（第17條第1項）

2.各級衛生主管機關對於安置於學前療育機構、相關服務機構及

學校之身心障礙者，應配合提供其所需要之醫療復健服務。（第17條第2項）

㈡醫療復健服務及輔助器具之研究發展

為加強身心障礙者之醫療復健服務及醫療復健輔助器具之研究發展，當地衛生主管機關應依據各類身心障礙者之人口數及需要，設立或獎勵設立復健醫療機構、醫療復健輔助器具之研究發展機構與護理之家機構。（第18條）

㈢醫療費及醫療輔助器具之補助

身心障礙者醫療復健所需之醫療費及醫療輔助器具，尚未納入全民健康保險給付範圍時，直轄市、縣（市）主管機關應視其障礙等級補助之。（第19條第1項）其補助辦法，由中央主管機關會同中央衛生主管機關定之。（第19條第2項）

三、教育權益

㈠受教育之權益

中央與直轄市、縣（市）主管機關應根據身心障礙者人口調查之資料，規劃設立各級特殊教育學校、特殊教育班或以其他方式教育不能就讀於普通學校或普通班級之身心障礙者，以維護其受教育之權益。（第20條第1項）又如學齡身心障礙兒童無法自行上下學者，應由政府免費提供交通工具；確有困難，無法提供者，應補助其交通費；直轄市、縣（市）主管機關經費不足者，由中央政府補助之。（第20條第2項）

㈡協助就學

各級教育主管機關應主動協助身心障礙者就學，各級學校亦不得因其障礙類別、程度、或尚未設置特殊教育班（學校）而拒絕其入學。（第21條）

㈢教育經費之補助

教育主管機關應視身心障礙者之障礙等級，優惠其本人及子女受教育所需相關經費；其補助辦法由中央教育主管機關定之。（第22條）

㈣各項應考條件之提供

各級機育主管機關辦理身心障礙者教育及入學考試時，應依其障礙情況及學習需要，提供各項必需之專業人員、特殊教材與各種教育輔助器材、無障礙校園環境、點字讀物及相關教育資源，以符公平合理接受教育之機會與應考條件。（第23條）

㈤學前療育機構之設立

各級政府應設立及獎勵民間設立學前療育機構，並獎勵幼稚園、托兒所及其他學前療育機構，辦理身心障礙幼兒學前教育、托育服務及特殊訓練。（第24條）

㈥身心障礙者就讀學校之提供

為鼓勵並獎助身心障礙者繼續接受高級中等學校以上之教育，中央教育主管機關應訂定獎助辦法獎助之。（第25條第1項）又提供身心障礙者就讀之學校，其無障礙軟、硬體設施，得向中央教育主管機關申請補助。（第25條第2項）

四、促進就業

㈠無障礙個別化職業訓練與就業服務

1. 各級政府應依身心障礙者之障礙類別及等級，提供無障礙個別化職業訓練及就業服務。其辦理情形，每半年應送各級民意機關備查。（第26條）
2. 勞工主管機關應設立或獎勵設立職業訓練及就業服務機構，依

身心障礙者實際需要，提供職業訓練、就業服務與就業所需輔助器具之研究發展及相關服務。（第27條）

㈡職業輔導評量

勞工主管機關協助身心障礙者就業時，應先辦理職業輔導評量，以提供適當之就業服務。（第28條第1項）

有關職業輔導評量辦法，由中央勞工主管機關定之。（第28條第2項）

㈢促進就業相關經費之補助

勞工主管機關應視身心障礙者需要提供職業重建、創業貸款及就業所需輔助器具等相關經費補助。（第29條第1項）以上所稱「職業重建」，係指職業訓練、職業輔導評量、就業服務、追蹤及輔導再就業等。（第29條第2項）關於前述之職業重建、創業貸款及就業所需輔助器具等相關補助辦法，由中央勞工主管機關定之。（第29條第3項）

㈣支持性及庇護性就業服務

勞工主管機關對於具有工作能力，但尚不足於進入競爭性就業市場之身心障礙者應提供支持性及個別化就業服務；對於具有工作意願，但工作能力不足之身心障礙者，應提供庇護性就業服務。主管機關及各目的事業主管機關得設立或獎勵設立庇護工場或商店。（第30條）

㈤定額進用

1. 各級政府機關、公立學校及公營事業機構員工總人數在五十人以上者，進用具有工作能力之身心障礙者人數，不得低於員工總人數百分之二。（第31條第1項）
2. 私立學校、團體及民營事業機構員工總人數在一百人以上者，進用具有工作能力之身心障礙者人數，不得低於員工總人數百分之一。（第31條第2項）
3. 上二項各級政府機關、公、私立學校、團體及公、民營事業機構爲進用身心障礙者義務機關（構），其進用身心障礙者人數，未達前二項標準者，應定期向機關（構）所在地之直轄市或縣（市）勞工主管機關設立之身心障礙者就業基金專戶繳納差額補助費；其金額依差額人數乘以每月基本工資計算。（第31條第3項）進用人數未達法定比例時，應於每月十日前，向所在地直轄市或縣（市）勞工主管機關設立之身心障礙者就業基金專戶，繳納上月之差額補助費。（施行細則第13條）

4. 依上述1.2.二項進用重度身心障礙者，每進用一人以二人核計。（第31條第4項）

5. 警政、消防、關務及法務等單位定額進用總人數之計算，得於本法施行細則另定之。（第31條第5項）關於前述各級政府機關、公、私立學校、團體及公、民營事業機構員工總人數之計算方式，以勞工保險局、中央信託局所統計各該機關、學校、團體或機構每月一日參加勞保、公保人數爲準。但下列單位人員不予計入（施行細則第12條第1項）：

   (1)警政單位：警察官。

   (2)消防單位：實際從事救災救護之員工。

   (3)關務單位：擔任海上及陸上查緝、驗貨、調查、燈塔管理之員工。

   (4)法務單位：檢察官、書記官、法醫師、檢驗員、法警、調查人員、矯正人員及駐衛警。

   以上總人數之計算，因機關被裁減，其人員被資遣或退休而仍繼續參加勞保者，不予計入。（施行細則第12條第2項）另所定進用具有工作能力之身心障礙者人數，以整數爲計算標準，未達整數部分不予計入。（施行細則第12條第3項）

6. 直轄市及縣（市）勞工主管機關應建立進用身心障礙者之義務機關（構）名冊，通知其定期申報進用身心障礙者或不定期抽查進用身心障礙者之實際狀況。（施行細則第14條）

㈥身心障礙人員特種考試之舉行

各級政府機關、公立學校及公營事業機構爲進用身心障礙者，應

洽請考試院依法舉行身心障礙人員特種考試，並取銷各項公務人員考試對身心障礙人員體位之不合理限制。（第32條）

㈦同工同酬之薪資待遇

1. 進用身心障礙者之機關（構），應本同工同酬之原則，不得為任何歧視待遇，且其正常工作時間所得不得低於基本工資。（第33條第1項）
2. 身心障礙者就業，薪資比照一般待遇，於產能不足時，可酌予減少；但不得低於百分之七十。（第33條第2項）前述產能不足之認定及扣減工資之金額遇有爭議時，得向各級身心障礙者保護委員會申訴之。（第33條第3項）

㈧進用身心障礙者績優單位之補助與獎勵

1. 直轄市及縣（市）勞工主管機關對於進用身心障礙者達一定標準以上之機關（構），應以身心障礙就業基金專戶，補助其因進用身心障礙者必須購置、改裝、修繕器材、設備及其他為協助進用必要之費用。對於私立機構並得核發獎勵金，其金額按超額進用人數乘以每月基本工資二分之一計算；其運用以協助進用身心障礙者必要之支出為限。（第34條）
2. 各級勞工主管機關對於進用身心障礙者工作績優之機關（構）應予獎勵。（第35條第1項）其獎勵辦法由中央勞工主管機關定之。（第35條第2項）

㈨身心障礙者就業基金專戶之收支、保管及運用

直轄市及縣（市）勞工主管機關對於各級政府機關、公、私立學校、團體及公、民營事業機構進用身心障礙者人數，未達規定標準所收取之差額補助費，應開立身心障礙者就業基金專戶儲存，除依法補助進用身心障礙者機關（構）外，並作為辦理促進身心障礙者就業權益相關事項之用。（第36條第1項）此項基金不列入政府年度預算，其專戶之收支、保管及運用辦法，由直轄市、縣（市）勞工主管機關定之。（第36條第2項）

㈩視障者就業的特別保障

1.非身心障礙者保護法所稱視覺障礙者，不得從事按摩業；但醫護人員以按摩爲病人治療者，不在此限。（第37條第1項）

2.視覺障礙者經專業訓練並取得資格者，得在固定場所從事理療按摩工作。（第37條第2項）視覺障礙者從事按摩或理療按摩，應向執業所在地主管機關申請按摩或理療按摩執業許可證。（第37條第3項）

3.上項執業之資格與許可證之核發、換發、補發、廢止及其他應遵行事項之辦法，由中央主管機關會同中央衛生主管機關定之。（第37條第4項）

五、福利服務

㈠提供福利經費補助

直轄市及縣（市）主管機關對設籍於轄區內之身心障礙者，應依其障礙類別、等級及家庭經濟狀況提供生活、托育、養護及其他生活必要之福利等經費補助，並不得有設籍時間之限制。（第38條第1項）其經費補助辦法，由中央主管機關定之。（第38條第2項）

㈡結合民間資源辦理福利服務

各級政府得按需要，以提供場地、設備、經費或其他方式結合民間資源辦理身心障礙福利服務；其辦法由中央主管機關定之。（第39條）

㈢居家服務

爲協助身心障礙者得到所需之持續性照顧，直轄市、縣（市）主管機關應提供或結合民間資源提供下列居家服務（第40條）：

1.居家護理。

2.居家照顧。

3. 家務助理。

4. 友善訪視。

5. 電話問安。

6. 送餐到家。

7. 居家環境改善。

8. 其他相關之居家服務。

㈣社區服務

爲強化家庭照顧身心障礙者之意願及能力，直轄市、縣（市）主管機關應提供或結合民間資源提供下列社區服務（第41條）：

1. 復健服務。

2. 心理諮詢。

3. 日間照顧。

4. 臨時及短期照顧。

5. 餐飲服務。

6. 交通服務。

7. 休閒服務。

8. 親職教育。

9. 資訊提供。

10. 轉介服務。

11. 其他相關之社區服務。

㈤生涯轉銜計畫

爲使身心障礙者不同之生涯福利需求得以銜接，直轄市、縣（市）主管機關相關部門，應積極溝通、協調，制定生涯轉銜計畫，以提供身心障礙者整體性及持續性服務。（第42條）以上所稱「生涯轉銜計畫」(The Planning of Career-Transformation)，係指對身心障礙者各個人生階段，由社會福利、教育、衛生及勞工等專業人員以團隊方式，會同身心障礙者或其家屬訂定之轉銜計畫（施行細則第15條第1項）；該轉銜計畫之內容包括（施行細則第15條第2項）：

1. 身心障礙者基本資料。

2.各階段專業服務資料。

3.家庭輔導計畫。

4.身心狀況評估。

5.未來安置協助建議方案。

6.轉銜準備服務事項。

㈥安養監護制度及財產信託制度

爲使身心障礙者於其直系親屬或扶養者老邁時，仍受到應有照顧及保障，中央主管機關應會同相關目的事業主管機關，共同建立身心障礙者安養監護制度及財產信託制度。（第43 條）

㈦社會保險保險費之補助

身心障礙者參加社會保險，政府應視其家庭經濟狀況及障礙等級，補助其自付部分之保險費。但極重度及重度身心障礙者之保險費由政府全額負擔。（第44 條第1 項）其保險費補助辦法，由中央主管機關定之。（第44 條第2 項）

㈧優先納入國民年金制度

政府規劃國民年金制度時，應優先將身心障礙者納入辦理。（第45 條）

㈨稅捐減免

對於身心障礙者或其扶養者應繳納之稅捐，政府應按障礙等級及家庭經濟狀況，依法給予適當之減免。（第46 條第1 項）納稅義務人或與其合併申報納稅之配偶或撫養親屬爲身心障礙者，應准予列報身心障礙特別扣除額，其金額於所得稅法定之。（第46 條第2 項）

另身心障礙者或其扶養者依身心障礙者保護法規定所得之各項補助，應免納所得稅。（第46 條第3 項）

㈩開設零售商店或攤販之優惠

1.身心障礙者申請在公有公共場所開設零售商店或攤販，申請購

買或承租國民住宅、停車位，政府應保留名額優先核准。（第47條第1項）其應保留名額之比例，由直轄市、縣（市）政府定之。（第47條第4項）

2. 上項受核准者，須親自經營、居住或使用達一定期間；如需出租或轉讓，應以其他身心障礙者為優先。但經親自居住五年以上，且主管機關公告後仍無人願承租或受讓者，主管單位得將其列為一般國民住宅，按照各地國民住宅主管機關所定辦法辦理。（第47條第2項）又其所定一定期間為二年。（施行細則第16條）

3. 身心障礙者購買或承租第一項之商店或攤販、國民住宅、停車位，政府應提供低利貸款；其辦法，由中央主管機關定之。（第47條第3項）

(十一)專用停車位之優惠

公共停車場應保留百分之二比例做為身心障礙者專用停車位，車位未滿五十個之公共停車場，至少應保留一個身心障礙者專用停車位。非領有專用停車位識別證明之身心障礙者或其家屬，不得違規佔用。（第48條第1項）前述身心障礙者專用停車位之設置地點、空間規劃、使用方式、識別證明之核發及違規佔用之罰則等由中央主管機關會同交通、營建等相關單位定之。（第48條第2項）

(十二)租屋租金或購屋貸款之補助

直轄市、縣（市）主管機關對於身心障礙者及其同住扶養者，因無自有房屋而需租賃房屋居住者，或首次購屋所需之貸款利息，應視其家庭經濟狀況，酌予補助。（第49條第1項）前項房屋租金及貸款利息之補助辦法，由中央主管機關定之。（第49條第2項）

(十三)搭乘公共交通工具之優待

身心障礙者及其監護人或必要陪伴者一人搭乘國內公、民營水、陸、空公共交通工具，憑身心障礙手冊應予半價優待。（第50條第1項）前述公共交通工具，身心障礙者得優先乘坐。（第50條第2項）

前述二項實施辦法，由中央目的事業主管機關定之。（第50條第3項）

㈣進入風景區、康樂場所或文教設施之優待

身心障礙者及其監護人或必要之陪伴者一人進入收費之公立風景區、康樂場所或文教設施，憑身心障礙手冊應予免費。其爲私人者，應予半價優待。（第51條）

㈤視覺障礙者的權利保障

視覺障礙者由合格導盲犬陪同或導盲犬專業訓練人員於執行訓練時帶同導盲幼犬，得自由出入公共場所、公共建築物、營業場所、公共交通工具及其他公共設施。（第51-1條）

㈥平等權益之保障

任何擁有、出租 (或租用) 或經營公共設施場所者，不得單獨以身心障礙爲理由，使其無法完全公平地享用物品、服務、設備、權利、利益或設施。（第52條）

㈦豐富文化及精神生活之應採措施

1.各級政府及民間應採取下列措施豐富身心障礙者之文化及精神生活。（第53條第1項）其實施辦法，由中央主管機關會同各目的事業主管機關定之。（第53條第2項）

(1)透過廣播、電視、電影、報刊、圖書等方式，反映身心障礙者生活。

(2)設立並獎助身心障礙者各障礙類別之讀物，開辦電視手語節目，在部分影視作品中增加字幕及解說。

(3)舉辦並鼓勵身心障礙者參與各項文化、體育、娛樂等活動、特殊才藝表演，參加重大國際性比賽和交流。

2.各級政府及民間資源應鼓勵、協助身心障礙者進行文學、藝術、教育、科學、技術或其他方面的創造性活動。（第54條）

㈥通訊特別服務之提供

通訊業者應對身心障礙者提供電訊轉接或其他特別傳送服務；其實施辦法由中央目的事業主管機關定之。（第55條）

㈦全面建構無障礙生活環境

1. 各項新建公共建築物、活動場所及公共交通工具，應規劃設置便於各類身心障礙者行動與使用之設施及設備。未符合規定者，不得核發建築執照或對外開放使用。（第56條第1項）關於公共建築物、活動場所及公共交通工具之無障礙設備與設施之設置規定，由中央各目的事業主管機關於其相關法令定之。（第56條第2項）
2. 凡已領建築執照或對外開放使用之公共建築物、活動場所及公共交通工具，其無障礙設備與設施不符合前項規定或前項規定修正後不符合修正後之規定者，各級目的事業主管機關應令其所有權人或管理機關負責人改善。但因軍事管制、古蹟維護、自然環境因素、建築物構造或設備限制等特殊情形，設置無障礙設備與設施確有困難者，得由所有權人或管理機關負責人提具替代改善計畫，申報各級目的事業主管機關核備並核定改善期限。有關作業程序及認定原則，由中央各目的事業主管機關定之。（第56條第3項）

㈧提供刑事訴訟之協助

實施刑事訴訟程序之公務員，於身心障礙者涉案或作證時，應就其障礙類別之特別需要，提供必要之協助。（第57條）

六、福利機構

㈠福利機構之設立

1. 各級政府應按需要自行或結合民間資源，設立下列身心障礙福

利機構（第58條第1項）：

(1)身心障礙者之教育、醫療、護理及復健機構。

(2)視障者讀物出版社及視障者圖書館。

(3)身心障礙庇護工場。

(4)職業訓練及就業服務機構。

(5)身心障礙收容及養護機構。

(6)身心障礙服務及育樂機構。

(7)其他身心障礙福利機構。

2.上述各類機構之業務應遴用專業人員辦理，並定期予以在職訓練；另得就其所提供之設施或服務，酌收必要費用。（第58條第2項）

㈡福利機構之申請許可

1.設立身心障礙福利機構，應向各目的事業主管機關申請許可。（第59條第1項）

2.身心障礙福利機構依上項規定許可設立者，應於許可設立之日起三個月內依有關法令辦理財團法人登記，於登記完成後，得接受補助或報經主管機關核准後對外募捐並專款專用。但有下列情形之一者，得免辦理財團法人登記（第59條第2項）：

(1)依其他法律申請設立之財團法人或公益社團法人申請附設者。

(2)小型設立且不對外募捐、接受補助或享受租稅減免者。

3.身心障礙福利機構未依規定辦理財團法人登記或未符合前項免辦理財團法人登記之機構，其有對外募捐行為時，主管機關應限期令其辦理財團法人登記或停止對外募捐行為。（第59條第3項）

㈢福利機構之設置標準

身心障礙福利機構設立之規模，應以社區化、小型化為原則；其設置標準，由直轄市、縣（市）主管機關定之。（第60條）

㈣福利機構之輔導與評鑑

主管機關應定期輔導與評鑑身心障礙福利機構，經評鑑成績優良者，應予獎勵（第61條第1項）；有關評鑑工作應由中央主管機關成立評鑑委員會爲之，其辦法由中央主管機關定之。（第61條第3項）凡身心障礙福利機構辦理不善或違反設立標準者，主管機關應限期令其改善。（第61條第2項）

㈤生產物品之優先採購

身心障礙福利機構所生產之物品及其可提供之服務，於合理價格及一定金額以下者，各級政府機關、公、私立學校、團體、公營事業機構及接受政府補助之機構或團體應優先採購。（第62條第1項）各級主管機關應定期公告或發函各義務採購單位，告知前項產品及服務項目，並應參酌相關法令規定，扶助身心障礙福利機構或團體承包或分包該物品服務至一定比例。（第62條第2項）；以上所定「定期」爲六個月。（施行細則第17條）

上二項物品與服務項目比例、一定金額、合理價格、扶助及應遵循事項之辦法，由中央主管機關定之。（第62條第3項）

㈥相關福利機構申請之優先核准

身心障礙福利機構或團體申請在公共場所設立庇護工場、福利工廠或商店；申請在國民住宅設立社區家園或團體家庭者，應保留名額，優先核准。（第63條第1項）前項受核准之福利機構，須親自經營、居住或使用並達一定期間；如需出租或轉讓，應以身心障礙福利機構或團體爲限（第63條第2項）；以上所定「一定期間」爲二年。（施行細則第18條）

七、罰則

(一)侵害身心障礙者人格及合法權益之處罰

1.依本法第四條規定：「身心障礙者之人格及合法權益，應受尊重與保障，除能證明其無勝任能力者外，不得單獨以身心障礙爲理由，拒絕其接受教育、應考、進用或予其他不公平之待遇」。公務員執行職務違反以上規定時，應受懲戒。（第64條第1項）

2.違反：(1)本法第四條，或(2)第三十三條第一項：「進用身心障礙者之機關（構），應本同工同酬之原則，不得爲任何歧視待遇，且其正常工作時間所得不得低於基本工資」，或(3)第三十三條第二項：「身心障礙者就業，薪資比照一般待遇，於產能不足時，可酌予減少；但不得低於百分之七十」等相關規定者；處新台幣十萬元以上五十萬元以下罰鍰。（第64條第2項）

(二)公私立機關、學校、機構、團體違反定額進用及生產物品優先採購之處罰

1.公務人員執行職務無正當理由違反第三十一條第一項、第二項或第六十二條第三項規定時，應受懲戒。（第64條之1第1項）

2.私立學校、機構及團體無正當理由違反第六十二條規定者，處新台幣二萬元以上十萬元以下罰鍰。（第64條之1第2項），

(三)違法從事按摩業者之處罰

1.違反本法第三十七條第一項規定：「非身心障礙者保護法所稱視覺障礙者，不得從事按摩業」者，處新台幣一萬元以上三萬元以下罰鍰，並限期改善。（第65條第1項）以上違法事件如於營業場所內發生，並依前述標準加倍處罰場所之負責人或所有權人。（第65條第2項）

2.上述兩項罰鍰之收入不列入年度預算，應納入視障者就業基金

專戶專款專用，專供作推動視障者職業訓練、就業服務與安置、創業貸款、示範按摩中心（院）補助之用。該基金管理及運用之辦法，由中央勞工主管機關會同各目的事業主管機關定之。（第65條第3項）

㈣公共場所違法對導盲犬收取費用及限制出入之處罰

違反第五十一之一條第二項規定：「前項公共場所、公共建築物、營業場所、公共交通工具及其他公共設施之所有人、管理人或使用人，不得對導盲幼犬及合格導盲犬收取額外費用，且不得拒絕其自由出入或附加其他出入條件」者，得予以勸導並限期改善，逾期未改善者，處新台幣一萬元以上三萬元以下罰鍰，並得按次連續處罰。（第65-1條）

㈤違法設立身心障礙福利機構之處罰

1. 未依本法第五十九條第一項規定向各目的事業主管機關申請許可設立而辦理身心障礙福利機構者，處其負責人新台幣六萬元以上三十萬元以下罰鍰。（第66條第1項）
2. 未依本法第五十九條第一項規定申請許可設立而辦理身心障礙福利機構，經主管機關限期申請設立許可，或依第五十九條第三項規定期限令其辦理財團法人登記或停止對外募捐行為，仍不遵辦者，處其負責人新台幣十萬元以上五十萬元以下罰鍰，得按次連續處罰，並公告其名稱，且得令其停辦。（第66條第2項）

㈥身心障礙福利機構不依限期進行改善之處罰

身心障礙福利機構辦理不善或違反設立標準，經主管機關依第六十一條第二項規定通知限期改善，逾期仍不改善者，得令其停辦一個月以上一年以下，並公告其名稱。停辦期限屆滿仍未改善或違反法令情節重大者，應廢止其許可；其屬法人者，得予解散。（第67條）

㈦身心障礙福利機構拒不停辦之處罰

身心障礙福利機構經主管機關依身心障礙者保護法第六十六條或第六十七條規定令其停辦而拒不遵守者，再處新台幣二十萬元以上一百萬元以下罰鍰。並得按次連續處罰。（第68條）

㈧身心障礙福利機構對主管機關之適當安置不予配合之處罰

身心障礙福利機構停辦或決議解散時，主管機關對於該機構服務之身心障礙者，應即予適當之安置，身心障礙福利機構應予配合。不予配合者，強制實施之，並處新台幣六萬元以上六十萬元以下罰鍰。（第69條）

㈨違反優先核准事項之處置

1. 依本法第四十七條第一項規定：「身心障礙者申請在公有公共場所開設零售商店或攤販，申請購買或承租國民住宅、停車位，政府應保留名額優先核准」；違反以上規定者，不得核發零售商店、攤販之營利事業登記證及國民住宅、停車位之使用執照。（第70條前段）
2. 又違反同條第二項規定：「身心障礙者受核准在公有公共場所開設零售商店或攤販，購買承租國民住宅、停車位，須親自經營、居住或使用並達一定期間；如需出租或轉讓，應以身心障礙者為限」者；目的事業主管機關得強制收回，並優先出售或出租予其他身心障礙者。（第70條後段）

㈩違反無障礙環境之處罰

依本法第五十六條第三項規定：「已領建築執照或對外開放使用之公共建築物、活動場所及公共交通工具，其無障礙設備與設施不符合規定者，各級目的事業主管機關應令其所有權人或管理機關負責人改善」；違反以上規定未改善或未提具替代改善計畫或未依核定改善計畫之期限改善完成者，除應勒令停止其使用外，處其所有權人或管理機關負責人新台幣六萬元以上三十萬元以下罰鍰，並限期改善；逾

期未改善者，得按次連續處罰至其改善完成爲止。必要時得停止供水、供電或封閉、強制拆除。（第71條第1項）

以上罰鍰收入應成立基金，供作改善及推動無障礙設備與設施經費使用。該基金管理及運用之辦法，由中央各目的事業主管機關定之。（第71條第2項）

㈩罰鍰及差額補助費之強制執行

依本法所處之罰鍰及依第三十一條第三項應繳納之定額進用差額補助費之金額，經通知限期繳納；逾期仍未繳納者，移送法院強制執行。（第72條）以上所定「限期繳納」之期間爲三十日，自各目的事業主管機關通知送達之次日起算。（施行細則第19條）

八、附則

㈠執行情形之報告

各級政府每年應向其民意機關報告本法之執行情形。（第73條）

㈡施行細則

本法施行細則由中央主管機關會商中央目的事業主管機關定之。（第74條）

㈢施行日期

本法自公布日施行。（第75條）

參、析評與展望

一、身心障礙者保護法之子法及重要之相關規定

身心障礙者保護法除本法外，其授權訂定之子法及重要之相關規定計有：

㈠授權訂定之子法

1.身心障礙者保護法施行細則。（第74條）
2.內政部身心障礙者保護委員會組織規程。（第7條第3項）
3.直轄市縣（市）身心障礙者保護委員會組織規程。（第7條第3項）
4.內政部身心障礙者權益受損申訴處理要點。（第7條第3項）
5.身心障礙者鑑定作業辦法。（第10條第2項）
6.身心障礙手冊核發辦法。（第10條第2項）
7.身心障礙者職業訓練機構專業人員遴用暨培訓辦法。（第6條第3項）
8.辦理身心障礙者職業訓練經費補助辦法。（第29條第3項）
9.身心障礙者職業訓練機構設施標準及獎助辦法。（第58條第3項）
10.身心障礙者就業服務機構設施標準。（第58條第3項）
11.身心障礙者就業服務機構設立及獎助辦法。（第58條第3項）
12.身心障礙者就業服務機構專業人員遴用及培訓辦法。（第6條第3項）
13.進用身心障礙者工作績優機關（構）獎勵辦法。（第35條第2項）
14.身心障礙者就業輔助器具補助辦法。（第29條第3項）
15.身心障礙者創業貸款補助辦法。（第29條第3項）

16. 身心障礙者職業輔導評量辦法。（第28條第2項）
17. 按摩業管理規則。（第37條第3項）
18. 視覺障礙者從事理療按摩資格認定及輔導辦法。（第37條第3項）
19. 視覺障礙者就業基金管理及運用辦法。（第65條第3項）
20. 身心障礙者醫療及輔助器具費用補助辦法。（第19條第2項）
21. 身心障礙者生活托育養護費用補助辦法。（第38條第2項）
22. 身心障礙者參加社會保險保險費補助辦法。（第44條第2項）
23. 身心障礙福利機構評鑑辦法。（第6條第3項）
24. 結合民間資源辦理身心障礙福利服務辦法。（第39條）
25. 豐富身心障礙者文化及精神生活實施辦法。（第53條第2項）
26. 身心障礙者租賃房屋租金及購屋貸款利息補助辦法。（第40條第2項）
27. 身心障礙者購買或承租商店攤販國民住宅停車位低利貸款辦法。（第47條第3項）
28. 身心障礙者專用停車位設置管理辦法。（第48條第2項）
29. 身心障礙者搭乘國內公民營公共交通工具優待實施辦法。（第50條第3項）
30. 電信事業提供身心障礙者特別服務實施辦法。（第55條）
31. 建築物無障礙設備與設施改善基金收支保管及運用辦法。（第7條第2項）
32. 身心障礙者保護法第五十六條第三項已領得建築執照之公共建築物無障礙設備與設施提具替代改善計畫作業程序及認定原則。（第56條第3項）
33. 公共交通工具無障礙設備與設施設置規定。（第56條第2項）
34. 特殊教育學生獎助辦法。（第25條第1項）
35. 身心障礙學生身心障礙人士子女及低收入學生就學費用減免辦法。（第22條）
36. 身心障礙者生涯轉銜服務整合實施方案。（第42條及施行細則第15條）
37. 身心障礙者輔具資源與服務整合方案。（第16條）

38.身心障礙者庇護工場設施及人員配置標準。（第58條第3項）

39.身心障礙者庇護工場設立及獎助辦法。（第58條第3項）

㈡重要之相關規定

1.身心障礙等級。

2.各類身心障礙之鑑定人員及鑑定方法與工具。

3.身心障礙者鑑定表。

4.身心障礙福利服務機構設施標準。

5.身心障礙福利服務機構設立及獎助辦法。

6.身心障礙福利服務專業人員遴用標準及培訓辦法。

7.私立身心障礙福利機構財務收支處理要點。

8.內政部補助身心障礙者教養機構服務費要點。

9.內政部業務公益信託許可及監督辦法。

二、身心障礙者保護法之特色

身心障礙者保護法全文計有條文七十六條，是社會福利立法中條文最多的法案，又本法授權訂定之子法及重要之相關規定計有四十八項，也是位居其他立法之冠；足見政府機關及社會各界對身心障礙者保護之重視及身心障礙者保護業務之龐雜。綜觀本法於民國八十六年四月二十三日將「殘障福利法」修正公布為「身心障礙者保護法」，除法案名稱全部改頭換面外，其法案內涵凸顯下列多項重大之改變及特色。

㈠明確劃分各相關主管機關之權責功能

第二條將本法主管機關及目的事業主管機關之權責功能予以明確劃分；其中除規定主管機關內政部及各直轄市、縣（市）政府應主管身心障礙者人格及合法權益之維護、個人基本資料之建立、身心障礙手冊之核發及各項身心障礙者福利服務相關事宜之規劃及辦理外；並分別明定衛生、教育、勞工、建設、工務、國民住宅、交通、財政等各目的事業主管機關應掌管之業務。依此非但可避免各相關機關因本

位主義的觀念而相互推諉，更可展現本法係屬貫徹執行的務實法律，絕非僅具宣示效益的意義。

㈡強調身心障礙者之人格及合法權益應予尊重及保障

第四條明定：身心障礙者之人格及合法權益，應受尊重與保障，除能證明其無勝任能力者外，不得單獨以身心障礙為理由，拒絕其接受教育、應考、進用或予其他不公平之待遇。另第六十四條明定：公務員違反此項規定，應受懲戒；其他如有違者，處新台幣十萬元以上五十萬元以下罰鍰。又第七條亦規定，身心障礙者權益遭受損失時，得提起申訴，其申訴除可向隸屬之地方主管機關身心障礙者保護委員會提出外，其最終之申訴仍可向中央主管機關之身心障礙者保護委員會提出。顯見本法係採重罰及有利於身心障礙者之各種管道，以期達到確保身心障礙者公平參與之合法權益。

㈢賦予各相關機關建立彙報及通報系統之任務

第十四條明定：為適時提供療育及服務，中央相關目的事業主管機關：衛生、教育、勞工、警政、消防、戶政等應建立彙報及通報系統；且各目的事業主管機關依此通報系統，發現有疑似本法所稱身心障礙者時，應即時通知當地主管機關主動協助。依此作法：既可使六歲以下之發展遲緩嬰幼兒，免於因逾時接受早期療育服務，而不幸導致變成身心障礙者；又可使家有身心障礙者，免於因礙於顏面，不願讓外界知悉，而致其身心障礙人口無辜損失合法權益之保障及福利服務之提供。

㈣要求建立個別化專業服務制度

第十五條明定：各級主管機關及目的事業主管機關應建立個別化專業服務制度，經由專業人員之評估，依身心障礙者實際需要提供服務，使其獲得最適當之輔導及安置。關於個別化專業服務制度應包括：個案管理、就業服務、特殊教育、醫療復健等制度。其中個案管理應係社會工作重要的專業技巧之一，其主要功能在針對個人與家庭提供一套系統化、效益化的服務策略，旨在平衡服務過程中所面臨的一些議題及對服務輸送的一種回應。如果對身心障礙者的保護工作能夠建立個別化專業服務制度，必能應用社會工作的專業方法，藉由與案主的共同參與，完成：案主問題與需求的探索、案主家庭功能與支持系統的評估、處遇計畫之規劃、實際服務輸送效益的評估及近期與長期服務目標之設定等等。

㈤要求協助就業時應先辦理職業輔導評量

第二十八條規定：勞工主管機關協助身心障礙者就業時，應先辦理職業輔導評量，以提供適當之就業服務。基此，行政院勞工委員會特訂頒實施「身心障礙者輔導評量辦法」。依該辦法規定，職業輔導評量之內容，依身心障礙者之個別性質，應包括：(1)身心障礙者狀況與功能表現，(2)學習特性與喜好，(3)職業興趣，(4)職業性向，(5)工作技能，(6)工作人格，(7)潛在就業環境分析，(8)就業輔具或職務再設計，(9)其他就業有關需求之評量。實施職業輔導評量，應針對案主個人、潛在工作環境及個人與工作適配性進行評量；必要時得轉介或邀集：就業服務、特別教育、個案管理、就業輔具服務、心理衛生、物理治療、職能治療等相關專業人員，以團隊方式進行協商或安排有關之評量；其最終目的，乃期藉此過程，能依身心障礙者的個別狀況，協助其獲得適性的就業機會。

㈥明定警政、消防、關務及法務等單位定額進用之人數另予計算

第三十一條規定：政府機關、公立學校及公營事業機構員工在一百人以上者，其進用具有工作能力之身心障礙者人數，不得低於員工總人數百分之二，而私立學校、團體及民營事業機構進用不得低於百分之一。依此規定，警政、消防、關務、法務等工作性質特殊的公家單位，永遠無法達到進用標準，以致經常引發一些無辜的責難。有鑑於此，這次修法，主管機關強烈要求應予突破，終於經充分溝通協商，達成共識，在第三十一條第五項規定，警政、消防、關務及法務等單位定額進用總人數之計算，得於施行細則另定之。據此，本法施行細則第十二條第一項特訂定：警察官、實際從事救災救護之消防員工、擔任海上及陸上查緝、驗貨、調查、燈塔管理之關務員工及檢察

官、書記官、法醫師、檢驗員、法警、調查人員、矯正人員、駐衛警等法務人員等，其對身心障礙者之定額進用，一律不予計入員工總人數。這樣修訂，不但切合實際，更使警政、消防、關務、法務等單位多年來遭受指責的委曲迎刃而解。

(七)明定舉行身心障礙人員特種考試

過去由於公務單位對於進用身心障礙者略有排斥，且考試機關亦未曾舉辦專為身心障礙者設想的考試；使得身心障礙者的就業機會一直排除在公務機關之外，的確有欠公平。為促使各公立機關、學校及公營事業機構進用身心障礙者，行政院經於八十年已訂定「行政院所屬各機關、學校及公營事業機構進用障礙人員作業要點」，且為配合「身心障礙者保護法」之修正，於八十八年九月二十三日修正為「進用身心障礙人員作業要點」；此次修法，第三十二條更明定：各級政府機關、公立學校及公營事業機構為進用身心障礙者，應洽請考試院依法舉行身心障礙人員特種考試，並取銷各項公務人員考試對身心障礙人員體位之不合理限制。基此，經中央主管機關內政部積極協調考選部，經同意於八十五年七月二十八日至三十日舉辦第一次身心障礙人員特種考試，錄取四二二人，隨後並分別於八十八年、九十年及九十二年陸續舉行三次，經過四次考試共錄取九六四人；這項突破，對於促進身心障礙者的就業機會，不僅甚具意義，且深獲肯定。

(八)改變身心障礙者就業基金專戶之運用方式

以往各級政府機關、公、私立學校、團體及公、民營事業機構因定額進用具有工作能力之身心障礙者未達法定標準，應定期向各地方政府主管機關設立之身心障礙者就業基金專戶繳納之差額補助費，大部分地方政府均常年累積大筆數額存在基金專戶呆滯，卻未能妥善運用於有助身心障礙者促進就業之加強，致使各級主管機關屢遭民意機關及身心障礙福利機構及團體詬病及指責。究其原因，乃由於當時對於該基金專戶經費之運用，務須編列年度預算、完成法定程序後始可動支，而萬一編列之年度預算未能用罄，其餘額應悉數繳交公庫，未能再回歸基金專戶專款專用；致使各地方政府主管機關為免基金專戶之經費白白受損，而不敢任意編列預算提出沒有把握執行的運用計畫。此次修法，第三十六條第一項明定，身心障礙者就業基金不列入政府年度預算，其專戶之收支、保管及運用辦法，由直轄市、縣（市）勞工主管機關定之。從此以後，各級政府勞工行政主管機關對於身心障礙者就業基金之用途必能充分發揮其既定之效能。

㈨明定主管機關應制定身心障礙者生涯轉銜計畫

第四十二條規定：為使身心障礙者不同之福利需求得以銜接，直轄市及縣（市）主管機關相關部門，應積極溝通、協調，制定生涯轉銜計畫，以提供身心障礙者整體性及持續性服務。據此，內政部特邀集教育部、行政院衛生署及行政院勞工委員會共同研商訂定「身心障礙者生涯轉銜服務整合實施方案」，於九十一年一月九日提行政院身心障礙者權益促進委員會議審議通過，並於九十一年一月三十一日由內政部頒布實施。該實施方案之目的為：(1)結合社會福利、教育、衛生、勞工等相關機關單位及人員，以科際整合之專業團隊合作方式，提供身心障礙者整體而持續性的個別化專業服務，(2)建置身心障礙者個案管理系統，以促進各主辦單位服務銜接、資源整合及專業服務之有效轉銜，(3)建立身心障礙者生涯轉銜服務流程，建立各相關單位分工權責。此次修法特別明定這種對身心障礙者保護的法律條文，非但具有時代性與發展性的意義，更具有社會福利實務運作與發展的前瞻性。惟各相關單位務須深切體認，為期各生命轉銜階段作最佳的轉銜準備與規劃；主其事者除了強調教育階段及就業階段之轉銜內涵外，對於學前、成人、老人階段及休閒娛樂、生活之轉銜更應予以重視，唯如此，始能提昇身心障礙者全方位的生活品質。

㈩要求建立身心障礙者安養監護制度及財產信託制度

第四十三條明文訂定：為使身心障礙者於其直系親屬或扶養者老邁時，仍受到應有照顧及保障，中央主管機關應會同相關目的事業主管機關，共同建立身心障礙者安養監護制度及財產信託制度。據經驗瞭解，一般身心障礙者之父母或扶養者均不願於其老邁或過逝後，將照顧身心障礙者子女之重大責任轉嫁給其他子女，而徒增其他子女負擔；因此，建立身心障礙者安養監護制度及財產信託制度刻不容緩。爲增進身心障礙者家長瞭解財產信託之意涵及可行方式，促進身心障礙者財產有效管理及保障生活權益；內政部已委託完成「身心障礙者財產信託制度建立之研究」，並辦理「以身心障礙者爲受益人之信託契約簽訂法律專業人員培訓計畫」，研訂「信託契約樣例」，供有意辦理信託契約之家長參考及提供專業諮詢服務。另又陸續編印「身心障礙者財產信託操作手冊」及辦理「身心障礙者財產信託制度推動研習」，俾強化財產信託之正確觀念及培訓專業人員，以期落實建立身心障礙者安養監護制度及財產信託制度。

㈩修訂落實全面建構無障礙生活環境之可行作為

全面建構無障礙生活環境，讓身心障礙者能夠順利地勇於走出戶外，獲得公平參與的機會，是身心障礙者一致懇切的要求。往昔法律規定，已領建築執照或對外開放使用之公共建築物、活動場所及公共交通工具，其無障礙設備與設施不符合規定者，應令其所有權人立即改善，如屆時仍未依規定改善，則應勒令停止使用或強制拆除，毫無折衷例外之空間，致使執行過程中爭議重重，且績效不彰。此次修法，對於此項要求特別因應實際狀況，於第五十六條第二項增列：因軍事管制、古蹟維護、自然環境因素、建築物構造或設備限制等特殊情形，設置無障礙設備與設施確有困難者，得由所有權人或管理機關負責人提具替代改善計畫，申報各級目的事業主管機關核備並核定改善期限。另於第七章罰則增訂第七十一條：違反第五十六條第三項規定未改善或未提具替代改善計畫或未依核定改善計畫之期限改善完成者，除應勒令停止其使用外，處其所有權人或管理機關負責人新台幣六萬元以上三十萬元以下罰鍰，並限期改善；逾期未改善者，得按次連續處罰至其改善完成爲止。必要時得停止供水、供電或封閉、強制拆除。且規定對於此項罰鍰收入應成立基金，供作改善及推動無障礙設備與設施經費使用。經過這次修法之後，對於落實全面建構無障礙生活環境，促使每一個身心障礙者在公平對待及競爭環境中，能夠發揮自己的特質和專長，應可展現顯著、亮麗的成績。

㈦增定對視覺障礙者的權利保障

為加強對視覺障礙者的權利保障，增定第五十一條之一：視覺障礙者由合格導盲犬陪同或導盲犬專業訓練人員於執行訓練時帶同導盲幼犬，得自由出入公共場所、公共建築物、營業場所、公共交通工具及其他公共設施。且第六十五條之一又規定，如上述相關場所之所有人、管理人或使用人有收取額外費用、拒絕其自由出入或附加其他之出入條件者，得予以勸導並限期改善，逾期未改善者，處新台幣一萬元以上三萬元以下罰鍰，並得按次連續處罰。

㈧明訂身心障礙福利機構免辦財團法人登記之要件

以往民間設立身心障礙福利機構，應向各目的事業機關申請許可，並應於許可設立之日起三個月內依有關法令辦理財團法人登記，於登記完成後，始得接受補助或經主管機關核復對外募捐並專款專用。由於此項規定，常有民間熱心公益人士抱怨，既使有心關懷身心障礙福利，還得需要豐厚的資金才能如願，因為設立福利機構辦理財團法人至少需要一千萬元至三千萬元不等之基金。此次修法特別因應這種抱怨聲音，於第五十九條增列得免辦理財團法人登記之要件，其規定為：(1)依其他法律申請設立之財團法人或公益社團法人申請附設者，(2)小型設立且不對外募捐、接受補助或享受租稅減免者；凡有其情形之一者，設立身心障礙福利機構，得免辦財團法人登記。惟如既不辦理財團法人登記，又任意對外募捐，則當依第六十六條規定予以處罰。

三、身心障礙者保護政策之展望

身心障礙者保護法的大幅修正，雖已因應身心障礙者的實際需要，仔細考慮到其各種需求的面向；惟僅賴法的規定，相信絕對難以達到理想目標，最重要的乃決定於如何落實執行法的規定。一個民主法治的國家，政府的施政務必：(1)以法律為基礎，(2)以民意為依歸，(3)以民眾福祉為優先；對於身心障礙者的福利服務更應秉持以上原

則，應用專業方法，持續推動。因此，展望未來，下列各項身心障礙者的保護措施，仍然有待加強辦理。

㈠積極研修身心障礙者相關保護法規

身心障礙者保護法的修正，雖已相當周全完備，惟尚有許多議題值得思考；諸如：(1)疑似身心障礙者之強制通報責任，(2)成人障礙者之保護措施，(3)障礙等級之鑑定除醫學之診斷外，如何輔以功能性評估，(4)身心障礙者福利服務與相關福利法規如何競合，(5)有關民法對監護人之選任等等議題，均宜配套訂定相關法規，俾落實維護身心障礙者之合法權益。

㈡強化經濟安全之保護機制

爲紓緩家庭對照顧身心障礙者之壓力，設法對於障礙者及其家庭給予經濟支持乃落實身心障礙者福利服務之要務。目前關於這方面的福利措施概已對中低收入之障礙者，依其障礙類別、等級及其家庭經濟狀況分別予以不同的經濟補助；未來更應配合國民年金制度之規劃實施、安養監護及財產信託制度之建立、加強辦理生活、托育、養護及重病醫療補助等機制，確保身心障礙者的經濟安全。

㈢有效提昇機構照護品質

福利機構照護品質之優劣，直接關係在機構內接受養護或安養之障礙者權益；關於提昇機構照護品質方面，除應依法輔導機構朝向社區化、小型化經營發展外，更應加強輔導未立案機構依法辦理立案；尤其對有意參與障礙者養護服務之財團法人，經依法申請障礙福利機構許可者，更應依規定給予適當、合理之補助；並配合定期辦理機構評鑑，透過公正、嚴謹的績效考核，檢視補助費運用之正當性；俾有效提昇機構照護品質，保障障礙者生活權益。

㈣致力推動社區照顧服務

福利社區化應是社會福利的發展取向，加強社區照顧體系之建立，更是推展身心障礙者福利服務的重要措施。身心障礙者若能就近留在社區內，運用社區資源予以妥善照顧，必能添溫馨於里鄰而獲得敦親睦鄰之效果。因之，加強推展居家服務、日間照顧、臨時托育、短期托育及低收入戶到宅評估輔具效能及協助復健訓練，以培養生活自理能力及減輕照顧者負擔等社區照顧服務，乃身心障礙者福利服務所應努力的重點工作。

㈤廣結民間資源參與福利服務

政府力量有限，民間資源無窮，社會福利如果全賴政府力量推動，有時難免力不從心、難臻宏效。各級政府應該響應中央「民間能做的、政府不要做」的政策指示，積極推動「公設民營」的福利服務模式，廣結熱心公益、樂善好施的民間資源，共同參與各項身心障礙者的福利服務；以期障礙者的保護措施，能在公、私部門合力推動下，發揮更大的效能。

㈥持續辦理身心障礙者生活需求調查

身心障礙者之類別計有十六種之多，由於其類別、障礙程度、年齡、性別之不同、加上城鄉之差異，相信必有其不同之需求。因之，本法第八條特別明示，各級政府應至少每三年定期於十二月舉辦身心障礙者生活需求調查、出版統計報告。其主要目的無非希望憑藉調查之統計結果，確實反應障礙者生活需求的優先順序，而使政府投入障礙者福利服務的經費預算能作最有效的運用；足見，確實辦理身心障礙者生活需求調查應是有效推展身心障礙者福利服務不可或缺的要務；雖然本法修正通過後於八十九年曾第一次辦理，至盼未來能夠持續，使其調查結果成爲身心障礙者福利政策的重要資料庫。

㈦善用就業基金專戶

身心障礙者雖然行動稍有不便，除極重度及重度者外，大部分均仍具有工作能力；對於尚不足進入競爭性就業市場者應提供支持性及個別化就業服務，使有工作意願者順利進入就業市場，實乃身心障礙者福利服務最具有建設性的做法。因此，如何善用就業基金專戶，依身心障礙者之實際需要，提供職業訓練、就業服務、創業貸款與就業所需輔助器具之研究發展，俾能促進有工作能力之身心障礙者普遍就業，應爲各地方主管機關務須全力以赴的工作重點。

(八)加強發揮身心障礙者保護委員會功能

身心障礙者保護委員會是本法第七條明文規定各級主管機關應設立的單位，它的組織成員涵蓋各目的事業主管機關、身心障礙者或其監護人代表、身心障礙福利學者或專家、民意代表及民間相關機構、團體代表等，且其中身心障礙者或其監護人代表、民意代表、民間相關機構、團體代表等不得少於三分之一。這個委員會所應辦理的事項包括：(1)整合規劃、研究、諮詢、協調推動促進身心障礙者保護相關事宜，(2)審議身心障礙者權益受損申訴事宜，(3)其他促進身心障礙者權益及福利保護相關事宜。如果各級主管機關所設立的身心障礙者保護委員會皆能充分發揮其既定的功能，相信對於身心障礙者福利服務工作的促進必將產生豐碩的成果，可惜該保護委員會的既定功能距離理想目標似乎還有一段距離，確有積極加強改進之迫切需要。

肆、結語

身心障礙是一個人在生理或心理狀態方面，因先天遺傳、疾病、意外事故或其他因素，無法正常發揮功能或機能有所欠缺，而導致其日常生活受到影響；但是，障礙並非殘障，許多身心障礙朋友亦能克服種種的障礙，發揮潛能，展現堅毅不拔、樂觀奮進的精神，以具體的行動超越環境中各項不利的因素，而成就了令人敬佩的志業。因此，社會上許多身心障礙朋友堅苦奮鬥的故事，總是令人爲之動容，也更值得群起效法。

聯合國爲增進身心障礙者的基本人權與社會參與，特於一九九二年十月宣告每年十二月三日爲「國際殘障者日」（我國爲因應「身心障礙者保護法」的修正施行，將其改稱爲「國際身心障礙者日」），透過這個特別的日子呼籲各國深入瞭解身心障礙者的需求，並制訂適當的政策與法令，採取更積極的行動，以維護身心障礙者全面、平等參與社會各項活動的權益。因此，政府每年均依循國際身心障礙者日之宗旨，規劃系列宣導活動，籲請社會大眾共同關懷並促進身心障礙者之各項權益與福利。

障礙是限制，也是試煉；身心障礙雖是不幸，但絕不是罪惡；雖有不便，但絕非完全不能。推展社會福利常有一句俗語：「給他一條魚，不如送他釣竿教他自己去釣魚」；而更重要的是應設法「提供一個魚池讓他有發揮釣技的處所」。身心障礙福利政策之推展，亟需各級政府秉持公平、正義原則，顧及國家社會、經濟整體的均衡發展，並依各類障礙者之眞正需要，提供最佳、最適當的服務。身心障礙福利各項政策之落實執行，尤需社會各界配合政府措施，共同提供障礙者有形、無形，生理、心理，硬體、軟體等兼籌並顧之無障礙生活環境，始能克竟事功。

至盼我國身心障礙福利政策，在未來修法時，其規定與設計，亦能對長期負責障礙者照顧的家人與其家庭，有效地予以提供支持與協助；尤更希望政府與民間群策群力，以溫和與理性的態度，透過具體的關懷行動，秉持「權利非施捨、尊重非同情、接納非憐憫」的正確理念，共同協助社會上每一位需要支持、鼓勵的障礙朋友及其家屬；讓每一位障礙者與一般人一樣，在眞正無障礙的生活環境中，擁有生命的尊嚴，獲得適當的扶助，並充分發揮其潛能。

第五章　兩性工作平等法

壹、前言

民國七十六年六月爆發國父紀念館五十七位女性員工及高雄市立文化中心四十四位女性員工年滿三十歲及懷孕被迫離職事件；非但引起社會震撼，更使婦女界一片譁然；難道年滿三十歲或懷孕生子的自然生理現象，都是女人不該發生的錯或罪惡嗎？由於此一事件的發生，財政部隨即於七十八年一月廿三日取消「補助保險從業人員出國甄試限男性報考」之資格限制；而婦女新知基金會亦於七十九年三月廿七日將「男女工作平等法草案」經兩黨三十九位立委共同連署送入立法院，正式進入立法程序。

接著行政院人事行政局於七十九年六月廿七日公布「行政院所屬各機關女性公務人員育嬰期間申請留職停薪處理原則」。惟不料於八十年十月廿六日行政院勞工委員會和資方聯手杯葛，執政黨透過中央政策會向黨籍立委下達「緩議」指令，將婦女新知基金會所提「男女工作平等法草案」凍結在立法院；且中華民國工商建設研究會又於八十年十一月公布：導致企業出走的十大惡法之一爲「男女工作平等法」，另該會復於八十二年四月十日發表「影響台灣經濟法令及政策建言書」，反對訂定「男女工作平等法」，並建議將民間所提之「男女工作平等法草案」全部刪除。

雖然「兩性工作平等法」之立法屢經各種波折，但婦女團體鍥而不捨的執著精神不僅絲毫未曾動搖，尤更透過多重管道奮力爭取；所謂皇天不負苦心人，的確不錯；因爲，行政院勞工委員會擬訂之「兩性工作平等法草案」終於在八十三年三月廿二日出爐。此一期待已久的佳音，對於奮力爭取男女工作平等的婦女朋友而言，可說爲她們打了一針最有鼓舞作用的強心劑；孰料這種得來不易的喜悅卻是短暫的，由於，行政院勞工委員會提出的「兩性工作平等法草案」不幸於八十四年二月十七日遭行政院退回；此時，婦女界殷切企盼的心情可說頓時又墜入谷底。幸賴，八十三年四月二十日銓敘部於「公務人員請假規則修正草案」中，給予男性公務人員陪產假；台北市政府亦於八十七年三月十一日市政會議通過「台北市工作場所性騷擾防制要點」；這兩則訊息，對於飽受衝擊的婦女團體，些微藉此再露出了一線充滿希望的曙光。

吾人常言，「危機就是轉機」，正當婦女團體倍感失望之際，行政院竟於八十八年四月六日正式將「兩性工作平等法草案」送入立法院；經過多方溝通協調，「兩性工作平等法」協商整合版好不容易地亦於九十年六月一日出爐，並排入議程，等待立法院二、三讀。其間又逢長庚醫院性騷擾案高院二審宣判定讞，加害醫師上訴駁回，並須賠償楊護士四十五萬元；此一風波對於「兩性工作平等法」的加速立法應有或多或少的催生作用；最後，立法院終於在九十年十二月廿一日將「兩性工作平等法」三讀通過，且於九十一年一月十六日奉總統令制定公布全文四十條；並自九十一年三月八日起施行。

綜觀以上立法經過，我們可以明顯看出，「兩性工作平等法」的完成立法，歷經十一年的積極奮鬥，的確一路蓽路藍縷，斬棘劈荊。個人認為，這是遲來的社會正義，因為，台灣早該通過這部法案，落實憲法保障的兩性平等及工作權，讓托育養老的責任不再僅由女性單方面承擔，職業婦女不再一根蠟燭兩頭燒；職場性騷擾終於也有法可管，在婦運史上確實深具意義。況且我國憲法第七條明文規定：「中華民國人民無分男女、宗教、種族、階級、黨派在法律上一律平等」。又憲法增修條文第十條第六項亦規定：「國家應維護婦女人格尊嚴，保障婦女之人身安全，消除性別歧視，促進兩性地位之實質平等」。

貳、法案內涵

兩性工作平等法（Sexual Work Equality Act）全文計有七章四十條；第一章：總則，第二章：性別歧視之禁止，第三章：性騷擾之防治，第四章：促進工作平等措施，第五章：救濟及申訴程序，第六章：罰則，第七章：附則。另兩性工作平等法施行細則計有十五條。茲將兩法案的全部內涵綜合予以詳述解說於后。

一、總則

㈠目的

兩性工作平等法之制定，係為保障兩性工作權之平等，貫徹憲法消除性別歧視、促進兩性地位實質平等之精神。（第1條）

㈡約定排除

1. 雇主與受僱者之約定優於本法者，從其約定。（第2條第1項）。
2. 兩性工作平等法於公務人員、教育人員及軍職人員，亦適用之。但第三十三條關於申訴機關、第三十四條關於申訴審議處理及第三十八條關於罰鍰等規定，不在此限。（第2條第2項）
3. 公務人員、教育人員及軍職人員之申訴、救濟及處理程序，依各該人事法令之規定。（第2條第3項）

㈢相關用辭定義

關於兩性工作平等法之用辭定義如下（第3條）：

1. **受僱者**：謂受雇主僱用從事工作獲致薪資者。
2. **求職者**：謂向雇主應徵工作之人。
3. **雇主**：謂僱用受僱者之人、公私立機構或機關。代表雇主行使管理權之人或代表雇主處理有關受僱者事務之人，視同雇主。
4. **薪資**：謂受僱者因工作而獲得之報酬；包括薪資、薪金及按計時、計日、計月、計件以現金或實物等方式給付之獎金、津貼及其他任何名義之經常性給與。

㈣主管機關

1. 兩性工作平等法所稱主管機關：在中央為行政院勞工委員會；在直轄市為直轄市政府；在縣（市）為縣（市）政府。（第4條第1項）

2.兩性工作平等法所定事項，涉及各目的事業主管機關職掌者，由各該目的事業主管機關辦理。（第4條第2項）

㈤兩性工作平等委員會之設立

1.為審議、諮詢及促進兩性工作平等事項，各級主管機關應設兩性工作平等委員會。（第5條第1項）

2.兩性工作平等委員會應置委員五至十一人，任期兩年，由具備勞工事務、兩性問題之相關學識經驗或法律專業人士擔任之，其中經勞工團體、婦女團體推薦之委員各二人，女性委員人數應占全體委員人數二分之一以上。（第5條第2項）

3.兩性工作平等委員會組織、會議及其他相關事項，由各級主管機關另定之。（第5條第3項）

4.地方主管機關如設有就業歧視評議委員會，亦得由該委員會處理兩性工作平等相關事宜。惟該會之組成應符合第二項之規定。（第5條第4項）

㈥經費之編列

1.直轄市及縣（市）主管機關為婦女就業之需要應編列經費，辦理各類職業訓練、就業服務及再就業訓練，並於該期間提供或設置托兒、托老及相關福利設施，以促進兩性工作平等。（第6條第1項）

2.中央主管機關對直轄市及縣（市）主管機關辦理前項職業訓練、就業服務及再就業訓練，並於該期間提供或設置托兒、托老及相關福利措施，得給予經費補助。（第6條第2項）

二、性別歧視之禁止

㈠差別待遇之禁止

1.**招募、甄試、進用、分發、配置、考績及陞遷不得有差別待遇**：雇主對求職者或受僱者之招募、甄試、進用、分發、配

置、考績或陞遷等，不得因性別而有差別待遇，但工作性質僅適合特定性別者，不在此限。（第7條）

兩性工作平等法所稱**「差別待遇」**係指雇主因性別因素而對受僱者或求職者為直接或間接不利之待遇。（施行細則第2條）

又本法第七條但書所稱**「工作性質僅適合特定性別者」**，係指非由特定性別之求職者或受僱者從事，不能完成或難以完成之工作。（施行細則第3條）

2. **教育及訓練不得有差別待遇**：雇主為受僱者舉辦或提供教育、訓練或其他類似活動，不得因性別而有差別待遇。（第8條）
3. **福利措施不得有差別待遇**：雇主為受僱者舉辦或提供各項福利措施，不得因性別而有差別待遇。（第9條）
4. **薪資不得有差別待遇**：雇主對受僱者薪資之給付，不得因性別而有差別待遇；其工作或價值相同者，應給付同等薪資。但基於年資、獎懲、績效或其他非因性別因素之正當理由者，不在此限。（第10條）
5. **退休、資遣、離職及解僱不得有差別待遇**：雇主對受僱者之退休、資遣、離職及解僱，不得因性別而有差別待遇。（第11條第1項）違反此項規定者，其規定或約定無效；勞動契約之終止不生效力。（第11條第3項）

㈡性別歧視之禁止

工作規則、勞動契約或團體協約，不得規定或事先約定受僱者有結婚、懷孕、分娩或育兒之情事時，應行離職或留職停薪；亦不得以其為解僱之理由。（第11條第2項）違反此項規定者，其規定或約定無效；勞動契約之終止不生效力。（第11條第3項）

三、性騷擾之防治

㈠定義

兩性工作平等法所稱性騷擾，係指下列二款情形之一（第12

條）：

1.受僱者於執行職務時，任何人以性要求、具有性意味或性別歧視之言詞或行為，對其造成敵意性、脅迫性或冒犯性之工作環境，致侵犯或干擾其人格尊嚴、人身自由或影響其工作表現。

2.雇主對受僱者或求職者為明示或暗示之性要求、具有性意味或性別歧視之言詞或行為，作為勞務契約成立、存續、變更或分發、配置、報酬、考績、陞遷、降調、獎懲等之交換條件。

至於本法所稱性騷擾之認定，應就個案審酌事件發生之背景、工作環境、當事人之關係、行為人之言詞、行為及相對人之認知等具體事實為之。（施行細則第4條）

㈡防治措施、申訴及懲戒辦法之制定

1.雇主應防治性騷擾行為之發生。其僱用受僱者三十人以上者，應訂定性騷擾防治措施、申訴及懲戒辦法，並在工作場所公開揭示。（第13條第1項）關於性騷擾防治措施、申訴及懲戒辦法之相關準則，由中央主管機關定之。（第13條第3項）又本法所定僱用人數之計算，包括分支機構及附屬單位之僱用人數。（施行細則第5條）

2.雇主於知悉第十二條性騷擾之情形時，應採取立即有效之糾正及補救措施。（第13條第2項）

四、促進工作平等措施

㈠生理假

1.女性受僱者因生理日致工作有困難者，每月得請生理假一日，其請假日數併入病假計算。（第14條第1項）

2.生理假薪資之計算，各依該病假規定辦理。（第14條第2項）

㈡產假

1.分娩者之產假：雇主於女性受僱者分娩前後，應使其停止工

作，給予產假八星期。（第15條第1項前段）

2. 流產者之產假：雇主於女性受僱者流產後，應使其停止工作，給予產假：(1)妊娠三個月以上流產者，給予產假四星期；(2)妊娠二個月以上未滿三個月流產者，給予產假一星期；(3)妊娠未滿二個月流產者，給予產假五日。（第15條第1項後段）
3. 產假期間薪資之計算，依相關法令之規定。（第15條第2項）
4. 以上規定產假期間之計算，應依曆連續計算。（施行細則第6條）
5. 受僱者依本法第十六條第一項規定申請育嬰留職停薪期間屆滿前分娩或流產，於復職後仍在本法第十五條第一項所定之產假期間時，雇主仍應依本法規定給予產假。但得扣除自分娩或流產之日起至復職前之日數。（施行細則第8條）
6. 受僱者於其配偶分娩時，雇主應給予陪產假二日。（第15條第3項）其陪產假期間工資照給。（第15條第4項）
7. 上項二日陪產假，受僱者應於配偶分娩之當日及其前後二日之五日內期間內，擇其中之二日請假（施行細則第7條第1項）；又前項期間如遇例假、紀念節日及依其他法令規定應放假之日，均包括在內，不另給假。（施行細則第7條第2項）

㈢育嬰留職停薪

1. 受僱於僱用三十人以上雇主之受僱者，任職滿一年後，於每一子女滿三歲前，得申請育嬰留職停薪，期間至該子女滿三歲止，但不得逾二年。同時撫育子女二人以上者，其育嬰留職停薪期間應合併計算，最長以最幼子女受撫育二年爲限。（第16條第1項）另依本法各條所稱子女，係指婚生子女、非婚生子女及養子女。（施行細則第12條）
2. 受僱者於育嬰留職停薪期間，得繼續參加原有之社會保險，原由雇主負擔之保險費，免予繳納；原由受僱者負擔之保險費，得遞延三年繳納。（第16條第2項）
3. 受僱者依上項規定繼續參加原有之社會保險，不包括參加勞工保險之職業災害保險，並應於原投保單位繼續投保。（施行細

則第9條）

4.受僱者依規定繼續參加原有之社會保險者，其投保手續、投保金額、保險費繳納及保險給付等事項，依各該相關法令規定辦理。（施行細則第10條）

5.育嬰留職停薪津貼之發放，另以法律定之。（第16條第3項）；又育嬰留職停薪實施辦法，由中央主管機關定之。（第16條第4項）

6.受僱者之配偶未就業者，不適用育嬰留職停薪之規定，但有正當理由者，不在此限。（第22條）

㈣育嬰留職停薪之復職

1.受僱者於育嬰留職停薪期滿後，申請復職時，除有下列情形之一，並經主管機關同意者外，雇主不得拒絕（第17條第1項）：

(1)歇業、虧損或業務緊縮者。

(2)雇主依法變更組織、解散或轉讓者。

(3)不可抗力暫停工作在一個月以上者。

(4)業務性質變更，有減少受僱者之必要，又無適當工作可供安置者。

2.雇主因前項各款原因未能使受僱者復職時，應於三十日前通知之，並應依法定標準發給資遣費或退休金。（第17條第2項）

㈤哺乳時間

1.子女未滿一歲須受僱者親自哺乳者，除規定之休息時間外，雇主應每日另給哺乳時間二次，每次以三十分鐘為限。（第18條第2項）

2.上項所定親自哺乳，包括女性受僱者以容器貯存母乳備供育兒之情形。（施行細則第11條）

㈥工作時間之調整

受僱於僱用三十人以上雇主之受僱者，為撫育未滿三歲子女，得

向雇主請求為下列二款事項之一：(1)每天減少工作時間一小時；減少之工作時間，不得請求報酬；(2)調整工作時間。（第19條）

㈦家庭照顧假

1. 受僱於僱用三十人以上雇主之受僱者，於其家庭成員預防接種、發生嚴重之疾病或其他重大事故須親自照顧時，得請家庭照顧假，其請假日數併入事假計算，全年以七日為限。（第20條第1項）
2. 家庭照顧假薪資之計算，依各該事假規定辦理。（第20條第2項）
3. 受僱者之配偶未就業者，不適用家庭照顧假之規定，但有正當理由者，不在此限。（第22條）

㈧雇主之義務

1. 受僱者依兩性工作平等法第十四條至第二十條之規定為：(1)生理假，(2)產假，(3)育嬰留職停薪，(4)育嬰留職停薪之復職，(5)哺乳時間，(6)工作時間之調整，(7)家庭照顧假等各項請求時，雇主不得拒絕。但第十九條規定：關於撫育未滿三歲子女時工作時間之調整；雇主有正當理由者，不在此限。（第21條第1項）
2. 受僱者為上項之請求時，雇主不得視為缺勤而影響其全勤獎金、考績或為其他不利之處分。（第21條第2項）
3. 受僱者依兩性工作平等法第十四條至第二十條規定為申請或請求者，必要時雇主得要求其提出相關證明文件。（施行細則第13條）

㈨托兒設施及措施之設置

1. 僱用受僱者二百五十人以上之雇主，應設置托兒設施或提供適當之托兒措施。（第23條第1項）
2. 主管機關對於雇主設置托兒設施或提供托兒措施，應給予經費補助。（第23條第2項）

3.有關托兒設施、措施之設置標準及經費補助辦法，由中央主管機關會商有關機關定之。（第23條第3項）
4.上述第一項有關托兒設施或措施，包括與其他雇主聯合辦理或委託托兒機構、幼稚園辦理者。（施行細則第14條）

㈩主管機關之權責

1.主管機關爲協助因結婚、懷孕、分娩、育兒或照顧家庭而離職之受僱者獲得再就業之機會，應採取就業服務、職業訓練及其他必要之措施。（第24條）
2.雇主僱用因結婚、懷孕、分娩、育兒或照顧家庭而離職之受僱者成效卓著者，主管機關得給予適當之獎勵。（第25條）

五、救濟及申訴程序

㈠雇主之賠償責任

1.受僱者或求職者因本法第七條至第十一條遭遇差別待遇或性別歧視，或因第二十一條第二項受僱者爲各項促進工作平等措施致遭雇主視爲缺勤而影響其全勤獎金、考績或爲其他不利之處分等情事，受有損害者，雇主應負賠償責任。（第26條）
2.受僱者或求職者因雇主違反第十三條第二項之義務，於知悉性騷擾行爲之發生，而未採取立即有效之糾正及補救措施，受有損害者，雇主應負賠償責任。（第28條）

㈡雇主及行為人之連帶賠償責任

1.受僱者或求職者因本法第十二條性騷擾之情事，受有損害者，由雇主及行爲人連帶負損害賠償責任。但雇主證明其遵行兩性工作平等法所定之各種防治性騷擾之規定，且對該事情之發生已盡力防止仍不免發生者，雇主不負賠償責任。（第27條第1項）
2.如被害人依上項但書之規定不能受損害賠償時，法院因其聲

請，得斟酌雇主與被害人之經濟狀況，令雇主為全部或一部之損害賠償。（第27條第2項）

3. 雇主賠償損害時，對於為性騷擾之行為人，有求償權。（第27條第3項）

㈢損害賠償請求權之時效

本法第二十六條至第二十八條之損害賠償請求權，自請求權人知有損害及賠償義務人時起，二年間不行使而消滅。自有性騷擾行為或違反各該規定之行為時起，逾十年者，亦同。（第30條）

㈣非財產上損害之賠償責任

本法第二十六條至第二十八條情形，受僱者或求職者雖非財產上之損害，亦得請求賠償相當之金額。其名譽被侵害者，並得請求回復名譽之適當處分。（第29條）

㈤舉證責任

受僱者或求職者於釋明差別待遇之事實後，雇主應就差別待遇之非性別因素，或該受僱者或求職者所從事工作之特定性別因素，負舉證責任。（第31條）

㈥申訴制度

雇主為處理受僱者對兩性工作平等之申訴，得建立申訴制度協調處理。（第32條）

㈦申訴機關

1. 受僱者發現雇主違反第十四條至第二十條關於促進兩性工作平等之各項規定時，得向地方主管機關申訴。（第33條第1項）
2. 申訴案件向中央主管機關提出者，中央主管機關應於收受申訴案件，或發現有上開違反情事之日起七日內，移送地方主管機關。（第33條第2項）
3. 地方主管機關應於接獲申訴後七日內展開調查，並得依職權對

雙方當事人進行協調。（第33條第3項）

前項申訴處理辦法，由地方主管機關定之。（第33條第4項）

㈧不利處分之禁止

雇主不得因受僱者提出本法之申訴或協助他人申訴，而予以解僱、調職或其他不利之處分。（第36條）

㈨申訴審議

1. 受僱者或求職者發現雇主違反本法第七條至第十一條、第十三條、第二十一條第二項或第三十六條規定時，向地方主管機關申訴後，雇主、受僱者或求職者對於地方主管機關所為之處分有異議時，得於十日內向中央主管機關兩性工作平等委員會申請審議或逕行提起訴願。（第34條第1項前段）
2. 雇主、受僱者或求職者對於中央主管機關兩性工作平等委員會所為之處分有異議時，得依訴願及行政訴訟程序，提起訴願及進行行政訴訟。（第34條第1項後段）
3. 關於上項申訴審議處理辦法，由中央主管機關定之。（第34條第2項）

㈩相關機關對差別待遇事實之認定

法院及主管機關對差別待遇事實之認定，應審酌兩性工作平等委員會所為之調查報告、評議或處分。（第35條）

⑾法律扶助之提供

1. 受僱者或求職者因雇主違反本法之規定，而向法院提出訴訟時，主管機關應提供必要之法律扶助。（第37條第1項）
2. 上項法律扶助辦法，由中央主管機關定之。受僱者或求職者為第一項訴訟而聲請保全處分時，法院得減少或免除供擔保之金額。（第37條第2項）

六、罰則

雇主違反：(1)第七條至第十條有關差別待遇；(2)第十一條第一項、第二項有關性別歧視；(3)第十三條第一項後段有關訂定性騷擾防治措施、申訴及懲戒辦法；第二項雇主於知悉性騷擾之情形時，應採取立即有效之糾正及補救措施；(4)第二十一條第二項有關受僱者為兩性工作平等措施之各項請求時，雇主不得視為缺勤而影響其全勤獎金、考績或為其他不利之處分；(5)第三十六條有關不利處分之禁止等各項者，處新台幣一萬元以上十萬元以下罰鍰。

七、附則

㈠施行細則

本法施行細則，由中央主管機關定之。

㈡施行日期

本法自中華民國九十一年三月八日施行。

參、析評與展望

一、兩性工作平等法之析評

兩性工作平等法除本法外，應尚包括授權中央主管機關訂定之：(1)兩性工作平等法施行細則（第39條），(2)行政院勞工委員會兩性工作平等委員會設置要點（第5條第1、3項），(3)工作場所性騷擾防治措施申訴及懲戒辦法訂定準則（第13條第3項），(4)育嬰留職停薪實施辦法（第16條第4項），(5)托兒設施措施設置標準及經費補助辦法（第

23條第3項），(6)兩性工作平等申訴審議處理辦法（第34條第2項），(7)兩性工作平等訴訟法律扶助辦法（第37條第2項）等相關子法；這些子法行政院勞工委員會已分別訂定完成，並公布實施。

揆諸兩性工作平等法主要內涵應可分爲三大部分：(1)禁止性別歧視，(2)防治性騷擾，(3)促進工作平等措施。其中受僱者享有的權益包括：(1)生理假，(2)產假，(3)育嬰留職停薪，(4)育嬰留職停薪之復職，(5)家庭照顧假，(6)哺乳時間，(7)調整工作時間。而雇主應做的措施包括：(1)禁止性別歧視，(2)防治性騷擾，(3)設置托兒設施或提供托兒服務。從整個法案來看，美中不足的應爲：

㈠關於主管機關之認定

本法第四條第二項規定：本法所定事項，涉及各目的事業主管機關職掌者，由各該目的事業主管機關辦理。於是類似軍事和學校等單位如有違法事項，受到不平等待遇者仍然只能在單位內提出申訴，各單位內部兩性工作平等委員會的公平性和專業性今後有待密切予以檢視。

㈡關於只適用僱用人數達三十人以上之規定

本法規定包括：企業內部性騷擾申訴管道之設立、育嬰假及家庭照顧假等實施，均只適用僱用人數達三十人以上之事業，依此推估應有半數的女性受僱者未能符合條件而蒙受其惠。

㈢關於職場發生性騷擾行為針對雇主沒有「懲罰性條款」

本法第十三條第一項前段規定：雇主應防治性騷擾行爲之發生；但在第三十八條罰則部分，當職場發生性騷擾行爲時，對於雇主卻無「懲罰性條款」；致受僱者必須透過申訴管道爭取權益，在勞雇權力不對等的情況下，眞正敢申訴的人可能少之又少。

㈣關於罰則欠缺連續處罰之規定

本法在罰則方面欠缺連續處罰的規定，因此，如果執法單位或是主管機關未能善盡職責持續要求改善，最後對於雇主的制裁效果恐怕相當有限。

二、兩性工作平等政策之展望

吾人深知，徒法不足以自行，工作場所兩性平等可說是老生常談，包括：憲法、勞動基準法、就業服務法、勞工安全衛生法都有類似規範，但又有多少企業全力配合？展望未來，兩性工作平等法要能達到預期的效果，避免產生「上有政策，下有對策」之現象，仍有賴政府、企業主、受僱者及社會各方面群策群力，共同打拚。依個人看法，下列各項努力應是落實實施本法刻不容緩的急切要務。

1. 政府機關應確實瞭解自己的權責，展現貫徹執行本法的決心與魄力。
2. 各級主管機關設立的兩性工作平等委員會或就業歧視評議委員會務必充分發揮既定的功能，各委員會更應清楚瞭解委員會的定位，有效扮演委員的角色。
3. 各級主管機關應該加強監督機制和申訴管道；嚴格要求雇主落實執法；並讓權益受損的受僱者能夠眞正透過申訴管道投訴有門。
4. 政府應盡速規劃全盤性的社會福利配套措施，諸如：育嬰期間提供「育嬰津貼」、充分供給平價且具水準的托兒設備……。
5. 政府機關應增加人力、寬列經費作爲支持本法落實實施的先決條件；否則既乏人力，又無經費，本法之有效施行必定緣木求魚。
6. 各級主管機關應加強宣導，透過各種管道讓民眾充分瞭解本法立法的精神與效能。
7. 企業主應該破除視本法爲「惡法」的迷思，摒棄本法的頒布必定會提高企業營運成本的主觀見解；進而履行各項應做的措施。
8. 受僱者應詳加研讀相關法令，充分瞭解本法的實質意義，進而懂得如何運用法令之規定，確保自身應有的權益。

肆、結語

肯定地說，兩性工作平等法的公布施行，對於解決女性就業困境，提高婦女勞動參與率，應具有正面的助益。過去，我們的社會始終存有一個迷思，認爲女性在政治、經濟、社會、教育各方面及一些專業領域均已獲得相當肯定，台灣應該已經是一個兩性工作平權的國家。事實上，在應徵工作、薪資給付、職務分配、陞遷及解僱等方面，仍然充滿了性別歧視。報紙求才廣告中的性別規定、同工不同酬、單身條款、禁孕條款的存在，以及職場中的性騷擾事件，仍然屢見不鮮。當然，我們絕對不敢期待，兩性工作平等法上路之後，這些現象就會立即消除。然而，我們相信法律的約束作用，至少會讓企業主心生警惕，而同時產生預防和制裁的效果。

台灣造成勞動參與率偏低的主要原因就是托育問題，這與女性仍被期望和要求完全負擔育嬰和照護工作應有極大的關係。我們應該深切體認，二十一世紀比國力即比腦力，而三歲定終生，三歲之前是人類腦部活動最爲密集的時期，亦是奠定一個人一生智力、情緒與人格的關鍵階段；世界各先進國家均編列大筆預算投資在減輕家庭照顧幼兒的負擔，讓國家的新血輪，在最重要的發展時期，得到最好的照顧。反觀我國一向不甚重視幼兒托育，因此，兩性工作平等法之通過，其重要意涵之一就是宣示政府對三歲以前幼兒托育的重視，及父母均應同心協力重視子女的幼兒托育。

或許有人會質疑，值此經濟呈現一片低迷之際，實施兩性工作平等法，是否會帶給企業界雪上加霜？其實，二十一世紀的企業欲求永續發展，不是僅限於給員工高職位或高薪，更重要的是要讓員工感受到企業對他們肯定與關懷，並協助他們解決托育問題。因此，本法以育嬰留職停薪及育嬰減少工時或調整工時等配套措施，未必給企業界帶來太多的成本負擔，可是卻讓員工充分感受到企業主的貼心，而願與企業主同舟共濟，共同爲企業發展奮力打拚。

總之，兩性工作平等法應是現代社會尊重女性工作權的起碼表現，同時也是企業回饋女性對社會再生產貢獻應有的作法，更是具有不再讓生育和養育責任成爲對女性追求個人事業懲罰的深遠意義；相信這個立法美意的具體實現，端賴政府、企業主及受僱者三方面分頭並進，努力以赴。

第六章　兒童及少年性交易防制條例

壹、前言

近年來，由於國內性產業逐漸蓬勃發展，導致以不正當手段企圖謀求豐厚利潤，而將魔手伸向兒童及少年的色情業者也隨之愈來愈多；這些色情業者絞盡腦汁，透過種種管道，利用媒介、利誘、拐騙、脅迫等不法作爲，以「幼齒」爲花招，將未成年兒童及少年推向火坑，淪爲他們搖錢的工具；這種做法，對業者而言，他們認爲社會既然有此需要，且藉此可獲取暴利，何樂而不爲；殊不知此乃戕害幼苗的不道德行爲。

兒童及少年從娼即一般所謂之雛妓，台灣地區雛妓人口究竟有多少？一直很難得到較爲準確的數據，但國內雛妓人口之多卻是不爭之事實。或許有人會將雛妓問題的焦點投注在少女身上，以爲只要未成年少女不再從事賣淫工作，自然就不再會有雛妓存在，這種說法似乎不太公平；事實上，只要大人不爲好奇尋求刺激而在未成年少女身上消費，或不再支持僱用未成年少女的性產業；共同一致向兒童及少年性交易說不，相信雛妓的存在必定相當困難。個人以爲，當大家振振有詞責怪新新人類拜金、害怕吃苦、自甘墮落的同時，也該仔細想想，我們的社會到底給了下一代怎樣的成長環境。所謂：「近朱者赤，近墨者黑」，在一個大染缸中，怎有可能倖免不被污染的機會。

至於未成年兒童及少年不幸淪爲雛妓，她應該是受害者還是犯罪者；針對這個問題，國內外許多研究指出，未成年少女從事性行爲，不應視爲「娼妓行爲」，因爲，未成年少女根本沒有「性的同意權」，所以，不論她是出於個人意願而從娼，或是從性交易中獲得任何利益上的交換，都應該視爲受害者。基於這個論點，對於兒童及少年性交易問題的關注，應是一個負責任的政府所不應漠視的重要議題。

關於雛妓防制工作，雖政府各部門均依據職掌分別辦理；惟因缺乏強而有力的專法依據及執行的規定事項，各相關單位之間的協調配合確有實際窒礙難行之處。眾人皆知，雛妓問題非常複雜且多元化，而妓女戶與人口販子通常都是有組織的團體，相互學習感染所致，均甚善於鑽營法律漏洞，如無制定特別法予以規範，恐難收取防杜的效果。基此，勵馨基金會等民間婦援團體乃積極奔走推動制定「兒童及少年性交易防制條例」，經過朝野立法委員及民間婦援團體七年的共同努力，本條例終於在民國八十四年八月十一日奉總統令公布施行。這是中華民國有史以來社會立法第一次由立委與民間團體主動立法的案例，因爲，當時在立法院審議本條例時，政府機關根本沒有提出對案的版本。本條例自公布施行後，分別於民國八十八年四月二十一日、八十八年六月二日、八十九年十一月八日及九十四年二月五日歷經四次修正公布。

貳、法案內涵

兒童及少年性交易防制條例（Child and Youth Sexual Prevention Act）計有五章三十九條；第一章：總則，第二章：救援，第三章：安置、保護，第四章：罰則，第五章：附則。另兒童及少年性交易防制條例施行細則計有九章四十四條；第一章：總則，第二章：名詞定義，第三章：文書，第四章：期日及期間，第五章：機構，第六章：保護程序，第七章：自行求助者之保護，第八章：處分程序，第九章：附則。茲將兩法案的全部內涵綜合予以詳述解說於后。

一、總則

㈠目的

兒童及少年性交易防制條例之制定，係爲防制、消弭以兒童少年爲性交易對象事件。（第1條）

本條例爲有關兒童及少年性交易防制事項之特別法，優先他法適用。本條例未規定者，適用其他法律之規定。（第5條）

㈡定義

兒童及少年性交易防制條例所稱性交易係指有對價之姦淫或猥褻行爲。（第2條）

㈢主管機關

兒童及少年性交易防制條例所稱主管機關：在中央爲內政部，在直轄市爲直轄市政府，在縣（市）爲縣（市）政府。各該主管機關應獨立編列預算並置專職人員辦理兒童及少年性交易防制業務。（第3條第1項）

法務、教育、衛生、國防、新聞、經濟、交通等相關單位涉及兒童及少年性交易防制業務時，應全力配合之，各單位應於本條例施行後六個月內訂定教育宣導等防制辦法。（第3條第2項）

㈣督導會報之設置

主管機開應於本條例施行後六個月內會同前項相關單位成立兒童及少年性交易防制之督導會報，定期公布並檢討教育宣導、救援、加害者處罰、安置保護之成果。（第3條第3項）

㈤防制課程或教育宣導內容

兒童及少年性交易防制條例所稱兒童及少年性交易防制之課程或教育宣導內容如下（第4條）：

1.正確性心理之建立。
2.對他人性自由之尊重。
3.錯誤性觀念之矯正。
4.性不得作爲交易對象之宣導。
5.兒童或少年從事性交易之遭遇。
6.其他有關兒童或少年性交易防制事項。

二、救援

㈠成立檢警專責任務編組

法務部與內政部應於兒童及少年性交易防制條例施行後六個月內，指定所屬機關成立檢警之專責任務編組，負責全國性有關本條例犯罪之偵查工作。（第6條）

㈡設立全國性救援專線

內政部與法務部檢警專責任務編組成立後，應即設立或委由民間機構設立全國性救援專線。（第7條）

㈢訂定獎懲辦法

法務部與內政部應於兒童及少年性交易防制條例施行後六個月內訂定獎懲辦法，以激勵救援及偵辦工作。（第8條）

㈣報告之義務

醫師、藥師、護理人員、社會工作人員、臨床心理工作人員、教育人員、保育人員、警察、司法人員、觀光業從業人員及其他執行兒童福利或少年福利業務人員，知悉未滿十八歲之人從事性交易或有從事之虞者，或知有本條例第四章之犯罪嫌疑者，應即向當地主管機關或依第六條規定法務部與內政部成立之檢警專責任務編組報告。（第9條第1項）本條例報告人及告發人之身分資料應予保密。（第9條第2項）

㈤社工人員之陪同

兒童及少年性交易防制條例第四章之案件偵查、審判中，於訊問兒童或少年時，主管機關應指派社工人員陪同在場，並得陳述意見。（第10條第1項）

㈥不再傳喚原則

兒童或少年於前項案件偵查、審判中，已經合法訊問，其陳述明確別無訊問之必要者，不得再行傳喚。（第10條第2項）

上述所稱主管機關，係指兒童及少年所在地之直轄市、縣（市）主管機關。（施行細則第2條）又其所稱社工人員，係指下列人員（施行細則第5條）：(1)主管機關編制內或聘僱之社會工作及社會行政人員，(2)受主管機關委託之兒童福利機構、少年福利機構之社會工作人員，(3)其他受主管機關委託之適當人員。

三、安置、保護

㈠中輟學生之通報

國民小學及國民中學發現學生有未經請假、不明原因未到校上課達三天以上者，或轉學生未向轉入學校報到者，應立即通知主管機關及教育主管機關。主管機關應立即指派社工人員調查及採取必要措施。（第11條第1項）教育部應於本條例施行後六個月內頒布前項中途輟學學生通報辦法。（第11條第2項）

上述所稱主管機關，係指兒童及少年所在地之直轄市、縣（市）主管機關；但所在地與住所不同時，係指所在地之直轄市、縣（市）主管機關。（施行細則第2條第2項）

㈡設立關懷中心

為免脫離家庭之未滿十八歲兒童或少年淪入色情場所，主管機關應於兒童及少年性交易防制條例施行後六個月內設立或委託民間機構構設立關懷中心，提供緊急庇護、諮詢、聯繫或其他必要措施。（第12條）

上述所稱主管機關，係指直轄市、縣（市）主管機關。（施行細則第2條第3項）

㈢設置緊急收容中心及短期收容中心

直轄市、縣（市）主管機關應於兒童及少年性交易防制條例施行後六個月內，設置專門安置從事性交易或有從事之虞之兒童或少年之緊急收容中心及短期收容中心。（第13條第1項）直轄市、縣（市）主管機關於緊急收容中心及短期收容中心應聘請專業人員辦理觀察、輔導及醫療等事項。（第13條第2項）其所稱專業人員，包括下列人員（施行細則第6條第1項）：(1)社會工作人員，(2)心理輔導人員，(3)醫師，(4)護理人員，(5)其他有關專業人員。前述各項專業人員，得以特約方式設置。（施行細則第6條第2項）

㈣設置中途學校

教育部及內政部應聯合協調直轄市、縣（市）主管機關設置專門安置從事性交易之兒童或少年之中途學校；其設置，得比照少年矯正學校設置及教育實施通則規定辦理；其員額編制，得比照特殊教育法及其相關規定辦理。（第14條第1項）中途學校應聘請社工、心理、輔導及教育等專業人員，並結合專業與民間資源，提供特殊教育及輔導；其課程、教材及教法，應保持彈性，以適合學生身心特性及需要；其實施辦法，由教育部定之。（第14條第2項）中途學校學生之學籍應分散設於普通學校，畢業證書應由該普通學校發給。（第14條第3項）中途學校所需經費來源如下：(1)各級政府按年編列之預算，(2)社會福利基金，(3)私人或團體捐款，(4)其他收入。（第14條第4項）中途學校之設置及辦理，涉及其他機關業務權責者，各該機關應予配合及協助。（第14條第5項）

㈤安置於緊急收容中心

法官、檢察官、司法警察官、司法警察、聯合稽查小組或本條例第六條之任務編組查獲及救援從事性交易或有從事之虞之兒童或少年時，應立即通知主管機關指派專業人員陪同兒童或少年進行加害者之指認及必要之訊問，並於二十四小時內將該兒童或少年移送市、縣（市）主管機關設置之緊急收容中心。（第15條第1項）其所稱通知主管機關，係指通知行為地之直轄市、縣（市）主管機關。（施行細則第2條第4項）至於所稱二十四小時，係指自依兒童及少年性交易防制條例第十五條項規定通知主管機關時起算。（施行細則第13條第1項）

另醫師等負有通報責任之人員或他人向主管機關報告或主管機關發現兒童或少年從事性交易或有從事之虞者，主管機關應將該兒童或少年暫時安置於其所設之緊急收容中心。（第15條第2項）

又從事性交易或有從事之虞之兒童或少年自行求助者，主管機關應提供必要之保護、安置或其他協助。（第15條第3項）

㈥安置於短期收容中心

直轄市、縣（市）主管機關所設之緊急收容中心應於安置起七十二小時內，提出報告，聲請法院裁定。（第16條第1項）其所稱七十二小時期間之終止，逾法定上班時間者，以次日上午代之；其次日為休息日時，以其休息日之次日上午代之。（施行細則第13條第2項）又其聲請由行為地主管機關為之。（施行細則第4條）

法院受理上述報告時，除有下列情形外，應裁定將兒童或少年交付主管機關安置於短期收容中心（第16條第2項）：

1. 該兒童或少年顯無從事性交易或從事之虞者，法院應裁定不予安置並交付該兒童或少年之法定代理人、家長、最近親屬或其他適當之人。
2. 該兒童或少年有特殊事由致不宜安置於短期收容中心者，法院得裁定交由主管機關安置於其他適當場所。其所稱其他適當場所，係指行為地主管機關委託之兒童福利機構、少年福利機構或寄養家庭。（施行細則第7條）

主管機關於接獲法院依上述規定裁定前，應繼續安置兒童或少年（施行細則第15條第1項）；其繼續安置期間，應分別併計入短期收容中心之觀察輔導期間、中途學校之特殊教育期間。（施行細則第15條第2項）

㈦提出觀察輔導報告及建議處遇方式

主管機關依第十六條安置後，應於二週至一個月內，向法院提出

觀察輔導報告及建議處遇方式，並聲請法院裁定。（第17條第1項）其聲請由行爲地主管機關爲之。（施行細則第4條）法院受理前述聲請時，應於二週內爲兒童及少年性交易防制條例第十八條之裁定。如前述報告不足，法院得命主管機關於一週內補正，法院應於主管機關補正後二週內裁定。（第17條第2項）於裁定前應繼續安置兒童或少年（施行細則第15條第1項）；且其繼續安置期間，應分別併計入短期收容中心之觀察輔導期間、中途學校之特殊教育期間。（施行細則第15條第2項）

㈧安置於中途學校施予特殊教育

1.法院依審理之結果，認爲該兒童或少年無從事性交易或從事之虞者，應裁定不予安置並交付該兒童或少年之法定代理人、家長、最近親屬或其他適當之人。（第18條第1項）

2.法院依審理之結果，認爲該兒童或少年有從事性交易者，除有下列情形之一者外，法院應裁定將其安置於中途學校，施予二年之特殊教育（第18條第2項）：

(1)罹患愛滋病者。

(2)懷孕者。

(3)外國籍者。

(4)來自大陸地區者。

(5)智障者。

(6)有事實足證較適宜由父母監護者。

(7)其他有事實足證不適合中途學校之特殊教育，且有其他適當之處遇者。

3.法院就上項所列七款情形，及兒童或少年有從事性交易之虞者，應分別情形裁定將兒童或少年安置於主管機關委託之兒童福利機構、少年福利機構、寄養家庭或其他適當醫療或教育機構，或裁定遣送、或交由父母監護，或爲其他適當處遇，並通知主管機關續予輔導及協助。（第18條第3項）

4.安置於中途學校之兒童或少年如於接受特殊教育期間，年滿十八歲者，中途學校得繼續安置至兩年期滿。（第18條第4項）

5.特殊教育實施逾一年，主管機關認爲無繼續特殊教育之必要者，或因事實上之原因以不繼續特殊教育爲宜者，得聲請法院裁定，免除特殊教育。（第18 條第5 項）

6.特殊教育實施逾二年，主管機關認爲有繼續特殊教育之必要者，得聲請法院裁定，延長至滿二十歲爲止。（第18 條第6 項）

㈨與少年事件處理法及社會秩序維護法之關係

未滿十八歲之兒童或少年從事性交易或有從事之虞者，如無另犯其他之罪，不適用少年事件處理法及社會秩序維護法之規定。（第19 條第1 項）未滿十八歲之兒童或少年從事性交易或有從事之虞者，如另犯其他之罪，應依第十六條至第十八條之規定裁定後，再依少年事件處理法移送少年法庭處理。（第19 條第2 項）

㈩代行親權或監護權及宣告停止親權

1.主管機關及教育部依第十六條至第十八條之規定，於安置、保護收容兒童及少年期間，行使、負擔父母對於該兒童或少年之權利義務。（第20 條第1 項）

2.父母、養父母或監護人對未滿十八歲之子女、養子女或被監護人犯第二十三條至第二十八條之罪者，兒童或少年、檢察官、兒童或少年最近尊親屬、主管機關、兒童或少年福利機構或其他利害關係人，得向法院聲請宣告停止其行使、負擔父母對於該兒童或少年之權利義務，另行選定監護人。（第20 條第2 項）

3.對於養父母，並得請求法院宣告終止其收養關係。（第20 條第3 項）

4.法院依前項規定選定監護人時，得指定監護之方法及命其父母或養父母支付選定監護人相當之扶養費用及報酬。（第20 條第4 項）

按：

民法第一〇九四條規定：父母均不能行使、負擔對於未成年子女之權利義務，或父母死亡而無遺囑指定監護人時，依下列順序定其監護人：(1)與未成年人同居之祖父母，(2)家長，(3)不與未成年人同居之祖父母，(4)伯父或叔父，(5)由親屬會議選定之人。

㈩十八歲以上之人準用

十八歲以上之人，如遭他人以強暴、脅迫、略誘、買賣、或其他違反本人意願之方法而與他人爲性交易者，得請求依兒童及少年性交易防制條例安置保護。（第21條）

四、保護程序

㈠性交易之虞

兒童或少年有下列行爲之一，而有從事性交易之虞者，應依本條例第十五條至第十八條規定處理：（施行細則第19條）

1.坐檯陪酒。

2.伴遊、伴唱或伴舞。

3.其他涉及色情之侍應工作。

㈡指認及訊問

兒童及少年性交易防制條例第十五條第一項規定之指認及訊問前，主管機關指派之專業人員得要求與兒童或少年單獨晤談。（施行細則第20條第1項）又兒童或少年進行指認加害者時，警察機關應使之隔離或採間接方式。（施行細則第20條第2項）

㈢專業人員到場

法官、檢察官、司法警察官、司法警察、聯合稽查小組或檢警專責任務編組，依本條例第十五條第一項通知主管機關指派專業人員到場，應給予適當之在途時間。（施行細則第21條第1項）主管機關指派之專業人員逾時未能到場，前項通知單位應記明事實，並得在不妨礙該兒童或少年身心情況下，逕爲該條例第十五條第一項之指認及訊問。（施行細則第21條第2項）

㈣安置通知

主管機關依兒童及少年性交易防制條例第十五條第一項安置兒童或少年後應向其法定代理人或最近尊親屬敘明安置之依據，並告知其應配合事項。但其法定代理人或最近尊親屬無法通知者，不在此限。（施行細則第22條）

㈤另有犯罪之通知

主管機關依本條例第十五條、第十六條安置兒童或少年期間，發現另有犯本條例第二十二條至第二十九條之罪者，應通知檢察機關或檢警專責任務編組。（施行細則第23條）

㈥資料建檔

1. 依本條例第十六條第一項安置兒童或少年時，應建立個案資料；必要時，得請該兒童或少年住所地之直轄市、縣（市）主管機關配合提供資料。（施行細則第24條）
2. 又依本條例第十七條第一項安置兒童或少年時，應建立個案資料；並通知該兒童或少年住所地之直轄市、縣（市）主管機關評估其家庭之適任程度。（施行細則第25條第1項）前項家庭適任評估，應於二週內完成，並以書面送達行爲地之直轄市、縣（市）主管機關。（施行細則第25條第2項）

㈦隨案移送之限制

依本條例第十六條第一項、第十七條第一項規定聲請法院裁定，不得隨案移送兒童或少年。但法院請求隨案移送時，不在此限。（施行細則第26條）

㈧安置中滿十八歲之處理

主管機關依本條例第十六條第一項、第十七條第一項規定安置少年期間，少年年滿十八歲者，仍應依本條例規定辦理。（施行細則第27條）

㈨暫予安置

兒童或少年經法院依本條例第十六條第二項第一款、第十八條第一項裁定不予安置，或依本條例第十八條第三項裁定交由父母監護者，如應受交付之人經催告仍不領回兒童或少年，主管機關應暫予適當之安置。（施行細則第28條）

㈩福利機關安置

主管機關對法院依本條例第十六條第二項第一款、第十八條第一項裁定不予安置之兒童或少年，應視法院交付對象，通知其住所或所在地之兒童福利或少年福利主管機關。（施行細則第29條）

⑾續予輔導之進行

主管機關依本條例第十八條第三項對交由父母監護或為其他適當處遇之兒童或少年續予輔導及協助時，得以書面指定時間、地點，通知其到場。前述輔導及協助，主管機關應指派專業人員為之。（施行細則第30條）

⑿繼續特殊教育之評估

主管機關依本條例第十八條第五項、第六項認有或無繼續特殊教育之必要，應於中途學校檢具事證以書面通知後始得為之。（施行細則第31條第1項）主管機關接獲前項通知，應邀集專家學者評估，中途學校應予配合，並給予必要協助。（施行細則第31條第2項）

⒀無特殊教育必要者之處遇

1.經前條評估確認兒童或少年無繼續特殊教育之必要者，於聲請法院裁定前，或接受特殊教育期滿，認為無繼續特殊教育之必要者，主管機關應協助該兒童或少年及其家庭預為必要之返家準備。（施行細則第32條第1項）
2.兒童或少年返家後，主管機關應續予輔導及協助，其期間至少一年或至其年滿二十歲止。（施行細則第32條第2項）

3. 上項輔導與協助，教育、勞工、衛生、警察等單位，應全力配合。（施行細則第32條第3項）

㈣續予安置

本條例第十八條第四項規定之特殊教育期滿或法院依本條例第十八條第五項規定裁定免除特殊教育後，兒童或少年之法定代理人經催告仍不領回該兒童或少年，主管機關應委託兒童福利機構、少年福利機構或其他適當場所續予安置。（施行細則第34條）

㈤返家後失調之處理

返家後之兒童或少年，與社會、家庭、學校發生失調情況者，住所地之直轄市、縣（市）主管機關認有保護之必要時，依兒童及少年福利法之規定處理。（施行細則第35條）

㈥職業訓練或就業服務

主管機關依本條例第十五條第三項或第十八條第三項規定，對十五歲以上或國民中學畢業而從事性交易或有從事之虞者，認有提供職業訓練或就業服務必要時，應移請當地公共職業訓練機構或公立就業服務機構依其意願施予職業訓練或推介就業。（施行細則第33條第1項）主管機關對移由公共職業訓練機構或公立就業服務機構提供協助者，應定期或不定期指派社工人員訪視，以協助其適應社會生活。（施行細則第33條第2項）

㈦離家居住後主管機關之輔導

主管機關依本條例第十五條第三項或第十八條第三項規定，對兒童或少年續予輔導及協助期間，兒童或少年因就學、接受職業訓練或就業等因素，經其法定代理人同意離開家庭居住，主管機關認有續予輔導及協助之必要者，得移請其所在地之直轄市、縣（市）主管機關處理。（施行細則第36條）

㈥逃離之協尋

兒童或少年逃離安置之場所或中途學校，或返家後脫離家庭者，主管機關應立即以書面通知逃脫當地警察機關協尋。逃離期間不計入緊急收容、短期收容及特殊教育期間。（施行細則第37條第1項）協尋於其原因消滅或少年年滿二十歲時，主管機關應即以書面通知當地主管機關撤銷協尋。（施行細則第37條第2項）

五、自行求助者之保護

㈠自行求助之處理

直轄市、縣（市）政府或檢警專責任務編組依本條例第二十一條受理十八歲以上之人之請求，應通知行爲地之直轄市、縣（市）主管機關。（施行細則第38條第1項）行爲地之直轄市、縣（市）主管機關接獲前項通知後，應迅即處理；處理遭遇困難時，得請求檢察或警察機關予以必要之協助。（施行細則第38條第2項）

㈡安置保護原則

對於十八歲以上之人之安置保護，應視其性向及志願，就其生活、醫療、就學、就業、接受職業訓練或法律訴訟時，給予適當輔導及協助。（施行細則第39條）

六、機構

㈠收容中心之設置

本條例第十三條第一項規定直轄市、縣（市）主管機關應設置之緊急收容中心及短期收容中心，得視實際情形合併設置，並得採行公設民營或委託民間之方式辦理。（施行細則第17條）

㈡健康及性病檢查

兒童或少年被安置後，短期收容中心應行健康及性病檢查，有下列情形之一者，主管機關應於聲請裁定時，建議法院爲適當之處置（施行細則第18條第1項）：

1. 罹患愛滋病或性病者。
2. 罹患精神疾病之嚴重病人。
3. 懷孕者。
4. 罹患法定傳染病者。
5. 智障者。

上項檢查報告，短期收容中心應依法院裁定，通知各該主管機關。（施行細則第18條第2項）

七、處分程序

㈠犯罪行為人之公告

依本條例第三十四條第一項規定應公告犯罪行爲人姓名、照片及判決要旨者，由犯罪行爲人住所或居所地之直轄市、縣（市）主管機關於接獲法院之確定判決後爲之；犯罪行爲人無住所或居所者，由犯罪地之直轄市、縣（市）主管機關爲之。（施行細則第40條）

㈡照片之取得

本條例第三十四條之主管機關於取得照片遭遇困難時，得請求原移送警察機關或執行監所配合提供。（施行細則第41條）

㈢罰鍰之繳納

本條例第三十五條第二項、第三十六條規定處罰鍰，應塡發處分書，受處分者應於收受處分書後三十日內繳納罰鍰。（施行細則第42條第1項）其處分書格式，由中央主管機關定之。（施行細則第42條第2項）

八、文書

㈠受理報告

主管機關或檢警專責任務編組依本條例第九條受理報告，應塡具三聯單。第一聯送當地檢察機關，第二聯照會其他得受理報告之單位，第三聯由受理報告單位自存。（施行細則第9條第1項）前述三聯單之格式，由中央主管機關會同法務部定之。（施行細則第9條第2項）

㈡移送書載明事項

法官、檢察官、司法警察官、司法警察、聯合稽查小組或檢警專責任務編組爲本條例第十五條第一項之移送時，應檢具現存之證據或其他可供參考之資料，並以移送書載明下列事項（施行細則第10條）：

1.被移送人之姓名、性別、出生年月日、國民身分證統一編號、職業、住所或居所及其他足資辨別之特徵。

2.具體事實。

㈢書面報告原則

依本條例第十六條第一項、第十七條第一項規定報告時，應以書面爲之。（施行細則第11條第1項）其報告書之格式，由中央主管機關協商司法院定之。（施行細則第11條第2項）

㈣資料保密規定

受理本條例第九條第一項報告之機關或單位，對報告人及告發人之身分資料應另行封存，不得附入移送法院審理之文書內。（施行細則第12條）

九、罰則

㈠與未滿十六歲之人為性交易罪之處罰

1. 與未滿十六歲之人爲性交易者，依刑法之規定處罰之。（第22條第1項）
2. 十八歲以上之人與十六歲以上未滿十八歲之人爲性交易者，處一年以下有期徒刑、拘役或新台幣十萬元以下罰金。（第22條第2項）
3. 中華民國人民在中華民國領域外犯上二項之罪者，不問犯罪地有無處罰規定，均依本條例處罰。（第22條第3項）

㈡引誘、容留、媒介、協助未滿十八歲之人為性交易罪之處罰

1. 引誘、容留、媒介、協助或以他法，使未滿十八歲之人爲性交易者，處一年以上七年以下有期徒刑，得併科新台幣三百萬元以下罰金。以詐術犯之者，亦同。（第23條第1項）其未遂犯罰之。（第23條第6項）
2. 意圖營利而犯前項之罪者，處三年以上十年以下有期徒刑，併科新台幣五百萬元以下罰金。（第23條第2項）其未遂犯罰之。（第23條第6項）
3. 以犯前項之罪爲常業者，處五年以上有期徒刑，併科新台幣七百萬元以下之罰金。（第23條第3項）
4. 媒介、收受、藏匿前三項被害人或使之隱避者，處一年以上七年以下有期徒刑，得併科新台幣三百萬元以下罰金。（第23條第4項）其未遂犯罰之。（第23條第6項）爲該項收受、藏匿行爲之媒介者，亦同。（第23條第5項）其未遂犯罰之。（第23條第6項）

㈢以違反本人意願之方式使未滿十八歲之人為性交易罪之處罰

1. 以強暴、脅迫、恐嚇、監控、藥劑、催眠術或其他違反本人意

願之方法，使未滿十八歲之人爲性交易者，處七年以上有期徒刑，得併科新台幣七百萬元以下罰金。（第24條第1項）其未遂犯罰之。（第24條第6項）

2.意圖營利而犯前項之罪者，處十年以上有期徒刑，併科新台幣一千萬元以下罰金。（第24條第2項）其未遂犯罰之。（第24條第6項）

3.以犯前項之罪爲常業者，處無期徒刑或十年以上有期徒刑，併科新台幣一千五百萬元以下罰金。（第24條第3項）

4.媒介、收受、藏匿前三項被害人或使之隱避者，處三年以上十年以下有期徒刑，得併科新台幣五百萬元以下罰金。（第24條第4項）其未遂犯罰之。（第24條第6項）爲該項收受、藏匿行爲之媒介者，亦同。（第24條第5項）其未遂犯罰之。（第24條第6項）

㈣意圖使未滿十八歲之人為性交易而犯買賣人口罪之處罰

1.意圖使未滿十八歲之人爲性交易，而買賣、質押或以他法，爲他人人身之交付或收受者，處七年以上有期徒刑，併科新台幣七百萬元以下罰金。以詐術犯之者，亦同。（第25條第1項）其未遂犯罰之。（第25條第6項）另其預備犯該項之罪者，處二年以下有期徒刑。（第25條第7項）

2.以強暴、脅迫、恐嚇、監控、藥劑、催眠術或其他違反本人意願之方法，犯前項之罪者，加重其刑至二分之一。（第25條第2項）其未遂犯罰之。（第25條第6項）另其預備犯該項之罪者，處二年以下有期徒刑。（第25條第7項）

3.以犯前二項之罪爲常業者，處無期徒刑或十年以上有期徒刑，併科新台幣一千五百萬元以下罰金。（第25條第3項）

4.媒介、收受、藏匿前三項被害人或使之隱避者，處三年以上十年以下有期徒刑，併科新台幣五百萬元以下罰金。（第25條第4項）其未遂犯罰之。（第25條第6項）爲該項收受、藏匿行爲之媒介者，亦同。（第25條第5項）其未遂犯罰之。（第25條第6項）

㈤結合犯及加重結果犯之處罰

犯第二十四條第一項、第二項或第二十五條第二項之罪，而故意殺害被害人者，處死刑或無期徒刑；使被害人受重傷者，處無期徒刑或十二年以上有期徒刑。（第26條第1項）犯第二十四條第一項、第二項或第二十五條第二項之罪，因而致被害人於死者，處無期徒刑或十二年以上有期徒刑；致重傷者，處十二年以上有期徒刑。（第26條第2項）

㈥以未滿十八歲之人為內容犯色情物品罪之處罰

1. 拍攝、製造未滿十八歲之人爲姦淫或猥褻行爲之圖畫、錄影帶、影片、光碟、電子訊號或其他物品者，處六個月以上五年以下有期徒刑，得併科新台幣五十萬元以下罰金。（第27條第1項）其未遂犯罰之。（第27條第6項）又其物品，不問屬於犯人與否，沒收之。（第27條第7項）
2. 意圖營利而犯上項之罪者，處一年以上十年以下有期徒刑，應併科新台幣五百萬元以下罰金。（第27條第2項）其未遂犯罰之。（第27條第6項）又其物品，不問屬於犯人與否，沒收之。（第27條第7項）
3. 引誘、媒介或以他法，使未滿十八歲之人被拍攝、製造姦淫或猥褻行爲之圖畫、錄影帶、影片、光碟、電子訊號或其他物品者，處一年以上七年以下有期徒刑，得併科新台幣一百萬元以下罰金。（第27條第3項）其未遂犯罰之。（第27條第6項）又其物品，不問屬於犯人與否，沒收之。（第27條第7項）
4. 以強暴、脅迫、藥劑、詐術、催眠術或其他違反本人意願之方法，使未滿十八歲之人被拍攝、製造姦淫或猥褻行爲之圖畫、錄影帶、影片、光碟、電子訊號或其他物品者，處五年以上有期徒刑，得併科新台幣三百萬元以下罰金。（第27條第4項）其未遂犯罰之。（第27條第6項）又其物品，不問屬於犯人與否，沒收之。（第27條第7項）
5. 以犯上述2.3.4.三項之罪爲常業者，處七年以上有期徒刑，應併

科新台幣一千萬元以下罰金。（第27條第5項）

㈦散布或販賣第二十七條色情物品罪之處罰

散布、播送或販賣本條例第二十七條拍攝、製造之圖畫、錄影帶、影片、光碟、電子訊號或其他物品，或公然陳列，或以他法供人觀覽、聽聞者，處三年以下有期徒刑，得併科新台幣五百萬元以下罰金。（第28條第1項）意圖散布、播送、販賣而持有前項物品者，處二年以下有期徒刑，得併科新台幣二百萬元以下罰金。（第28條第2項）前二項之物品，不問屬於犯人與否，沒收之。（第28條第3項）

㈧利用廣告引誘使人為性交易罪之處罰

利用宣傳品、出版品、廣播電視或其他媒體刊登或播送廣告，引誘、媒介、暗示或以他法使人為性交易者，處一年以上七年以下有期徒刑，得併科新台幣一百萬元以下罰金。（第29條）

㈨公務員、公職人員犯本條例罪之加重處罰

公務員或經選舉產生之公職人員犯兒童及少年性交易防制條例之罪，或包庇他人犯本條例之罪者，依本條例各該條項之規定，加重其刑至二分之一。（第30條）

㈩移送本條例被害人入出台灣地區之加重處罰

意圖犯第二十三條至第二十五條、第二十六條第一項後段或第二十七條之罪，而移送被害人入出台灣地區者，依各該條項之規定，加重其刑至二分之一。（第31條第1項）其未遂犯罰之。（第31條第2項）

⑪自白、自首之減輕

1. 父母對其子女犯本條例之罪因自白、自首或供訴，而查獲本條例第二十三條至第二十八條之犯罪者，減輕或免除其刑。（第32條第1項）
2. 犯本條例第二十二條之罪自白或自首，因而查獲本條例第二十

三條至第二十八條之犯罪者，減輕或免除其刑。（第32條第2項）

㈢出版品刊登性交易廣告之行政處罰

廣告物、出版品、廣播、電視、電子訊號、電腦網路或其他媒體，散布、播送或刊登足以引誘、媒介、暗示或其他促使人為性交易之訊息者，由各目的事業主管機關以新台幣五萬元以上六十萬元以下罰鍰。（第33條第1項）新聞主管機關對於違反前項規定之媒體，應發布新聞並公告之。（第33條第2項）

㈣公告姓名、照片及判決要旨

犯第二十二條至第二十九條之罪，經判刑確定者，主管機關應公告其姓名、照片及判決要旨。（第34條第1項）如其犯罪行為人未滿十八歲者，不適用該項之規定。（第34條第2項）前述所稱主管機關，係指犯罪行為人住所或居所地之直轄市、縣（市）主管機關。但犯罪行為人無住居所者，係指犯罪地之直轄市、縣（市）主管機關。（施行細則第2條第7項）

㈤輔導教育

犯本條例第二十二條至第二十九條之罪，經判決確定者，主管機關應對其實施輔導教育；其輔導教育辦法，由主管機關定之。（第35條第1項）前述所稱主管機關，係指犯罪行為人住所或居所地之直轄市、縣（市）主管機關。但犯罪行為人無住居所者，係指犯罪地之直轄市、縣（市）主管機關。（施行細則第2條第7項）不接受前項之輔導教育或接受之時數不足者，處以新台幣六千元以上三萬元以下罰鍰。經再通知仍不接受者，得按次連續處罰。（第35條第2項）

㈥違反報告義務之處罰

違反本條例第九條第一項之規定者，處新台幣六千元以上三萬元以下罰鍰。但醫護人員為避免兒童、少年生命身體緊急危難而違反者，不罰。（第36條）

㈥罰鍰之強制執行

依本條例所處之罰鍰，經限期繳納，屆期不繳納者，移送法院強制執行。（第36條之1）

㈦從重量刑之規定

違反本條例之行爲，其他法律有較重處罰之規定者，從其規定。（第36條之2）

十、附則

㈠社工員之護送

司法機關爲本條例第四章之案件偵查、審判中，或法院爲第三章之事件審理、裁定中，傳喚安置中兒童或少年時，安置兒童或少年之主管機關應指派社工人員護送兒童或少年到場。（施行細則第3條）

㈡案件資料之檔案

行爲地之直轄市、縣（市）主管機關接獲警察機關、檢察機關及法院對加害者爲移送、不起訴、起訴或判決之書面通知，應納入個案資料檔案，並依個案安置狀況，通知各該主管機關。（施行細則第43條）

㈢施行細則

本條例施行細則，由中央主管機關於本條例公布後六個月內訂定之。（第38條）

㈣施行日期

本條例自公布日施行。（第39條）其施行細則自發布日施行。（施行細則第44條）

參、析評與展望

兒童及少年性交易防制條例除本條例外，尚有其授權訂定之：(1)兒童及少年性交易防制條例施行細則（第38條），(2)兒童及少年性交易犯罪行爲人輔導教育辦法（第35條，施行細則第2條第8項），(3)實施兒童及少年性交易犯罪行爲人輔導教育作業規定等相關子法；這些子法均已分別訂定完備，並公布實施。

一、兒童及少年性交易防制條例之特色

綜觀本條例之制定應具有下列幾項特色。

㈠本條例係屬特別法性質

本條例第五條開宗明義規定：本條例爲有關兒童及少年性交易防制事項之特別法，優先他法適用；凡本條例未規定者，適用其他法律之規定。經查現行兒童及少年福利法並非針對雛妓問題而制定；又現行刑法中關於雛妓事件可資適用之處罰規定有：(1)第二百二十一條之強制性交罪，(2)第二百二十四條之強制猥褻罪，(3)第二百二十七條之對未成年人爲性交猥褻罪，(4)第二百三十一條之圖利使人爲性交或猥褻罪等，惟該等罪刑均係告訴乃論爲構成要件。基於雛妓氾濫的嚴重事實，爲維護善良風俗及保護國家幼苗，進而有效預防及抵制雛妓問題的發生；制定特別法將有關雛妓問題之預防、教育宣導、救援、安置、保護、訴訟程序等防杜措施一併納入，成爲兒童及少年性交易防制的完整法案，應可達到人民殷切期待及落實政策執行之要求。

㈡本條例係採非告訴乃論罪之刑事處罰

對於兒童及少年性交易事件採非告訴乃論罪，亦即必需用公訴罪處理，乃本條例的另一重要特色。由於未成年之兒童及少年均較幼小無知，易受拐騙、利誘而致一失足成千古恨，爲挽救其不幸墜入火

坑，社會應該主持公平正義，透過法律的制裁效能爲其提起公訴，伸出援手將加害人繩之以法，進而保護不幸之兒童及少年重返正常之生活環境。又有些兒童及少年之所以發生性交易行爲，完全是出自其親生父母；由於父母一時之急困有待解決或貪求物質的享受，不惜毀滅人性將自己的子女質押、販賣；類似此種案件，衡諸實情，鮮少兒童及少年有對自己親生父母提出告訴者。基於這些理由，本條例採非告訴乃論罪，對於防杜雛妓問題的日益猖獗，應有其正面之影響效果。

㈢本條例對人口販子的處罰較對嫖客之處罰為重

本條例對於嫖客之所以採較輕之處罰，主要原因乃在於：(1)台灣爲非禁娼國家，而嫖妓係屬一種對價的交易行爲；(2)對於嫖妓者在刑法係採告訴乃論罪，縱使嫖客有姦淫行爲，亦皆和解了事；而本條例對嫖客係採非告訴乃論罪，若再從重量刑，恐引發反彈而衍生新的問題。至於對於人口販子的處罰，在刑法第二百三十一條規定爲五年以下有期徒刑，得併科十萬元以下罰金；而在本條例第二十三條規定：引誘、容留、媒介、協助或以他法，使未滿十八歲之人爲性交易者，處一年以上七年以下有期徒刑……；意圖營利而犯前項之罪者，處三年以上十年以下有期徒刑……；以犯前項之罪爲常業者，處五年以上有期徒刑……。另第二十五條規定：意圖使未滿十八歲之人爲性交易，而買賣、質押或以他法，爲他人人身之交付或收受者，處七年以上有期徒刑……；以強暴、脅迫、恐嚇、監控、藥劑、催眠術或其他違反本人意願之方法，犯前項之罪者，加重其刑至二分之一；以犯前二項之罪爲常業者，處無期徒刑或十年以上有期徒刑……；媒介、收受、藏匿前三項被害人或使之隱避者，處三年以上十年以下有期徒刑……。綜觀以上各項規定，足以看出本條例之立法精神，旨在藉加重人口販子等之刑度，以有效達到遏止日益氾濫的雛妓問題。

㈣本條例對於各項違規行為均採重罰手段

誠如上述，本條例在處罰方面之各項規定均採重罰政策；尤其針對人口販子、妓女戶或老鴇等等，除徒刑外，並科以高額罰金。尤其第三十四條規定：犯本條例第二十二條至第二十九條之罪，經判決確

定者，不論是嫖客或人口販子等，主管機關應公告其姓名、照片及判決要旨。此等規定，即在以重罰為手段，達到根絕雛妓之目的；尤其對於人口販子、妓女戶或老鴇等均從雛妓身上獲取暴利，食之知髓；務必採取重刑、重罰之手段，以阻斷雛妓的供應面，庶幾雛妓問題方能逐漸消弭於無形。

(五)本條例對於行政部門訂有明確的限制條款

本條例對於與兒童及少年性交易防制工作有關之行政部門均定有期限限制的約束與要求條款；諸如：(1)第三條第二項規定：法務、教育、衛生、國防、新聞、經濟、交通等相關單位應於本條例施行後六個月內訂定教育宣導等防制辦法；(2)第三條第三項又規定：主管機關應於本條例施行後六個月內會同前項相關單位成立兒童及少年性交易防制之督導會報，定期公布並檢討教育宣導、救援、加害者處罰、安置保護之成果；(3)第六條規定：法務部與內政部應於本條例施行後六個月內，指定所屬機關成立檢警之專責任務編組，負責全國性有關本條例犯罪之偵查工作；(4)第八條規定：法務部與內政部應於兒童及少年性交易防制條例施行後六個月內訂定獎懲辦法，以激勵救援及偵辦工作；(5)第十二條規定：為免脫離家庭之未滿十八歲兒童或少年淪入色情場所，主管機關應於本條例施行後六個月內設立或委託民間機構構設立關懷中心，提供緊急庇護、諮詢、聯繫或其他必要措施；(6)第十三條規定：直轄市、縣（市）主管機關應於本條例施行後六個月內，設置專門安置從事性交易或有從事之虞之兒童或少年之緊急收容中心及短期收容中心；(7)本條例施行細則由中央主管機關於本條例公布後六個月內訂定。以上對行政部門各項限制規定，目的不外期藉以督促各級行政機關落實雛妓防制工作，而免本條例之良法美意流於形式。

(六)本條例對於防制工作的規定架構相當完整

本條例對於兒童及少年性交易防制工作，從事前的預防、教育宣導、到事件發生時的報告、救援、安置、保護、訴訟程序，以至事後的輔導教育、對雛妓加害者的處罰，可謂前後一貫、天衣無縫，考慮

鉅細靡遺、架構完整；此乃民間團體、政府機關、學者專家及立法委員集思廣益，發揮集體智慧共同努力的成果。本條例的制定公布，對於兒童及少年性交易防制工作，使得政府有法可循，人民也有法的明確約束，相信對於雛妓問題的杜絕必能發揮實質的功效。不過，社會的淨化、人性的提昇有賴許多不同因素共同促成，立法只是其中不可或缺的重要因素之一，何況立法的主要目的重在達到嚇阻作用；如果民眾的消費型態及社會的價值觀無法改變，既使法律的規定再嚴，仍然難以看到其立法的預期效果。

二、兒童及少年性交易防制政策之展望

事實上，我國牽涉到雛妓問題有關的法律包括：刑法、刑事訴訟法、社會秩序維護法、少年事件處理法、兒童及少年福利法等，正因爲應用這些相關法律，仍無法有效防制雛妓問題，遂制訂「兒童及少年性交易防制條例」，以特別法方式加以規範。這種立法體例，徵諸外國諸如：美國、德國、日本、大韓民國、馬來西亞、澳大利亞、丹麥、泰國、香港等國家或地區亦復如此。爲使這個特別法的多項特色能夠眞正展現其預期的功能，展望未來，下列各項做法仍有待努力。

1.加強發揮兒童及少年性交易防制督導會報功能，強化相關部會縱的督促及橫的聯繫機制，以確實達到防範及抵制兒童及少年性交易問題的發生。

2.加強宣導，強化救援專線「080000919」之服務功能；並籲請負有報告義務的相關人員及社會大眾勇於扮演通報的角色，俾讓檢警專責任務編組單位得以衝破横逆，有效救援受害的兒童及少年跳脫火坑，重享溫暖的正常生活。

3.教育部與內政部應加速建立共識，積極規劃籌設中途學校，以應兒童及少年遭受性交易幸獲救援後，仍能接受教育輔導的急切需求。

4.對觸犯促使兒童及少年爲性交易之罪，經判刑確定者，主管機關應確實依法令規定定期公告其姓名、照片及判決要旨，以收遏止不肖之徒以身試法之防制作用。

5.對意圖營利，不擇手段，致使兒童及少年為性交易之行為者，應確實依法予以重罰，且絕對不予赦免或減刑，以收徹底根除兒童及少年性交易行為死灰復燃之功效。

肆、結語

總之，台灣究竟有多少雛妓，一直缺乏正式的統計數字，但國內雛妓人數之多應是不爭的事實；大家應該深切體認，不論眞實的雛妓數字有多少，只要我們的社會裡還存有一名雛妓，就應該算是國人的恥辱。

經媒體各種報導及社會迭有反應，我們可以肯定地說，過去政府對於雛妓的救援、安置、保護、輔導及教育，一直缺乏可循的健全法令，以致難以發揮防制的效能；如今，「兒童及少年性交易防制條例」業已公布施行，可說法的依據問題已經初步獲得解決；接著最重要的就是如何讓本條例落實實施，因為徒法無以自行。個人認為，任何一個法案的有效執行，應有賴全民凝聚共識，群策群力，大家一起來參與，本條例當然也不例外。相信各方面如果能夠齊心協力，發揮整體力量；台灣「色情王國」的惡名，應該指日即可洗刷乾淨，消弭於無形，所以：

1.政府機關要有貫徹執行法令的決心與信心。

2.民間團體應該發揮催化的效能，全力配合，協助推動。

3.社會大眾應聯合一致，共同向僱用少女的性產業發出抵制的怒吼。

4.未成年少女務須潔身自愛、堅持定力，勇敢地向利誘、脅迫等非法作為說不。

5.新聞媒體尤應對雛妓問題作公平正義的報導，舉凡助長雛妓問題發生的媒介業者，應該透過輿論的功能，公開予以最嚴厲的譴責。

第七章　性侵害犯罪防治法

壹、前言

民國八十五年底民進黨婦女委員會主席彭婉如遇害事件發生，非但舉國震驚，亦使婦女人身安全幾乎亮起紅燈。令人遺憾的是彭案尚未終結，更加駭人聽聞的白曉燕綁架撕票案又繼之發生。這兩件重大婦女命案，不僅使國內日益惡化的治安問題雪上加霜，更使婦女人身安全岌岌可危。

肯定地說，婦女人身安全之受到威脅，絕不僅止於這些見諸新聞報端的重大事件；事實上，在我們生活環境無時無刻均充滿著各類危機。諸如：深夜搭乘計程車遇害、色狼躲處暗巷施暴、飛車黨火速搶劫婦女皮包等事件，隨時可能發生；更糟的是，家庭中之亂倫事件、販賣女兒、逼使妻女從事特種行業等亦層出不窮。雖然如此，但大多受害婦女在不幸事件發生後，或由於受害人有感於社會仍普遍存在「對受害人異樣眼光」的心理，或由於受害人不願遭受「二度傷害」；以致類似不幸事件均被遮掩下來。就因如此，促使不肖之徒誤以爲弱女子好欺負，食髓知味而變本加厲，甚至互通訊息，串連作惡，致使婦女人身安全事件日益升高。

性侵害犯罪一直是婦女同胞揮之不去的夢魘；爲了因應社會的急遽變遷，以及婦女安全應該受到絕對保護，在婦女團體熱心奔走遊說下，民國八十年三月至五月間台北市政府率先創辦「受暴被害婦女保護服務」，規定市立醫院對受暴婦女不得拒診，警察局除應將受暴婦女服務程序制度化，並應由女性員警負責處理性侵害事件，社會局對被害人給予經濟補助，教育局辦理性侵害防治宣導課程。八十五年十二月六日台北市政府又假信義分局成立「婦女保護中心」，提供二十四小時救援服務。同年（八十五年）十二月三十一日在女性立委潘維剛女士等結合女性律師、學者及婦女團體鍥而不捨的努力下，適逢彭婉如、白曉燕震撼國內外事件發生，婦女人身安全之保障不容漠視，終於使得擺在立法院觸礁多年的「性侵害犯罪防治法」三讀通過，並於八十六年一月二十二日奉總統令公布施行；又由內政部擬訂之「性侵害犯罪防治法施行細則」亦於同年七月二十一日順利通過，頒布實施。

爲加強促進婦女權益及保護婦女人身安全，八十六年五月六日行政院特成立「婦女權益促進委員會」，負責中央各項婦女權益之政策規劃與推動。同年五月九日內政部亦依法設立「性侵害防治委員會」召開第一次委員會議。該委員會於同年九月二十日正式掛牌運作，且全國性侵害防治「保護您專線——〇八〇〇〇〇六〇〇」也同時啓用（該專線內政部於九十年初整合兒童及少年保護專線設立「一一三婦幼保護專線」）。接著並致力輔導台北市、高雄市、台灣省二十一縣市及金門縣、連江縣自八十六年十二月六日至八十七年一月二十日陸續成立「性侵害防治中心」。自此，中央與地方政府均有專責單位負責推動婦女人身安全工作，並開始系統化推展性侵害犯罪防治業務。尤其爲呼籲國人共同重視性侵害防治工作之推動，特於八十七年一月二十二日召開記者會，由當時的內政部長葉金鳳女士正式宣布每年一月二十二日定爲「全國性侵害防治日」。

自從性侵害犯罪防治法公布施行，及「內政部性侵害防治委員會」與各地方政府「性侵害防治中心」陸續成立後，內政部有鑑於確保婦女人身安全應爲政府施政刻不容緩的急切要務；遂依據憲法社會安全之指導原則，結合政府與民間力量，共同保障人民身體之安全，使免於性侵害之恐懼與威脅，並促進兩性關係平等和諧，增進人民生活福祉，奠定社會安和樂利基礎；特制定「性侵害犯罪防治政策綱領」，於八十七年元月十四日函頒實施；其主要內容爲：

㈠基本原則

1.健全法令制度，落實各項政策與法規，並因應實際需要適時修訂，以維護法令制度之前瞻性。
2.發揮規劃、執行、協調之整體功能，結合司法、警政、衛生、社政、新聞等相關單位，透過團隊服務功能，妥切處置性侵害犯罪之案件。
3.建構以被害人及加害人爲中心之服務體制，提供完整之專業服務計畫。

4.提昇性侵害防治工作相關專業人員知能，強化執行效能。

5.加強推展性侵害防治工作相關研究及輔導措施，以達到犯罪預防效果及減少再犯案事件。

6.加強社會大眾之性侵害防治觀念與認知，並倡導兩性平權觀念，建立互信互重的兩性平權社會。

7.建構政府與民間合作模式，結合民間資源，共同推展性侵害防治工作；並促使民眾自覺，建立社區防治體系。

㈡實施要領

1.健全法令制度：

(1)訂定及修訂性侵害防治相關法令與政策，規劃與制定相關計畫方案及措施。

(2)健全各性侵害防治工作體系，協調及監督有關機關性侵害防治事項之執行，並建立評鑑制度。

2.落實保護扶助：

(1)結合民間力量參與性侵害防治工作，企使民眾自覺，建立社區防治體系。

(2)保障性侵害被害人基本權益，設置性侵害防治專責單位，提供多元及完整之防治服務。

(3)協調聯繫醫療、警政、司法、社政單位，建構整合服務模式，加強專業人員品質提昇；強化通報、採證、驗傷系統，建構被害人緊急救援網絡。

(4)運用社會工作專業方法，以個案管理模式執行個案輔導，協助被害人重返社會。

(5)訂定性侵害防治事件處理準則，提供性侵害防治工作專業人員參考指標，以保護被害人免受二度傷害。

(6)訂定被害人醫療、復健、訴訟、律師等各項費用補助辦法，保障被害人維持有尊嚴的基本生活。

3.加強教育宣導：

(1)推動性侵害防治教育宣導工作，發展性侵害防治教材，提昇民眾性侵害防治觀念，預防性侵害犯罪發生。

(2)貫徹實施性侵害防治專業訓練，強化性侵害防治工作人員專業知能，提昇服務品質。

(3)建立性侵害加害人身心治療與輔導教育制度，以減少加害人性侵害事件之再犯比率。

4.推動性侵害防治：

(1)推動性侵害防治研究發展工作，提昇性侵害防治專業知能。

(2)加強性侵害防治預防工作之推展，減少性侵害事件，建構免於恐懼之生活環境。

(3)建立性侵害加害人檔案資料，加強性侵害犯罪案件之偵處效能。

(4)有效掌握性侵害犯罪狀況，落實推動性侵害防治政策。

貳、法案內涵

性侵害犯罪防治法（Sexual Assault Crime Prevention Act）全文計有二十二條；另性侵害犯罪防治法施行細則計有十四條。茲將兩法案的全部內涵綜合予以詳述解說於后。

㈠目的

性侵害犯罪防治法之制定，係為防治性侵害犯罪及保護被害人權益。（第1條）

㈡定義

性侵害犯罪防治法所稱性侵害犯罪，係指刑法第二百二十一條至第二百二十七條、第二百二十八條、第二百二十九條、第三百三十二條第二項第二款、第三百三十四條第二款、第三百四十八條第二項第一款及其特別法之罪。（第2條第1項）本法所稱加害人，係指觸犯前項各罪經判決有罪確定之人。（第2條第2項）

按：

1.刑法第二百二十一條：對於男女以強暴、脅迫、恐嚇、催眠術

或其他違反其意願之方法而為性交者，處三年以上十年以下有期徒刑。前項之未遂犯罰之。

2. **刑法第二百二十二條**：犯前條之罪而有左列情形之一者，處無期徒刑或七年以上有期徒刑：

(1)二人以上共同犯之者。

(2)對十四歲以下之男女犯之者。

(3)對心神喪失、精神耗弱或身心障礙之人犯之者。以藥劑犯之者。

(4)對被害人施以凌虐者。

(5)利用駕駛供公眾或不特定人運輸之交通工具之機會犯之者。

(6)侵入住宅或有人居住之建築物、船艦或隱匿其內犯之者。

(7)攜帶兇器犯之者。

(8)前項之未遂犯罰之。

3. **刑法第二百二十四條**：對於男女以強暴、脅迫、恐嚇、催眠術或其他違反其意願之方法，而為猥褻之行為者，處六月以上五年以下有期徒刑。

4. **刑法第二百二十四之一條**：犯前條之罪而有第二百二十二條第一項各款情形之一者，處三年以上十年以下有期徒刑。

5. **刑法第二百二十五條**：對於男女利用其心神喪失、精神耗弱、身心障礙或其他相類之情形，不能或不知抗拒而為性交者，處三年以上十年以下有期徒刑。對於男女利用其心神喪失、精神耗弱、身心障礙或其他相類之情形，不能或不知抗拒而為猥褻之行為者，處六月以上五年以下有期徒刑。第一項之未遂犯罰之。

6. **刑法第二百二十六條**：犯第二百二十一條、第二百二十二條、第二百二十四條、第二百二十四條之一或第二百二十五條之罪，因而致被害人於死者，處無期徒刑或十年以上有期徒刑；致重傷者，處十年以上有期徒刑。因而致被害人羞忿自殺或意圖自殺而致重傷者，處十年以上有期徒刑。

7. **刑法第二百二十六之一條**：犯第二百二十一條、第二百二十二條、第二百二十四條、第二百二十四條之一或第二百二十五條之罪，而故意殺害被害人者，處死刑或無期徒刑；使被害人受重傷者，處無期徒刑或十年以上有期徒刑。

8.**刑法第二百二十七條**：對於未滿十四歲之男女爲性交者，處三年以上十年以下有期徒刑。對於未滿十四歲之男女爲猥褻之行爲者，處六個月以上五年以下有期徒刑。對於十四歲以上未滿十六歲之男女爲性交者，處七年以下有期徒刑。對於十四歲以上未滿十六歲之男女爲猥褻之行爲者，處三年以下有期徒刑。
第一項、第三項之未遂犯罰之。

9.**刑法第二百二十七之一條**：十八歲以下之人犯前條之罪者，減輕或免除其刑。

10.**刑法第二百二十八條**：對於因親屬、監護、教養、教育、訓練、救濟、醫療、公務、業務或其他相類關係受自己監督、扶助、照護之人，利用權勢或機會爲性交者，處六個月以上五年以下有期徒刑。
因前項情形而爲猥褻之行爲者，處三年以下有期徒刑。
第一項之未遂犯罰之。

11.**刑法第二百二十九條**：以詐術使男女誤信爲自己配偶，而聽從其爲性交者，處三年以上十年以下有期徒刑。
前項之未遂犯罰之。

12.**刑法第二百二十九之一條**：對配偶犯第二百二十一條之罪者，或未滿十八歲之人犯第二百二十七條之罪者，須告訴乃論。

13.**刑法第三百三十二條第二項第二款**：犯強盜罪而有下列行爲之一者，處死刑、無期徒刑或十年以上有期徒刑：(1)放火者，(2)強制性交者，(3)……。

14.**刑法第三百三十四條第二款**：犯海盜罪而有下列行爲之一者，處死刑：(1)放火者，(2)強制性交者，(3)……。

15.**刑法第三百四十八條第二項第一款**：犯意圖勒贖而擄人者之罪而有下列行爲之一者，處死刑、無期徒刑或十二年以上有期徒刑：(1)強制性交者，(2)……。

㈢主管機關

性侵害犯罪防治法所稱主管機關，在中央爲內政部；在直轄市爲直轄市政府；在縣（市）爲縣（市）政府。（第3條）

㈣性侵害防治委員會之設立

內政部應設性侵害防治委員會。（第4條）

1.**職掌**：性侵害防治委員會之職掌如下（第4條）：

(1)研擬性侵害防治政策及法規。

(2)協調及監督有關性侵害防治事項之執行。

(3)監督各級政府建立性侵害事件處理程序、防治及醫療網絡。

(4)督導及推展性侵害防治教育。

(5)性侵害事件各項資料之建立、彙整、統計及管理。

(6)性侵害防治有關問題之研議。

(7)其他性侵害防治有關事項。

2.**組織**：性侵害防治委員會以內政部長爲主任委員，民間團體代表、學者及專家之比例不得少於委員總數二分之一。（第5條第1項）性侵害防治委員會應配置專人分科處理有關業務；其組織規程由中央主管機關定之。（第5條第2項）

㈤性侵害防治中心之設立

直轄市政府、縣（市）主管機關應設性侵害防治中心，以保護被害人之權益，並防止性侵害事件之發生。（第6條第1項）

1.**職掌**：各性侵害防治中心應辦理下列措施（第6條第1項）：

(1)提供二十四小時電話專線服務。

(2)提供被害人二十四小時緊急救援。

(3)協助被害人就醫診療、驗傷及取得證據。

(4)被害人之心理治療、輔導、緊急安置與法律扶助。

(5)協調醫院成立專門處理性侵害之醫療小組。

其所稱醫療小組，應由該醫院院長或其指派之人員擔任召集人，其成員至少應包括醫事人員及社會工作人員。（施行細

則第3條）

(6)加害人之追蹤輔導與身心治療。

(7)推廣性侵害防治教育、訓練及宣導。

(8)其他有關性侵害防治及保護事項。

2.**專業人員之配置**：性侵害防治中心應配置社工、警察、醫療及其他相關專業人員；其組織由直轄市、縣（市）主管機關定之。（第6條第2項）

3.**預算之編列**：地方政府應編列預算辦理前二項事宜，不足由中央主管機關編列專款補助。（第6條第3項）

㈥性侵害防治教育課程

各級中小學每學年應至少有四小時以上之性侵害防治教育課程。（第7條第1項）

前項所稱性侵害防治教育課程應包括（第7條第2項）：

1.兩性性器官構造與功能。

2.安全性行爲與自我保護性知識。

3.兩性平等之教育。

4.正確性心理之建立。

5.對他人性自由之尊重。

6.性侵害犯罪之認識。

7.性侵害危機之處理。

8.性侵害防範之技巧。

9.其他與性侵害有關之教育。

㈦性侵害犯罪情事之通報責任

1.醫事人員、社工人員、教育人員、保育人員、警察人員、勞政人員，於執行職務知有疑似性侵害犯罪情事者，應立即向當地直轄市、縣（市）主管機關通報，至遲不得超過二十四小時。通報之方式及內容，由中央主管機關定之。（第8條第1項）

2.前項通報內容、通報人之姓名、住居所及其他足資識別其身分之資訊，除法律另有規定外，應予保密。（第8條第2項）

3.第八條第一項所定警察人員，包括司法、軍法警察。（施行細則第3條）

4.第八條第一項規定之通報方式，應以電信傳眞或其他科技設備傳送等方式通報直轄市、縣（市）主管機關；情況緊急時，得先以言詞、電話通訊方式通報，並於通報後二十四小時內補送通報表。（施行細則第4條第1項）

前項通報作業，應就通報表所定內容詳實填載，並注意維護被害人之秘密或隱私，不得洩漏。（施行細則第4條第2項）

㈧建立加害人之檔案資料

中央主管機關應建立全國性侵害加害人之檔案資料；其內容，應包含指紋、去氧核醣核酸紀錄。（第9條第1項）前項檔案資料應予保密，非依法律規定，不得提供；其管理及使用等事項之辦法，由中央主管機關定之。（第9條第2項）

㈨醫療單位對於性侵害犯罪處理之職責

1.醫院、診所對於被害人，不得無故拒絕診療及開立驗傷診斷書。（第10條第1項）

2.醫院、診所對被害人診療時，應有護理人員陪同，並應保護被害人之隱私，提供安全及合適之就醫環境。（第10條第2項）

3.第一項驗傷診斷書之格式，由中央衛生主管機關會商有關機關定之。（第10條第3項）

4.違反第一項規定者，由衛生主管機關處新台幣一萬元以上五萬元以下罰鍰。（第10條第4項）

㈩對於被害人之驗傷及取證

1.對於被害人之驗傷及取證，除依刑事訴訟法、軍事審判法之規定或被害人無意識或無法表意者外，應經被害人之同意。被害人爲禁治產或未滿十二歲之人時，應經其監護人或法定代理人之同意。但監護人或法定代理人之有無不明、通知顯有困難或爲該性侵害犯罪之嫌疑人，得逕行驗傷及取證。（第11條第1

項）前述所稱之同意，應以書面為之。（施行細則第5條第2項）

2.對於被害人為驗傷及取證時，應注意其身心狀態及被害情況，並詳實記錄及保存。（施行細則第5條第1項）

3.取得證據後，應保全證物於證物袋內，司法、軍法警察並應即送請內政部警政署鑑驗，證物鑑驗報告並應依法保存。（第11條第2項）

4.性侵害犯罪案件屬告訴乃論者，尚未提出告訴或自訴時，內政部警政署應將證物移送犯罪發生地之直轄市、縣（市）主管機關保管，除未能知悉犯罪嫌疑人外，證物保管六個月後得逕行銷毀。（第11條第3項）

5.有關證物之保存及移送，應注意防止滅失。（施行細則第5條第3項）

㈩被害人身分之保密

1.因職務或業務知悉或持有性侵害被害人姓名、出生年月日、住居所及其他足資識別其身分之資料者，除法律另有規定外，應予保密。（第12條第1項）

2.行政機關、司法機關及軍法機關所製作必須公示之文書，不得揭露被害人之姓名、出生年月日、住居所及其他足資識別被害人身分之資訊。（第12條第2項）

3.第十二條及第十三條第一項所定其他足資識別被害人身分之資訊，包括被害人照片或影像、聲音、住址、親屬姓名或其關係、就讀學校與班級或工作場所等個人基本資料。（施行細則第6條）

㈪媒體、廣告、訊號、網路報導或記載性侵害事件之限制

1.廣告物、出版品、廣播、電視、電子訊號、電腦網路或其他媒體，不得報導或記載被害人之姓名或其他足資識別被害人身分之資訊。但經有行為能力之被害人同意或犯罪偵查機關依法認為有必要者，不在此限。（第13條第1項）

2.違反前項規定者，由各該目的事業主管機關處新台幣六萬元以上六十萬元以下罰鍰，並得沒入前項物品或採行其他必要之處置；其經通知限期改正，屆期不改正者，得按次連續處罰。但被害人死亡，經目的事業主管機關權衡社會公益，認有報導必要者，不罰。（第13條第2項）

㈢執法人員之專業要求

法院、檢察署、軍事法院、軍事法院檢察署、司法、軍法警察機關及醫療機構，應由經專業訓練之專人處理性侵害事件。（第14條第1項）前項醫療機構，係指由中央衛生主管機關指定設置處理性侵害事件醫療小組之醫療機構。（第14條第2項）

㈣一定親屬及社工等專業人員之陪同

1.被害人之法定代理人、配偶、直系或三親等內旁系血親、家長、家屬、醫師、心理師、輔導人員或社工人員得於偵查或審判中，陪同被害人在場，並得陳述意見。（第15條第1項）前項規定，於得陪同在場之人爲性侵害犯罪嫌疑人或被告時，不適用之。（第15條第2項）

2.被害人爲兒童或少年時，除顯無必要者外，直轄市、縣（市）主管機關應指派社工人員於偵查或審判中陪同在場，並得陳述意見。（第15條第3項）

3.醫師、心理師、輔導人員或社工人員依本法第十五條第一項規定陪同被害人到場陳述意見時，應本於專業倫理，並注意維護被害人之權益。（施行細則第7條）

4.被害人、被害人之監護人或法定代理人得向直轄市、縣（市）主管機關申請指派社工人員依本法第十五條第一項規定陪同被害人在場，除顯無必要者外，直轄市、縣（市）主管機關不得拒絕。（施行細則第8條）

5.第十五條第三項及前條所定直轄市、縣（市）主管機關，爲被害人所在地之直轄市、縣（市）主管機關；必要時，得視實際情形協調其他直轄市、縣（市）主管機關協助辦理。（施行細

則第9條）

㈤對被害人訊問或詰問之保護措施

1.對被害人之訊問或詰問，得依聲請或依職權在法庭外為之，或利用聲音、影像傳送之科技設備或其他適當隔離措施，將被害人與被告或法官隔離。（第16條第1項）前述所定法官，包括軍事審判官。（施行細則第10條）

2.被害人經傳喚到庭作證時，如因心智障礙或身心創傷，認當庭詰問有致其不能自由陳述或完全陳述之虞者，法官、軍事審判官應採取前項隔離詰問之措施。（第16條第2項）

3.審判長因當事人或辯護人詰問被害人不當而禁止其詰問者，得以訊問代之。（第16條第3項）

4.性侵害犯罪之被告或其辯護人不得詰問或提出有關被害人與被告以外之人之性經驗證據。但法官、軍事審判官認有必要者，不在此限。（第16條第4項）

5.被害人於審判中有下列情形之一，其於檢察事務官、司法警察官或司法警察調查中所為之陳述，經證明具有可信之特別情況，且為證明犯罪事實之存否所必要者，得為證據（第17條）：(1)因性侵害致身心創傷無法陳述者，(2)到庭後因身心壓力於訊問或詰問時無法為完全之陳述或拒絕陳述者。前述所定司法警察官、司法警察，包括軍法警察官、軍法警察。（施行細則第11條）

㈥審判不得公開

性侵害犯罪之案件，審判不得公開。但有下列情形之一，經法官或軍事審判官認有必要者，不在此限（第18條）：

1.被害人同意。

2.被害人為無行為能力或限制行為能力者，經本人及其法定代理人同意。

㈦被害人之補助

直轄市、縣（市）主管機關得依被害人之申請，核發下列補助（第19條第1項）：

1. 非屬全民健康保險給付範圍之醫療費用及心理復健費用。
2. 訴訟費用及律師費用。
3. 其他費用。

前項補助對象、條件及金額等事項之規定，由直轄市、縣（市）主管機關定之。（第19條第2項）

上述所定直轄市、縣（市）主管機關，爲被害人戶籍地之直轄市、縣（市）主管機關。（施行細則第12條）

㈥加害人之身心治療或輔導教育

1. 加害人有下列情形之一，經評估認有施以治療輔導之必要者，直轄市、縣（市）主管機關應命其接受身心治療或輔導教育（第20條第1項）：
   (1)有期徒刑或保安處分執行完畢。
   (2)假釋。
   (3)緩刑。
   (4)免刑。
   (5)赦免。
   (6)緩起訴處分。
2. 觀護人對於前項第二款、第三款付保護管束之加害人，得採取下列一款或數款之處遇方式（第20條第2項）：
   (1)對於受保護管束之加害人實施約談、訪視，並得進行團體活動或問卷等輔助行爲。
   (2)對於有事實足認其有再犯罪之虞或需加強輔導及管束之受保護管束加害人，得密集實施約談、訪視；必要時，並得請警察機關派員定期或不定期查訪之。
   (3)對於受保護管束之加害人有事實可疑爲施用毒品時，得命其接受採驗尿液。

(4)受保護管束之加害人無一定之居住處所，或其居住處所不利保護管束之執行者，觀護人得報請檢察官、軍事檢察官許可，命其居住於指定之處所。

(5)受保護管束之加害人有於夜間犯罪之習性，或有事實足認其有再犯罪之虞時，觀護人得報請檢察官、軍事檢察官許可，施以宵禁。

(6)受保護管束之加害人經評估應接受身心治療或輔導教育者，觀護人得報經檢察官、軍事檢察官之許可，對其實施測謊。

(7)受保護管束之加害人有固定犯罪模式，或有事實足認其有再犯罪之虞時，觀護人得報請檢察官、軍事檢察官許可，禁止其接近特定場所或對象。

(8)轉介適當機構或團體。

(9)其他必要處遇。

3.觀護人對於實施前項第四款、第五款之受保護管束加害人，得報請檢察官、軍事檢察官許可後，輔以科技設備監控。（第20條第3項）

4.第一項之執行期間為三年以下。但經評估認無繼續執行之必要者，直轄市、縣（市）主管機關得免其處分之執行。（第20條第4項）

5.第一項之評估，除徒刑之受刑人由監獄或軍事監獄辦理外，由直轄市、縣（市）主管機關辦理。（第20條第5項）

6.第一項評估之內容、基準、程序與身心治療或輔導教育及登記之內容、程序、成效評估等事項之辦法，由中央主管機關會同法務部、國防部及行政院衛生署定之。（第20條第6項）

7.第二項第三款採驗尿液之執行方式、程序、期間次數、檢驗機構及項目等由法務部會商相關機關定之。（第20條第7項）

8.第二項第六款測謊之機關（構）、人員、執行程序、方式等及第三項科技設備之監控方法、執行程序、機關（構）、人員等，由法務部會商相關機關定之。（第20條第8項）

㈨加害人之處罰

1. 第二十條加害人有下列情形之一者，得處新台幣一萬元以上五萬元以下罰鍰，並限期命其履行（第21條第1項）：
   (1)經直轄市、縣（市）主管機關通知，無正當理由不到場或拒絕接受評估、身心治療或輔導教育者。
   (2)經直轄市、縣（市）主管機關通知，無正當理由不按時到場接受身心治療或輔導教育或接受之時數不足者。
   (3)未依第二十三條第一項規定定期辦理登記或報到。
2. 前項加害人屆期仍不履行者，處一年以下有期徒刑、拘役或科或併科新台幣五萬元以下罰金。（第21條第2項）
3. 直轄市、縣（市）主管機關對於假釋、緩刑或受緩起訴處分之加害人為第一項之處分後，應即通知該管地方法院檢察署檢察官或軍事法院檢察署檢察官。（第21條第3項）
   地方法院檢察署檢察官、軍事法院檢察署檢察官接獲前項通知後，得通知原執行監獄典獄長報請法務部、國防部撤銷假釋或向法院、軍事法院聲請撤銷緩刑或依職權撤銷緩起訴處分。（第21條第4項）

㈩加害人之強制治療

加害人依第二十條第一項規定接受身心治療或輔導教育，經鑑定、評估其自我控制再犯預防仍無成效者，直轄市、縣（市）主管機關得檢具相關評估報告，送請該管地方法院檢察署檢察官、軍事檢察署檢察官依法聲請強制治療。（第22條）

㈢加害人身分、就學、工作、車籍及其異動等資料之登記及報到

1. 犯刑法第二百二十一條、第二百二十二條、第二百二十四條之一、第二百二十五條第一項、第二百二十六條、第二百二十六條之一、第三百三十二條第二項第二款、第三百三十四條第二款、第三百四十八條第二項第一款或其特別法之罪之加害人，有第二十條第一項各款情形之一者，應定期向警察機關辦理身

分、就學、工作、車籍及其異動等資料之登記及報到。其登記、報到之期間爲七年。（第23條第1項）

2.前項規定於犯罪時未滿十八歲者，不適用之。（第23條第2項）

3.第一項登記期間之事項，爲維護公共利益及社會安全之目的，於登記期間得供特定人員查閱。（第23條第3項）

4.第一項登記、報到之程序及前項供查閱事項之範圍、內容、執行機關、查閱人員之資格、條件、查閱程序及其他應遵行事項之辦法，由中央主管機關定之。（第23條第4項）

㈢協調會議之召開

直轄市、縣（市）主管機關應每半年邀集當地社政、教育、衛生、勞政、檢察、警察及新聞等相關單位召開協調會議一次。但必要時得召開臨時協調會議。（施行細則第13條）

㈢施行細則

本法施行細則，由中央主管機關定之。（第24條）

㈣施行日期

本法自公布後六個月施行。（第25條）

參、析評與展望

一、性侵害犯罪防治法之子法及重要之相關規定

性侵害犯罪防治法除本法外，其授權訂定之子法及重要之相關規定計有：

㈠授權訂定之子法

1.性侵害犯罪防治法施行細則。（第19條）

2. 性侵害加害人檔案資料管理及使用辦法。（第7條第2項）
3. 警察機關及性侵害防治中心辦理性侵害事件處理準則。（第11條第1項）
4. 檢察機關偵辦性侵害犯罪案件處理準則。（第11條第1項）
5. 法院辦理性侵害犯罪案件處理準則。（第11條第1項）
6. 性侵害事件醫療作業處理準則。（第11條第1項）
7. 媒體對性侵害事件之報導保護被害人之處理準則。（第10條）
8. 性侵害犯罪加害人身心治療及輔導教育辦法。（第18條第2項）
9. （縣市全銜）辦理性侵害被害人補助聲請原則（範例）。（第17條）

㈡重要之相關規定

1. 性侵害被害人權益保障事項說明。
2. 性侵害案件減少被害人重複陳述作業要點。
3. 「性侵害案件減少被害人重複陳述作業」被害人權益保障事項說明。
4. 直轄市、縣（市）政府處理性侵害案件減少被害人重複陳述作業注意事項。
5. 警察機關辦理「性侵害案件減少被害人重複陳述作業」實施計畫。
6. 檢察機關偵辦性侵害案件減少被害人重複陳述注意事項。
7. 警察機關處理性侵害案件注意事項。
8. 檢察、矯正機關與性侵害防治中心聯繫要點。
9. 去氧核醣核酸（DNA）採樣條例。
10. （縣市全銜）性侵害防治中心設置要點（範例）。
11. 大專院校國立中小學校園性騷擾及性侵犯處理原則。
12. 某學校性騷擾及性侵犯處理與防治實施要點。
13. 檢察、警察暨調查機關偵查刑事案件新聞處理注意要點。
14. 妨害風化罪受刑人輔導與治療實施辦法。

二、性侵害犯罪防治法之特色

㈠明定中央與地方政府均應設立性侵害防治專責單位

本法第四條規定，內政部應設立性侵害防治委員會；另第六條規定，各直轄市政府及縣（市）政府應各設立性侵害防治中心；分別負責研擬性侵害防治政策及保護被害人權益，並防止性侵害事件之發生等相關事宜。

㈡明定中央主管機關應建立全國性侵害加害人之檔案資料

爲加強性侵害加害人之檔案管理，以有助於性侵害案件之偵破，本法第九條特別明定，中央主管機關應建立全國性侵害加害人之檔案資料；其內容應包括：(1)指紋，(2)去氧核醣核酸記錄。前項檔案資料應予保密，非依法律規定，不得提供；其管理及使用等事項之辦法，由中央主管機關定之。

㈢明定各級中小學應實施性侵害防治教育課程

爲使性侵害防治之觀念與常識得以向下紮根，並使未成年人懂得如何防範；本法第七條明定，各級中小學每學年應至少有四小時以上之性侵害防治教育課程；其課程內容包括：兩性性器官構造與功能、安全性行爲與自我保護性知識、兩性平等之教育、正確性心理之建立、性侵害犯罪之認識、性侵害危機之處理、及性侵害防範之技巧等。

㈣明定醫療院所不得無故拒絕診療或開立驗傷診斷書

婦女萬一不幸遭受性侵害，如勇於向法院提出告訴，其第一要件務須保持受害現狀，即赴醫療院所接受診療，並開立驗傷診斷書，以作爲提出告訴之必要證據；否則即使勇於提出告訴，仍然於事無補。因此，本法第十條明定，醫院、診所對於性侵害犯罪之被害人，不得無故拒絕診療及開立驗傷診斷書。

㈤明定媒體報導性侵害事件時應保護被害人之隱私

為免性侵害被害人遭受「二度傷害」之折磨；本法第十三條明定，宣傳品、出版品、廣播、電視、電子訊號、電腦網路或其他媒體不得報導或記載性被害人之姓名或其他足以識別被害人身分之資訊。前述所稱足以識別被害人身分之資訊包括：被害人照片或影像、聲音、住址、親屬姓名及其關係、就讀學校與班級或工作場所等個人基本資料。

㈥明定檢、警、醫相關機關對於性侵害事件之處理應指定專責人員

為保障性侵害被害人權益，並使其不幸遭遇能獲得相關機關適當、有效之保護扶助，並得以盡速回歸正常生活；本法第十四條明定，法院、檢察署、軍事法院、軍事法院檢察署、司法、軍法警察機關及醫療機構應指定曾受專業訓練之專責人員辦理性侵害犯罪案件。

㈦明定性侵害犯罪之加害人應接受身心治療或輔導教育

性侵害犯罪案件之處理，對於加害人之身心治療及輔導教育比被害人之保護措施更為重要，因為加害人是性侵害犯罪之源頭。基此，本法第二十條明定，性侵害犯罪之加害人經判決有罪確定，主管機關應對其實施身心治療及輔導教育。其執行期間為三年以下；但經評估認無繼續執行之必要者，直轄市、縣（市）主管機關得免其處分之執行。凡違反身心治療或輔導教育之相關規定者，得處新台幣一萬元以上五萬元以下罰鍰，並限期命其履行。屆期仍不履行者，處一年以下有期徒刑、拘役或科或併科新台幣五萬元以下罰金。

㈧明定加害人之強制治療

為免加害人死灰復燃，繼續作姦犯科，第二十二條明定加害人依第二十條第一項規定接受身心治療或輔導教育，經鑑定、評估其自我控制再犯預防仍無成效者，直轄市、縣（市）主管機關得檢具相關評估報告，送請該管地方法院檢察署檢察官、軍事檢察署檢察官依法聲請強制治療。

㈨明定觀護人對於獲假釋、緩刑付保護管束之加害人得採取處遇方式予以處置

爲使加害人確實能夠改邪歸正、重新做人，第二十條明定對受保護管束之加害人，得採取處遇方式予以處置。其處遇方式包括：約談、訪視、進行團體活動、問卷、派員定期或不定期查訪、採驗尿液、命其居住於指定處所、施以宵禁、實施測謊、禁止其接近特定場所或對象、轉介適當機構或團體等。

㈩明定對加害人得實施科技設備監控

爲隨時監控加害人之行爲，以期徹底遏止其不法行爲之復發，對於獲免刑、赦免之保護管束加害人，得報請檢察官、軍事檢察官許可後，輔以科技設備監控。

⑪明定加害人應定期辦理身分、就學、工作、車籍及其異動等資料之登記及報到

爲有效掌握加害人之動態狀況，以備作爲性侵害犯罪事件之查證線索，第二十三條明定性侵害犯罪加害人應定期向警察機關辦理身分、就學、工作、車籍及其異動等資料之登記及報到。其登記、報到之期間爲七年。

三、性侵害犯罪防治政策之展望

雖然性侵害犯罪防治法業已公布施行，並經大幅度修正，對於保障婦女人身安全具有上述多項突破性的貢獻，但展望未來，爲有效落實性侵害犯罪防治工作，下列重點事項仍然有待努力精進。

1. 積極從實務工作體驗中落實實施性侵害犯罪防治法及相關法令，俾能確保婦女人身安全。
2. 強化各級政府性侵害防治專責單位功能，從增加人力及寬列預算著手，落實被害人保護扶助措施及加害人身心治療及輔導教育。

3. 加強發揮司法、法務、衛生、教育、警政、新聞、社政等單位協調整合功能，使各單位確實分工合作，建構綿密的保護網絡。
4. 研訂性侵害犯罪防治專業訓練課程及教材，加強辦理性侵害防治工作人員專業訓練，以增進工作人員專業知能，提昇性侵害防治服務品質。
5. 落實中小學每學年至少四小時以上性侵害防治教育課程，俾全面建立國人正確的性觀念，進而使未成年人亦能懂得避免遭受侵害及侵害別人。
6. 有效建立性侵害犯罪加害人檔案資料，以有助於性侵害案件辦案參考與學術研究之用。
7. 確實辦理性侵害犯罪加害人身心治療或輔導教育，以遏止加害人發生再犯或累犯之重演事件，並期達到預防重於治療的目標。
8. 貫徹執行對加害人輔以科技設備監控及定期向警察機關辦理身分、就學、工作、車籍及其異動等資料之登記及報到，俾利性侵害犯罪案件發生時之加速偵破。
9. 廣泛運用大眾傳播媒體，擴大宣導全國婦幼保護專線「一一三」功能，呼籲民眾如有需要，盡量善加利用。
10. 建立性侵害防治督導體系及評鑑制度，俾使各相關單位貫徹執行各項法令規定，確實做好性侵害防治工作。

肆、結語

保障婦女權益，維護婦女安全，乃我國憲法第一五六條：「國家為奠定民族生存發展之基礎，應保護母性，並實施婦女、兒童福利政策」所揭櫫之基本國策；也是憲法增修條文第十條：「國家應維護婦女人格尊嚴，保障婦女之人身安全，消除性別歧視，促進兩性地位之實質平等」所賦予政府規劃推動婦女保護工作之最高指導方針。

性侵害犯罪案件在性侵害犯罪防治法未通過之前，每年平均約在

一、○○○件上下；而在性侵害犯罪防治法公布施行後，性侵害犯罪案件反而逐漸攀升；根據內政部家庭暴力暨性侵害防治委員會九十一年十二月底統計資料顯示：八十六年發生一、四七七件，八十七年一、九二五件，八十八年二、○六二件，八十九年二、二二四件，九十年二、九三三件，九十一年已竄升至三、○三三件；惟這些呈現的數據應僅是冰山一角，依犯罪防治專家黃富源教授估計，性侵害案件實際發生的件數一般應是報案件數的七至十倍，也就是說，每年發生性侵害案件至少將超過一萬五、○○○件左右；足見，性侵害案件一直存在著許多發生後隱而未報的犯罪黑數。至於性侵害犯罪防治法通過後，性侵害案件之所以反而升高，黃富源教授也指出，其主要原因乃在於法案通過後，政府投入較大的人力資源、經費預算致力性侵害防治工作，產生的「關心效應」所致。

總之，性侵害犯罪防治應是婦女保護工作最重要的一環，更是政府規劃推動婦女人身安全保障的急切要務。為防治性侵害犯罪及保護被害人權益，「性侵害犯罪防治法」公布施行後，從專責單位之設立、相關單位之整合、處理準則之訂定、專業人員之訓練、被害人之保護扶助、加害人之治療及輔導、性侵害犯罪之預防等均有完整的法律規定可資依循。唯為期性侵害犯罪防治工作更見顯著成效，個人認為，除各相關單位務須落實執行性侵害犯罪防治法之各項規定外，下列配合措施亦應予以重視。

1.加強蒐集世界各國推行性侵害防治之法律、規章，作為訂定性侵害犯罪防治政策之參據。
2.廣泛蒐集國內外性侵害犯罪防治之著述，加以整理研究分析，作為性侵害防治工作決策之參考。
3.致力推動性侵害犯罪防治之國際學術交流與合作，俾使性侵害防治工作得以迎合世界潮流。
4.遴派優秀之性侵害犯罪防治工作學術及實務人員，參與國際有關性侵害防治問題之研究訓練，以期汲取國外新知，作為我國推展性侵害防治工作他山之石之借鏡。

第八章　家庭暴力防治法

壹、前言

「法不入家門、清官難斷家務事」是我國傳統根深蒂固的保守觀念，由於這個觀念的作祟，致使遭受家庭暴力的被害人於傷害發生後，往往極少尋求外力或法律協助，而只能一切認命，偷偷躲在暗處流淚。設若被害人必須長期活在家庭暴力的陰影下，非但影響家庭功能，尤更影響子女的人格形成及未來的婚姻關係，造成永難磨滅的傷害。

家庭暴力的被害人大多屬於生理或社會的弱勢婦女、兒童及老人，向來較少引起社會重視；隨著社會文化的急遽變遷及婦女團體的蓬勃發展，雖婚姻暴力問題逐漸受到重視，惟不論在法律面、制度面或實務面，對於家庭暴力問題的處理仍付之闕如。經過八十二年十月發生鄧如雯殺夫事件，婚姻暴力的嚴重性遂引起社會大眾的關切，內政部社會司乃委託財團法人婦女新知基金會，著手研究推動婚姻暴力防治法的可行性，此乃家庭暴力防治法立法運動之濫觴。又八十五年十二月三十、三十一日兩天假台灣警察專科學校召開「全國治安會議」，在該會議閉幕典禮時，行政院連前院長特別指示，內政部應盡速邀集相關單位研議制訂「家庭暴力防治法」。

家庭暴力防治法在政府機關、婦女團體及立法委員合力推動下，於民國八十七年六月二十四日奉總統令公布施行，其中第二章至第四章、第五章第四十條、第四十一條、第六章等，因與創辦保護令制度具有密切關係，爲使相關機關能有充分的準備時間，明令該等法條規定一年後施行，其餘均自公布日生效。本法的公布施行不僅象徵著法律已爲家庭成員遭受暴力張開一把保護傘，更明確顯示「法入家門、暴力遠離」的時代已經來臨。本法第四條規定：本法所稱主管機關，在中央爲內政部家庭暴力防治委員會，在省（市）爲省（市）政府、在縣（市）爲縣（市）政府；另第五條又規定：內政部應設家庭暴力防治委員會；據此，內政部乃遵照規定於八十八年四月二十三日設立家庭暴力防治委員會，與性侵害防治委員會合併辦公；地方政府由於

第八條明定：家庭暴力防治中心得與性侵害防治中心合併設立，現行台閩地區二十五個地方政府均將家庭暴力防治中心得與性侵害防治中心合併設立。

家庭暴力防治業務至爲龐雜，牽涉的相關單位亦多，其推動的成功與否，有賴中央與地方政府家庭暴力防治單位建構完備的縱向督導體系，更需要由社會福利體系主導，整合司法、法務、警察、衛生、教育及社工等不同領域的專家，形成緊密的橫向聯繫結合，唯有垂直的督導體系與水平的聯繫結合相互呼應，群策群力，始能使家庭暴力防治工作的推動日見成效。

貳、法案內涵

家庭暴力防治法（Family Violence Prevention Act）全文計有七章五十四條；第一章：總則，第二章：民事保護令，第三章：刑事程序，第四章：父母子女與和解調解程序，第五章：預防與治療，第六章：罰則，第七章：附則。另家庭暴力防治法施行細則計有十九條。茲將兩法案的全部內涵綜合予以詳述解說於后。

一、通則

(一)目的

家庭暴力防治法之制定，係爲促進家庭和諧，防治家庭暴力行爲及保護被害人權益。（第1條）

(二)名詞定義

1. **家庭暴力者**：家庭暴力防治法所稱家庭暴力者，係謂家庭成員間實施身體或精神上不法侵害之行爲。（第2條第1項）
2. **家庭暴力罪者**：家庭暴力防治法所稱家庭暴力罪者，係謂家庭成員間故意實施家庭暴力行爲而成立其他法律所規定之犯罪。

（第2條第2項）

3. **騷擾者**：家庭暴力防治法所稱騷擾者，係謂任何打擾、警告、嘲弄或辱罵他人之言語、動作或製造使人心生畏怖情境之行為。（第2條第3項）

4. **家庭成員**：家庭暴力防治法所稱家庭成員，係包括下列各員及其未成年子女（第3條）：

(1)配偶或前配偶。

(2)現有或曾有事實上之夫妻關係、家長家屬或家屬間關係者。

(3)現為或曾為直系血親或直系姻親。

(4)現為或曾為四親等以內之旁系血親或旁系姻親。

㈢主管機關

家庭暴力防治之主管機關在中央為內政部家庭暴力防治委員會；在省（市）為省（市）政府；在縣（市）為縣（市）政府。（第4條）

㈣家庭暴力防治委員會之設立及職掌

1. 內政部應設立「家庭暴力防治委員會」，其職掌如下（第5條第1項）：

(1)研擬家庭暴力防治法規及政策。

(2)協調、督導及考核有關機關家庭暴力防治事項之執行。

(3)提高家庭暴力防治有關機構之服務效能。

(4)提供大眾家庭暴力防治教育。

(5)協調被害人保護計畫與加害人處遇計畫。

(6)協助公、私立機構建立家庭暴力處理程序及推展家庭暴力防治教育。

(7)統籌家庭暴力之整體資料，供法官、檢察官、警察人員、醫護人員及其他政府機關相互參酌並對被害人之身分予以保密。

上項資料之建立、管理及使用辦法，由中央主管機關另定之。（第5條第2項）

(8)協助地方政府推動家庭暴力防治業務並提供輔導及補助。

內政部家庭暴力防治委員會，以內政部長爲主任委員、民間團體代表、學者及專家之比例不得少於委員總數二分之一。（第6條第1項）另家庭暴力防治委員會應配置專人分組處理有關業務；其組織規程由中央主管機關定之。（第6條第2項）

2.各級地方政府得設立家庭暴力防治委員會，其職掌如下（第7條第1項）：

(1)研擬家庭暴力防治法規及政策。

(2)協調、督導及考核有關機關家庭暴力防治事項之執行。

(3)提高家庭暴力防治有關機構之服務效能。

(4)提供大眾家庭暴力防治教育。

(5)協調被害人保護計畫與加害人處遇計畫。

(6)協助公、私立機構建立家庭暴力處理程序及推展家庭暴力防治教育。

(7)統籌家庭暴力之整體資料，供法官、檢察官、警察人員、醫護人員及其他政府機關相互參酌並對被害人身分予以保密。

各級地方政府家庭暴力防治委員會之組織規程由地方政府定之。（第7條第2項）

㈤家庭暴力防治中心之設立及應辦措施

各級地方政府應各設立家庭暴力防治中心，並結合警政、教育、衛生、社政、戶政、司法等相關單位，辦理下列措施，以保護被害人之權益並防止家庭暴力事件之發生。（第8條第1項）

1.二十四小時電話專線。

2.被害人之心理輔導、職業輔導、住宅輔導、緊急安置與法律扶助。

3.給予被害人二十四小時緊急救援、協助診療、驗傷及取得證據。

4.加害人追蹤輔導之轉介。

5.被害人與加害人身心治療之轉介。

6.推廣各種教育、訓練與宣傳。

7.其他與家庭暴力有關之措施。

各級地方政府之家庭暴力防治中心得單獨設立或與性侵害防治中

心合併設立，並應配置社工、警察、醫療及其他相關專業人員；其組織規程由地方主管機關定之。（第8條第2項）

本法所稱各級地方政府，指直轄市政府及縣（市）政府。（施行細則第2條）各級地方政府依本法處理被害人保護相關事務，應以被害人之最佳利益爲優先考量。（施行細則第3條）又各級地方政府家庭暴力防治中心對於需要職業輔導之被害人，得將其轉介至當地公立職業訓練或就業服務機構，參加職業訓練或輔導就業。（施行細則第4條）另家庭暴力防治中心每半年應邀集當地警政、教育、衛生、社政、戶政、司法、勞政等相關單位舉行業務協調會報，研議辦理本法第八條第一項各款措施相關事宜，必要時得召開臨時會報。（施行細則第5條）

二、民事保護令

㈠保護令之種類

保護令分爲通常保護令及暫時保護令。（第9條第1項）

1. **通常保護令**：指由法院以終局裁定所核發之保護令。（施行細則第7條前段）
2. **暫時保護令**：指於通常保護令聲請前或法院審理終結前，法院依本法第十一條第一項但書或第十五條第一項之聲請而核發之保護令。（施行細則第7條後段）在實務上，此項保護令又可分爲緊急性暫時保護令及一般性暫時保護令。

㈡保護令之聲請人

被害人、檢察官、警察機關或直轄市、縣（市）主管機關得向法院聲請保護令。（第9條第2項）若被害人爲未成年人、身心障礙者或因故難以委任代理人者，其法定代理人、三親等以內之血親或姻親，得爲其向法院聲請保護令。（第9條第3項）

㈢保護令之管轄法院

保護令之聲請，由被害人之住居所地、相對人之住居所地或家庭暴力發生地之法院管轄。（第10條）

㈣保護令之聲請程式

1.保護令之聲請應以書面爲之。但被害人有受家庭暴力之急迫危險者，檢察官、警察機關或直轄市、縣（市）主管機關，得以言詞、電信傳眞或其他科技設備傳送之方式聲請，並得於夜間或休息日爲之。（第11條第1項）前項但書規定所稱夜間，爲日出前，日沒後；所稱休息日，爲星期例假日、應放假之紀念日及其他由中央人事主管機關規定應放假之日。（施行細則第10條）

2.依第十一條第一項前段規定以書面聲請保護令者，應記載下列事項（施行細則第8條）：

(1)聲請人非被害人者，其姓名、住居所、送達處所、公務所或事務所及與被害人之關係。

(2)被害人之姓名、性別、出生年月日、住居所或送達處所。

(3)相對人之姓名、性別、出生年月日、住居所或送達處所及與被害人之關係。

(4)有代理人者，其姓名、性別、職業、住居所或事務所、營業所。

(5)聲請之意旨及其原因、事實。

(6)供證明或釋明用之證據。

(7)附件及其件數。

(8)法院。

(9)年、月、日。

3.檢察官、警察機關或直轄市、縣（市）主管機關依第十一條第一項但書規定聲請暫時保護令時，應考量被害人有無遭受相對人虐待、威嚇、傷害或其他身體上、精神上不法侵害之現時危險，或如不核發暫時保護令，將導致無法回復之損害等情形。

（施行細則第6條）又以言詞、電信傳眞或其他科技設備傳送之方式聲請暫時保護令，亦應表明本法施行細則第八條各款事項，除有特殊情形外，並應以法院之專線爲之。（施行細則第9條）

4. 法院受理上項但書規定暫時保護令聲請之事件，如認現有資料無法審認被害人有受家庭暴力之急迫危險者，得請警察人員協助調查（施行細則第11條）；且得請警察人員電話或到庭陳述家庭暴力之事實，警察人員不得拒絕。（施行細則第12條）
5. 保護令之聲請得不記載聲請人或被害人之住居所，僅記載其送達處所。（第11條第2項）
6. 法院爲定管轄權，得調查被害人之住居所。如聲請人或被害人要求保密被害人之住居所，法院應以秘密方式訊問，將該筆錄及相關資料密封，並禁止閱覽。（第11條第3項）

㈤保護令之審理

1. 保護令之審理不公開。（第12條第1項）審理時，法院得依職權調查證據，必要時得隔別訊問。（第12條第2項）
2. 法院於審理終結前，得聽取直轄市、縣（市）主管機關或社會福利機構之意見。（第12條第3項）
3. 保護令事件不得進行調解或和解。（第12條第4項）
4. 法院不得以當事人間有其他案件偵查或訴訟繫屬爲由，延後核發保護令。（第12條第5項）

㈥命遷出被害人住所等保護令之效力

命相對人遷出被害人住居所或遠離被害人之保護令，不因被害人同意相對人不遷出或不遠離而失其效力。（第16條）

㈦保護令之發送及登錄

1. 保護令除家庭暴力防治法第十五條第三項情形外，應於核發後二十四小時內發送當事人、被害人、警察機關及直轄市、縣（市）主管機關。（第17條第1項）

2.直轄市、縣（市）主管機關應登錄各法院所核發之保護令，並隨時供法院、警察機關及其他政府機關查閱。（第17條第2項）

㈧保護令裁定之抗告、準用法律之規定

1.關於保護令之裁定，除有特別規定者外，得爲抗告。（第19條第1項）
2.保護令之程序，除家庭暴力防治法第二章民事保護令別有規定外，準用非訟事件法有關規定。（第19條第2項）非訟事件法未規定者，準用民事訴訟法有關規定。（第19條第3項）

㈨保護令之執行

1.保護令之執行由警察機關爲之。但關於金錢給付之保護令，得爲執行名義，向法院聲請強制執行。（第20條第1項）
2.警察機關應依保護令，保護被害人至被害人或相對人之住居所，確保其安全占有住居所、汽、機車或其他個人生活上、職業上或教育上必需品。（第20條第2項）
3.當事人或利害關係人對於警察機關執行保護令之內容有異議時，得於保護令失效前，向原核發保護令之法院聲明異議。（第20條第3項）
4.關於聲明異議之程序，準用強制執行法之規定。（第20條第4項）

㈩外國法院保護令之效力

1.外國法院關於家庭暴力之保護令，經聲請中華民國法院裁定承認後，得執行之。（第21條第1項）
2.當事人聲請法院承認之外國法院關於家庭暴力之保護令，有民事訴訟法第四〇二條第一款至第三款所列情形之一者，法院應駁回其聲請。（第21條第2項）
3.外國法院關於家庭暴力之保護令，其核發地國對於中華民國法院之保護令不予承認者，法院得駁回其聲請。（第21條第3項）

㈩通常保護令

1. **通常保護令之審理**：法院受理通常保護令之聲請後，除有不合法之情形逕予裁定駁回外，應即行審理程序。（第13條第1項）
2. **通常保護令之核發**：法院於審理終結後，認有家庭暴力之事實且有必要者，應依聲請或依職權核發包括下列一款或數款之通常保護令（第13條第2項）：
   (1)禁止相對人對於被害人或其特定家庭成員實施家庭暴力。
   (2)禁止相對人直接或間接對於被害人爲騷擾、通話、通信或其他非必要之聯絡行爲。
   (3)命相對人遷出被害人之住居所，必要時並得禁止相對人就該不動產爲處分行爲或爲其他假處分。
   (4)命相對人遠離下列場所特定距離：被害人之住居所、學校、工作場所或其他被害人或其特定家庭成員經常出入之特定場所。
   (5)定汽、機車及其他個人生活上、職業上或教育上必需品之使用權，必要時並得命交付之。
   (6)定暫時對未成年子女權利義務之行使或負擔由當事人之一方或雙方共同任之、行使或負擔之內容及方法，必要時得命交付子女。
   (7)定相對人對未成年子女會面交往之方式，必要時得禁止會面交往。
   (8)命相對人給付被害人住居所之租金或被害人及其未成年子女之扶養費。
   (9)命相對人交付被害人或特定家庭成員之醫療、輔導、庇護所或財物損害等費用。
   (10)命相對人完成加害人處遇計畫：戒癮治療、精神治療、心理輔導或其他治療、輔導。
   (11)命相對人負擔相當之律師費。
   (12)命其他保護被害人及其特定家庭成員之必要命令。
3. **通常保護令之效力**：
   (1)通常保護令之有效期間爲一年以下，自核發時起生效。（第

14條第1項)

(2)通常保護令失效前，當事人及被害人得聲請法院撤銷、變更或延長之。延長之期間爲一年以下，並以一次爲限。(第14條第2項)

(3)通常保護令之命令，於期間屆滿前經法院另爲裁判確定者，該命令失其效力。(第14條第3項)

㈦暫時保護令

1.暫時保護令之核發：

(1)法院爲保護被害人，得不經審理程序或於審理終結前，依聲請核發暫時保護令。(第15條第1項)

(2)法院核發暫時保護令時，得依聲請或依職權核發家庭暴力防治法第十三條第二項第一款至第六款及第十二款之命令。(第15條第2項)

(3)法院於受理家庭暴力防治法第十一條第一項但書之暫時保護令聲請後，依警察人員到庭或電話陳訴家庭暴力之事實，有正當理由足認被害人有受家庭暴力之急迫危險者，除有正當事由外，應於四小時內以書面核發暫時保護令，並得以電信傳眞或其他科技設備傳送暫時保護令予警察機關。(第15條第3項)

2.暫時保護令之效力：

(1)暫時保護令自核發時起生效，於法院審理終結核發通常保護令或駁回聲請人失其效力。(第15條第5項)

(2)暫時保護令失效前，法院得依當事人及被害人之聲請或依職權撤銷或變更之。(第15條第6項)

(3)聲請人於聲請通常保護令前聲請暫時保護令，其經法院准許核發者，視爲已有通常保護令之聲請。(第15條第4項)

㈧對被害人、證人出庭之保護措施

法院應提供被害人或證人安全出庭之環境與措施。(第18條)

三、刑事程序

㈠現行犯之處理

1. 警察人員發現家庭暴力罪或違反保護令罪之現行犯時，應逕行逮補之，並依刑事訴訟法第九十二條規定辦理。（第22條第1項）

   按：

   刑事訴訟法第九十二條無偵查犯罪權限之人逮補現行犯者，應即送交檢察官、司法警察官或司法警察。司法警察官或司法警察逮補或接受現行犯者，應即解送檢察官。對於第一項逮補現行犯之人，應詢其姓名、住居所及逮補之事由。

2. 雖非現行犯，但警察人員認其犯家庭暴力罪嫌疑重大，且有繼續侵害家庭成員生命、身體或自由之危險，而符合刑事訴訟法所定之逕行拘提要件者，應逕行拘提之。並即報請檢察官簽發拘票。如檢察官不簽發拘票時，應即將被拘提人釋放。（第22條第2項）

㈡未羈押被告應遵守之條件

家庭暴力罪或違反保護令罪之被告經檢察官或法院訊問後，認無羈押之必要，而逕命具保、責付、限制住居或釋放者，得附下列一款或數款條件命被告遵守（第23條第1項）：

1. 禁止實施家庭暴力行為。
2. 命遷出被害人之住居所。
3. 禁止對被害人為直接或間接之騷擾、接觸、通話或其他聯絡行為。
4. 其他保護被害人之事項。

檢察官或法院得依當事人之聲請或依職權撤銷或變更依上項規定所附之條件（第23條第2項）。

㈢違反第二十三條所附條件之效果

被告違反檢察官或法院依本法第二十三條第一項規定所附之條件者，檢察官或法院得命撤銷原處分，另爲適當之處分；如有繳納保證金者，並得沒入其保證金。（第24條第1項）前項情形，偵查中，檢察官得聲請法院羈押之；如在審判中，法院得命羈押之（第24條第2項）。

㈣準用事項之規定

第二十三條、第二十四條第一項之規定，於羈押中之被告，經法院裁定停止羈押者，準用之。（第25條第1項）停止羈押中之被告違反法院依前項規定所附之釋放條件者，法院於認有羈押必要時，得命再執行羈押。（第25條第2項）

㈤附條件處分或裁定之處理

檢察官或法院爲第二十三條第一項及第二十五條第一項之附條件處分或裁定時，應以書面爲之，並送達於被告及被害人。（第26條）

㈥警察人員發現被告違反附條件處分或裁定之處理

警察人員發現被告違反檢察官或法院依家庭暴力防治法第二十三條第一項、第二十五條第一項規定所附之條件者，應即報告檢察官或法院。第二十二條之規定於本條情形準用之。（第27條） 警察人員依本條規定報告時，應以書面爲之，並檢具事證及其他相關資料，但情況急迫者，得以言詞、電信傳眞或其他科技設備傳送之方式報告。(施行細則第13條）

㈦告訴人之委任

家庭暴力罪及違反保護令罪之告訴人得委任代理人到場。但檢察官或法院認爲必要時，得命本人到場。（第28條第1項）其委任代理人到場者，應提出委任書狀。(施行細則第14條）

㈧對智障或十六歲以下被害人之訊問或詰問

對智障被害人或十六歲以下被害人之訊問或詰問，得依聲請或依職權在法庭外爲之，或採取適當隔離措施。被害人於本項情形所爲之陳述，得爲證據。（第28條第2項）

㈨起訴書等書類之處理

對於家庭暴力罪或違反保護令罪案件所爲之起訴書、不起訴書、裁定書或判決書，應送達於被害人。（第29條）

㈩緩刑期間之保護管束

1. 犯家庭暴力罪或違反保護令罪而受緩刑之宣告者，在緩刑期內應付保護管束。（第30條第1項）法院爲前項之緩刑宣告時，應即通知被害人及其住居所所在地之警察機關。（第30條第3項）
2. 法院爲上項緩刑宣告時，得命被告於緩刑付保護管束期間內，遵守下列一款或數款事項（第30條第2項）：
   (1)禁止實施家庭暴力行爲。
   (2)命遷出被害人之住居所。
   (3)禁止對被害人爲直接或間接之騷擾、接觸、通話或其他聯絡行爲。
   (4)命接受加害人處遇計畫：戒癮治療、精神治療、心理輔導或其他治療、輔導。
   (5)其他保護人或其特定家庭成員安全或更生保護之事項。警察人員發現受保護管束人違反本項於保護管束期間應遵守之事項時，應檢具事證，報告受保護管束人所在地或其最後住所地之地方法院檢察署檢察官。(施行細則第15條）
3. 受保護管束人違反上項保護管束應遵守各款之事項情節重大者，撤銷其緩刑之宣告。（第30條第4項）
4. 第三十條之各項規定，於受刑人經假釋出獄付保護管束者，準用之。（第31條）

(十一)附條件處分或裁定之執行

檢察官或法院依家庭暴力防治法第二十三條第一項、第二十五條第一項、第三十條第二項或第三十一條規定所附之條件，得指揮司法警察執行之。（第32條）

(十二)受刑人之處遇計畫

1.有關政府機關應訂定並執行家庭暴力罪或違反保護令罪受刑人之處遇計畫。（第33條第1項）
上項處遇計畫由法務部會商行政院衛生署定之。(施行細則第16條）
2.處遇計畫之訂定及執行之相關人員應接受家庭暴力防治教育及訓練。（第33條第2項）

(十三)受刑人出獄日期或脫逃事實之通知

監獄長官應將家庭暴力罪或違反保護令罪受刑人預定出獄之日期或脫逃之事實通知被害人。但被害人之所在不明者，不在此限。（第34條）

四、父母子女與和解調解程序

㈠不適任監護人之推定

法院依法為未成年子女酌定或改定權利義務之行使或負擔之人時，對已發生家庭暴力者，推定由加害人行使或負擔權利義務不利於子女。（第35條）

㈡改定監護人或會面交往之裁判

法院依法為未成年子女酌定或改定權利義務之行使或負擔之人或會面交往之裁判後，發生家庭暴力者，法院得依被害人、未成年子女、主管機關、社會福利機構或其他利害關係人之請求為子女之最佳

利益改定之。（第36條）

㈢加害人與未成年子女會面交往時應遵守之命令

法院依法准許家庭暴力加害人會面交往其未成年子女時，應審酌子女及被害人之安全，並得為下列一款或數款命令（第37條第1項）：

1. 命於特定安全場所交付子女。
2. 命由第三人或機關團體監督會面交往，並得定會面交往時應遵守之事項。
3. 以加害人完成加害人處遇計畫或其他特定輔導為會面交往條件。
4. 命加害人負擔監督會面交往費用。
5. 禁止過夜會面交往。
6. 命加害人出具準時、安全交還子女之保證金。
7. 其他保護子女、被害人或其他家庭成員安全之條件。

法院如認有違背上項命令之情形，或准許會面交往無法確保被害人或其子女之安全者，得依聲請或依職權禁止之，如違背前項第六款命令，並得沒入保證金（第37條第2項）。法院於必要時，得命有關機關或有關人員保密被害人或子女住居所。（第37條第3項）

㈣會面交往處所之設立

各直轄市及縣（市）政府應設未成年子女會面交往處所或委託辦理。（第38條第1項）前項會面交往處所應有受過家庭暴力安全及防治訓練之人員，其設置辦法及監督會面交往與交付子女之程序由各直轄市及縣（市）主管機關另訂之。（第38條第2項）

㈤進行和解或調解之條件

法院於訴訟或調解程序中如認為有家庭暴力之情事時，不得進行和解或調解，但有下列情形之一者，不在此限（第39條）：

1. 行和解或調解之人曾受家庭暴力防治之訓練並以確保被害人安全之方式進行和解或調解。

2.准許被害人選定輔助人參與和解或調解。

3.其他行和解或調解之人認為能使被害人免受加害人脅迫之程序。

五、預防與治療

㈠警察人員處理家庭暴力案件應採取之保護措施

警察人員處理家庭暴力案件，必要時應採取下列方法保護被害人及防止家庭暴力之發生（第40條第1項）：

1.於法院核發家庭暴力防治法第十五條第三項之暫時保護令前，在被害人住居所守護或採取其他保護被害人及其家庭成員之必要安全措施。

2.保護被害人及其子女至庇護所或醫療處所。

3.保護被害人至被害人或相對人之住居所，確保其安全占有保護令所定個人生活上、職業上或教育上之必需品。

4.告知被害人其得行使之權利、救濟途徑及服務措施。

警察人員處理家庭暴力案件，應製作書面紀錄，其格式由中央警政主管機關訂之。（第40條第2項）

㈡建立家庭暴力防治責任通報制度

1.醫事人員、社工人員、臨床心理人員、教育人員、保育人員、警察人員及其他執行家庭暴力防治人員，在執行職務時知有家庭暴力之犯罪嫌疑者，應通報當地主管機關。（第41條第1項）其通報方式及內容由中央主管機關定之。(施行細則第17條） 前項相關人員知有家庭暴力之犯罪嫌疑者通報當地主管機關時，其通報人之身分資料應予保密。（第41條第2項）

2.主管機關接獲通報後，必要時得自行或委託其他機關或防治暴力有關機構、團體進行訪視、調查。（第41條第3項）

3.主管機關或受委託之機關、機構或團體進行訪視、調查時，得請求警察、醫療、學校或其他相關機關或機構協助，被請求之

機關或機構應予配合。（第41條第4項）

㈢醫療院所之義務

醫院、診所對於家庭暴力之被害人，不得無故拒絕診療及開立驗傷診斷書。（第42條）

㈣衛生教育宣導計畫之擬定及推廣

衛生主管機關應擬定及推展有關家庭暴力防治之衛生教育宣導計畫。（第43條）

㈤被害人權益、救濟及服務等書面資料之製作

直轄市及縣（市）政府應製作家庭暴力被害人權益、救濟及服務之書面資料，以供被害人取閱，並提供執業醫師、醫療機構及警察機關使用（第41條第1項）；惟其資料不得記明庇護所之住址。（第41條第3項）

醫師在執行業務時，知悉其病人爲家庭暴力被害人時，應將上項資料交付病人。（第41條第2項）

㈥加害人處遇計畫規範

中央衛生主管機關應訂定家庭暴力加害人處遇計畫規範，其內容包括下列各項（第45條）：

1. 處遇計畫之評估標準。
2. 司法機關、家庭暴力被害人保護計畫之執行機關（構）、加害人處遇計畫之執行機關（構）間之聯繫及評估制度。
3. 執行機關（構）之資格。

㈦加害人處遇計畫執行機關（構）之得為事項

加害人處遇計畫之執行機關（構）得爲下列事項（第46條第1項）：

1. 將加害人接受處遇情事告知被害人及其辯護人。
2. 調查加害人在其他機構之處遇資料。

3.將加害人之資料告知司法機關、監獄監務委員會、家庭暴力防治中心及其他有關機構。

加害人處遇計畫之執行機關（構）應將加害人之恐嚇、施暴、不遵守計畫等行爲告知相關機關。（第46條第2項）

㈧防治家庭暴力相關資料之提供

直轄市、縣（市）政府應提供醫療機構及戶政機關家庭暴力防治之相關資料，俾醫療機構及戶政機關將該相關資料提供新生兒之父母、住院未成年人之父母、辦理結婚登記之新婚夫妻及辦理出生登記之人。（第47條第1項）

上項資料內容應包括家庭暴力對於子女及家庭之影響及家庭暴力之防治服務。（第47條第2項）

㈨各業務主管機關相關人員之在職教育

1.社會行政主管機關應辦理社工人員及保育人員防治家庭暴力之在職教育。（第48條第1項）
2.警政主管機關應辦理警察人員防治家庭暴力之在職教育。（第48條第2項）
3.司法院及法務部應辦理相關司法人員防治家庭暴力之在職教育。（第48條第3項）
4.衛生主管機關應辦理或督促醫療團體辦理醫護人員防治家庭暴力之在職教育。（第48條第4項）
5.教育主管機關應辦理學校之輔導人員、行政人員、教師及學生防治家庭暴力之在職教育及學校教育。（第48條第5項）

㈩家庭暴力防治課程

各級中小學每學年應有家庭暴力防治課程。（第49條）

六、罰則

㈠違反保護令罪之處罰

違反法院對家庭暴力防治法第十三條、第十五條所爲之下列裁定者，爲家庭暴力防治法所稱之違反保護令罪，處三年以下有期徒刑、拘役或科或併科新台幣十萬元以下罰金（第50條）：

1. 禁止實施家庭暴力行爲。
2. 禁止直接或間接之騷擾、接觸、通話或其他聯絡行爲。
3. 命遷出住居所。
4. 遠離住居所、工作場所、學校或其他特定場所。
5. 命完成加害人處遇計畫：戒癮治療、精神治療、心理輔導或其他治療、輔導。

㈡違反通報義務之處罰

違反家庭暴力防治法第四十一條第一項規定者，處新台幣六千元以上三萬元以下罰鍰。但醫事人員爲避免被害人身體緊急危難而違反者，不罰。（第51條第1項）

㈢違反診療義務之處罰

違反家庭暴力防治法第四十二條之規定者，處新台幣六千元以上三萬元以下罰鍰。（第51條第2項）

七、附則

㈠警察機關執行保護令及處理家庭暴力案件辦法之制定

此項辦法由中央主管機關定之。（第52條）

㈡施行細則

本法施行細則，由中央主管機關定之（第53條）。

㈢施行日期

本法自公布日施行（第54條第1項）；第二章至第四章、第五章第四十條、第四十一條、第六章自公布後一年施行。（第54條）

參、析評與展望

一、家庭暴力防治法之子法及重要之相關規定

家庭暴力防治法除本法外，應尚包括下列授權訂定之相關子法及因應業務需要訂定之相關規定：

1.家庭暴力防治法施行細則。（第53條）

2.家庭暴力資料建立管理及使用辦法。（第5條第2項）

3.家庭暴力加害人處遇計畫規範。（第45條）

4.警察機關執行保護令及處理家庭暴力案件辦法。（第52條）

5.（縣市全銜）辦理家庭暴力事件未成年子女會面交往與交付處所安置辦法。（第38條）

6.（縣市全銜）辦理家庭暴力事件未成年子女會面與交付處理程序。（範例）

7.全國家庭暴力資料作業規定。

8.法院辦理家庭暴力案件應行注意事項。

9.檢察機關辦理家庭暴力案件注意事項。

10.緊急性暫時保護令聲請及聯繫作業程序。

家庭暴力防治工作在沒有專用法律規範前，內政部將之列為特殊婦女服務範疇之一，輔導各地方政府社政單位個別設置專線以作為呼援聯繫之管道，提供遭受家暴婦女緊急庇護所、暫時安全處所、心理

輔導、法律諮詢、保護安置、生活扶助等；由於各地方政府資源不一，故其服務也欠缺統一標準；至於司法與警察體系對於類似暴力事件之處理，大多抱持勸和不勸離的觀念，鮮以積極的態度以公權力介入。

二、家庭暴力防治法之特色

本法公布施行後，象徵著法律已爲家庭暴力之被害人開啓關切、保護之門，將家庭內之暴力行爲界定爲犯罪行爲，引進美國保護令制度，使被害人得到更多的實質協助，一掃過去受害者除非認命，否則只好選擇逃離家庭之陰霾。綜觀本法對於家庭暴力防治工作之推動應具有下列特色。

(一)明定設置家庭暴力防治專責機關或單位

第五條規定：內政部應設立家庭暴力防治委員會，負責掌理：(1)研擬家庭暴力防治法規及政策，(2)協調、督導、考核家庭暴力防治工作之執行，(3)提高家庭暴力防治有關機構之服務效能，(4)提供大眾家庭暴力防治教育，(5)協調被害人保護計畫與加害人處遇計畫，(6)協助公、私立機構建立家庭暴力處理程序及推展家庭暴力防治教育，(7)統籌家庭暴力之整體資料，提供機關及人員參酌，(8)協助地方政府推動家庭暴力防治業務。另第八條規定：地方政府應各設立家庭暴力防治中心，並結合警政、教育、衛生、社政、戶政、司法等相關單位，辦理下列措施，以保護被害人之權益，並防止家庭暴力事件之發生：(1)二十四小時電話專線，(2)被害人之心理輔導、職業輔導、住宅輔導、緊急安置與法律扶助，(3)給予被害人二十四小時緊急救援、協助診療、驗傷及取得證據，(4)加害人追蹤輔導之轉介，(5)被害人與加害人身心治療之轉介，(6)推廣各種教育、訓練與宣傳，(7)其他與家庭暴力有關之措施。從上所述，本法不但規定各級政府均應設置家庭暴力防治專責機關或單位，且明文規定各專責機關或單位應有之職掌，自此以後，公權力已開始介入家庭暴力防治工作。

㈡擴大界定家庭暴力罪及家庭成員之定義

第二條規定：家庭成員間實施身體或精神上不法侵害之行爲均構成家庭暴力罪；又任何打擾、警告、嘲弄或辱罵他人之言語、動作或製造使人心生畏怖情境之行爲稱之爲騷擾，亦爲法律所禁止。由此足以看出，本法明定除實施身體侵害之行爲爲家庭暴力罪外，即使是精神上之侵害行爲，亦可依法律規定訴求予以禁止。另第三條規定：凡(1)配偶或前配偶，(2)現有或曾有事實上之夫妻關係、家長家屬或家屬間關係者，(3)現爲或曾爲直系血親或直系姻親，(4)現爲或曾爲四親等以內之旁系血親或旁系姻親等均稱爲家庭成員，其界定範圍顯比過去僅以實質婚姻關係爲主大幅擴大。

㈢明定建立保護令制度

保護令應是家庭暴力事件被害人的護身符，遭受暴力的被害人可以申請保護令藉以保護其人身安全。依第十三條規定：保護令內容包括：禁止實施暴力、禁止聯絡騷擾、強制遷出、強制遠離、定必需品之使用權、定未成年子女權利義務之行使及負擔方式、定未成年子女會面交往方式、命給付租金及扶養費、命交付醫療、輔導、庇護所及財物損害費用、命完成加害人處遇計畫、命負擔相當律師費及命其他保護之必要命令等。

㈣明定警察應扮演家庭暴力守護神的角色

第二十條規定：保護令之執行由警察機關爲之。第二十二條又規定：警察人員發現家庭暴力罪或違反保護令罪之現行犯時，應逕行逮補之，並依刑事訴訟法第九十二條規定辦理。足見，警察是家庭暴力罪的第一線處理者，務須有效扮演家庭暴力守護神的角色。由於以上規定，內政部特發布「警察機關執行保護及處理家庭暴力案件辦法」；警政署更訂頒「警察機關防治家庭暴力工作手冊」，明文要求警察人員應本主動、積極、關切之態度，協助被害人及其家庭成員防止可能之危害，並保護被害人之權益。

㈤明定防範加害人報復行為之發生

第三十條規定：犯家庭暴力罪或違反保護令罪而受緩刑之宣告者，在緩刑期內應付保護管束。本條第二項並規定：法院爲緩刑宣告時，得命被告於緩刑付保護管束期間內，遵守下列一款或數款事項：(1)禁止實施家庭暴力行爲，(2)命遷出被害人之住居所，(3)禁止對被害人爲騷擾、接觸、通話或其他聯絡行爲，(4)命接受加害人處遇計畫，(5)其他保護人或其特定家庭成員之安全。受保護管束人如違反前述保護管束事項情節重大者，撤銷其緩刑之宣告；此等規定，旨在以法律介入防範加害人報復行爲之發生。

㈥明定建立未成年子女會面交往與交付之機制

第十三條規定：法院可於核發保護令時，裁定加害人對未成年子女會面交往之方式，必要時並得禁止會面交往。第三十七條又規定：法院依法准許家庭暴力加害人會面交往其未成年子女時，應審酌子女及被害人之安全，爲下列一項或數項命令：(1)命於特定安全場所交付子女，(2)命由第三人或機關團體監督會面交往，(3)以加害人完成處遇計畫爲會面交往條件，(4)命加害人負擔監督會面交往費用，(5)禁止過夜會面交往，(6)命加害人出具準時、安全交還子女之保證金，(7)其他保護安全之條件。另第三十八條亦規定：各直轄市及縣（市）政府應設未成年子女交往處所或委託辦理。並訂定設置辦法及監督會面交往與交付子女之程序。以上等等，主要在於防止加害人與未成年子女會面交往衍生事端，亦爲國內創建未成年子女會面交往之機制。

㈦明定家庭暴力加害人應接受處遇計畫

第十三條規定：法院於核發保護令時，可命相對人完成加害人處遇計畫；又第三十條規定：對犯家庭暴力罪或違反保護令罪受緩刑之宣告者，法院亦可命被告於緩刑付保護管束期間內遵守接受處遇計畫之裁定。蓋處遇計畫之內容包括：戒癮治療、精神治療、心理輔導或其他治療、輔導。以上規定主要乃爲因應家庭暴力行爲之重複性與循環性，以及加害人對暴力行爲無法自我控制的特性；命加害人接受處

遇計畫旨在希望加害人透過各項治療與輔導，能夠徹底改過自新。

㈧明定加強家庭暴力犯罪行為的教育與宣導

第四十九條規定：各級中小學每學年應有家庭暴力防治課程；其主要目的是希望透過正規之教育系統，將家庭暴力防治教育往下紮根。又第四十七條規定：直轄市、縣（市）政府應提供醫療機構及戶政機關家庭暴力防治之相關資料，俾醫療機構及戶政機關將該等資料提供前往就診或洽公之民眾；其目的亦是期使民眾藉以體認家庭暴力對子女及家庭之影響，並瞭解有關家庭暴力之防治服務。

三、家庭暴力防治政策之展望

本法之立法固然具有上述多項特色，惟自實施以來獲悉的種種反應，展望未來仍有部分重點工作，有待加緊努力。

㈠加速檢討研修家庭暴力防治法

家庭暴力防治法自八十七年六月二十四日公布施行迄今已逾五年，其第二章至第四章有關民事保護令、刑事程序、父母子女與和解調解等相關規定雖於一年後實施，迄今亦已逾四年。內政部於保護令實施一個月後曾召開「保護令制度研討會」，共蒐集七十多個問題與建議，足見這項仿照國外之開創性工作，仍有一些棘手之困難問題有待協商解決。尤其九十二年五月二日大法官第五九九號解釋指出：警察機關應如何執行關於家暴法第十三條「人身處置」的保護令，家暴法欠缺執行程序、方法的規定，有關機關應速修法；而於完成修法前，警察可準用「行政執行法」執行保護令，填補現行無法可循的漏洞。因此，如何針對各項法律層面之問題，洽請各相機關提出修法意見及具體條文，並成立專案小組，彙整各單位提出之建議，綜合研討提出修法方向，實乃家庭暴力防治工作有效推展之急切要務。

㈡健全家庭暴力防治組織架構

目前各地方政府均依規定將家庭暴力防治中心與性侵害防治中心

合併設立，中央應加強輔導、協助地方政府調整家庭暴力防治中心組織，建立國內家庭暴力防治專業人力標準，使地方政府爭取人力與經費有所依據。另由於家庭暴力之被害人一般均處於亟需保護扶助狀態，保護令之聲請亦須專業法律知識；爲使被害人能於各地方法院內得到適當之訴訟扶助、輔導、轉介等服務，中央應積極爭取讓地方政府得於地方法院內設置被害人服務處，使社工或輔導人員得於地方法院內提供被害人各種相關之服務。

㈢加強家暴被害人保護扶助服務

各地方政府依本法第八條規定設立之家庭暴力防治中心，其主要任務旨在於被害人之保護扶助。尤其自從內政部將家庭暴力防治、性侵害防治及兒少保護等專線電話統合爲「一一三」之後，由於號碼易記，在被害人容易求援、也願意求援的情況下，求援個案勢必逐漸增加，於專業服務品質的提昇，就越形重要；諸如：如何運用個案管理方法，因應外籍新娘、男性被害人等個案特性，擬具個案服務計畫；又如何仿照兒童輔導模式，研擬未成年子女會面交往處所之普設等；均應逐一規劃，落實實施。

㈣建立家暴專業人員培訓制度

家庭暴力防治無論是暴力犯罪預防、被害人保護扶助及加害人治療輔導，在國內均屬新創業務；惟國內大學院校相關科系並未開設相關課程，以致負責家庭暴力防治的第一線工作人員幾乎均未受過養成教育，對家暴業務之推動難免感到心餘力絀，有志難伸。因此，如何規劃「家庭暴力防治專業人員培訓計畫」，擬訂短、中、長程目標，編列專案經費，建立有系統之專業培訓制度，加強辦理在職人員訓練，培養本土化的家庭暴力防治專業人才，刻不容緩。尤可由內政部洽請教育部轉洽大學院校相關科系開設相關課程，以期經養成教育著手，培養家暴業務之專才。

㈤擴大家庭暴力防治宣導

雖家暴法已經公布施行五年，惟相信仍有許多潛在性家庭暴力被

害人尚不知依法透過正當管道向外求援，致形成家庭暴力犯罪的黑數。基此，如何規劃擬定有計畫、有步驟、有目標的宣導方案，設計淺顯易懂的宣導內容，以多元化、普及化的宣導模式，透過民政系統的村里幹事、村里民大會，農業系統的農會，社政系統的民間團體，教育系統的各級學校，辦理系列宣導活動，俾能廣收宣導效果，讓家暴的被害人能獲知管道及時求援，實乃不容等待之要務。

㈥廣結民間資源參與家暴工作

社會福利工作單憑政府力量，絕對力不從心，尤其家暴防治工作更是如此。爲有效解決政府人力及經費不足的困境，並求政府與民間協力發揮整體服務之效能；各地方政府應積極整合民間社福機構，開發具有潛力的社團及財團，以公設民營或委託辦理的方式，致力推動家庭暴力防治工作；以期透過政府與民間機構、團體的合作模式，共同建構完整的家庭暴力防治網絡。

肆、結語

綜研，家庭暴力防治法自公布施行至今，已逾四年至五年，唯其實施成效似仍尚欠彰顯；究其癥結，乃在於此項業務係自國外引進的開創性工作，相關業務單位及人員對此新興工作因缺乏經驗均感相當陌生，可說一切都還在摸索、學習當中，以致努力有餘，成效不足。不過，其更重要的原因應有下列幾項：

㈠家庭暴力防治組織體系不夠健全

自家暴法公布施行後，各直轄市、縣（市）政府雖均遵照規定陸續與性侵害防治中心合併成立家庭暴力防治中心，由直轄市、縣（市）首長擔任主任，副首長及主任秘書分別擔任副主任，社會局長擔任執行秘書，警察局長、衛生局長、教育局長擔任秘書，看起來組織架構洋洋灑灑、浩浩蕩蕩；但事實上每一個職位均係兼職，連防治中心亦係任務編組，所有工作人員大都均由相關單位調兼；所有調兼人員，

其本單位之業務均已忙得不可開交，更遑論騰出多少時間兼顧家暴業務；在這種組體系不夠健全的情況下，怎能期待其發揮多少功能？

㈡家庭暴力防治專業人力嚴重缺乏

家暴問題經緯萬端，錯綜複雜，牽涉的層面至為廣泛，諸如：感情、外遇、子女、經濟、財產、血緣關係、家庭互助等等問題比比皆是；類似此種難以解決的家務事，要想憑藉法律規定以公權力介入謀求解決，的確不太容易。面對這些高難度的問題，第一線的警政、社政人員因缺乏足夠的專業訓練，試圖妥善因應，圓滿協處，事實上，確有心有餘而力不足的無限感觸；再加上家暴中心就連一般未具專業背景的專職人力也僅寥寥無幾，在這種既無專責人力，更缺專業人員的情況下，要其有效應付高專業性的新創業務，其成效如何？可想而知。

㈢家庭暴力防治推動經費捉襟見肘

家暴防治工作係屬新創業務，如無足夠的經費予以推動，相信其成效必定事倍功半。況且目前各地方政府之家暴防治中心均係與性侵害防治中心合併設立的任務編組單位，在地方政府組織體系中，既非重要地位，更非受重視的單位，要想寬列預算推動業務，必定相當困難。另由於各中心之人力嚴重不足，在經費、人力同感缺乏的情況下，為免家暴案件遞增，疲於應付；地方政府大都均不願意擴大宣導，以免增加業務負擔自找麻煩；如此勢必使得公權力加持的保護令形同一紙公文，非但難以對被害人發揮實質的保護功效，甚至反而讓加害人無所畏懼，藉機造成對被害人的二次或多次傷害；導致民眾對政府行使公權力的信心喪失殆盡。

由於社會急遽變遷，家庭功能式微，只要翻開報紙、打開電視或收聽廣播，毆妻、兒虐、婚姻暴力、遺棄老人等家暴事件，幾乎每天都在上演，而且愈演愈烈。家暴事件之所以會如此囂張，乃肇因於人們：家醜不可外揚、反正是家務事誰管、能忍則忍等等不當、不正確的迷思所致；尤其社會上充斥著彼此「漠不關心」的心態，更是使整個社會日漸沈淪的主因。

依內政部家庭暴力暨性侵害防治委員會九十一年十二月卅一日統計資料顯示，八十九年度家暴事件：(1)受理通報：二八、二二四件，(2)聲請保護令：一〇、三九九件，(3)核發保護令：七、〇三八件；九十年度：(1)受理通報：三四、三四八件，(2)聲請保護令：一三、一九七件，(3)核發保護令：八、四〇三件；九十一年度：(1)受理通報：三六、一二〇件，(2)聲請保護令：一四、六九四件，(3)核發保護令：九、三一一件。從以上數據可以看出二個重要的現象：(1)家暴事件確有逐年增加的趨勢，(2)家暴事件聲請保護令的比率均未達受理通報的半數，就八十九年度至九十一年度三年而言，八十九年度聲請保護令之件數僅佔受理通報件數百分之三六．八四，九十年度百分之三八．四二，九十一年度百分之四〇．六八；可見家庭暴力確爲犯罪黑數很高的犯罪行爲。

總之，家庭暴力防治工作確實是件高難度、高專業的新興工作，任何一項新政的推動貴在需要新觀念、新方法、新作爲，尤其更需要新人；對於這種跨科際整合的家暴防治工作，實有賴中央與地方、政府與民間、實務與學界、家庭與社會發揮團隊精神，整合資源，通力合作，始能展現顯著的成效。目前推動的工作雖仍未盡完善，這應代表整體工作仍有許多改進與成長的空間；相信未來在大家共同努力下，對於家庭暴力防治法爲促進家庭和諧，防治家庭暴力行爲及保護被害人權益之立法精神及目標，應可早日紮根實現。

第九章　性騷擾防治法

壹、前言

性騷擾問題是一個自古存在的問題，目前仍普遍存在於職場、校園及公共場所，且由於民心不古、世風日下而有愈演愈烈的趨向；其普遍性與嚴重性已日漸受到重視。性騷擾問題對於受害者所造成的壓力和傷害，往往超出一般人的想像；根據研究發現，約有百分之九十的人，在遭受性騷擾後，會出現「壓力創傷症候群」，受害者常常會有頭痛、胃痛、睡眠失調、疲累、恐慌、緊張等生理症狀；另約有百分之七十五的受害者，因性騷擾的打擊，而影響到她們的工作表現與生涯發展。

鑑於性騷擾問題嚴重地威脅著人民的工作權、身體自主權、經濟安全權與學生受教權，但目前除了兩性工作平等法中有少數條文約束職場性騷擾，及學校設立申訴管道外，並無有關性騷擾防治之專門立法。從世界各國對於性騷擾之立法趨勢來看，性騷擾條款已從性別歧視之概念獨立出來，其本質已是人身安全問題，而非兩性平權問題，其規範之範圍宜擴張至職場以外之場所。就美國而言，其州的法律對於性騷擾之保護範圍，並不限於工作場所，對於教育及訓練場所亦多設有保護規定，至於其他場所亦不乏設有相關保護條款。除美國外，有些國家較新制定之法律，亦均將其對於性騷擾之保護範圍擴張及於職場以外之場所。例如：菲律賓於一九九五年制定之第七八七七號共和國法（Republic Act No.7877）明定：在工作、教育、訓練場所所爲之性騷擾係不法行爲。事實上，性騷擾不僅存在於工作場所中，在教育場所、訓練場所、監獄、家庭及其他有不平等權力關係存在的場所，均可能會有嚴重的性騷擾問題產生，亟應適時得到法律之保護。

我國兩性工作平等法中雖有關於性騷擾之規定，但其保護對象僅限於職場之受害者，另性別平等教育法雖亦有關於性騷擾之規定，然其保護對象亦僅限於校園之受害者，而且兩法均僅有民事賠償及行政責任之規定，難以提供有效之防治途徑。基此，制定一部包含範圍較爲廣泛之獨立「性騷擾防治法」，將各種場所所發生之性騷擾訂定獨立

之防治法規，不僅可以順應性騷擾之立法潮流，而且可以對於各種場所所發生之性騷擾因時因地制定妥適之防範措施，以收整體防治之效；進而有助於不良社會風氣之匡正。

貳、法案內涵

性騷擾防治法（Sexual Disturbance Prevention Act）全文計有六章二十八條，第一章總則，第二章性騷擾之防治與責任，第三章申訴及調查程序，第四章調解程序，第五章罰則，第六章附則。另性騷擾防治法施行細則計有八條，茲將兩法案的全部內涵綜合予以詳述解說於后。

一、總則

㈠目的

性騷擾防治法之制定係爲防治性騷擾及保護被害人之權益。（第1條第1項）

有關性騷擾之定義及性騷擾事件之處理及防治，依性騷擾防治法之規定，該法未規定者，適用其他法律。但適用兩性工作平等法及性別平等教育法者，除第十二條、第二十四條及第二十五條外，不適用該法之規定。

㈡定義

1.性騷擾防治法所稱性騷擾，係指性侵害犯罪以外，對他人實施違反其意願而與性或性別有關之行爲，且有下列情形之一者。（第2條）

(1)以該他人順服或拒絕該行爲，作爲其獲得、喪失或減損與工作、教育、訓練、服務、計畫、活動有關權益之條件。

(2)以展示或播送文字、圖畫、聲音、影像或其他物品之方式，

或以歧視、侮辱之言行，或以他法，而有損害他人人格尊嚴，或造成使人心生畏怖、感受敵意或冒犯之情境，或不當影響其工作、教育、訓練、服務、計畫、活動或正常生活之進行。

至於性騷擾之認定，應就個案審酌事件發生之背景、環境、當事人之關係、行為人之言詞、行為及相對人之認知等具體事實為之。（施行細則第2條）又此處所稱性侵害犯罪，指性侵害犯罪防治法第二條所定之犯罪。（施行細則第3條）

2. 性騷擾防治法所稱公務員、機關、部隊、學校、機構者，分別定義如下。（第3條）

(1)所稱公務員者，指依法令從事於公務之人員。

(2)所稱機關者，指政府機關。

(3)所稱部隊者，指國防部所屬軍隊及學校。

(4)所稱學校者，指公私立各級學校。

(5)所稱機構者，指法人、合夥、設有代表人或管理人之非法人團體及其他組織。

(三)主管機關

性騷擾防治法所稱主管機關：在中央為內政部；在直轄市為直轄市政府；在縣（市）為縣（市）政府。（第4條）

(四)中央主管機關之職掌

中央主管機關辦理下列事項，但涉及各中央目的事業主管機關職掌者，由各中央目的事業主管機關辦理。（第5條）

1. 關於性騷擾防治政策、法規之研擬及審議事項。
2. 關於協調、督導及考核各級政府性騷擾防治之執行事項。
3. 關於地方主管機關設立性騷擾事件處理程序、諮詢、醫療及服務網絡之督導事項。
4. 關於推展性騷擾防治教育及宣導事項。
5. 關於性騷擾防治績效優良之機關、學校、機構、僱用人、團體或個人之獎勵事項。

6.關於性騷擾事件各項資料之彙整及統計事項。

7.關於性騷擾防治趨勢及有關問題研究之事項。

8.關於性騷擾防治之其他事項。

㈤直轄市、縣（市）政府性騷擾防治委員會之職掌

直轄市、縣（市）政府應設性騷擾防治委員會，辦理下列事項。但涉及各直轄市、縣（市）目的事業主管機關職掌者，由各直轄市、縣（市）目的事業主管機關辦理。（第6條第1項）

1.關於性騷擾防治政策及法規之擬定事項。

2.關於協調、督導及執行性騷擾防治事項。

3.關於性騷擾爭議案件之調查、調解及移送有關機關事項。

4.關於推展性騷擾防治教育訓練及宣導事項。

5.關於性騷擾事件各項資料之彙整及統計事項。

6.關於性騷擾防治之其他事項。

㈥直轄市、縣（市）政府性騷擾防治委員會之組織

性騷擾防治委員會置主任委員一人，由直轄市市長、縣（市）長或副首長兼任；有關機關高級職員、社會公正人士、民間團體代表、學者、專家為委員；其中社會公正人士、民間團體代表、學者、專家人數不得少於二分之一；其中女性代表不得少於二分之一；其組織由地方主管機關定之。（第6條第2項）

二、性騷擾之防治與責任

㈠性騷擾之防治措施

1.**糾正及補救**：機關、部隊、學校、機構或僱用人，應防治性騷擾行為之發生。於知悉有性騷擾之情形時，應採取立即有效之糾正及補救措施。（第7條第1項）惟其執行時應注意下列事項（施行細則第4條）：

(1)保護被害人權益及隱私。

(2)對所屬場域空間安全之維護或改善。

(3)對行為人之懲處。

(4)其他防治及改善措施。

2. **申訴管道及防治措施**：前項組織成員、受僱人或受服務人員人數達十人以上者，應設立申訴管道協調處理；其人數達三十人以上者，應訂定性騷擾防治措施，並公開揭示之。（第7條第2項）本規定關於人數之計算，包括分支機構及附屬單位，並依被害人申訴當月第一個工作日之總人數計算。至於受服務人員，指到達該機關、部隊、學校、機構或僱用人之處所受服務，且非組織成員或受僱人者。（施行細則第5條）

3. **性騷擾防治準則之訂定**：為預防與處理性騷擾事件，中央主管機關應訂定性騷擾防治之準則；其內容應包括性騷擾防治原則、申訴管道、懲處辦法、教育訓練方案及其他相關措施。（第7條第3項）

4. **教育訓練**：前條所定機關、部隊、學校、機構或僱用人應定期舉辦或鼓勵所屬人員參與防治性騷擾之相關教育訓練。（第8條）

㈡性騷擾之責任交付

1. **對他人為性騷擾之責任**：對他人為性騷擾者，負損害賠償責任。（第9條第1項）前項情形，雖非財產上之損害，亦得請求賠償相當之金額，其名譽被侵害者，並得請求回復名譽之適當處分。（第9條第2項）

2. **對處理性騷擾事件不當差別待遇之禁止**：機關、部隊、學校、機構、僱用人對於在性騷擾事件申訴、調查、偵查或審理程序中，為申訴、告訴、告發、提起訴訟、作證、提供協助或其他參與行為之人，不得為不當之差別待遇。（第10條第1項）違反前項規定者，負損害賠償責任。（第10條第2項）

3. **雇主、機構應提供之協助**：受僱人、機構負責人利用執行職務之便，對他人為性騷擾，依第九條第二項對被害人為回復名譽之適當處分時，雇主、機構應提供適當之協助。（第11條第1

項）

4.**學校或教育訓練機構應提供之協助**：學生、接受教育或訓練之人員於學校、教育或訓練機構接受教育或訓練時，對他人為性騷擾，依第九條第二項對被害人為回復名譽之適當處分時，學校或教育訓練機構應提供適當之協助。（第11條第2項）

5.**被害人姓名及相關資訊之保護**：廣告物、出版品、廣播、電視、電子訊號、電腦網路或其他媒體，不得報導或記載被害人之姓名或其他足資識別被害人身分之資訊。但經有行為能力之被害人同意或犯罪偵查機關依法認為有必要者，不在此限。（第12條）

三、申訴及調查程序

㈠性騷擾事件之申訴

1.**申訴**：性騷擾事件被害人除可依相關法律請求協助外，並得於事件發生後一年內，向加害人所屬機關、部隊、學校、機構、僱用人或直轄市、縣（市）主管機關提出申訴。（第13條第1項）

2.**再申訴**：機關、部隊、學校、機構或僱用人逾期未完成調查或當事人不服其調查結果者，當事人得於期限屆滿或調查結果通知到達之次日起三十日內，向直轄市、縣（市）主管機關提出再申訴。（第13條第5項）

3.**不予受理之事件**：當事人逾期提出申訴或再申訴時，直轄市、縣（市）主管機關得不予受理。（第13條第6項）

4.**請求警察機關協助**：機關、部隊、學校、機構、僱用人或直轄市、縣（市）主管機關調查性騷擾申訴、再申訴案件，必要時，得請求警察機關協助。（施行細則第6條）

㈡性騷擾事件之調查

1.**申訴案件之移送**：直轄市、縣（市）主管機關受理申訴後，應

即將該案件移送加害人所屬機關、部隊、學校、機構或僱用人調查，並予錄案列管；加害人不明或不知有無所屬機關、部隊、學校、機構或僱用人時，應移請事件發生地警察機關調查。（第13條第2項）

2. **調查完成之時間**：機關、部隊、學校、機構或僱用人，應於申訴或移送到達之日起七日內開始調查，並應於二個月內調查完成；必要時，得延長一個月，並應通知當事人。（第13條第3項）

3. **調查結果之通知**：前項調查結果應以書面通知當事人及直轄市、縣（市）主管機關。（第13條第4項）

4. **再申訴案件之調查**：直轄市、縣（市）主管機關受理性騷擾再申訴案件後，性騷擾防治委員會主任委員應於七日內指派委員三人至五人組成調查小組，並推選一人為小組召集人，進行調查。並依前條第三項及第四項規定辦理。（第14條）

5. **停止處理**：性騷擾事件已進入偵查或審判程序者，直轄市或縣（市）性騷擾防治委員會認有必要時，得議決於該程序終結前，停止該事件之處理。（第15條）

四、調解程序

㈠申請調解之方式

性騷擾事件雙方當事人得以書面或言詞向直轄市、縣（市）主管機關申請調解；其以言詞申請者，應製作筆錄。（第16條第1項）前項申請應表明調解事由及爭議情形。（第16條第2項）

㈡調解辦法

有關第一項調解案件之管轄、調解案件保密、規定期日不到場之效力、請求有關機關協助等事項，由中央主管機關另以辦法定之。（第16條第3項）

㈢調解費用

調解除勘驗費，應由當事人核實支付外，不得收取任何費用或報酬。（第17條）

㈣調解成立

調解成立者，應作成調解書。（第18條第1項）前項調解書之作成及效力，準用鄉鎮市調解條例第二十八條至第三十二條之規定。（第18條第2項）

按：鄉鎮市調解條例第二十八條至第三十二條分別規定為：

1. **第二十八條（法院核定之效力（一））**：民事事件已繫屬於法院，在判決確定前，調解成立，並經法院核定者，視為於調解成立時撤回起訴。
   刑事事件於偵查中或第一審法院辯論終結前，調解成立，經法院核定，並經當事人同意撤回者，視為於調解成立時撤回告訴或自訴。
2. **第二十九條（法院核定之效力（二））**：經法院核定之民事調解有無效或得撤銷之原因者，當事人得向原核定法院提起宣告調解無效或撤銷調解之訴。
   前項訴訟，當事人應於法院核定之調解書送達後三十日內提起之。
3. **第三十條（調解不成立之證明書）**：調解不成立者，當事人得申請調解委員會給與調解不成立之證明書。
   前項證明書應於聲請後7日內發給之。
4. **第三十一條（視為告訴）**：告訴乃論之刑事事件，經調解不成立者，鄉、鎮、市公所依被害人向調解委員會提出之聲請，將調解事件移請該管檢察官偵查，並視為於聲請調解時已經告訴。
5. **第三十二條（半年調解狀況）**：鄉、鎮、市公所應於每年一月及七月，將前半年辦理調解業務之概況，分別報請縣（市）政府，地方法院檢察處或地方法院分院檢察處備查，並函知管轄

地方法院或其分院。

㈤調解不成立

調解不成立者，當事人得向該管地方政府性騷擾防治委員會申請將調解事件移送該管司法機關；其第一審裁判費暫免徵收。（第19條）

五、罰則

㈠對他人為性騷擾之處罰

對他人爲性騷擾者，由直轄市、縣（市）主管機關處新台幣一萬元以上十萬元以下罰鍰。（第20條）

㈡利用權勢或機會為性騷擾之處罰

對於因教育、訓練、醫療、公務、業務、求職或其他相類關係受自己監督、照護之人，利用權勢或機會爲性騷擾者，得加重科處罰鍰至二分之一。（第21條）

㈢對性騷擾事件未立即糾正及補救之處罰

機關、部隊、學校、機構或僱用人，於知悉有性騷擾之情形時，應採取立即有效之糾正及補救措施。違者，由直轄市、縣（市）主管機關處新台幣一萬元以上十萬元以下罰鍰。經通知限期改正仍不改正者，得按次連續處罰。（第22條）

㈣未設立性騷擾申訴管道及訂定性騷擾防治措施之處罰

機關、部隊、學校、機構或僱用人等組織成員、受僱人或受服務人員人數達十人以上者，應設立申訴管道協調處理；其人數達三十人以上者，應訂定性騷擾防治措施，並公開揭示之。違者，由直轄市、縣（市）主管機關處新台幣一萬元以上十萬元以下罰鍰。經通知限期改正仍不改正者，得按次連續處罰。（第22條）

㈤對性騷擾事件為不當差別待遇之處罰

機關、部隊、學校、機構、僱用人對於在性騷擾事件申訴、調查、偵查或審理程序中，爲申訴、告訴、告發、提起訴訟、作證、提供協助或其他參與行爲之人，不得爲不當之差別待遇。違者，由直轄市、縣（市）主管機關處新台幣一萬元以上十萬元以下罰鍰。經通知限期改正仍不改正者，得按次連續處罰。（第23條）

㈥任意報導或記載被害人姓名或相關資訊之處罰

廣告物、出版品、廣播、電視、電子訊號、電腦網路或其他媒體，不得報導或記載被害人之姓名或其他足資識別被害人身分之資訊。但經有行爲能力之被害人同意或犯罪偵查機關依法認爲有必要者，不在此限。違者，由各該目的事業主管機關處新台幣六萬元以上三十萬元以下罰鍰，並得沒入第十二條之物品或採行其他必要之處置。其經通知限期改正，屆期不改正者，得按次連續處罰。（第24條）

㈦意圖性騷擾之處罰

意圖性騷擾，乘人不及抗拒而爲親吻、擁抱或觸摸其臀部、胸部或其他身體隱私處之行爲者，處二年以下有期徒刑、拘役或科或併科新台幣十萬元以下罰金。（第25條第1項）前項之罪，須告訴乃論。（第25條第2項）

六、附則

1. 第七條至第十一條、第二十二條及第二十三條之規定，於性侵害犯罪準用之。（第26條第1項）前項行政罰鍰之科處，由性侵害犯罪防治主管機關爲之。（第26條第2項）
2. 本法施行細則，由中央主管機關定之。（第27條）
3. 本法自公布後一年施行。（第28條）

參、析評與展望

性騷擾防治法除本法外，尚有：(1)性騷擾防治法施行細則（第27條）；(2)性騷擾防治準則（第7條第3項）；(3)性騷擾事件調解辦法（第16條第3項）等相關子法。

一、性騷擾防治法之析評

針對性騷擾防治的議題，我國於民國九十一年一月十六日公布施行之「兩性工作平等法」即已明確規範，爾後九十三年六月二十三日公布施行之「性別平等教育法」又有相關規定。惟兩性工作平等法係規定對職場性騷擾之防治，而性別平等教育法則規定對校園性騷擾問題之防治，至於職場與校園以外場所之性騷擾事件，諸如：大眾運輸系統、公共場所等性騷擾事件仍缺專法予以規範；「性騷擾防治法」之制定公布，則是彌補兩性工作平等法與性別平等教育法對性騷擾事件規範不足所不可或缺的重要法案。

依兩性工作平等法規定應設「兩性工作平等委員會」，依性別平等教育法規定應設「性別平等教育委員會」，依性騷擾防治法規定則應設「性騷擾防治委員會」。同樣是性騷擾案件之申訴調處，民眾面對不同的委員會，一旦有需要提出申訴，最好要先釐清各委員會彼此間的分工，以免找錯對象申訴，枉費時間精力。舉例言之，如果是教師間產生性騷擾糾紛，申訴管道是兩性工作平等委員會，因屬職場事件；但若是師生間發生性騷擾糾紛，則應由性別平等教育委員會處理，因係校園事件；又如果是校外人員進入學校，和教職員間或學生間有性騷擾紛爭，則又是另一回事，其申訴管道應是性騷擾防治委員會。另三委員會的幕僚單位也不相同，性騷擾防治委員會的幕僚單位是社政單位，兩性工作平等委員會的幕僚單位是勞政單位，而性別平等教育委員會則是教育單位。

性騷擾防治法是繼兩性工作平等法和性別平等教育法之後，對性別保障更爲完整的法案，性騷擾防治法的開始實施，被婦女團體視爲「防治性騷擾公民運動」的新起點；從此以後，不論是男對女，女對男，或男對男，女對女，只要有性騷擾事實，一體通用，所有雇主都須負起防治責任。一般來講，常見的性騷擾類型，約有下列各種現象：

1. **開黃腔**：說人咪咪大小、具有性暗示或性器官的黃色笑話、言語中帶有歧視。
2. **伸鹹豬手**：觸碰他人身體部位或是隱私處，或是盯著身體特定部位看。
3. **電子郵件**：具有性意味的文字、圖畫、聲音、影像。
4. **非特定用途場所展示**：在辦公室懸掛裸女圖或具有類似性意含的文字、圖畫、聲音、影像呈現。
5. **利用權威交換性活動**：在不是你情我願情況下以交換利益爲主的性服務，如老師對學生、上司對部屬。
6. **公開展示宣傳品以致他人遭受冒犯，影響其正常生活的行爲**：強迫別人看A片，以及要求異性同事陪同應酬。

二、性騷擾防治政策之展望

展望未來，性騷擾防治政策的落實實施，個人認爲，下列各項努力應爲刻不容緩的急切要務。

1. 加強教育宣導，讓社會大眾確實辨認性騷擾防治法與兩性工作平等法與性別平等教育法之區別，一旦不幸遭遇性騷擾侵襲時，得以迅速找到適當的申訴管道；進而亦讓執法者熟悉法律規範。
2. 機關、部隊、學校、機構或僱用人應善盡職責嚴防性騷擾行爲之發生，並應依規定設立申訴管道或訂定性騷擾防治措施。
3. 機關、部隊、學校、機構、僱用人對處理性騷擾事件，應禁止不當差別待遇的發生。
4. 廣告物、出版品、廣播、電視、電子訊號、電腦網路等傳播媒體應確實保護被害人之身分，以免影響被害人申訴之勇氣。

5.直轄市、縣（市）主管機關及各相關單位對於性騷擾之申訴案件應確實依限、公平處理。
6.對性騷擾案件之調解處理，應確實維護公平正義，如對性騷擾案件調解不成立者，地方政府性騷擾防治委員會得尊重被害人之意願，移送司法機關處理。
7.對於罰則所定之相關規定應徹底執行，該按次連續處罰者，更應嚴正以對，絕不手軟。
8.各級政府應確實負起主管機關之責任，有效規劃及辦理有關性騷擾之教育、宣導、申訴、調解、處罰等相關措施。

肆、結語

性騷擾防治法在國外行之有年，外商企業紛紛訂定行爲準則予以規範。例如：勤業眾信會計師事務所要求：員工不要在辦公室談跟身上特徵有關的話題。另外，其也特別注意辦公室裝潢，在合夥人以上老闆的辦公室與會議室，儘量會採用毛玻璃以保護隱私，但毛玻璃間一定會有透明縫隙。男性主管不會與女同事單獨關門會談，如果是牽涉到考績等敏感話題，男性主管會先告知秘書，等一下可能會關門，但關門時間不會太長，以示光明磊落。英商摩根投信富村明董事長曾開除在辦公室上色情網站的員工。匯豐中華投信董事長宋文琪則說，爲避免性騷擾，在公開或女性在場的場合，公司規定一律不能講黃色笑話。花旗銀行則會在茶水間等角落，張貼標語，提醒員工，如果遇到性騷擾，可以撥專線電話求助。

依性騷擾防治法規定，只要是行爲人言語讓對方有不舒服、噁心的感覺，都可能違法，除被處罰鍰，還有民事賠償責任等，更嚴重者處二年以下有期徒刑、拘役或科或併科十萬元以下罰金。雖如此，我們不能也不應該有姑息性騷擾者的心態，性騷擾防治法應有「公布姓名」的罰則及騷擾者「處遇計畫」之規定。畢竟不是每一位騷擾者都像行政院海巡署或交通部觀光局東管處某官員性騷擾立法委員女助理一樣，可以被媒體披露其騷擾惡行。如果公布性騷擾者姓名，甚至比照兒童及少年性交易防制條例公布相片，必能使騷擾者在性騷擾別人之前，心生警惕。又性騷擾防治法也應該有「騷擾者處遇計畫」的授權規定，比照性侵害犯罪防治法明定騷擾者應有身心治療及輔導教育。

「性騷擾防治法」繼「兩性工作平等法」及「性別平等教育法」公布施行後，在一片「拚經濟輕福利」的聲浪中，無疑代表著台灣又向兩性平權、捍衛身體自主權的福利社會邁進一步。也更無疑地讓職場、校園以外的性騷擾案件有了法律的規範；它和刑法強制猥褻罪的區隔，也因特別法優於普通法而有優先適用的空間。性騷擾防治法雖然立意甚佳，但我們卻看到主政單位在組織、預算及人力的配套措施未能及時跟進，以及基層員警不知如何判斷的困窘；足見，我們仍需積極加強宣導與教育，每個人都需要重新學習尊重人的尊嚴與價值，遵守身體界限的分際，以提昇我們的「人權智商」，創造一個性別平等的社會。

第十章　特殊境遇婦女家庭扶助條例

壹、前言

依據內政部統計資料顯示，截至九十一年底，我國總人口數爲二、二五二萬七、〇〇〇餘人，其中女性人數爲一、一〇三萬五、〇〇〇餘人，約占人口總數的百分之四十九。以往政府的社會福利政策及立法，對於保障婦女權益及增進婦女福利，均直接或間接提供各種不同項目的服務。近年來，隨著政治民主、經濟發展及教育普及的發展趨勢，我國社會結構隨之產生急遽變化，約占總人口半數之女性角色及需求亦日趨多元化。

爲求更加周延、完善滿足婦女需求，我國社會福利經費從八十年度起即單獨編列婦女福利預算。此外，行政院於八十六年五月成立「行政院婦女權益促進委員會」，同年六月成立「內政部性侵害防治委員會」；八十八年三月編列預算捐資成立「財團法人婦女權益促進發展基金會」，同年四月成立「內政部家庭暴力防治委員會」；又內政部復於八十九年八月在社會司的組織架構中正式設立「婦女福利科」之專責單位；這些一連串的努力，均充分顯示政府加強推動婦女福利的誠意與決心。

政府爲更進一步加強婦女福利措施，擴大照顧遭逢變故的不幸婦女，扶助特殊境遇婦女解決生活困境；在朝野立委積極關切下，於八十九年五月二十四日制定公布「特殊境遇婦女家庭扶助條例」；其中業將女性單親所需的相關扶助措施納入法律的保障中。內政部爰依據本條例規定，責成直轄市、縣（市）政府貫徹執行對特殊境遇婦女提供各項家庭扶助措施，落實保障弱勢婦女之基本權益，進而全面提昇婦女各項權益；以達成我國憲法增修條文第十條所定：「國家應維護婦女之人格尊嚴，保障婦女之人身安全，消除性別歧視，促進兩性地位之實質平等」的憲政精神。

貳、法案內涵

特殊境遇婦女家庭扶助條例（Family Assistance Act for the Special Situation Women）全文計有十六條，茲將本法案之全部內涵綜合詳述解說於后。

㈠目的

特殊境遇婦女家庭扶助條例之制定，係為加強照顧婦女福利，扶助特殊境遇婦女解決生活困難，給予緊急照顧，協助其自立自強及改善生活環境。（第1條）

㈡家庭扶助種類

特殊境遇婦女家庭扶助包括：(1)緊急生活扶助，(2)子女生活津貼，(3)子女教育補助，(4)傷病醫療補助，(5)兒童托育津貼，(6)法律訴訟補助，(7)創業貸款補助。（第2條）

㈢主管機關

本條例所稱主管機關，在中央為內政部；在直轄市為直轄市政府，在縣（市）為縣（市）政府（第3條第1項）。該條例所定事項，涉及各目的事業主管機關職掌者，由各目的事業主管機關辦理。（第3條第2項）

㈣特殊境遇婦女之界定

本條例所稱特殊境遇婦女，指十五歲以上，六十五歲以下之婦女，其家庭總收入按全家人口平均分配，每人每月未超過政府當年公布最低生活費用標準二・五倍，且未超過臺灣地區平均每人每月消費支出一・五倍，並具有下列情形之一者（第4條第1項）：

1.夫死亡或失蹤者。

2.因夫惡意遺棄或受夫不堪同居之虐待經判決離婚確定者。

3. 因家庭暴力、性侵害或其他犯罪受害，而無力負擔醫療費用或訴訟費用者。
4. 因被強制性交、誘姦受孕之未婚婦女，懷胎三個月以上至分娩兩個月內者。
5. 單親無工作能力，或雖有工作能力，因遭遇重大傷病或爲照顧子女未能就業者。
6. 夫處一年以上之徒刑且在執行中者。

上項特殊境遇婦女之身分，應每年申請認定之。（第4條第2項）

㈤申請家庭扶助之限制

1. 特殊境遇婦女得依家庭扶助條例第二條所定家庭扶助項目申請，不以單一項目爲限。但得依其他法令規定取得生活扶助、給付或安置者，不予重複扶助。（第5條第1項）
2. 符合本條例第四條第一項第三款規定，因家庭暴力、性侵害或其他犯罪受害者，以申請傷病醫療補助或法律訴訟補助爲限。（第5條第2項）

㈥緊急生活扶助之申請、停止及核發標準

1. **緊急生活扶助之申請**：申請緊急生活扶助，應於事實發生後三個月內，檢具戶口名簿影本及其他相關證明文件，向戶籍所在地之主管機關提出申請，或由鄉（鎮、市、區）公所、社會福利機構轉介申請。證明文件取得困難時，得依社工員訪視資料審核之。（第6條第2項）
2. **緊急生活扶助之停止**：直轄市、縣（市）主管機關應於緊急生活扶助核准後，定期派員訪視其生活情形。其生活已有明顯改善者，應即停止扶助。（第6條第3項）
3. **緊急生活扶助之核發標準**：符合家庭扶助條例第四條第一項規定申請緊急生活扶助者，按當年度低收入戶每人每月最低生活費用標準一倍核發，每人每次以補助三個月爲原則，同一個案以補助一次爲限。（第6條第1項）

㈦子女生活津貼之申請、停止及核發標準

1.子女生活津貼之申請：

(1)符合本條例第四條第一項第一款、第二款、第五款或第六款規定，並有十五歲以下子女者，得申請子女生活津貼。（第7條第1項）

(2)初次申請子女生活津貼者，得隨時提出。但有延長補助情形者，應於會計年度開始前兩個月提出。（第7條第3項）

(3)申請子女生活津貼，應檢具戶口名簿影本及其他相關證明文件，向戶籍所在地主管機關提出申請，或由鄉（鎮、市、區）公所、社會福利機構轉介申請。（第7條第5項）

2.子女生活津貼之停止：直轄市、縣（市）主管機關對申請延長補助者，應派員訪視其生活情形，其生活已有明顯改善者，應即停止津貼。（第7條第4項）

3.子女生活津貼之核發標準：子女生活津貼之核發標準，每一名子女每月補助當年度最低工資之十分之一，每年申請一次。（第7條第2項）

㈧子女教育補助之申請及核發標準

1.子女教育補助之申請：申請子女教育補助，應檢附相關證明文件及繳費收據，於每學期開學後一個月內向學校所在地目的事業主管機關提出申請。（第8條第2項）

2.子女教育補助之核發標準：符合本條例第四條第一項規定，且其子女就讀經立案之公私立高級中等學校者，得申請子女教育補助費，其標準爲學雜費之百分之六十。（第8條第1項）

㈨傷病醫療補助之申請及核發標準

1.傷病醫療補助之申請：

(1)符合本條例第四條第一項各款規定，而有下列情形之一者，得申請傷病醫療補助（第9條第1項）：

①本人及六歲以上未滿十八歲之子女參加全民健保，最近三

個月內自行負擔醫療費用超過新台幣五萬元，無力負擔且未獲其他補助或保險給付者。

②未滿六歲之子女，參加全民健保，無力負擔自行負擔之費用者。

(2)申請傷病醫療補助，應於傷病發生後三個月內，檢具相關證明文件、健保卡正、反面影本、診斷證明書及醫療費用收據正本，向戶籍所在地主管機關提出申請；未滿六歲之子女傷病醫療補助申請，應向戶籍所在地之鄉（鎮、市、區）公所申請醫療補助證後，逕赴保險人特約之醫療院所就診，並由醫療院所按月造冊向直轄市、縣（市）主管機關申請。（第9條第3項）

2.**傷病醫療補助之核發標準**：傷病醫療補助之標準如下（第9條第2項）：

(1)本人及六歲以上未滿十八歲之子女部分：自行負擔醫療費用超過新臺幣五萬元之部分，最高補助百分之七十，每人每年最高補助新臺幣十二萬元。

(2)未滿六歲之子女：凡在健保特約之醫療院所接受門診、急診及住院診治者，依全民健康保險法第三十三條及第三十五條之規定應自行負擔之費用，每人每年最高補助新台幣十二萬元。

按：

1.**全民健康保險法第三十三條規定**：保險對象應自行負擔門診或急診費用百分之二十。但不經轉診，而逕赴地區醫院門診者，應負擔百分之三十；逕赴區域醫院門診者，應負擔百分之四十；逕赴醫學中心門診者，應負擔百分之五十。

前項保險對象應自行負擔之費用，主管機關於必要時，得依各級醫療院所前一年平均門診費用及前項所定比率，規定以定額方式收取，並每年公告其金額。

第一項轉診比例及其實施時間，由中央衛生主管機關定之。

2.**全民健康保險法第三十五條規定**：保險對象應自行負擔之住院費用如下：

(1)急性病房：三十日以內，百分之十；第三十一日至第六十日，百分之二十；第六十一日以後，百分之三十。

(2)慢性病房：三十日以內，百分之五；第三十一日至第九十日，百分之十；第九十一日至第一八〇日，百分之二十；第一八一日以後，百分之三十。

保險對象以同一疾病於急性病房住院三十日以下或於慢性病房住院一八〇日以下應自行負擔之費用，其最高金額，由主管機關定之。

急性病房及慢性病房之設置標準，由主管機關定之。

㈩兒童托育津貼之申請及核發標準

1.**兒童托育津貼之申請：**

(1)申請兒童托育津貼，應於事實發生後三個月內檢具相關證明文件向戶籍所在地主管機關申請。（第10條第2項）

(2)直轄市、縣（市）主管機關對申請延長補助者，應派員訪視其生活情形，其生活已有明顯改善者，應即停止津貼。但已進入公立托教機構者，得繼續接受托育。（第10條第3項）

2.**兒童托育津貼之核發標準：**符合本條例第四條第一項第一款、第二款、第五款及第六款規定，並有未滿六歲之子女者，應優先獲准進入公立托教機構；如子女進入私立托教機構時，得申請兒童托育津貼每人每月新台幣一五〇〇元。（第10條第1項）

㈪法律訴訟補助之申請及核發標準

1.**法律訴訟補助之申請：**申請法律訴訟補助，應於事實發生後三個月內檢具相關證明、律師費用收據正本及訴訟或判決書影本各一份，向戶籍所在地之主管機關申請。（第11條第2項）

2.**法律訴訟補助之核發標準：**符合本條例第四條第一項第三款規定，而無力負擔訴訟費用者，得申請法律訴訟補助。其標準最高金額以新台幣五萬元爲限。（第11條第1項）

㈩創業貸款補助之申請

1.符合本條例第四條第一項第一款、第二款、第五款及第六款規定，且年滿二十歲者，得申請創業貸款補助。（第12條前段）

2.創業貸款補助之申請資格、程序、補助金額、名額及期限等，由中央目的事業主管機關另以辦法定之。（第12條後段）

㈫經費

1.辦理各項家庭扶助業務所需經費，應由各級政府分別編列預算支應。（第13條）

2.各直轄市、縣（市）主管機關得比照社會救助法辦理聯合各界舉行勸募活動以籌措經費，其勸募及運用辦法由各地方主管機關自行定之。（第14條）

㈬其他

1.本條例所定各項家庭扶助之申請，其所需文件、格式、審核基準、審核程序及經費核撥方式等相關事宜，由各該主管機關定之。（第15條）

2.本條例自公布日施行。（第16條）

參、析評與展望

特殊境遇婦女家庭扶助條例除本法外，尚有：(1)特殊境遇婦女創業貸款補助辦法（第12條），(2)特殊境遇婦女之子女就讀高級中等學校教育補助費實施要點等相關規定。

針對遭遇變故之不幸婦女，如：未婚媽媽、離婚、喪偶、被遺棄、被性侵害及婚姻暴力受害者等提供適切之保護措施；內政部自七十八年度起即編列補助地方政府及民間團體成立不幸婦女緊急庇護所，截至九十一年底，全國已有不幸婦女保護安置庇護中心及中途之家二十八所，約可收容三百餘人。

另爲因應單親家庭逐年增加之趨勢，政府除積極結合民間團體持續提供單親家庭之緊急生活扶助，協助其習得一技之長及輔導就業外，同時更加強實施單親婦女之子女照顧，設立諮詢專線，提供心理諮詢、心理輔導及法律諮詢等服務；透過獎助地方政府及民間團體辦理各種宣導、講座及成長團體等活動。

儘管政府機關及民間團體對於不幸婦女用盡心思，透過各種有效的服務措施予以關懷、協助與支持；但美中不足的是缺乏福利措施之法律依據，難免影響服務成效。自八十九年五月二十四日制定公布「特殊境遇婦女家庭扶助條例」後，對於遭遇變故之不幸婦女開始有了法律依據的絕對保障；因爲，本條例第一條開宗明義指出：「本條例之制定，係爲加強照顧婦女福利，扶助特殊境遇婦女解決生活困難，給予緊急照顧，協助其自立自強及改善生活環境」。爾後，舉凡婦女：喪偶、丈夫失蹤、被遺棄、離婚、遭遇性侵害或家庭暴力、未婚受孕、單親無工作能力、丈夫服刑等均能依照法律規定，依據不同的處境及不同的需求，申請：緊急生活扶助、子女生活津貼、子女教育補助、傷病醫療補助、兒童托育津貼、法律訴訟補助及創業貸款補助。由此充分顯示，自特殊境遇婦女家庭扶助條例公布施行後，對於不幸婦女的關懷與照顧，成爲政府責無旁貸的福利責任；此乃本條例之最大特色。

肆、結語

保障婦女權益，增進婦女生活福祉，向爲政府積極推動的重要社會福利工作，爲期對於婦女提供更周全、完善的福利措施與服務，據以建立兩性平權與和諧的溫馨社會；未來我國婦女福利工作，當應加倍用心，努力精進；尤其對於特殊境遇婦女的關懷、照顧、協助與支持，更應致力下列重點工作。

1.中央主管機關應透過各種有效管道，加強宣導此項深具意義之婦女福利措施；俾讓遭遇變故之不幸婦女在緊急需要的時候，能夠獲得及時之協助與支持。

2. 加強各行政部門縱橫關係之協調整合；因爲特殊境遇婦女之關懷、照顧牽涉不同部門之業務，例如：子女教育補助由教育部主政，創業貸款補助由行政院勞工委員會主政，其他由內政部主政；除社政系統之縱向整合外，與教育、勞工、司法、衛生等橫向協調更爲重要。
3. 各級政府應斟酌財政狀況，寬列預算落實辦理此項保護、關懷之婦女福利措施。因爲，儘管政策再好，法律再完備，如果欠缺足夠的經費加以支持，一切努力仍然歸零。
4. 地方政府社政機關應指派深具經驗之社工人員或訓練具有專業素養的熱忱志工，協助特殊境遇婦女勇於依規定申請相關扶助；因爲，遭遇變故之不幸婦女有時難免由於心理因素作祟，不敢面對事實。
5. 地方政府相關主管機關，對於核發家庭扶助之特殊境遇婦女，於發給補助後，應加強追蹤輔導及心理諮商服務，俾其能夠獲得心理重健，得與他人一樣過著正常生活。
6. 有關此項措施之執行，對於不幸婦女的子女教育應特別予以重視；以期其長大成人後，能夠改變其家庭環境，進而脫離不幸的陰影。
7. 從治本之道著手，強化婦女緊急保護之功能：推動社區化婦女人生安全政策，使婦女經由社區聯防網絡的建構，享有免於恐懼的自由。對萬一遭逢變故之婦女提供緊急救援與安置、諮詢與轉介等服務，使有緊急需求之婦女能在第一時間得到適切的保護。

第十一章　社會救助法

壹、前言

我國的社會救助係起源於早期的社會救濟，從保息六政，荒政十二，乃至九惠之教等，其所採行的方式，諸如：賑窮、恤貧、寬疾、慈幼、養老、散利、薄徵等，無一不在為救災濟貧，扶老育幼而致力。而民國三十二年公布施行之「社會救濟法」及三十三年頒佈實施之「社會救濟法施行細則」應為政府遷台時期實施社會救助的主要依據。

回顧我國自政府遷台迄今，社會救助政策之發展歷程約可分為三個時期：

㈠傳統救濟時期（自民國三十二年至五十三年）

此一時期秉承傳統的救濟理念，其政策重點為台灣省各項單行法規的制定及研擬社會救助法修訂草案；救助對象以赤貧者為主；救助方式則大都係屬零星慈善的性質。

㈡消除貧窮時期（自民國五十四年至六十八年）

此一時期係以對抗貧窮為施政重點；其中民國五十四年頒布之民生主義現階段社會政策，更把社會救助列為七大實施方針之一；另六十年代台灣省的「小康計畫」及台北市的「安康計畫」亦陸續頒布實施，該兩計畫的主要目標即在致力消除貧窮。

㈢制度建立時期（自民國六十九年社會救助法公布施行迄今）

此一時期為因應時代變遷及社會需求，特積極研訂「社會救助法」，並於六十九年公布施行，自此，我國社會救助政策開始有了明確的依據與指引。

社會救助（Social Assistance）又稱公共扶助，它是基於政府保障人民基本生活的職責，對於老弱障礙、無力生活及受非常災害者，所提供的適當扶助與支持。這種救助措施的目的，就在消除貧窮；換句話說，社會救助的發展史，正是一部人類與貧窮作戰的歷史。我國的社會救助，從傳統救濟時期到消除貧窮時期，每一階段均有其實施特色；從根本毫無政策到民國六十九年六月十四日制定公布「社會救助法」，才開始使社會救助合法化，成爲社會安全制度重要的一環。社會救助法自公布施行後，曾歷經八十六年十一月十九日第一次修正公布及八十九年六月十四日第二次修正公布。

爲使貧病、孤苦無依或生活陷入急困者獲得安適之照顧，我國社會救助一向秉持「主動關懷、尊重需求、協助自立」之原則，辦理各項社會救助措施，以保障國民基本生活水準。依據內政部統計資料顯示，截至九十四年底，我國低收入戶數計有八四·七九六戶，佔全國總戶數百分之一點一六；低收入人數計有二一一、二二一人，佔全國總人口數百分之〇點九三。依社會救助法第二條規定，社會救助分：生活扶助、醫療補助、急難救助及災害救助；其中生活扶助爲社會救助工作最重要的一環。生活扶助係針對家庭總收入平均分配全家人口，每人每月在最低生活費標準以下者（通稱爲「低收入戶」）提供持續性的經濟協助。前述所稱「最低生活費標準」每年均有變動，且省、市標準不一，九十一年度的最低生活費標準，台灣省爲每人每月新台幣八、四三三元，台北市爲一三、二八八元，高雄市爲九、五五九元，福建省爲六、〇〇〇元。

綜觀我國社會救助政策的主要依據應有：

㈠中華民國憲法

我國憲法第一五五條規定：「國家爲謀社會福利，應實施社會保險制度。人民之老弱殘廢，無力生活，及受非常災害者，國家應予以適當之扶助與救濟」。

㈡中華民國憲法增修條文

我國憲法增修條文第十條規定：「國家應重視社會救助、福利服務、國民就業、社會保險及醫療保健等社會福利工作，對於社會救助和國民就業等救濟性支出應優先編列」。

㈢民生主義現階段社會政策

行政院民國五十四年四月八日令頒「民生主義現階段社會政策」，其實施方針丙、「社會救助」規定：

1. 改善公私立救濟設施，並擴展院外救濟，救助貧苦老幼人民維持最低生活。
2. 擴大貧民免費醫療，並特約設備完善之公私立醫院，劃撥床位，承辦免費醫療。
3. 加強防治傳染病，擴大對殘廢病者之救助與重健，並積極收容精神病患者。
4. 拯救不幸婦女，訂定有效辦法，救助被虐待之養女及被壓迫之娼妓。
5. 修訂社會救助法，規定受救條件，給予標準，並改善其救助方式。

㈣社會福利政策綱領

行政院民國八十三年七月十四日第二三八九次院會審議通過，八十三年七月三十日修正核定之「社會福利政策綱領」貳、實施要項中（參）福利服務之第十九點規定：「社會救助工作應對於接受救助具有工作能力之民眾輔導參加職業訓練與就業，或採以工代賑，俾期自力更生，並協助其子女就學，以免貧窮延及下一代」。另第二十點規定：「配合社會變遷，修訂社會救助相關法規，調整貧窮認定標準，提供足以維持有尊嚴之基本生活津貼，改善社會救助設施，以建立社會救助完整體系」。

㈤社會福利政策綱領實施方案

此項方案行政院亦於民國八十三年七月十四日審議通過，八十三年七月三十日修正核定。該方案參、福利服務中：

1. 第二十二點規定：「提高低收入戶家庭生活補助，對無家可歸者提供服務，以保障民眾最低生活，維持尊嚴」。
2. 第二十三點規定：「提供低收入戶免費職業訓練及就業輔導，

增加以工代賑工作機會，協助其自力更生、自助人助」。

3.第二十四點規定：「減免低收入戶子女就學學雜費，提供其就學期間生活補助，以延長子女就學期間，早日脫離貧窮」。

4.第二十五點規定：「修正社會救助相關法規，改善社會救助機構設備，統一合理貧窮線計算標準，以維持有尊嚴之最低生活」。

5.第二十六點規定：「配合全民健康保險，提供低收入戶健康保險及各項醫療補助，以照顧低收入者之健康，並減輕民眾醫療費用之負擔」。

貳、法案內涵

社會救助法全文計有九章四十六條：第一章：總則，第二章：生活扶助，第三章：醫療補助，第四章：急難救助，第五章：災害救助，第六章：社會救助機構，第七章：救助經費，第八章：罰則，第九章：附則。社會救助法施行細則計有二十條。茲將兩法案之全部內涵綜合予以詳述解說於后。

一、總則

㈠目的

社會救助法之制定，係爲照顧低收入及救助遭受急難或災害者，並協助其自立。（第1條）

㈡定義

本法所稱社會救助，分生活扶助、醫療補助、急難救助及災害救助。（第2條）

㈢主管機關

本法所稱主管機關：在中央為內政部，在直轄市為直轄市政府，在縣（市）為縣（市）政府。（第3條）

㈣低收入戶

本法所稱低收入戶，指經申請戶籍所在地直轄市、縣（市）主管機關審核認定，符合家庭總收入平均分配全家人口，每人每月在最低生活費以下，且家庭財產未超過中央、直轄市主管機關公告之當年度一定金額者。（第4條第1項）

上項所稱最低生活費，由中央、直轄市主管機關參照中央主計機關所公布當地區最近一年平均每人消費支出百分之六十定之，並至少每三年檢討一次；直轄市主管機關並應報中央主管機關備查（第4條第2項）。

上述第四條第一項之當年度一定金額及第二項之最低生活費，中央、直轄市主管機關應於前一年九月三十日前公告之。（施行細則第2條）

第一項所稱家庭財產，包括動產及不動產，其金額應分別定之。（第4條第3項）

第一項申請應檢附之文件、審核認定程序等事項之規定，由直轄市、縣（市）主管機關定之。（第4條第4項）

㈤家庭應計算人口範圍

前條第一項所稱家庭，其應計算人口範圍，除申請人外，包括下列人員（第5條第1項）：

1. 配偶。
2. 直系血親。
3. 同一戶籍或共同生活之兄弟姊妹。
4. 前三款以外，認列綜合所得稅扶養親屬免稅額之納稅義務人。

㈥不列入應計算人口範圍

前項各款人員有下列情形之一者，不列入應計算人口範圍（第5條第2項）：

1.不得在台灣地區工作之非本國籍配偶或大陸地區配偶。
2.未共同生活且無扶養事實之特定境遇單親家庭直系血親尊親屬。
3.無工作收入、未共同生活且無扶養能力之已結婚直系血親卑親屬。
4.應徵集召集入營服兵役或替代役現役。
5.在學領有公費。
6.入獄服刑、因案羈押或依法拘禁。
7.失蹤，經向警察機關報案協尋未獲，達六個月以上。

㈦特定境遇單親家庭

上述第五條第二項第二款所定特定境遇單親家庭，指申請人有下列情形之一，且獨自扶養未滿十八歲未婚仍在學子女之家庭（施行細則第3條第1項）：

1.配偶死亡。
2.配偶失蹤，經向警察機關報案協尋未獲，達六個月以上。
3.經法院判決離婚確定或因家庭暴力已完成協議離婚登記。
4.因家庭暴力已提起離婚之訴。
5.配偶處一年以上之徒刑或受拘束人身自由之保安處分一年以上且在執行中。

申請人有前項各款情形之一，且獨自扶養十八歲至二十五歲在國內就讀屬於本法第五條之三第一款規定學校子女，或獨自照顧無生活自理能力身心障礙子女者，直轄市、縣（市）主管機關得視實際需要及財政能力，認定其為特定境遇單親家庭。（施行細則第3條第2項）

㈧無扶養能力

本法第五條第二項第三款所稱無扶養能力，指具有下列情形之

一，且其動產及不動產未超過中央、直轄市主管機關公告當年度一定金額者（施行細則第4條第1項）：

1. 列冊低收入戶。
2. 罹患嚴重傷、病，必須三個月以上之治療或療養致不能工作。
3. 獨自照顧特定身心障礙或罹患特定病症且不能自理生活之共同生活或受扶養親屬，致不能工作。
4. 身心障礙致不能工作。
5. 依就業保險法第二十五條規定辦理失業認定或依同法第二十九條、第三十條規定辦理失業再認定，並取得失業認定證明。

本法第五條之三第四款及前項第三款所定特定身心障礙及特定病症之範圍，如本法施行細則附表一及附表二。（施行細則第4條第2項）

㈨家庭總收入

第四條第一項所稱家庭總收入，指下列各款之總額（第5條之1第1項）：

1. 工作收入，依下列規定計算：
   (1)依全家人口當年度實際工作收入並提供薪資證明核算。無法提出薪資證明者，依最近一年度之財稅資料所列工作收入核算。
   (2)最近一年度之財稅資料查無工作收入，且未能提出薪資證明者，依台灣地區職類別薪資調查報告各職類每人月平均經常性薪資核算。
   (3)未列入台灣地區職類別薪資調查報告各職類者，依中央主計機關公布之最近一年各業員工初任人員平均薪資核算。
   (4)有工作能力未就業者，依基本工資核算。但經公立就業服務機構認定失業者，其失業期間得不計算工作收入，所領取之失業給付，仍應併入其他收入計算。
2. 動產及不動產之收益。
3. 其他收入：前二款以外非屬社會救助給付之收入。

前項第三款收入，由直轄市、縣（市）主管機關認定之。（第5

條之1第2項）

㈩不列入家庭不動產計算之土地

下列土地，經直轄市、縣（市）主管機關認定者，不列入家庭之不動產計算（第5條之2第1項）：

1.未產生經濟效益之原住民保留地。

2.未產生經濟效益之公共設施保留地及具公用地役關係之既成道路。

前項第一款土地之認定標準，由中央原住民族事務主管機關會商本法中央及地方主管機關定之。（第5條之2第2項）

㈪有工作能力

本法所稱有工作能力，指十六歲以上，未滿六十五歲，而無下列情事之一者（第5條之3）：

1.二十五歲以下仍在國內就讀空中大學、高級中等以上進修學校、在職班、學分班、僅於夜間或假日上課、遠距教學以外之學校，致不能工作。

2.身心障礙致不能工作。

3.罹患嚴重傷、病，必須三個月以上之治療或療養致不能工作。

4.獨自照顧特定身心障礙或罹患特定病症且不能自理生活之共同生活或受扶養親屬，致不能工作。

5.獨自扶養六歲以下之直系血親卑親屬致不能工作。

6.婦女懷胎六個月以上至分娩後二個月內，致不能工作。

7.受禁治產宣告。

上項年齡之計算，以調查當時之實足年齡為準。（施行細則第5條）

㈫專責單位或專責人員之設置

為執行有關社會救助業務，各級主管機關應設專責單位或置專責人員。（第6條）

㈩救助項目之從優辦理

本法所定之救助項目，與其他社會福利法律所定性質相同時，應從優辦理，並不影響其他各法之福利服務。（第7條）

㈣救助金額之限制

依本法或其他法令每人每月所領取政府核發之救助金額，不得超過當年政府公告之基本工資。（第8條）

㈤社會救助之停止及領取補助之追回

受社會救助者有下列情形之一，主管機關應停止其社會救助，並得追回其所領取之補助（第9條）：

1. 提供不實之資料者。
2. 隱匿或拒絕提供主管機關所要求之資料者。
3. 以詐欺或其他不正當方法取得本法所定之社會救助者。

二、生活扶助

㈠生活扶助之申請作業

1. 低收入戶得向戶籍所在地直轄市、縣（市）主管機關申請生活扶助。（第10條第1項）
2. 直轄市、縣（市）主管機關應自受理上項申請之日起五日內，派員調查申請人家庭環境、經濟狀況等項目後核定之；必要時，得委由鄉（鎮、市、區）公所為之。（第10條第2項）前項調查應予以記錄，並建立個案輔導資料。（施行細則第6條）
3. 申請生活扶助，應檢附之文件、申請調查及核定程序等事項之規定，由直轄市、縣（市）主管機關定之。（第10條第3項）

前項申請生活扶助經核准者，溯自備齊文件之當月生效。（第10條第4項）

㈡生活扶助之辦理方式

生活扶助以現金給付爲原則。但因實際需要，得委託適當之社會救助機構、社會福利機構或其他家庭予以收容。（第11條第1項）前項現金給付，中央、直轄市主管機關並得依收入差別訂定等級，直轄市主管機關並應報中央主管機關備查。（第11條第2項）

低收入戶成員中有下列情形之一者，主管機關得依其原領取現金給付之金額增加百分之二十至四十之補助（第12條第1項）：

1.年滿六十五歲者。

2.懷胎滿六個月者。

3.領有身心障礙手冊者。

上項補助標準，由中央主管機關定之。（第12條第2項）

㈢低收入戶調查之辦理

直轄市及縣（市）主管機關每年應定期辦理低收入戶調查。（第13條）其調查，應於每年十二月三十一日以前完成，分類列冊登記，如有異動，應隨時變更。（施行細則第7條）前項調查應予以記錄，並建立個案輔導資料。（施行細則第6條）

㈣生活扶助之調整或停止

直轄市及縣（市）主管機關應經常派員訪問受生活扶助者之生活情形；其收入或資產增減者，應調整其扶助等級或停止扶助；其扶養義務人已能履行扶養義務者，亦同。（第14條）前項訪問應予以記錄，並建立個案輔導資料。（施行細則第6條）

㈤低收入戶人口之輔助自立

低收入戶中有工作能力者，直轄市、縣（市）主管機關應協助其接受職業訓練、就業服務、創業輔導或以工代賑等方式輔助其自立；不願接受訓練或輔導，或接受訓練、輔導不願工作者，不予扶助。（第15條第1項）直轄市、縣（市）主管機關對低收入戶，於前項受訓期間應另酌給與生活補助費；其給付金額，由直轄市、縣（市）主管

機關定之，並報中央主管機關備查。（第15條第2項）

直轄市、縣（市）主管機關依本法第十五條第一項規定對低收入戶中有工作能力者輔助其自立時，得轉介各相關目的事業主管機關配合辦理。（施行細則第8條第1項）經依規定予以輔助不能適應者，得調整之；其無正當理由拒不接受調整者，不予扶助。（施行細則第8條第2項）

(六)低收入戶自立脫貧之協助

直轄市、縣（市）主管機關為協助低收入戶自立脫貧，得擬訂方案運用民間資源或自行辦理，並報中央主管機關備查。（第15條之1第1項）

參與前項方案之低收入戶，於方案執行期間，家庭總收入平均分配全家人口，每人每月未超過當年度最低生活費之一點五倍者，仍保有低收入戶之資格，不受第四條第一項規定之限制。（第15條之1第2項）

(七)特殊項目救助及服務

直轄市、縣（市）主管機關得視實際需要及財力，對設籍於該地之低收入戶提供下列特殊項目救助及服務（第16條第1項）：

1. 產婦及嬰兒營養補助。
2. 托兒補助。
3. 教育補助。
4. 租金補助或住宅借住。
5. 房屋修繕補助。
6. 喪葬補助。
7. 居家服務。
8. 生育補助。
9. 其他必要之救助及服務。

前項特殊項目救助或服務之內容、申請條件及程序等事項之規定，由直轄市、縣（市）主管機關定之。（第16條第2項）

㈧遊民之處理

警察機關發現無家可歸之遊民，除其他法律另有規定外，應通知社政機關（單位）共同處理，並查明其身分及協助護送前往社會救助機構收容；其身分經查明者，立即通知其家屬。（第17條第1項）有關遊民之收容輔導辦法，由直轄市、縣（市）主管機關定之。（第17條第2項）

三、醫療補助

㈠申請醫療補助之條件

具有下列情形之一者，得檢同有關證明，向戶籍所在地主管機關申請醫療補助（第18條第1項）：

1.低收入戶之傷、病患者。

2.患嚴重傷、病，所需醫療費用非其本人或扶養義務人所能負擔者。

參加全民健康保險可取得之醫療給付者，不得再依上項規定申請醫療補助。（第18條第2項）

依上述第十八條規定申請醫療補助者，應備齊申請表件，檢同相關證明，向戶籍所在地鄉（鎮、市、區）公所提出，轉戶籍所在地主管機關申請之。但遇有急迫情形者，得由戶籍所在地主管機關查明先行辦理救助，再行補送有關表件。（施行細則第9條）

㈡低收入戶全民健保費之補助

低收入戶參加全民健康保險之保險費，由中央及直轄市、縣（市）主管機關編列預算補助。（第19條）

㈢醫療補助之給付項目、方式及標準

醫療補助之給付項目、方式及標準，由中央、直轄市主管機關定之，直轄市主管機關並應報中央主管機關備查。（第20條）

四、急難救助

㈠申請急難救助之條件

具有下列情形之一者，得檢同有關證明，向戶籍所在地主管機關申請急難救助（第21條）：

1. 戶內人口死亡無力殮葬者。
2. 戶內人口遭受意外傷害致生活陷於困境者。
3. 負家庭主要生計責任者，罹患重病、失業、失蹤、入營服役、入獄服刑或其他原因，無法工作致生活陷於困境者。

上述所稱「戶內人口」，指同一戶籍並共同生活者；所稱「失業」，指依就業保險法第二十五條規定辦理失業認定或依同法第二十九條、第三十條規定辦理失業再認定，並取得失業認定證明者；所稱「入營服役」，指應徵集召集入營服兵役或替代役現役者。（施行細則第10條）

另上述依第二十一條規定申請急難救助者，應備齊申請表件，檢同相關證明，向戶籍所在地鄉（鎮、市、區）公所提出，轉戶籍所在地主管機關申請之。但遇有急迫情形者，得由戶籍所在地主管機關查明先行辦理救助，再行補送有關表件。（施行細則第9條）

㈡車資之救助

流落外地，缺乏車資返鄉者，當地主管機關得依其申請酌予救助。（第22條）

㈢急難救助之方式及標準

急難救助以現金給付為原則；其給付方式及標準，由直轄市、縣（市）主管機關定之，並報中央主管機關備查。（第23條）

㈣無遺屬與遺產者死亡之葬埋

死亡而無遺屬與遺產者，應由當地鄉（鎮、市、區）公所辦理葬

理。（第24條）

上述所稱當地鄉（鎮、市、區）公所，依下列情形定之（施行細則第11條第1項）：

1.有戶籍者：為戶籍所在地之鄉（鎮、市、區）公所。

2.戶籍不明者：為路倒或屍體發現地之鄉（鎮、市、區）公所。

上項情形，應行辦理葬埋之機關，認有必要時，得協調屍體所在地之鄉（鎮、市、區）公所協助辦理。（施行細則第11條第2項）

鄉（鎮、市、區）公所辦理葬埋時，應將所知死亡者之性別、身世、出生與死亡年月日、埋葬地點及死亡原因列冊登記保存；戶籍不明者，並應將其照片、身體特徵或其他足資辨識之資料列冊登記保存。（施行細則第11條第3項）

受委託辦理葬埋之鄉（鎮、市、區）公所，應將上項列冊登記保存資料，送原委託之鄉（鎮、市、區）公所保存。（施行細則第11條第4項）

五、災害救助

㈠災害救助之施予

人民遭受水、火、風、雹、旱、地震及其他災害，致損害重大，影響生活者，予以災害救助。（第25條）

㈡災害救助之辦理方式

直轄市或縣（市）主管機關應視災情需要，依下列方式辦理災害救助（第26條第1項）：

1.協助搶救及善後處理。

2.提供受災戶膳食口糧。

3.給與傷、亡或失蹤濟助。

4.輔導修建房舍。

5.設立臨時災害收容場所。

6.其他必要之救助。

上述救助方式，得由直轄市、縣（市）主管機關依實際需要訂定規定辦理之。（第26條第2項）

直轄市、縣（市）政府依上述規定辦理災害救助時，得邀集各界設置臨時救助組織辦理之。（施行細則第13條）

直轄市、縣（市）主管機關於必要時，得洽請民間團體或機構協助辦理災害救助。（第27條）

六、社會救助機構

㈠社會救助機構之設立

社會救助，除利用各種社會福利機構外，直轄市、縣（市）主管機關得視實際需要，設立或輔導民間設立為實施本法所必要之機構。（第28條第1項）前項社會福利機構，對於受救助者所應收之費用，由主管機關予以補助。（第28條第2項）

直轄市、縣（市）主管機關依上述規定設立之機構，不收任何費用。（第28條第3項）

㈡社會救助機構之許可

設立私立社會救助機構，應申請當地主管機關許可。經許可設立者，應於三個月內辦理財團法人登記；其有正當理由者，得申請主管機關核准延期三個月。（第29條第1項）前項社會救助機構之申請，經許可後，應層報中央主管機關備查。（第29條第2項）

㈢社會救助機構之設立標準

社會救助機構之規模、面積、設施、人員配置等設立標準，由中央主管機關定之。（第30條第1項）

㈣社會救助機構之獎勵

社會救助機構之獎勵辦法，由各級主管機關定之。（第30條第2項）

㈤社會救助機構之輔導、監督及評鑑

主管機關對社會救助機構應予輔導、監督及評鑑。（第31條第1項）社會救助機構辦理不善或違反原許可設立標準或依評鑑結果應予改善者，主管機關應通知其限期改善。（第31條第2項）

㈥社會救助機構應有之責任

1.社會救助機構非有正當理由，不得拒絕主管機關依本法之委託收容。（第32條）
2.社會救助機構應接受主管機關派員對其設備、帳冊、紀錄之檢查。（第33條）
3.社會救助機構接受政府補助者，應依規定用途使用之，並詳細列帳；其有違反者，補助機關得追回補助款。（第35條第1項）依前項規定增置之財產，應列入機構財產管理，以供查核。（第35條第2項）
4.社會救助機構之業務，應由專業人員辦理之。（第34條）其專業人員，除由大專校院相關系科培植外，各級主管機關得委託有關機關、學校選訓，亦得舉辦職前或在職訓練。（施行細則第16條）

七、救助經費

㈠社會救助經費之編列

辦理本法各項救助業務所需經費，應由中央、直轄市及縣（市）主管機關分別編列預算支應之。（第36條）其所定之社會救助經費，應以辦理社會救助業務爲限，不得移作他用。（施行細則第17條）

㈡社會救助金之勸募

直轄市、縣（市）主管機關每年得定期聯合各界舉行勸募社會救助金；其勸募及運用辦法，由各該主管機關定之。（第37條）

八、罰則

㈠社會救助機構違反設立許可規定之處罰

1. 社會救助機構違反第二十九條第一項規定者，處新台幣六萬元以上六十萬元以下罰鍰；其經限期辦理申請許可或財團法人登記，逾期仍不辦理者，得連續處罰之，並公告其名稱，且得令其停辦。（第38條第1項）
2. 依上項規定令其停辦而拒不遵守者，再處新台幣十萬元以上六十萬元以下罰鍰。（第38條第2項）

㈡社會救助機構違反限期改善規定之處罰

1. 私立社會救助機構經主管機關依第三十一條第二項規定，通知限期改善，逾期不改善者，得令其停辦。（第39條第1項）
2. 依上項規定令其停辦而拒不遵守者，處新台幣十萬元以上五十萬元以下罰鍰。並得按次連續處罰。（第39條第2項）

㈢社會救助機構對於安置收容不予接受之處罰

私立社會救助機構停辦或決議解散時，主管機關對於該機構收容之人應即予以適當之安置，社會救助機構應予接受；不予接受者，強制實施之，並處以新台幣六萬元以上六十萬元以下罰鍰。（第40條）

㈣社會救助機構拒絕委託收容及不接受檢查之處罰

私立社會救助機構違反第三十二條或第三十三條規定者，主管機關得處以新台幣二十萬元以上一百萬元以下罰鍰，並得令其限期改善，逾期不改善者，得廢止其許可。（第41條）

㈤罰鍰之強制執行

依本法所處之罰鍰，經限期繳納，屆期未繳納者，依法移送強制執行。（第43條）

九、附則

㈠社會救助現金給付或補助權利之保障

依本法請領各項現金給付或補助之權利，不得扣押、讓與或供擔保。（第44條）

㈡捐贈之管理及運用

各級政府及社會救助機構接受私人或團體之捐贈，應妥善管理及運用；其屬現金者，應設專戶儲存，專作社會救助事業之用，捐贈者有指定用途者，並應專款專用。（第44條之1第1項）

前項接受之捐贈，應公開徵信；其相關事項，於本法施行細則定之。（第44條之1第2項）前述所稱「公開徵信」，指將接受捐贈之基本資料及辦理情形，至少每三個月於網際網路、機關（構）發行之刊物或新聞紙公告。（施行細則第13條第1項）又所稱「基本資料」，包括姓名、金額、捐款日期及指定捐贈項目。（施行細則第13條第2項）

㈢施行細則

本法施行細則，由中央主管機關定之。（第45條）

㈣施行日期

本法自公布日施行。（第46條）

參、析評與展望

一、社會救助法之子法及重要之相關規定

社會救助法除本法外，其授權訂定之子法及重要相關規定計有：

1.社會救助法施行細則。(第45條)

2.低收入戶現金給付加成補助標準作業須知。(第12條)

3.縣(市)醫療補助辦法。(第20條)

4.社會救助機構設立標準。(第30條第1項)

5.社會救助機構獎勵辦法。(第30條第2項)

6.內政部急難救助金申請審核及撥款作業規定。

二、社會救助法之特色

我國社會救助法於六十九年制定公布，推行了十七年後，為因應社會變遷及現實需要，於八十六年予以修訂，除將救助設施改名為社會救助機構外，並增列「罰則」一章，同時將內文由二十七條增加至四十六條。綜觀修正公布後之社會救助法應具有下列幾項特色：

㈠明確界定低收入戶之定義並提高貧窮線的標準

第四條明定，本法所稱低收入，係指家庭總收入平均分配全家人口，每人每月在最低生活費標準以下者。而前項所稱最低生活費標準，由中央、直轄市主管機關參照中央主計機關所公布當地區最近一年平均每人消費支出百分之六十定之；直轄市主管機關並應報中央主管機關備查。如此規定，對於低收入戶之界定可減少無謂的紛爭；對於眞正需要救助的貧困同胞亦能獲得實質的協助。

㈡明定家庭總收入應計算之人口範圍

依第五條規定，家庭總收入應計算之人口範圍包括：(1)配偶，(2)直系血親，(3)同一戶籍或共同生活之兄弟姊妹，(4)前三款以外，認列綜合所得稅扶養親屬免稅額之納稅義務人。其立法用意係為落實家庭成員互負扶養或照顧之責任，避免蓄意規避扶養責任，造成社會成本無謂的負擔。

㈢增訂家庭總收入應包括之項目

增列第五條之一，明定家庭總收入包括：(1)工作收入，其計算方

式均予以明確訂定，以期實際收入有根有據，而非漫天喊價，該計算的跑不了，不該計算的不應隨便列入，(2)動產及不動產的收益，(3)其他收入：前二款以外非屬社會救助給付之收入。

㈣增訂不列入家庭不動產計算之土地

增列第五條之二，明定下列土地，經直轄市、縣（市）主管機關認定者，不列入家庭之不動產計算：(1)未產生經濟效益之原住民保留地，(2)未產生經濟效益之公共設施保留地及具公用地役關係之既成道路。如此規定，得以避免因擁有些許未產生經濟效益之土地，而影響低收入戶之列冊。

㈤增訂有工作能力人口之認定

增列第五條之三，明確規定十六歲以上，未滿六十五歲之人口，務須依相關規定應視為有工作能力人口，才能據以計算其收入；否則雖然年齡看起來是有工作能力人口，但因某些不可抗的因素以致實際不能工作，而又偏偏要將其視為有工作能力人口，並計算其規定之基本收入，當然會影響其列為低收入戶之資格；導致其變成低收入邊緣戶，比貞正低收入戶還需要照顧，這樣必然有失公平正義。

㈥明定救助金額之上限

第八條規定，依本法或其他法令每人每月所領取政府核發之救助金額，不得超過當年政府公告之基本工資。此項規定，可藉以遏止一般民眾養成倚賴救助金生活的惰性。

㈦明定主管機關停止社會救助之情況

第九條規定，受社會救助者有下列情形之一：(1)提供不實之資料者，(2)隱匿或拒絕提供主管機關所要求之資料者，(3)以詐欺或其他不正當方法取得本法所定之社會救助者，主管機關應停止其社會救助，並得追回其所領取之補助。藉此規定，應可儘量阻止「假貧戶」投機取巧，坐領不該領取的救助金。

㈧增列主管機關得加成發給補助之規定

第十二條增定，低收入戶成員中有下列情形之一者：(1)年滿六十五歲者，(2)懷胎滿六個月者，(3)領有身心障礙手冊者，主管機關得依其原領取現金給付之金額增加百分之二十至四十之補助。此項規定之立法精神，乃有鑑於老人、待產婦及身心障礙者等，其生活所需之各項費用應比一般人為高；因此，主管機關得斟酌財政狀況，對低收入戶的該等人口加發補助費。

㈨增訂協助低收入戶自立脫貧之規定

增列第十五條之一，明定直轄市、縣（市）主管機關為協助低收入戶自立脫貧，得擬訂方案運用民間資源或自行辦理，並報中央主管機關備查。參與前項方案之低收入戶，於方案執行期間，家庭總收入平均分配全家人口，每人每月未超過當年度最低生活費之一點五倍者，仍保有低收入戶之資格，不受第四條第一項規定之限制。此項規定，旨在協助低收入戶致力增加收入，早日脫離貧窮。

㈩增列主管機關得對低收入戶提供特殊救助及服務之規定

第十六條規定，中央及直轄市、縣（市）主管機關得視實際需要及財力對低收入戶提供下列特殊項目救助及服務：(1)產婦及嬰兒營養補助，(2)托兒補助，(3)教育補助，(4)租金補助或平價住宅借住，(5)房屋修繕補助，(6)喪葬補助，(7)在宅服務，(8)生育補助，(9)其他必要之救助及服務。此項規定，旨在針對低收入之實際需要，提供特殊之救助及服務，惟應視主管機關之財力狀況而定。

⑪增列遊民處理之規定

第十七條規定，警察機關發現無家可歸之遊民，除其他法律另有規定外，應通知社政機關（單位）共同處理，並查明其身分護送前往社會救助機構收容；其身分經查明者，立即通知其家屬。有關遊民之收容輔導辦法，由直轄市、縣（市）主管機關定之。經瞭解，遊民業務於民國八十年由警政單位移由社政單位主管，其管理遂以警政取締

調整為社政輔導之方式，現行遊民之收容輔導係採「緊急服務、過渡服務及穩定服務」之三層階段，期能在尊重當事人基本人權，並考量地域差異性之前提下，提供適切的收容與輔導措施，以協助遊民獲得生活重建與適應。

(十二)增列全民健康保險費之補助規定

第十九條規定，低收入戶參加全民健康保險之保險費，由中央及直轄市、縣（市）主管機關編列預算補助。此一規定對於低收入戶家庭人口醫療保健之保障具有絕對性的維護作用；因為低收入戶最低生活標準既已難以維持，要其每月再依規定繳納全民健康保險費必定相當困難。

(十三)增列私立社會救助機構申請設立之規範

第二十九條規定，設立私立社會救助機構，應申請當地主管機關許可。經許可設立者，應於三個月內辦理財團法人登記；其有正當理由者，得申請主管機關核准延期三個月。又第三十條規定，社會救助機構之規模、面積、設施、人員配置等設立標準，由中央主管機關定之。

(十四)增訂捐贈管理及運用之規定

增列第四十四條之一，明定各級政府及社會救助機構接受私人或團體之捐贈，應妥善管理及運用；其屬現金者，應設專戶儲存，專款專用，且接受之捐贈，應公開徵信。如此，可讓捐贈者建立捐贈之信心，尤可讓民間善款眞正用在社會救助之急切需要。

(十五)增列對私立社會救助機構違反規定之罰則

為使私立社會救助機構能夠正常經營，發揮效能，本法特增列「罰則」專章，自第三十八條至第四十三條，全部針對私立社會救助機構違反設立許可、辦理財團法人登記、限期改善、命令停辦拒不遵守、應盡責任等規定，分別課以必要之處罰，以期社會救助機構能夠名副其實，眞正嘉惠需要幫助的民眾同胞。

三、社會救助法之檢討

八十六年及九十四年修正公布的社會救助法，雖可展現上述多項之特色，惟審視當前推展之社會救助措施，確實仍有部分值得商榷之處。

㈠低收入戶等級之劃分不一致

本法第十一條第二項規定，生活扶助之現金給付，中央、直轄市主管機關得依收入差別訂定等級。依此，現行低收入戶之等級劃分，其類別因所在區域不同而有不同；台灣省、福建省（金門縣、連江縣）將低收入戶分爲第一、二、三款；台北市則區分爲第〇、一、二、三、四等五類，計分五級；而高雄市則分爲第一、二、三類。其中台北市分爲五級，第〇類就等於第一款或第一類，第一、二類就等於第二款或第二類，第三、四類就等於第三款或第三類。由此觀之，同等級的低收入戶，台灣省、台北市及高雄市都有不同類別的名稱，未知其意義何在？如將其統稱爲第一、二、三款或第一、二、三類，有何不可？令人費解。

㈡核發生活扶助救助金額各有不同

本法第十一條第二項規定，低收入戶生活扶助之現金給付，得依收入差別訂定等級，其等級即爲核發各項現金給付之依據；以家庭生活補助費爲例，目前台灣省低收入戶第一款每人每月發給七、一〇〇元；台北市第〇類每人每月發給一一、六二五元，第三口以上發給八、七一九元；高雄市第一類每人每月發給八、八二八元；福建省金門縣第一款每人每月發給五、九〇〇元，連江縣第一款每人每月發給六、〇〇〇元，兩縣第三口以上均發給四、四二五元。其核發金額因低收入戶所在區域之物價水準、生活費用不同而各有不同；因此，極易造成低收入戶人口流向核發金額較高地區集中之現象，或產生幽靈人口增多之疑慮。

㈢地方政府財政狀況不同造成給付標準不一

雖然本法第三十六條明定，辦理各項救助業務所需經費，應由中央、直轄市及縣（市）主管機關分別編列預算支應。惟因地方政府財力有限，且財政狀況不一；實務上，常有視其財政寬裕與否及地方首長對於社會救助業務之重視程度，以決定其社會救助經費支出之多寡；因而，可能出現相同之救助項目，在不同之縣市卻有給付標準不一之現象。另第十二條所規定之加成補助及第十六條所規定之特殊項目救助及服務，亦可能因各縣市財政狀況不同而各有所異。

㈣各項服務措施亟待整合規劃

當前對於社會救助措施，以各項津貼名義發放的權宜救助措施計有：中低收入老人生活津貼、身心障礙者生活補助、榮民院外就養金、老年農民福利津貼等，種類繁多，且其法規依據、權責單位、發放對象及發放金額均各有不同，形成社會各界對各種津貼發放之公平合理性有所疑義。因此，如何就民眾之需求及有限之資源，將各種社會救助措施作最有效之整合規劃，以避免資源之浪費，實為當務之急。

㈤災害救助亟應與災害防救法之災害救助相競合

災害對人類社會之危害，自古皆然；儘管社會不斷進步，科技水準持續提昇，始終無法使人類免於天然災害之威脅。我國於八十八年九二一震災後，特於八十九年七月十九日制定公布「災害防救法」，該法第四十八條明定：「災害救助種類及標準，由各中央災害防救業務主管機關會商直轄市、縣（市）政府統一訂定之」；而本法亦列有「災害救助」專章。據此，同樣一種需要救助的狀況，卻在兩種不同的法案分別訂定，究應依據何法為準？確有亟待相互競合之迫切需要。

四、社會救助政策之展望

針對上述值得商榷、檢討之處，展望未來，下列重點工作有待努

力精進。

㈠落實公平正義的救助原則

雖依內政部統計資料顯示，截至九十四年底，我國低收入戶計有八四、七九六戶，佔全國總戶數百分之一點一六；但不可置疑的，絕對有比列冊低收入戶更為貧窮之家庭，未列入低收入戶名冊之內，亦絕對有根本不符合低收入戶資格，而在低收入戶名冊有其列名；這種現象顯然有失公平正義原則。因之，對於家庭總收入低於貧窮線之家庭，務須確實實施資產調查，且地方主管機關每年亦應定期辦理低收入戶調查；另對於家庭總收入應予計算之人口範圍更應予以確切認定；唯有如此，始能將政府有限之資源，眞正用之於照顧最需要照顧的人。

㈡謀求協助自立的扶助項目

現行社會救助之生活扶助項目，除了家庭生活補助費及相關現金給付的核發外，主要仍以協助其接受職業訓練、就業服務、創業輔導、以工代賑輔助其自立。對於生活環境日漸改善的低收入戶，除應加強辦理前述各項積極性之扶助措施外，更有必要進一步謀求協助低收入戶增進自力更生機會的扶助項目，俾促使其早日脫離貧窮。至於現金與實物等給付方式的利弊，未來在福利購買券（抵用券）等給付方式的應用，亟需再予研究發展，以提昇救助資源的運用效能。

㈢發展迅速便捷的資訊系統

社會救助與民眾生活的關係最為密切，如何建構迅速、便捷的資訊系統以代替人力不足，俾有效提高行政效率，提昇服務品質，乃為必然的趨勢。關於如何建立資訊化之資料庫，以掌握完整的受助人口群，目前政府已建置「社會救助資訊管理系統」，將低收入戶家庭生活補助、中低收入老人生活津貼及身心障礙者生活補助等資料庫，與各縣市之鄉（鎮、市、區）公所聯結，期能以電腦資訊管理之方式，增進社會救助工作的效率與效能。

㈣強化行政體系的縱橫關係

社會救助的業務涉及教育、勞工、衛生等部門，並非社政部門可單獨掌理的。另就中央政策方向之制定，以至地方服務措施之執行，亦爲一貫作業之流程。有鑑於此，務須強化平行的橫向溝通、協調，及垂直的縱向合作、聯繫，始能有助於整體社會救助措施服務品質的提昇，服務成效的彰顯。

㈤善用資源連結的豐沛民力

政府力量有限，民間資源無窮；社會救助工作的有效推展，如果全賴政府的力量因應，勢必難以達到預定的目標；務須廣結民間力量彌補政府之不足，始能順利推展，克竟事功。因此，務須透過：(1)建立服務網絡，(2)召開聯繫會報，(3)辦理獎勵表揚等管道，增進與民間團體的溝通與交流，建立良好的夥伴關係，始能充分運用豐沛的民力，以協助社會救助工作達到更大效能。

肆、結語

台灣在過去三十年來的經濟發展獲得亞洲四小龍的美譽，也改善了人民的生活水準。然而，如此傲人的經濟奇蹟並非人人平均享有，仍有一些人生活在經濟社會的底層，無法滿足其家庭成員的生活需要與發展機會；這些人可說是「富裕中的貧窮」。

近年來，台灣地區受到全球化經濟發展的影響，加上八十八年發生「九二一大地震」，使得高失業及新貧窮的問題日趨嚴重，各級政府亦先後訂定一些新的救助措施以資因應。例如：內政部配合「災後重建計畫綱領」之生活重建計畫，擬定「社會救助及福利服務計畫」；台北市規劃「個人發展帳戶」，以協助低收入戶脫離貧窮困境；高雄市推動「低收入戶第二代希望工程脫貧方案」。

總之，貧窮問題，幾爲所有社會問題之母，抵抗貧窮，亦爲有史以來未曾間斷之工作。是以，如何妥善規劃防貧、救貧、脫貧之相關工作，並消除致貧之因素；建立最佳功能之社會安全網，以需求導向及全人觀點為原則，強調社會救助與福利服務之互補關係；共同建立一個積極性的社會救助制度，使國民的基本生存權及社會權獲得確切保障，開創祥和、溫馨的生活空間，實為刻不容緩的急切要務。個人認為，建立積極性的社會救助制度應予努力的方向為：

㈠強調「救貧」與「脫貧」兼顧的重要性

本法第一條開宗明義指出：「為照顧低收入及救助遭受急難或災害者，並協助其自立，特制定本法」。足見社會救助的目的，在消極面是「救貧」，旨在保障低收入者的最低生活標準，免於匱乏；在積極面則是「脫貧」，旨在協助低收入者早日脫離貧窮困境，自力更生。因此，社會救助措施，除應重視低收入者基本生活之維護，更應依本法第十五條規定，致力針對低收入戶中有工作能力者，積極協助其接受職業訓練、就業服務、創業輔導，或以工代賑等方式，輔助其自立。

㈡仿照先進國家採行「工作福利」的策略

造成貧窮的原因是多元的，其中尤以失業更是致貧的主因，而長期的失業更可能造成持續貧窮。我們經常發現，有些低收入者，明明具有工作能力，卻寧願接受救助而不願意尋找工作，以致成為福利依賴者。先進國家對付這種不工作的窮人，係以祭出「**工作福利**」（work welfare）的策略；對於願意工作的低收入者，提供托兒服務或醫療照護等配套措施，使其在工作中無後顧之憂；而對於不願工作的低收入者，則減少其救助金額或停止救助。諸如：美國的「個人責任和工作機會協調法案」就是「工作福利」的範例；法國的「社會安置最低收入法案」亦類似。

㈢致力推廣「財產形成」的理念

有的家庭由於食之者眾，生之者寡，縱使具有謀生能力者辛苦工作，卻仍因為入不敷出，依然擺脫不了貧窮的陰影，此即所謂「**工作的窮人**」（working poor）。針對這種無法從工作所得脫離貧窮的現象，先進國家曾提出一種「**財產形成**」（asset accumulation）的理念，主張在工作所得之外，設法擴充低收入戶的其他經濟來源，包括：勸導儲蓄、鼓勵投資、減少消費等，輔導低收入戶逐步累積財產，增加經濟自立的機會。例如：台北市實施的「家庭發展帳戶」，就是基於這種理念，期能激勵低收入戶參與理財規劃，並結合民間資源提供相對基金，協助低收入戶在自助人助的情況之下，逐步走向經濟自立，漸漸脫離貧窮。

㈣避免產生「社會排除」的效應

儘管美國早先有貧窮文化的論辯，甚至以「低下階層」（underclass）的概念來探討某些特定族群的貧窮問題，因而產生「**社會排除**」（social exclusion）的現象，事實上，貧窮未必完全是個人懶惰的結果，或許是因爲市場結構所造成的也有可能。憲法明文規定，人民的生存權、工作權及財產權應予保障；且不分男女、宗教、種族、階級、黨派在法律上一律平等。因此，站在政府的立場，政府有責任保障人民應有的權利。對於社會救助政策之形成，尤應特別關注中高年齡失業者、特殊境遇婦女及少數民族的經濟問題和就業服務，不應輕忽或排除其平等參與社會及接受救助的機會。

第十二章　就業保險法

壹、前言

所謂失業人口係指具有工作能力、又有工作意願、但卻找不到工作的人；失業的類別不外：摩擦性失業、季節性失業、結構性失業及循環性失業等。台灣地區截至九十一年底失業人口已高達百分之五點一〇以上，顯見失業問題在台灣已成爲眾所矚目的嚴重社會問題。

面臨日益嚴重的失業問題，行政院勞工委員會除持續推動各項短期促進就業政策，並積極催生就業保險法之立法。對於當前的失業問題，行政院勞工委員會所提出的對策分兩方面，一是消極提供失業救助措施，一是更積極促進就業；前者主要以「就業促進津貼實施要點」提供失業救濟，後者則以「就業保險法」爲主軸，希望更有效掌握失業人口，導入失業給付、職業訓練及就業服務等措施，有效提高就業率。

關於就業促進津貼分爲：求職交通津貼、臨時工作津貼、訓練生活津貼、創業貸款利息津貼、僱用獎助津貼及就業媒合推介津貼等，這些措施均屬短期性作爲，對於解決失業問題，幫助有限；而就業保險法之擬訂，雖然是從勞工保險條例中的「失業給付辦法」整合「職業訓練」及「就業服務」概念而來，但其適用範圍擴及所有受僱勞工，目前未投勞保的四人以下公司，自就業保險法實施起亦將一併強制納保。

就業保險法已於民國九十一年五月完成立法工作，九十一年五月十五日奉總統令制定公布，並於九十一年八月二日行政院令發布定九十二年一月一日施行。依本法規定，未來受僱勞工被迫失業後，必須先接受個別就業指導，並由公立就業服務機構推介就業或安排受訓，無法在十四天內完成這些程序，才能申請失業給付。換言之，未來失業勞工必須經由較積極的求職、舉證等程序，才能依法領取失業給付；被轉入職訓體系的失業勞工可獲取津貼補助，以鼓勵勞工深切體認：「一技在身勝過家財萬貫」的眞諦，努力學習更多技能，而後得以自力更生。

貳、法案內涵

就業保險法（Employment Insurance Law）全文計有八章四十四條：第一章：總則，第二章：保險人、投保對象及投保單位，第三章：保險財務，第四章：保險給付，第五章：申請及審核，第六章：基金及行政經費，第七章：罰則，第八章：附則。另就業保險法施行細則計有二十六條。茲將兩法案的全部內涵綜合予以詳述解說於后。

一、總則

㈠目的

就業保險法之制定，係為提昇勞工就業技能，促進就業，保障勞工職業訓練及失業一定期間之基本生活。本法未規定者，適用其他法律之規定。（第1條）

㈡主管機關

就業保險之主管機關：在中央為行政院勞工委員會；在直轄市為直轄市政府；在縣（市）為縣（市）政府。（第2條）

㈢監理與爭議審議

1.**監理**：本保險業務，由勞工保險監理委員會監理。（第3條第1項）

關於就業保險業務之監理事項如下（施行細則第2條第1項）：

(1)本保險年度業務計畫及年終總報告之審議事項。

(2)本保險年度預算及決算之審議事項。

(3)本保險基金管理及運用之審議事項。

(4)其他有關本保險監理事項。

勞工保險監理委員會為上項監理事項之審議時，得視需要邀請學者專家及相關機關代表列席。（施行細則第2條第2項）另勞工保險監理委員會應將監理第一項事項之結果，報請中央主管機關備查。（施行細則第2條第3項）

保險人應按月將下列書表送勞工保險監理委員會，並報請中央主管機關備查（施行細則第3條）：

(1)投保單位、投保人數及投保薪資統計表。

(2)保險給付統計表。

(3)保險收支會計報表。

(4)保險基金運用概況表。

勞工保險監理委員會監理本保險業務，應按季編具業務與財務監督及爭議審議報告，並於年終編具總報告，報請中央主管機關備查。（施行細則第4條）

2. **爭議審議**：被保險人及投保單位對保險人核定之案件發生爭議時，應先向勞工保險監理委員會申請審議；對於爭議審議結果不服時，得依法提起訴願及行政訴訟。（第3條第2項）

上項所稱核定之案件發生爭議，係指下列各項（施行細則第5條第1項）：

(1)被保險人資格或投保事項。

(2)被保險人投保薪資或年資事項。

(3)保險費或滯納金事項。

(4)保險給付事項。

(5)其他有關保險權益事項。

凡依本法第三條第二項規定申請審議者，應於接到保險人核定通知文件之翌日起六十日內，塡具就業保險爭議事項審議申請書，並檢附有關證件經由保險人向勞工保險監理委員會申請審議。（施行細則第5條第2項）又依本法規定申請審議者，準用勞工保險爭議事項審議辦法之規定。（施行細則第5條第3項）

二、保險人、投保對象及投保單位

㈠保險人

就業保險由中央主管機關委任勞工保險局辦理，並為保險人。（第4條）

㈡被保險人

年滿十五歲以上，六十歲以下，受僱之本國籍勞工，應以其雇主或所屬機構為投保單位，參加本保險為被保險人。但下列人員不得參加本保險（第5條第1項）：

1.依法應參加公教人員保險或軍人保險者。
2.已領取勞工保險老年給付或公教人員保險養老給付者。
3.受僱於依法免辦登記且無核定課稅或依法免辦登記且無統一發票購票證之雇主或機構者。

勞工如受僱於二個以上雇主者，得擇一參加本保險。（第5條第2項）

凡符合本法第五條第一項規定之被保險人，未參加勞工保險者，其保險費應由投保單位以保險人指定金融機構自動轉帳方式繳納之，自動轉帳之扣繳日期為次月底。（施行細則第6條）

㈢勞工之被保險人身分

1.本法施行後，依第五條規定應參加本保險為被保險人之勞工，自投保單位申報參加勞工保險生效之日起，取得本保險被保險人身分；自投保單位申報勞工保險退保效力停止之日起，其保險效力即行終止。（第6條第1項）
2.本法施行前已參加勞工保險之勞工，自本法施行之日起，取得被保險人身分；其依勞工保險條例及勞工保險失業給付實施辦法之規定，繳納失業給付保險費之有效年資，應合併計算本保險之保險年資。（第6條第2項）

上項所稱本法施行前已參加勞工保險之勞工，指依本法第五條第一項規定應參加本保險並於本法施行前已參加勞工保險之勞工。（施行細則第7條）

3. 依第五條規定應參加本保險爲被保險人之勞工，其雇主或所屬團體或所屬機構未爲其申報參加勞工保險者，各投保單位應於本法施行之當日或勞工到職之當日，爲所屬勞工申報參加本保險；於所屬勞工離職之當日，列表通知保險人。其保險效力之開始或停止，均自應爲申報或通知之當日起算。但投保單位非於本法施行之當日或勞工到職之當日爲其申報參加本保險者，除依本法第三十八條規定處罰外，其保險效力之開始，均自申報或通知之翌日起算。（第6條第3項）

投保單位依上項規定爲所屬勞工申報參加本保險時，應塡具投保申請書及加保申報表各一份送交保險人，並檢附負責人國民身分證正背面影本及各目的事業主管機關核發之下列相關證件影本（施行細則第8條第1項）：

1. 工廠應檢附工廠登記證或設立許可相關證明文件。
2. 礦場應檢附礦場登記證、採礦或探礦執照。
3. 鹽場、農場、牧場、林場及茶場應檢附登記證書。
4. 交通事業應檢附運輸業許可證或有關證明文件。
5. 公用事業應檢附事業執照或有關證明文件。
6. 公司、行號應檢附公司登記證明文件或商業登記證明文件。
7. 新聞事業、文化事業、公益事業、合作事業、職業訓練機構及各業人民團體應檢附立案或登記證明書。
8. 其他各業應檢附執業證照或相關登記、核備證明文件。

如投保單位無法取得前項各款規定之證件者，應檢附稅捐稽徵機關核發之扣繳單位設立（變更）登記申請書或使用統一發票購票證辦理投保手續。（施行細則第8條第2項）

又本法第六條第三項所定之投保單位有：(1)單位之名稱、地址或通訊地址變更，(2)單位之負責人變更兩款情事之一者，應於事實發生之日起三十日內，塡具投保單位變更事項申請書，並檢附有關證件影本，送交保險人辦理變更。（施行細則第9條第1項）

另被保險人姓名、出生年月日、國民身分證統一編號如有變更或錯誤時，投保單位應即填具被保險人變更事項申請書，並檢附國民身分證正背面或有關證件影本，送交保險人辦理變更。（施行細則第10條）

㈣查對資料之配合

主管機關、保險人及公立就業服務機構為查核投保單位勞工工作情況、薪資或離職原因，必要時，得查對其員工名冊、出勤工作紀錄及薪資帳冊等相關資料，投保單位不得規避、妨礙或拒絕。（第7條）

依本條規定，投保單位應置備員工名冊、出勤工作紀錄及薪資帳冊，供主管機關、保險人及公立就業服務機構依本法第七條規定為查對，並自被保險人離職之日起保存五年。（施行細則第11條）

上項員工名冊記載事項如下：

1.姓名、性別、出生年月日、住（居）所、國民身分證統一編號。

2.到職之年月日。

3.工作類別。

4.工作時間及薪資。

5.傷病請假致留職停薪期間。

三、保險財務

㈠保險費率之擬訂

本保險之保險費率，由中央主管機關按被保險人當月之月投保薪資百分之一至百分之二擬訂，報請行政院核定之。（第8條）

㈡保險費率之精算

1.本保險之保險費率，保險人每三年應至少精算一次，並由中央主管機關聘請精算師、保險財務專家、相關學者及社會公正人士九人至十五人組成精算小組審查之。（第9條第1項）

2.保險費率精算後，有下列情形之一者，中央主管機關應於第八條規定之保險費率範圍內調整保險費率（第9條第2項）：

(1)精算之保險費率，其前三年度之平均值與當年度保險費率相差幅度超過正負百分之五。

(2)本保險累存之基金餘額低於前一年度保險給付平均月給付金額之六倍或高於前一年度保險給付平均月給付金額之九倍。

(3)本保險增減給付項目、給付內容、給付標準或給付期限，致影響保險財務。

四、保險給付

㈠給付種類

就業保險之給付，分下列四種（第10條第1項）：

1.失業給付。

2.提早就業獎助津貼。

3.職業訓練生活津貼。

4.失業之被保險人其全民健康保險保險費補助。

被保險人請領上項第一款至第三款所定之失業給付、提早就業獎助津貼或職業訓練生活津貼，經保險人審查應予發給者，由保險人匯入被保險人所指定國內金融機構之本人名義帳戶。（施行細則第12條）

至於第四款之補助對象、補助條件、補助標準、補助期限之辦法，由中央主管機關另定之。（第10條第2項）

另依本條規定請領失業給付、提早就業獎助津貼、職業訓練生活津貼等所應備具之書件分別爲：

1.失業給付：被保險人依本法第十一條第一項第一款規定請領失業給付者，應備具下列書件（施行細則第13條）：

(1)失業（再）認定、失業給付申請書及給付收據。

(2)離職證明書或定期契約證明文件。

(3)國民身分證或其他身分證明文件正背面影本。

(4)被保險人本人名義之國內金融機構存摺封面影本。

2.**提早就業獎助津貼**：被保險人依本法第十一條第一項第二款規定請領提早就業獎助津貼者，應備具下列書件（施行細則第14條）：

(1)提早就業獎助津貼申請書及給付收據。

(2)最後就業（加保）單位在職證明書。

(3)國民身分證或其他身分證明文件正背面影本。

(4)被保險人本人名義之國內金融機構存摺封面影本。

3.**職業訓練生活津貼**：被保險人依本法第十一條第一項第三款規定請領職業訓練生活津貼者，應備具下列書件（施行細則第15條）：

(1)職業訓練生活津貼申請書及給付收據。

(2)離職證明書。

(3)國民身分證或其他身分證明文件正背面影本。

(4)被保險人本人名義之國內金融機構存摺封面影本。

㈡失業給付之請領條件

1.被保險人於非自願離職辦理退保當日前三年內，保險年資合計滿一年以上，具有工作能力及繼續工作意願，向公立就業服務機構辦理求職登記，自求職登記之日起十四日內仍無法推介就業或安排職業訓練。（第11條第1項第1款）

2.申請人對公立就業服務機構推介之工作，有下列各款情事之一而不接受者，仍得請領失業給付（第13條）：

(1)工資低於其離職退保前六個月平均月投保薪資百分之六十。

(2)工作地點距離申請人日常居住處所三十公里以上。

3.申請人對公立就業服務機構安排之就業諮詢或職業訓練，有下列情事之一而不接受者，仍得請領失業給付（第14條第1項）：

(1)因傷病診療，持有證明而無法參加者。

(2)為參加職業訓練，需要變更現在住所，經公立就業服務機構認定顯有困難者。

申請人因前項各款規定情事之一，未參加公立就業服務機構安排之就業諮詢或職業訓練，公立就業服務機構在其請領失業給付期間仍得擇期安排。（第14條第2項）

4. 申請人與原雇主間因離職事由發生勞資爭議者，仍得請領失業給付。（第23條第1項）

上項爭議結果，確定申請人不符失業給付請領規定時，應於確定之日起十五日內，將已領之失業給付返還。屆期未返還者，依法移送強制執行。（第23條第2項）

㈢申請失業給付之拒絕受理

被保險人有下列情形之一者，公立就業服務機構應拒絕受理失業給付之申請（第15條）：

1. 無第十三條規定情事之一不接受公立就業服務機構推介之工作。
2. 無前條規定情事之一不接受公立就業服務機構之安排，參加就業諮詢或職業訓練。

㈣請領失業給付之限制

1. 被保險人於失業期間另有工作，其每月工作收入超過基本工資者，不得請領失業給付。（第17條第1項前段）
2. 被保險人每月工作收入未超過基本工資者，其該月工作收入加上失業給付之總額，超過其平均月投保薪資百分之八十部分，應自失業給付中扣除。但總額低於基本工資者，不予扣除。（第17條第1項後段）
3. 領取勞工保險傷病給付、職業訓練生活津貼、臨時工作津貼、創業貸款利息補貼或其他促進就業相關津貼者，領取相關津貼期間，不得同時請領失業給付。（第17條第2項）

㈤失業給付之發放

失業給付之發放，依下列規定辦理（第16條第1項）：

1. 失業給付每月按申請人離職辦理本保險退保之當月起前六個月

平均月投保薪資百分之六十發給，最長發給六個月。領滿六個月失業給付者，本保險年資應重行起算。

2.受領失業給付未滿六個月再參加本保險後非自願離職，得依規定申領失業給付。但合併原已領取之失業給付月數及依第十八條規定領取之提早就業獎助津貼，以發給六個月爲限；合計領滿六個月失業給付者，本保險年資應重行起算。

依前項規定領滿六個月失業給付者，自領滿之日起二年內再次請領失業給付，其失業給付以發給三個月爲限。領滿三個月失業給付者，本保險年資應重行起算。（第16條第2項）

㈥失業給付之起算日

失業給付自向公立就業服務機構辦理求職登記之第十五日起算。（第20條第1項）

㈦提早就業獎助津貼之請領條件

符合失業給付請領條件，於失業給付請領期限屆滿前受僱工作，並參加本保險三個月以上者，得向保險人申請。（第11條第1項第2款）提早就業獎助津貼按其尚未請領之失業給付金額之百分之五十，一次發給。（第18條）

㈧職業訓練生活津貼之請領條件

被保險人非自願離職，向就業服務機構辦理求職登記，經公立就業服務機構安排參加全日制職業訓練者，得向保險人申請。（第11條第1項第3款）

職業訓練生活津貼於受訓期間，每月按申請人離職辦理本保險退保之當月起前六個月平均月投保薪資百分之六十發給，最長發給六個月。（第19條第1項）前項生活津貼，應按申請人實際參訓起迄時間，以三十日爲一個月核算發放；其訓練期間未滿三十日者，依下列方式核算發放：(1)十日以上且訓練時數達三十小時者，發放半個月；(2)二十日以上且訓練時數達六十小時者，發放一個月。（施行細則第19條）

職業訓練生活津貼自受訓之日起算。（第20條第2項）

職業訓練單位應於申請人受訓之日，通知保險人發放職業訓練生活津貼。中途離訓或經訓練單位退訓者，訓練單位應即通知保險人停止發放職業訓練生活津貼。（第19條第2項）

本法所稱**「非自願離職」**，指被保險人因投保單位關廠、遷廠、休業、解散、破產宣告離職；或因勞動基準法第十一條、第十三條但書、第十四條及第二十條規定各款情事之一離職。（第11條第3項）又被保險人因定期契約屆滿離職，逾一個月未能就業，且離職前一年內，契約期間合計滿六個月以上者，視為「非自願離職」，同樣準用本法之規定。（第11條第2項）

按：

1. **勞動基準法第十一條規定**：非有左列情形之一者，雇主不得預告勞工終止勞動契約：
   (1)歇業或轉讓時。
   (2)虧損或業務緊縮時。
   (3)不可抗力暫停工作在一個月以上時。
   (4)業務性質變更，有減少勞工之必要，又無適當工作可供安置時。
   (5)勞工對於所擔任之工作確不能勝任時。
2. **勞動基準法第十三條規定**：勞工在第五十條規定之停止工作期間或第五十九條規定之醫療期間，雇主不得終止契約。但雇主因天災、事變或其他不可抗力致事業不能繼續，經報主管機關核定者，不在此限。
3. **勞動基準法第十四條第一項規定**：有左列情形之一者，勞工得不經預告終止契約：
   (1)雇主於訂立勞動契約時為虛偽之意思表示，使勞工誤信而有受損害之虞者。
   (2)雇主、雇主家屬、雇主代理人對於勞工，實施暴行或有重大侮辱之行為者。
   (3)契約所訂之工作，對於勞工健康有危害之虞，經通知雇主改善而無效果者。

(4)雇主、雇主代理人或其他勞工患有惡性傳染病，有傳染之虞者。

(5)雇主不依勞動契約給付工作報酬，或對於按件計酬之勞工不供給充分之工作者。

(6)雇主違反勞動契約或勞工法令，致有損害勞工權益之虞者。

4.**勞動基準法第二十條規定**：事業單位改組或轉讓時，除新舊雇主商定留用之勞工外，其餘勞工應依第十六條規定期間預告終止契約，並應依第十七條規定發給勞工資遣費。其留用勞工之工作年資，應由新雇主繼續予以承認。

另本法第十一條第一項第三款所定「全日制職業訓練」，應符合下列條件（施行細則第16條）：

1.訓練期間一個月以上。

2.每星期上課四次以上。

3.每次上課日間四小時以上。

4.每月總訓練時數達一百小時以上。

㈨提供就業諮詢、推介就業或參加職業訓練

1.公立就業服務機構為促進失業之被保險人再就業，得視需要提供就業諮詢、推介就業或參加職業訓練。（第12條第1項）前項業務，得由主管機關或公立就業服務機構委任或委託其他機關（構）、學校、團體或法人辦理。（第12條第2項）

2.中央主管機關得於就業保險年度應收保險費百分之十範圍內提撥經費，辦理被保險人之在職訓練及失業後之職業訓練暨獎助雇主僱用本國籍失業勞工。（第12條第3項）此項訓練業務，得視實際業務需要委任或委託辦理。（施行細則第18條）其經費指當年度應收保險費百分之十範圍及歷年應收保險費百分之十之執行賸餘額度；其額度以審定決算數為計算基礎。前項經費由保險人按提撥經費預算數每六個月撥付之，執行結果若有賸餘，應於年度結算後辦理繳還。（施行細則第17條）

上項職業訓練對象、職類、經費管理及運用辦法暨獎助雇主僱用本國籍失業勞工獎助對象、給付條件、給付標準、給付限制

辦法，由中央主管機關另定之。（第12條第4項）

3.本法所稱「**就業諮詢**」，係指提供選擇職業、轉業或職業訓練之資訊與服務、就業促進研習活動或協助工作適應之專業服務。（第12條第5項）

㈩保險給付故意領取之處置

投保單位故意爲不合本法規定之人員辦理參加保險手續，領取保險給付者，保險人應通知限期返還，屆期未返還者，依法移送強制執行。（第21條）

⑪保險給付不得讓與、抵銷、扣押或供擔保

被保險人領取各種保險給付之權利，不得讓與、抵銷、扣押或供擔保。（第22條）

⑫保險給付之領取時效

領取保險給付之請求權，自得請領之日起，因二年間不行使而消滅。（第24條）

五、申請及審核

㈠失業認定之申請

1.被保險人於離職後，應檢附離職或定期契約證明文件及國民身分證或其他足資證明身分之證件，親自向公立就業服務機構辦理求職登記、申請失業認定及接受就業諮詢，並塡寫失業認定、失業給付申請書及給付收據。此項所稱離職證明文件，指由投保單位或直轄市、縣（市）主管機關發給之證明；其取得有困難者，得經公立就業服務機構之同意，以書面釋明理由代替之。（第25條第3項）又前項之文件或書面，應載明申請人姓名、投保單位名稱及離職原因。（第25條第4項）另申請人未檢齊第一項規定文件者，應於七日內補正；屆期未補正者，

視爲未申請。（第25條第5項）

2.被保險人依上項規定向公立就業服務機構辦理求職登記時，應申報其日常居住處所。（施行細則第20條第1項）被保險人申報前項日常居住處所，應檢附戶籍地址或申報流動人口登記等相關證明文件。（施行細則第20條第2項）

㈡失業認定之完成

1.公立就業服務機構受理求職登記後，應辦理就業諮詢，並自求職登記之日起十四日內推介就業或安排職業訓練。未能於該十四日內推介就業或安排職業訓練時，公立就業服務機構應於翌日完成失業認定，並轉請保險人核發失業給付。（第25條第2項）

公立就業服務機構爲辦理推介就業及安排職業訓練所需，得要求申請人提供下列文件（第26條）：

(1)最高學歷及經歷證書影本。

(2)專門職業及技術人員證照或執業執照影本。

(3)曾接受職業訓練之結訓證書影本。

2.職業訓練期滿未能推介就業者，職業訓練單位應轉請公立就業服務機構完成失業認定。其未領取或尚未領滿失業給付者，並應轉請保險人核發失業給付，合併原已領取之失業給付，仍以六個月爲限。（第28條）

3.失業期間或受領失業給付期間另有其他工作收入者，應於申請失業認定時，告知公立就業服務機構。（第31條）

㈢失業再認定

1.繼續請領失業給付者，每個月應親自前往公立就業服務機構接受失業再認定。但因傷病診療期間無法親自辦理者，得提出醫療機構出具之相關證明文件，以書面陳述理由委託他人辦理之。（第29條第1項）

2.未經公立就業服務機構爲失業再認定者，應停止發給失業給付。（第29條第2項）

3. 領取失業給付者，應於辦理失業再認定時，至少提供二次以上之求職紀錄，始得繼續請領。未檢附求職紀錄者，應於七日內補正；屆期未補正者，停止發給失業給付。（第30條）以上求職紀錄內容包括：(1)單位名稱、地址、電話及聯絡人，(2)工作內容，(3)日期。（施行細則第23條）
4. 失業期間或受領失業給付期間另有其他工作收入者，應於辦理失業再認定時，告知公立就業服務機構。（第31條）

㈣就業與否回覆卡之檢送

1. 申請人應於公立就業服務機構推介就業之日起七日內，將就業與否回覆卡檢送公立就業服務機構。（第27條）其檢送得以自行送達或掛號郵寄方式辦理；其以掛號郵寄方式辦理者，以交郵當日之郵戳爲準。（施行細則第21條）
2. 申請人未依上項規定辦理者，公立就業服務機構應停止辦理當次失業認定或再認定。已辦理認定者，應撤銷其認定。（第27條第2項）

㈤通知再就業之義務

領取失業給付者，應自再就業之日起三日內，通知公立就業服務機構。（第32條）其通知得以自行送達或掛號郵寄方式辦理；其以掛號郵寄方式辦理者，以交郵當日之郵戳爲準。（施行細則第21條）

六、基金及行政經費

㈠基金之來源

就業保險基金之來源如下（第33條第1項）：

1. 本保險開辦時，中央主管機關自勞工保險基金提撥之專款。
2. 保險費與其孳息收入及保險給付支出之結餘。
3. 保險費滯納金。
4. 基金運用之收益。

5.其他有關收入。

上項第一款應循預算程序自中華民國八十八年一月一日勞工保險失業給付實施之日起，至本法施行之前一日止，失業給付保險費收支結餘一次提撥，不受勞工保險條例第六十七條規定之限制。（第33條第2項）

按：

勞工保險法第六十七條第二項規定：勞工保險基金經勞工保險監理委員會之通過，除作爲該條例第六十七條第一項規定之運作及保險給付外，不得移作他用或轉移處分；其管理辦法由中央主管機關定之。

㈡基金之運用

就業保險基金，經勞工保險監理委員會之通過，得爲下列之運用（第34條第1項）：

1.對於公債、庫券及公司債之投資。

2.存放於公營銀行或中央主管機關指定之金融機構及買賣短期票券。

就業保險基金除作爲上項運用、保險給付支出及依第十二條第三項規定之提撥外，不得移作他用或轉移處分。基金之收支、運用情形及其積存數額，應由保險人報請中央主管機關按年公告之。（第34條第2項）

㈢行政經費之編列

辦理本保險所需之經費，由保險人以當年度保險費收入預算總額百分之三點五爲上限編列。（第35條）

七、罰則

㈠詐領給付之處罰

以詐欺或其他不正當行爲領取保險給付或爲虛僞之證明、報告、

陳述者，除按其領取之保險給付處以二倍罰鍰外，並應依民法請求損害賠償；其涉及刑責者，移送司法機關辦理。（第36條）

㈡不參加就業保險及辦理就業保險手續之處罰

勞工違反本法規定不參加就業保險及辦理就業保險手續者，處新臺幣一千五百元以上七千五百元以下罰鍰。（第37條）

㈢投保單位不依規定辦理加保手續之處罰

投保單位不依本法之規定辦理加保手續者，按自應為加保之日起，至參加保險之日止應負擔之保險費金額，處以十倍罰鍰。勞工因此所受之損失，並應由投保單位依本法規定之給付標準賠償之。（第38條第1項）

㈣投保單位投保薪資虛報之處罰

投保單位違反本法規定，將投保薪資金額以多報少或以少報多者，自事實發生之日起，按其短報或多報之保險費金額，處以四倍罰鍰；其溢領之給付金額，經保險人通知限期返還，屆期未返還者，依法移送強制執行，並追繳其溢領之給付金額。勞工因此所受損失，應由投保單位賠償之。（第38條第2項）

㈤投保單位未能配合查對資料之處罰

依本法第七條規定，主管機關、保險人及公立就業服務機構為查核投保單位勞工工作情況、薪資或離職原因，必要時，得查對其員工名冊、出勤工作紀錄及薪資帳冊等相關資料，投保單位不得規避、妨礙或拒絕。投保單位違反此項規定者，處新臺幣一萬元以上五萬元以下罰鍰。（第38條第3項）

㈥投保單位未依規定繳納加繳滯納金應繳保險費之處罰

投保單位經依規定加繳滯納金至應繳費額一倍後，其應繳之保險費仍未向保險人繳納者，應按其應繳保險費之金額，處以六倍罰鍰。（第38條第4項）

㈦罰鍰之移送強制執行

依本法所處之罰鍰，經保險人通知限期繳納，屆期未繳納者，依法移送強制執行。（第39條）

八、附則

㈠準用勞工保險條例

本保險保險效力之開始及停止、月投保薪資、投保薪資調整、保險費負擔、保險費繳納、保險費寬限期與滯納金之徵收及處理、基金之運用與管理，除本法另有規定外，準用勞工保險條例及其相關規定辦理。（第40條）

㈡優先原則

1. 勞工保險條例第二條第一款有關普通事故保險失業給付部分及第七十四條規定，自本法施行之日起，不再適用。（第41條第1項）

   按：

   (1)勞工保險條例第二條第一款規定：勞工保險普通事故保險分：分生育、傷病、醫療、殘廢、失業、老年及死亡七種給付。(2)勞工保險條例第七十四條：失業保險之保險費率、實施地區、時間及辦法，由行政院以命令定之。

2. 自本法施行之日起，本法被保險人之勞工保險普通事故保險費率應按被保險人當月之月投保金額薪資百分之一調降之，不受勞工保險條例第十三條第一項規定之限制。（第41條第2項）

   按：

   勞工保險條例第十三條第一項規定：勞工保險之普通事故保險費率，由中央主管機關按被保險人當月之月投保金額薪資百分之六點五至百分之十一擬訂，報請行政院核定之。

㈢免課稅捐

本保險之一切帳冊、單據及業務收支，均免課稅捐。（第42條）其免課之稅捐如下（施行細則第24條）：

1. 保險人及投保單位辦理本保險所用之契據，免徵印花稅。
2. 保險人辦理本保險所收保險費、保險費滯納金與因此所承受強制執行標的物之收入、基金運用之收益及雜項收入，免納營業稅及所得稅。
3. 保險人辦理業務使用之房屋、器材及被保險人領取之保險給付，依稅法有關規定免徵稅捐。

㈣書表格式

本法及本細則所定之書表格式，由保險人定之。（施行細則第25條）

㈤施行細則

本法施行細則，由中央主管機關定之。（第43條）

㈥施行日期

本法施行日期，由行政院定之。（第44條）

參、析評與展望

就業保險法除本法外，應尚包括授權中央主管機關訂定之：(1)**就業保險法施行細則**（第43條），(2)**失業勞工全民健康保險保險費補助辦法**（第10條第2項），(3)**就業保險之職業訓練及訓練經費管理運用辦法**（第12條第4項）等相關子法；這些子法行政院勞工委員會已分別訂定完成，並公布實施。

一、就業保險法之特色

綜觀就業保險法法案全文，我們可以看出，本法應可凸顯下列幾項特色：

1.本法最大的特色是其適用於全國受僱對象，本法開始實施後，所有受僱勞工將能全部蒙受其惠。

2.失業救助及職訓設計均比以前相關措施完整，可改善目前勞工於領完給付卻仍無法就業的問題。

3.未來受僱勞工被迫失業後，必須先接受個別就業輔導，並由公立就業服務機構推介就業或安排接受職業訓練，才能申請失業給付；這種機制可免受僱勞工投機取巧，養成依賴心理。

4.未來失業勞工必須經由較積極的求職、舉證等程序，完成失業認定或再認定後，才能依法領取失業給付，可避免受僱勞工養成惰性的不良習氣。

5.勞工如因非自願離職而失業，得依法領取各項給付；可免除受僱勞工因雇主關廠、遷廠、休業、解散、破產等被迫離職而失業，頓時使生活因收入中斷陷入困境。

6.提早就業獎助津貼之設計，有助於鼓勵失業勞工積極尋找工作獲得再就業，而免賦閒太久引發其他連帶產生的麻煩問題。

7.被轉入職訓體系的失業勞工可獲生活津貼，既可鼓勵勞工學習更多技能，又可使失業勞工於受訓期間免除後顧之憂。

8.失業勞工因非自願離職辦理退保後，於依就業保險法請領失業給付或職業訓練生活津貼期間，參加全民健康保險自付部分之保險費可獲全額補助；此一措施可使受僱勞工免因失業而造成健康維護之危機。

二、就業保險政策之展望

眾人皆知，任何一個法案，經常呈現法條的規定是一回事，而執行層面又是另一回事的落差現象；也就是說法條的規定頭頭是道，但是否能落實執行可能又大打折扣。因此，個人認爲，這個嘉惠廣大受僱勞工的法案，爲期達到眞正預期的效果，下列的具體措施宜同步進行。

1. 各級勞工行政主管機關及公立就業服務機構應加強就業觀念的宣導，讓所有勞動力人口深切體認「萬丈高樓平地起」的眞諦，建立正確的就業認知，袪除「一步登天」的錯誤觀念，而免因「高不成、低不就」造成失業的衝擊。
2. 公立就業服務機構應加強就業媒合的落實，透過就業諮詢、心理測驗與雇主訪問等多重管道，讓謀職者能順利找到適性的工作，求才者亦能盡速找到適當的人才。
3. 公立職業訓練機構應加強發揮職訓功能，對於開設的職訓類別務必確實因應就業市場的需求而適時調整，務期參加職訓的學員，結訓之後即可順利發揮專長獲得理想的工作，而免學非所用，或用非所學，造成就業困難或職訓資源的浪費。
4. 公立職業訓練機構應加強辦理第二專長訓練及短期就業訓練，前者可爲受僱勞工預做轉業準備，俾免因轉業而失業；後者可讓身心障礙朋友獲得就業技能，開拓就業機會。
5. 各級勞工行政主管機關應加強技職教育訓練的提昇，對於低技術或體力勞工的再就業問題，應以就業訓練和技職教育爲核心，使其工作能力與技術均能符合現代化社會變遷的需要，減少被淘汰的可能。
6. 各級政府機關及企業雇主應確實保障勞工權益，俾使勞工朋友能在有利的勞動條件之下安心工作，俾免終日人心惶惶，騎驢找馬；非但影響工作效率，尤更有礙勞工個人的前途發展。
7. 社會大眾務須培養「給我一條魚，不如教我如何去釣魚」的正確認知，自力奮發；先從自助做起，萬不得已再轉求互助或他助；因爲，所謂幫忙，只能幫一時，不可能幫一世。

肆、結語

失業不但會使個人失去經濟來源，也會造成社會問題；更嚴重的失業與貧窮還可能會有世代效果：父母親這一代的失業與貧窮，可能影響到下一代的健康與教育的資源；因此，失業問題的謀求解決，乃現代化國家公共行政刻不容緩的急切要務。

近年來，隨著：(1)產業結構轉型，(2)傳統勞力密集業紛紛出走東南亞與中國大陸，(3)高科技電子資訊業也興起外移風潮；加上：(1)減少工時對策，(2)降低外勞比率措施，(3)政府環保部門給予企業諸多壓力；尤其：(1)經濟不景氣，(2)股市不振，(3)我國加入WTO等多重因素的影響；致使勞工失業問題逐漸浮出檯面，而且一天比一天日益嚴重。

就以降低外勞比率來說，勞工行政部門與勞工朋友常認爲外籍勞工搶走了國內勞工的飯碗，以爲減少外勞人數，國人就業問題就可獲得改善；殊不知目前的就業現象可說是外勞保障內勞的工作機會，因爲，隨著社會的發展，許多粗重、骯髒、高污染性、且待遇較低的工作，國內勞工早已避之唯恐不及；唯賴外籍勞工願意賺小錢而屈就，才使得這些勞力密集產業得以存活；現將產業外勞按比例遣返，結果因工廠無法順利運作，反使國內勞工失去工作。

再就減少工時而言，雖然工時由每週四十四小時減爲四十二小時，表面上，勞工朋友只增加百分之五的薪資福利，但這兩小時是以加班工時加上配套負擔來計價，企業界的支出必須增加百分之十五至百分之十八，如此使得企業變得利潤微乎其微，甚至毫無利潤或由盈轉虧，自然使得原來有心「根留台灣」的勞力密集業不能也不願再硬撐；因爲，東南亞與大陸都在向他們招手示好，其勞動條件比國內好得太多，企業界何樂而不爲。

尤其，兩岸都加入WTO之後，我大陸台商產品紛紛回銷台灣，留台的產業根本擋不住其低成本的競爭優勢，不管是農產品或一般消費品，便宜的大陸貨將利用我低關稅之利而前來叩關，留台產業如思慮

未來發展，焉能不早日規劃外移以圖存？

綜上所述，各種情勢影響所及，都對我國勞工就業不利；就業保險法之公布施行，固然是解決失業問題的良好對策，但相關措施的思考仍然不可漠視。

㈠多專長訓練應加強

勞工行政部門對外移產業勞工的轉業與多專長訓練應加強辦理，不管傳統或高科技產業，凡外移者對資遣勞工轉業及多專長訓練應有配套措施與切實執行的規劃。

㈡外勞政策應審慎

政府對外勞政策與其相關的因應措施宜做更縝密的規劃和討論，切勿因小失大，使我勞工朋友未蒙其利，反見其害；政府如何達成政策目的應做更深入的研討。

㈢相關部會應配合

經濟部與行政院勞委會在產業政策的調整上應密切配合，因爲勞資關係是命運共同體，合則兩利，分則兩害；務須雙方共體時艱，同心協力，才能互助互利，共存共榮。

㈣工商界聲音應重視

政府部門要多傾聽工商界的聲音，讓他們有受尊重的感覺；且要有明確而有效措施，要求工商界善盡保障勞工權益，增進勞工福祉的社會責任。

㈤知識經濟應教育

政府宜用心規劃知識經濟的相關措施，對新工作與新型服務的引進，宜做有效的教育訓練，俾讓企業員工能夠學習適應知識經濟時代的工作能力與專長。

第十三章　優生保健法

壹、前言

人口爲構成國家基本要素之一，其數量、品質及分布，關係社會福祉與國家發展。我國爲求人口之合理成長，人口品質之提高，國民健康之增進，與國民家庭生活之和樂，特於民國五十八年四月十九日奉行政院令頒布「中華民國人口政策綱領」，並經奉行政院於七十二年一月十一日修正核定。此綱領之主要目標爲：(1)加強人口教育，節制生育，緩和人口成長，以期至民國七十八年台灣地區人口之年自然增加率遞減至千分之十二點五以下，(2)實施優生保健，增進兒童福利，普及國民教育，以提高人口品質，(3)加強實施「台灣地區綜合開展計畫」及區域計畫，以促進人口與經濟活動在區域內之均衡分布。嗣後行政院又於七十二年一月十一日核定發布「加強推行人口政策方案」，其推行目標爲：(1)繼續推行家庭計畫，並促請各機關團體密切配合，力求至民國七十八年年人口自然增加率遞減至千分之十二點五以下，以緩和人口成長，(2)實施優生保健，增進兒童福利，改善國民營養，發展國民體育，加強公害防治及生活環境教育，以提高人口品質，(3)配合「台灣地區綜合開展計畫」所定之人口與產業活動合理分布之原則，實施各區域計畫，改善偏遠地區交通、醫療及生產設施等，積極促進發展緩和地區之開發，以誘導人口移動，均衡人口分布。

爲使台灣地區人口之年自然增加率能夠確實達到緩和、合理成長之目標，衛生主管機關特以行政作爲邀請學者專家共同研議訂定「台灣地區家庭計畫實施辦法」陳報行政院，並旋奉行政院於五十七年五月十七日核定實施。自家庭計畫實施以來，透過：受孕及產前檢查，受胎調節之指導及懷孕常識之指導，使得人口之年自然增加率於八十九年已降至千分之八，成效至爲顯著；惟關於人口品質之提高，仍有待積極努力。有鑑於此，爰參酌我國國情及各國立法先例，於民國七十三年七月九日奉總統令制定公布「優生保健法」，並自七十四年一月一日起施行。此後，於八十八年四月及十二月分別經過二次修正。另行政院衛生署亦於七十四年一月四日訂定發布「優生保健法施行細則」，此細則亦曾於八十九年五月九日修正發布。

優生保健法之立法精神，除了旨在提高人口品質外，更重要的乃希望藉優生保健之推展，達到保護健康及增進家庭幸福之目標。蓋其立法之政策依據爲：

㈠中華民國人口政策綱領

該綱領係行政院於民國五十八年四月十九日發布實施，並經於七十二年、七十七年、七十九年及八十一年（81,10,23）四次修正核定。其中「參、人口素質」第七點規定爲：「實施優生保健，有效防止有礙優生之遺傳性、傳染性及精神疾病之蔓延，以增進國民健康與家庭幸福」。

㈡加強推行人口政策方案

該方案係行政院於民國七十二年一月十一日核定發布，並經於七十七年及八十一年（81,10,23）兩次修正核定。其中「貳、工作項目」「二、提高人口品質」「（二）實施優生保健」規定爲：

1.爲增進國民健康與家庭幸福，應辦理下列各項：
  (1)健康或婚前檢查。
  (2)生育調節服務及指導。
  (3)孕前、產前、產期、產後衛生保健服務及指導。
  (4)嬰幼兒健康服務及親職教育。
2.補助或減免民眾接受優生保健服務費用，並將有關優生或婚前健康檢查、臨床遺傳諮詢、產前遺傳診斷，酌予納入政府所辦理之各項保險業務醫療給付範圍。
3.適時檢討「優生保健法」及其相關法規。
4.建立優生保健醫療服務網，積極培訓優生保健專業人員，包括臨床遺傳醫師、遺傳諮詢員、細胞、生化及分子遺傳學檢驗人員等。

貳、法案內涵

優生保健法（Genetic Health Act）本文計有五章十八條；第一章：總則，第二章：健康保護及生育調節，第三章：人工流產及結紮手術，第四章：罰則，第五章：附則。優生保健法施行細則計有十七條。茲將兩法案的全部內涵綜合詳述解說於后。

一、總則

㈠目的

優生保健法之制定，係爲實施優生保健，提高人口素質，保護母子健康及增進家庭幸福。（第1條第1項）本法未規定者，適用其他有關法律之規定。（第1條第2項）

㈡主管機關

本法所稱主管機關：在中央爲行政院衛生署；在直轄市爲直轄市政府；在縣（市）爲縣（市）政府。（第2條）

㈢優生保健之推行機關

中央主管機關爲推行優生保健，諮詢學者、專家意見，得設優生保健諮詢委員會，研審人工流產及結紮手術之標準。其組織規程，由中央主管機關定之。（第3條第1項）

直轄市、縣（市）主管機關爲推行優生保健，得設優生保健委員會，指導人民人工流產及結紮手術。其設置辦法，由直轄市、縣（市）主管機關定之。（第3條第2項）

㈣人工流產之定義

稱人工流產者，謂經醫學上認定胎兒在母體外不能自然保持其生

命之期間內，以醫學技術，使胎兒及其附屬物排除於母體外之方法。（第4條第1項）

㈤結紮手術之定義

稱結紮手術者，謂不除去生殖腺，以醫學技術將輸卵管或輸精管阻塞或切斷，而使停止生育之方法。（第4條第2項）

㈥人工流產或結紮手術之醫師

本法規定之人工流產或結紮手術，非經中央主管機關指定之醫師不得爲之。（第5條第1項）其指定辦法，由中央主管機關定之。（第5條第2項）

二、健康保護及生育調節

㈠健康檢查或婚前檢查

主管機關於必要時，得施行人民健康或婚前檢查。（第6條第1項）其所稱必要時，係指有下列情事之一者（施行細則第3條第1項）：

1.疑似罹患有礙優生之遺傳性、傳染性疾病或精神疾病者。

2.本人之四親等以內血親罹患有礙優生之遺傳性疾病者。

3.疑有應施行健康檢查之疾病者。

各級公立醫療保健機構及私立醫院診所遇有前項情事之一時，應即報告當地主管機關。（施行細則第3條第2項）

主管機關施行人民健康或婚前檢查，除一般健康檢查外，並包括下列檢查（第6條第2項）：

1.有關遺傳性疾病檢查。

2.有關傳染性疾病檢查。

3.有關精神疾病檢查。

上項檢查項目，由中央主管機關定之。（第6條第3項）

㈡主管機關之職責

主管機關應實施下列事項（第7條）：

1. **生育調節服務及指導**：其所稱生育調節服務及指導，係指對生育年齡男女提供各種避孕方法、器材、藥品、結紮手術及不孕症之診治。但結紮手術以合於優生保健法第十條規定者為限。（施行細則第4條）
2. **孕前、產前、產期、產後衛生保健服務及指導**：其所稱孕前、產前、產期、產後衛生保健服務及指導，係指對懷孕前、懷孕、分娩及產後之婦女，提供檢查、接生、營養及孕期衛生指導。（施行細則第5條）
3. **嬰、幼兒健康服務及親職教育**：其所稱嬰、幼兒健康服務，係指對未滿一歲之嬰兒及滿一歲至就學前之幼兒，提供健康檢查、預防接種、必要之診斷治療、營養及各項衛生指導。（施行細則第6條）

㈢避孕器材及藥品之使用

避孕器材及藥品之使用，由中央主管機關定之。（第8條）

㈣各級公立醫療保健機構及私立醫院診所之職責

1. 優生保健法第六條、第七條規定之檢查、服務、指導及教育，由各級公立醫療保健機構及私立醫院診所辦理之。（施行細則第7條）
2. 各級公立醫療保健機構及私立醫院診所，應辦理相關業務之門診，並製作個案紀錄，對需要施行健康或婚前檢查者，勸導其接受檢查，發現有疾病者，勸導其接受治療並給予生育調節指導。（施行細則第8條第1項）；必要時，並得辦理家庭訪視及各種教育宣導。（施行細則第8條第2項）

三、人工流產及結紮手術

㈠施行人工流產之條件

懷孕婦女經診斷或證明有下列情事之一者，得依其自願，施行人工流產（第9條第1項）：

1.本人或其配偶患有有礙優生之遺傳性、傳染性疾病或精神疾病者。

2.本人或其配偶之四親等以內之血親患有有礙優生之遺傳性疾病者。

3.有醫學上理由，足以認定懷孕或分娩有招致生命危險或危害身體或精神健康者。

4.有醫學上理由，足以認定胎兒有畸型發育之虞者。

5.因被強制性交、誘姦或與依法不得結婚者相姦而受孕者。

6.因懷孕或生產將影響其心理健康或家庭生活者。

上項所定人工流產情事之認定，中央主管機關於必要時，得提經優生保健諮詢委員會研審後，訂定標準公告之。（第9條第3項）

又上項第一款所稱有礙優生之遺傳性、傳染性疾病或精神疾病，其範圍如下（施行細則第10條）：

1.足以影響胎兒正常發育者，如患苯酮尿症或德國麻疹之孕婦等。

2.無能力照顧嬰兒者，如患重度智能不足或精神分裂症之男女等。

3.可將異常染色體或基因傳至後代者，如患唐氏症之婦女或亨汀頓氏舞蹈症之男女等。

另上述5.所稱依法不得結婚者，其範圍依民法第九百八十三條之規定。（施行細則第13條）

按：

民法第九百八十三條規定與下列親屬，不得結婚：

1.直系血親及直系姻親。

2.旁系血親在六親等以內者。但因收養而成立之四親等及六親等旁系血親，輩分相同者，不在此限。

3.旁系姻親在五親等以內，輩分不相同者。

上項直系姻親結婚之限制，於姻親關係消滅後，亦適用之。又直系血親及直系姻親結婚之限制，於因收養而成立之直系親屬間，在收養關係終止後，亦適用之。

㈡施行人工流產之同意

未婚之未成年人或禁治產人，依前項規定施行人工流產，應得法定代理人之同意。有配偶者，依上項第六款規定施行人工流產，應得配偶之同意。但配偶生死不明或無意識或精神錯亂者，不在此限。（第9條第2項）

㈢施行結紮手術之同意

1.已婚男女經配偶同意者，得依其自願，施行結紮手術。但經診斷或證明有下列情事之一者，得逕依其自願行之（第10條第1項）：

(1)本人或其配偶患有有礙優生之遺傳性、傳染性疾病或精神疾病者。

(2)本人或其配偶之四親等以內之血親患有有礙優生之遺傳性疾病者。

(3)本人或其配偶懷孕或分娩，有危及母體健康之虞者。

上項所定結紮手術情事之認定，中央主管機關於必要時，得提經優生保健諮詢委員會研審後，訂定標準公告之。（第10條第4項）

2.未婚男女有上項但書所定情事之一者，施行結紮手術，得依其自願行之；未婚之未成年人或禁治產人，施行結紮手術，應得法定代理人之同意。（第10條第2項）

3.上項所定應得配偶同意，其配偶生死不明或無意識或精神錯亂者，不在此限。（第10條第3項）

㈣有礙優生疾病之告知及施行結紮流產之勸導

1.醫師發現患有有礙優生之遺傳性、傳染性疾病或精神疾病者，應將實情告知患者或其法定代理人，並勸其接受治療。但對無法治癒者，認爲有施行結紮手術之必要時，應勸其施行結紮手術。（第11條第1項）

2.懷孕婦女施行產前檢查，醫師如發現有胎兒不正常者，應將實情告知本人或其配偶，認爲有施行人工流產之必要時，應勸其施行人工流產。（第11條第2項）

㈤得施行人工流產或結紮手術情事之認定

優生保健法第十條至第十三條所定有關施行人工流產或結紮手術之情事，由指定得施行人工流產或結紮手術之醫師依規定認定之。（施行細則第14條）

㈥施行人工流產之限制

人工流產應於妊娠二十四週內施行。但屬於醫療行爲者，不在此限。（施行細則第15條第1項）妊娠十二週以內者，應於有施行人工流產醫師之醫院診所施行；逾十二週者，應於有施行人工流產醫師之醫院住院施行。（施行細則第15條第2項）

四、罰則

㈠非指定醫師為人工流產或結紮手術之處罰

非優生保健法第五條所定之醫師施行人工流產或結紮手術者，處一萬元以上三萬元以下罰鍰。（第12條）

㈡非醫師為人工流產或結紮手術之處罰

未取得合法醫師資格，擅自施行人工流產或結紮手術者，依醫師法第二十八條懲處。（第13條）

按：

醫師法第二十八條規定：未取得合法醫師資格，擅自執行醫療業務者，處六個月以上五年以下有期徒刑，得併科新臺幣三十萬元以上一百五十萬元以下罰金，其所使用之藥械沒收之。但合於下列情形之一者，不罰：

1. 在中央主管機關認可之醫療機構，於醫師指導下實習之醫學院、校學生或畢業生。
2. 在醫療機構於醫師指示下之護理人員、助產人員或其他醫事人員。
3. 合於第十一條第一項但書規定。
4. 臨時施行急救。

犯前述之罪因而致人傷害或死亡者，應依刑法加重其刑至二分之一，並負損害賠償之責。

㈢罰鍰之執行

依優生保健法所處罰鍰，經催告後逾期仍未繳納者，由主管機關移送法院強制執行。（第14條）

㈣罰鍰之處分機關

優生保健法所定罰鍰之處分機關爲直轄市及縣（市）政府。（施行細則第16條）

五、附則

㈠有礙優生疾病範圍之決定

本法所稱有礙優生之遺傳性、傳染性疾病或精神病之範圍，由中央主管機關定之。（第15條）

㈡優生保健費用之減免及補助

接受優生保健法第六條、第七條、第九條、第十條所定之優生保健措施者，政府得減免或補助其費用。（第16條第1項）其減免或補助費用辦法，由中央主管機關擬訂，報請行政院核定後行之。（第16條第2項）

㈢施行細則

本法施行細則，由中央主管機關定之。（第17條）

㈣施行日期

本法自中華民國七十四年一月一日施行。（第18條）

參、析評與展望

優生保健法除本法外，尚有其授權訂定之子法：(1)優生保健法施行細則（第17條），(2)施行人工流產或結紮手術醫師指定辦法（第5條第2項）；以及相關之重要規定：(1)人工生殖技術倫理指導綱領，(2)人工協助生殖技術管理辦法，(3)產前遺傳診斷暨檢驗機構管理辦法。

一、優生保健法之特色

綜觀本法之制定，應具有下列幾項顯著的特色：

㈠明定中央與地方得設優生保健之諮詢單位

本法第三條明定，中央主管機關爲推行優生保健，諮詢學者專家意見，得設優生保健諮詢委員會，以研審人工流產及結紮手術之標準。直轄市、縣（市）主管機關爲推行優生保健，亦得設優生保健委員會，以指導人民人工流產及結紮手術。

㈡明定人工流產或結紮手術應由指定醫師為之

有鑑於人工流產或結紮手術找密醫施行者遠超過由合格醫師爲之者爲甚，嚴重影響人民身體健康；本法第五條特明定，凡本法規定之人工流產或結紮手術，非經中央主管機關指定之醫師不得爲之。

(三)明定主管機關為謀健康保護及生育調節所應實施事項

健康維護及生育調節是優生保健法制定之重要目標之一；爲求此一目標之達成，本法第七條明定，主管機關應實施下列事項：(1)生育調節服務及指導，(2)孕前、產前、產期、產後衛生保健服務及指導，(3)嬰、幼兒健康服務及親職教育。

(四)明定有條件之人工流產合法化

爲使看法各異之墮胎合法化問題有效獲得解決，本法第九條特明定，懷孕婦女經診斷或證明有下列情事之一者，得依其自願，施行人工流產：(1)本人或其配偶患有有礙優生之遺傳性、傳染性疾病或精神疾病者，(2)四親等以內之血親患有有礙優生之遺傳性疾病者，(3)胎兒有畸型發展之虞者，(4)懷孕或分娩有招致生命危險或危害身體或精神健康者，(5)因被強制性交、誘姦或與依法不得結婚者相姦而受孕者，(6)因懷孕或生產將影響其心理健康或家庭生活者。

(五)明定醫師有勸導施行結紮手術或人工流產之義務

爲免造成不良之遺傳及防止畸型兒之出生；本法第十一條明定，醫師發現患有有礙優生之遺傳性、傳染性疾病，且無法治療者，認爲有施行結紮手術之必要時，應勸其施行結紮手術。又懷孕婦女施行產前檢查，醫師如發現有胎兒不正常者，認爲有施行人工流產之必要時，亦應勸其施行人工流產。

二、優生保健法之析評

雖優生保健法之制定公布，具有上述明顯之特色，仔細研析，仍有下列各項有待商榷之處。

1.第六條規定，主管機關於必要時，得施行人民健康或婚前檢查；類此規定，顯然缺乏執行之強制力。爲有效達成優生保健之目標，事前之預防措施應是基礎工作，但卻欠缺明確有力之法律依據；而對人工流產之規定反而顯得明確而具體；因之，難免招致「優生保健法猶如墮胎法」之非議。

2.第九條第六款規定，因懷孕或生產，將影響其心理健康或家庭生活者，得依懷孕婦女之自願施行人工流產。此處所謂將影響心理健康究竟其意何指？含糊籠統。美國對於因性別胎兒不合孕婦之期望而要求施行人工流產是合法的；類似此種狀況在我國是否可視爲因胎兒性別未能滿足孕婦之期望而影響其心理健康，得要求施行人工流產，確有亟待深入研究討論之必要。

3.第五條規定，凡本法規定之人工流產或結紮手術，非經中央主管機關指定之醫師不得爲之；其指定辦法由中央主管機關定之。惟依行政院衛生署發布之「施行人工流產或結紮手術醫師指定辦法」之規定，並非每位合法婦產科醫師均可從事人工流產之手術；因此，醫師指定制度有待加速建立。

4.第九條第二項規定，未婚之成年人施行人工流產，須取得法定代理人同意。而若法定代理人以反對墮胎合法化爲由不予同意；勢必造成當事人偷偷摸摸尋求密醫爲其施行人工流產，而不願甘冒取得同意可能遭致碰壁之風險。

5.有條件之墮胎合法化是優生保健法最爲凸顯之特色，爲預防人工流產之氾濫，減少因接受人工流產手術導致當事人死亡或傷害之發生；並因應孕婦之個別差異，給予接受人工流產之孕婦最安全之保障；中央衛生主管機關亟應逐步建立人工流產監視制度。

肆、結語

吾人深知，優生保健的實質意義，應在謀求人口品質之提高，其目標不僅限於個人的健康維護，而更重要的在於種族的優良延續；其效果不只在本身的一代，而更在於子孫的未來。因此，優生保健自應一方面從普及優生教育，灌輸優生知識著手，使人人認識優生對後代子女及國家民族的重要性；另一方面更應積極鼓勵優秀男女通婚，建

立婚前健康檢查制度，設置優生保健諮詢專線，以協助民眾採行各種優生措施，確實達到優生保健之目的。

優生保健固然與人工流產有關，但優生保健法之立法絕非社會大眾普遍認為的其只不過是為求使得「墮胎合法化」而已；這種不正確的看法，有待加強宣導，適予調整。論及墮胎合法化乙節，根據國外文獻查考，世界各國以英國最早實施墮胎合法化，其在一九六七年即已制定「流產法」，美國於一九七三年開始實施，接著世界人口最多的中國大陸、印度、蘇俄等國家亦相繼於一九七六年實施，而天主教色彩相當濃厚的義大利與法國亦分別於一九七八年、一九七九年完成人工流產合法化的立法。我國於一九八五年（民國七十四年）實施優生保健法，固然亦使得有條件的墮胎獲得有力的法律依據；但除此而外，應另具有下列的實質意義。

1. 可藉以貫徹執行「人口政策綱領」及「加強推行人口政策方案」，而有助於人口數量的穩定成長。
2. 可藉以積極防止或杜絕有礙優生人口之綿延，而有助於人口品質的有效提高。
3. 可藉以使得健康保護、生育調節及結紮手術亦均獲得法律的依據，而有助於民族保育政策的推行。

為展現上述的實質意義，個人認為：(1)各級衛生主管機關應結合公、私立醫療院所全面建構優生保健服務網絡體系，(2)致力培訓優生保健專業人員，俾以有效推展優生保健工作，(3)加強推廣宣導教育，以普及民眾優生保健常識，(4)建立推展優生保健效果評估制度，並重視研究發展工作，以激發民眾對優生保健之信賴。

第十四章　社會工作師法

壹、前言

社會工作（Social Work）是由政府或民間運用現代科學知識與專業方法所舉辦的各種福利服務；其服務的對象，包括：個人、家庭、團體、社區乃至整體社會；服務的目的，在求預防或解決社會問題，保障個人生活，促進社會安全；進而達到調整人類的社會關係，增進人類的社會福祉。回顧過去，民國五十四年四月八日行政院訂頒「民生主義現階段社會政策」，強調爲求政策迅速著見成效，各項措施所需人才應盡量任用各大學有關社會工作學系之畢業生。對於現有工作人員，亦當隨時舉辦在職訓練，增加其專業，改進其工作方法。此項政策指示，可謂我國社會工作邁向專業領域的開始。

一、台灣省推展社會工作的歷程

爲貫徹執行上述政策，台灣省自六十二年開始擇定少數縣市設置社會工作員，唯設置之初，並未硬性規定社會工作員務必社會工作學系畢業，且亦未訂定專業輔導辦法，致使設置之後，素質參差不齊，無法充分發揮社會工作專業功能。六十三年，台灣省開始遴派具有專業知能的社會工作員進駐鄉鎮，並應用社會工作之專業技巧進行個案工作。由於社工員工作認眞，負責盡職，普獲民眾肯定與好評；直至七十年全省二十一縣市均已設有社工員用以推展社會福利服務；不過，早期各縣市的社工員均由台灣省政府統一甄試，再分發各縣市進用。迄至八十年，台灣省政府考量各縣市政府已有足夠能力辦理社工員的召募、甄選及訓練事項，遂訂定「台灣省各縣市遴用社會工作員標準」，將社工員之遴用授權各縣市政府自行辦理。在建立社會工作員制度方面，台灣省政府社會處於六十八年、七十五年分別訂頒：「台灣省推行社會工作員制度計畫」、「台灣省推行社會工作員制度實施要點」，除明定工作目的外，亦對社工員的工作方式及工作內容加以規劃；此外，對於宣導、訓練、進修、督導、考核等項目也有明確規

定。當時，依據「台灣省推行社會工作員制度計畫」規定，推行社工員之縣市，每一鄉、鎮、市、區應設社工員一名；工商業發達、人口密集之地區得視需要增至三名；因此，台灣省政府在七十八年核定社工員人數，計需三四一名。數年後，由於各縣市人口結構改變，爲使社工人力充分發揮其效能，台灣省政府乃再以台灣省八十三年底之人口數重新計算各縣市應有的社工人數（包括社工督導），核算結果，計應設置社工員四九四名；而截至九十一年十二月底，現有社工員人數（包括社工督導）計五二二名。

二、台北市推展社會工作的歷程

台北市最早於六十四年開始聘雇社工員，首批人員分派至安康社區平價住宅服務。其後爲因應行政院輔導大專院校法商科學生就業方案，要求台北市在五年內進用二〇〇名社工員；社會局遂從六十八年起逐年聘雇社工員。當時社工員的主要工作是配合區公所在各區推展社區發展工作，輔導社區理事會，健全組織運作，積極推動社區福利服務，而對於低收入戶、危機家庭等個案輔導工作的投入反而相對顯得相當有限。在此階段社工員辦公室大部分都是寄人籬下，其在整體市政建設中的角色僅屬次級的功能。六十八年，台北市政府社會局訂定「台北市社會工作員設置運用計畫」，依據該計畫將社工員分爲個案、團體、社區工作及諮詢服務等四組分組推展社會工作。爲積極展現社會工作的服務績效，旋於七十年六月特別針對檢討缺失訂定「台北市政府社會局社會工作員制度改進方案」，隨即將七十一年新進的四十名社工員配置運用，率先在當初的中山區、城中區及木柵區成立三個社會福利服務中心，每中心按照業務負荷量配置社工員五至十名及社工督導一名。這項改進方案可說是社會局運用社工員從事社會福利工作一大轉變；緊接著在七十一年度的區政檢討會議中，大安區公所亦提案要求設立社會福利服務中心，更加確定各行政區設置社會福利服務中心的必要性。七十一年八月社會局正式確定於社區設置服務據點的政策，於是開始漸次於各行政區設立社會福利服務中心；其他如：平住宅服務中心、老人福利服務中心，青少年福利服務中心、身心障礙者福利服務中心及婦女福利服務中心，即在相同的政策原則下相繼成立；從此奠定了在社區推展社會福利工作的基本架構與資源網絡。截至九十一年十二月底台北市政府現有社工員（含社工督導）一三二名（全部納編），分配在各類福利服務中心、各行政區福利服務中心、二十四小時保護專線中心及遊民收容所，負責低收入戶、兒童少年保護、老人保護、不幸婦女保護、遊民收容、危機家庭及法院交付監護權評估調查等訪視、輔導工作。

三、高雄市推展社會工作的歷程

高雄市政府於六十五年開始實施社會工作員制度，持續進用大專院校社會工作相關科系畢業者從事第一線與民眾直接接觸的福利服務工作。在早期資源匱乏，制度未盡完善的情況下，社工員秉持服務熱忱，應用專業知識與技術，深入基層服務弱勢同胞，以其優異的工作表現與長期的努力成果，終得以奠定日後社會工作專業制度的基礎。在迎合世界潮流及肯定社工員專業制度之功能，中央爲解決社工員納編問題，於七十九年函令省市政府修正組織編制，將社工員納編，分三年提報任用計畫，併高普考辦理；如現職約聘雇社工員未能通過考試取得任用資格，即不得再行繼續聘僱用。爲免因社工員制度之政策轉變，對多年來辛苦建立社會工作專業制度的社工員，萬一未能通過考試繼續任職，抹煞其貢獻之功勞，進而造成人才流失，影響社會工作專業經驗之傳承；高雄市政府社會局於八十三年除遵照命令開始修改組織編制將社工員納編外，並同意原任之約聘僱社工（督導）員，如未能通過高、普考取得公務員任用資格人員，仍得以約聘僱方式繼續任職至自行離職爲止；至於新進之社工（督導）員則應依公務人員考試及格任用。截至九十一年底，高雄市計有社工（督導）員六十人，其中有四十六名納編。

儘管我國社會工作專業之發展歷程艱辛曲折，五味雜陳；但社會工作專業制度之建立，以及社會工作專業地位之確立；不僅是一項迎合世界潮流，更是順應國家民情所勢在必行、刻不容緩的急切要務。基於這個事實，爲建立社會工作專業服務體系，提昇社會工作專業地位，明定社會工作師權利義務，確保受服務對象之權益，我國終於在民國八十六年四月二日制定公布「社會工作師法」；並於八十七年四月二日在舉辦社會工作師法公布實施一週年的慶祝活動上，由內政部部長黃主文先生正式宣布每年四月二日訂爲**「全國社會工作日」**，期藉各種宣導活動之舉辦，促使社會大眾更加瞭解建立社會工作專業體制的重要性與必要性。自社會工作師法公布實施以後，迄至九十一年十二月底，目前台灣地區經社會工作師考試及格實際執業的社工師計有七六三人，其中台灣省各縣市計四二七人，台北市二六二人，高雄市七十四人。

從以上社會工作專業體制的建立過程，我們可以充分看出，社會工作專業化的主張，自五十四年開始倡導，至八十六年社會工作師法公布施行，總共歷經三十二個年頭的積極爭取，持續打拚，才有今日社會工作贏得社會大眾肯定、推崇的成果。綜觀社會工作專業體制建立的政策依據爲：

㈠民主主義現階段社會政策

各項措施，所需人才應盡量任用各大學有關社會工作學系之畢業生；對現有工作人員，亦當隨時舉辦在職訓練，增加其專業，改進其工作方法。

㈡現階段社會建設綱領

社會建設之推進，……，各級行政部門之縱橫關係，尤應協調配合，對執行幹部應予調訓，並積極培養專業人才，俾能有效實施。

㈢社會福利政策綱領

社會福利政策之推動應結合教育、衛生、司法、農業推廣等相關單位，運用社會福利專業人員，採專業社會工作方法，推展各項社會福利工作。

貳、法案內涵

社會工作師法（Social Worker Act）本法計有七章五十七條：第一章：總則，第二章：資格取得，第三章：執業，第四章：社會工作師事務所，第五章：公會，第六章：罰則，第七章：附則。社會工作師法施行細則計有二十一條。茲將兩法案之全部內涵綜合詳述解說於后。

一、總則

㈠目的

社會工作師法之制定，係為建立社會工作專業服務體系，提昇社會工作師專業地位，明定社會工作師權利義務，確保受服務對象之權益。（第1條）

㈡社會工作師之定義

社會工作師法所稱「社會工作師」，指依社會工作專業知識與技術，協助個人、家庭、團體、社區，促進、發展或恢復其社會功能，謀求其福利的專業工作者。（第2條）

㈢主管機關

本法的主管機關，在中央為內政部；在直轄市為直轄市政府；在縣（市）為縣（市）政府。（第3條）

二、資格取得

㈠社會工作師資格之取得

中華民國國民經社會工作師考試及格，並依本法領有社會工作師證書者，得充任社會工作師。（第4條第1項）非領有社會工作師證書者，不得使用社會工作師名稱。（第7條）請領社會工作師證書，應檢具申請書及資格證明文件，送請中央主管機關核發之。（第8條）

㈡社會工作師資格考試

1.**社會工作師考試**：具有下列資格之一者，得參加社會工作師考試（第5條）：

(1)國內公立或已立案之私立或經教育部承認之國外大專以上社會工作相關科、系（組）、所畢業者。

(2)國內公立或已立案之私立或經教育部承認之國外大學或獨立學院以上非社會工作相關學系畢業，並有國內社會工作實務經驗二年以上者。

(3)國內已設立十年以上之宗教大學或獨立學院之社會工作相關科系畢業並有國內社會工作實務經驗二年以上者。

2.**社會工作師檢覈考試**：具有下列資格之一者，社會工作師資格考試得以檢覈行之。（第6條）其檢覈辦法由考試院會同行政院定之。（第4條第2項）

(1)國內或經教育部承認之國外大專以上社會工作相關科、系（組）、所畢業，並有國內社會工作實務經驗五年以上者。

(2)在教育部承認之國外大學社會工作相關系、所畢業，取得學位及該國社會工作師或相當資格，且有國內社會工作實務經驗一年以上者。

(3)在國內外大專院校擔任專任社會工作課程教學之教師，且有國內社會工作實務經驗一年以上者。

3.**社會工作師特種考試**：社會工作師法公布施行前，曾在相關社會福利機關（構）、團體從事社會工作業務滿三年，並具有專科以上學校畢業資格，經中央主管機關審查合格者，得應社會工作師特種考試。（第55條第1項）前項特種考試，於本法修正施行後五年內辦理三次。（第55條第2項）

㈢社會工作實務經驗之認定

社會工作師法第五條第二款、第三款、第六條第一款至第三款所定社會工作實務經驗；第五十五條第一項所定曾在相關社會福利機關（構）、團體從事社會工作業務之認定及其他有關審查事項，由中央主管機關設審查小組辦理之。經審查合格者，由中央主管機關發給資格證明。（施行細則第2條）

㈣宗教大學或獨立學院之認定

社會工作師法第五條第三款所定國內已設立十年以上之宗教大學或獨立學院，應具有下列各款之情形（施行細則第3條）。

1. 本法公布施行前，已設有社會工作相關科系之宗教團體附設宗教教義研修機構。
2. 經內政部認可設立有案十年以上。

㈤社會工作師證書請領之要件

依社會工作師法第八條規定請領社會工作師證書，應檢具下列之要件送請中央主管機關核辦（施行細則第4條）。

1. 填具申請書。
2. 繳交考試院頒發之社會工作師考試及格證書或社會工作師檢覈及格證書影本。
3. 繳交國民身分證正、反面影本。
4. 繳交最近一年內二寸正面脫帽半身照片三張。
5. 繳交證書費。

三、執業

㈠社會工作師執業資格

社會工作師執業，應向所在地直轄市或縣（市）主管機關送驗社會工作師證書申請登記，發給執業執照始得爲之。（第9條）社會工作師變更執業行政區域時，亦應依此規定申請執業執照。（第11條第2項）

㈡社會工作師執業執照請領之要件

依社會工作師法第九條規定請領社會工作師執業執照時，應檢具下列要件，送請執業所在地直轄市或縣（市）主管機關核辦（施行細則第5條）。

1.塡具申請書。

2.繳交社會工作師證書影本一份。

3.繳交國民身分證正、反面影本。

4.繳交最近一年內二寸正面脫帽半身照片三張。

5.繳交擬執業機構出具之證明文件。

6.繳交社會工作師公會會員證書影本。

7.繳交執業執照費。

㈢社會工作師執業執照發給之限制

有下列情形之一者，不得發給社會工作師執業執照，已領取者，撤銷或廢止之（第10條第1項）：

1.經廢止社會工作師證書。

2.經廢止社會工作師執業執照未滿一年。

3.經衛生主管機關認定精神異常，不能執行職務。

前項第三款原因消滅後，仍得依本法規定申請執業執照。（第10條第2項）

㈣社會工作師變更執業事項之備查

社會工作師停業、歇業、復業或變更行政區域時，應自事實發生之日起十日內，報請原發執業執照機關備查。（第11條第1項）其報請備查時，應填具申請書，並檢具執業執照及有關文件，送由原發執業執照機關依下列規定辦理（施行細則第6條）：

1.**停業**：於其執業執照註明停業日期後發還。

2.**歇業**：註銷其執業執照。

3.**復業**：於其執業執照註明復業日期後發還。

4.**變更執業行政區域**：註銷其執業執照。

另社會工作師死亡者，由原發執業執照機關註銷其執業執照。（第11條第2項）

㈤社會工作師執業處所之限制

社會工作師執業以一處爲限。但機關（構）、團體間之支援或經事先報准者，不在此限。（第12條）

㈥社會工作師執行之業務

社會工作師執行下列業務（第13條）：

1.行爲、社會關係、婚姻、社會適應等問題之社會暨心理評估與處置。

2.各相關社會福利法規所定之保護性服務。

3.對個人、家庭、團體、社區之預防性及支持性服務。

4.社會福利服務資源之發掘、整合、運用、分配與轉介。

5.社會福利機構或方案之設計、評估、管理、研究發展與教育訓練。

6.人民社會福利權之維護。

7.其他經中央主管機關或會同目的事業主管機關認定之業務。

㈦社會工作師應有之職責

1.**服務對象之最佳利益優先**：社會工作師執行業務時，應以受服

務對象之最佳利益為優先考量。(第14條)

2.**不得為虛偽的陳述或報告**：社會工作師受主管機關或司法警察機關詢問時，不得為虛偽之陳述或報告。(第15條)

3.**保守秘密**：社會工作師及社會工作師事務所之人員，對於因業務而知悉或持有他人之秘密，不得無故洩漏。(第16條)

4.**撰製紀錄**：社會工作師執行業務時，應撰製社會工作紀錄，其紀錄應至少保存十年。(第17條第1項)至於紀錄之內容，由中央主管機關定之。(第17條第2項)

5.**遵守倫理守則**：社會工作師之行為必須遵守社會工作倫理守則之規定。(第18條第1項)其倫理守則，由全國社會工作師公會聯合會訂定，提請會員(會員代表)大會通過後，報請中央主管機關核備。全國社會工作師公會聯合會未設立前，由中央主管機關召集直轄市、縣(市)主管機關會商訂定。(第18條第2項)

四、社會工作師事務所

(一)社會工作師事務所之設立

1.社會工作師事務所之設立，應由社會工作師填具申請書，並檢具相關文件及資料，向所在地直轄市或縣(市)主管機關申請核准登記，發給開業執照，始得為之。(第19條第1項)

2.申請設立社會工作師事務所之社會工作師，須執行社會工作師法第十三條所訂之業務三年以上，並得有工作證明者，始得為之。(第19條第2項)

3.社會工作師事務所，應以其申請人為負責社會工作師，對其業務負督導責任。其以二個以上社會工作師聯合申請設立者，應以其中一人為負責社會工作師。(第20條)

4.社會工作師事務所名稱之使用或變更，應經原發開業執照機關核准。(第21條第1項)非社會工作師事務所，不得使用社會工作師事務所或類似名稱。(第21條第2項)

5. 社會工作師事務所，應將其社會工作師證書、執業執照、開業執照及收費標準懸掛於明顯處所。（第23條）
6. 社會工作師事務所，應每兩年向直轄市、縣（市）主管機關申請換發開業執照。（第24條第1項）其換照辦法，由中央主管機關另定之。（第24條第2項）

㈡社會工作師事務所申請設立之要件

社會工作師依社會工作師法第十九條規定申請設立社會工作師事務所時，應檢具下列之要件，送請開業所在地直轄市或縣（市）主管機關核辦（施行細則第7條）：

1. 塡具申請書。
2. 繳交依本法第十九條第二項所定社會工作師之執行業務證明文件（此文件係指社會工作師執行社會工作師法第十三條所定之業務三年以上之工作證明書）。
3. 繳交社會工作師證書影本一份。
4. 繳交社會工作師執業執照影本一份。
5. 繳交國民身分證正、反面影本。
6. 繳交擬開業事務所所址之使用權利證明文件影本。
7. 繳交開業執照費。

㈢社會工作師事務所之收費標準

1. 社會工作師事務所之收費標準，由直轄市、縣（市）主管機關核定之。（第22條第1項）
2. 社會工作師事務所收取費用，應製給收費明細表及收據。（第22條第2項）
3. 社會工作師事務所不得違反收費標準，超收費用。（第22條第3項）

㈣社會工作師事務所廣告內容之限制

社會工作師事務所之廣告，其內容以下列事項爲限（第25條第1項）：

1.社會工作師事務所之名稱、開業執照字號、地址、電話及交通路線。

2.社會工作師之姓名、證書字號。

3.第十三條所訂社會工作師之業務。

4.其他經中央主管機關公告容許登載或宣傳事項。

非社會工作師事務所，不得為上列事項廣告。（第25條第2項）

㈤社會工作師事務所之申請變更登記

1.社會工作師事務所開業後，有：(1)停業，(2)歇業，(3)復業，(4)遷移，(5)其他登記事項變更等情形之一時，應自事實發生之日起十五日內，向原發開業執照機關，申請變更登記。（第26條第1項）

2.有關社會工作師事務所之遷移如變更原行政區域時，應依社會工作師事法第十九條第一項有關社會工作師事務所設立之有關規定申請設立登記。（第26條第2項）

3.社會工作師事務所依社會工作師法第二十六條第一項規定申請變更登記時，應填具申請書，並檢具開業執照及有關文件，送由原發開業執照機關依下列規定辦理（施行細則第8條）：

(1)**停業**：於其開業執照註明停業日期後發還。

(2)**歇業**：註銷其開業執照。

(3)**復業**：於其開業執照註明復業日期後發還。

(4)**遷移或其他登記事項變更**：辦理變更登記。但變更原行政區域時，應註銷其開業執照。

㈥社會工作師事務所服務對象之轉介

社會工作師事務所停業、歇業或遷移，應由原社會工作師事務所或當地主管機關將服務對象轉介至其他社會工作師事務所或適當服務機構。（第27條第1項）且其轉介，應取得服務對象之同意。（第27條第2項）此處所稱遷移而轉介，係指社會工作師事務所遷離原執業之直轄市或縣（市）行政區域者。（施行細則第11條）

五、公會

㈠組織區域

社會工作師公會之組織區域依現有之行政區域劃分，分為縣（市）公會、省（市）公會，並得設全國社會工作師公會聯合會。在同一區域內，同級之社會工作師公會以一個為限。（第29條）

㈡發起組織

1. 直轄市及縣（市）社會工作師公會，以在該區域工作之社會工作師十五人以上發起組織之；不足十五人者，得加入鄰近區域之公會或共同組織之。（第30條）
2. 省社會工作師公會之設立，應由該省內縣（市）社會工作師公會五個以上之發起及全體過半數之同意組織之。（第31條）
3. 全國社會工作師公會聯合會應由省或直轄市社會工作師公會三個以上完成組織後，始得發起組織。但經中央主管機關核准者，不在此限。（第32條）

㈢章程

社會工作師公會章程應載明下列事項（第38條）：

1. 名稱、組織區域及會所所在地。
2. 宗旨、組織及任務。
3. 會員之入會及出會。
4. 會員代表之產生及其任期。
5. 會員（會員代表）之權利及義務。
6. 理事、監事之名額、權限、任期及其選任、解任。
7. 會員（會員代表）大會及理事會、監事會會議之規定。
8. 會員應遵守之公約。
9. 經費及會計。
10. 章程修訂之程序。

11.其他有關會務之必要事項。

㈣職員

1.社會工作師公會置理事、監事，均於召開會員（會員代表）大會時，由會員（會員代表）選舉之，並分別成立理事會、監事會；其理事名額如下（第35條第1項）：

(1)縣（市）社會工作師公會之理事不得逾十五人。

(2)省（市）社會工作師公會之理事不得逾二十五人。

(3)社會工作師公會全國聯合會之理事不得逾三十五人。

理事名額不得超過全體會員（會員代表）人數二分之一。（第35條第2項）

2.社會工作師公會監事名額不得超過理事名額三分之一。（第35條第2項）

3.社會工作師公會理事、監事名額在三人以上時，得分別互選常務理事及常務監事，其名額不得超過理事或監事總額三分之一。（第35條第3項）

4.社會工作師公會應由理事就常務理事中選舉一人爲理事長，其不置常務理事者，就理事中互選之。常務監事在三人以上時，應互推一人爲監事會召集人。（第35條第4項）

5.社會工作師公會之理事長及理、監事任期爲三年；理事長連選得連任一次。（第34條）

㈤會員（會員代表）大會

1.社會工作師公會每年召開會員（會員代表）大會一次；必要時得召集臨時大會。（第36條第1項）

2.社會工作師公會會員人數超過三百人時，得依章程之規定就會員分布狀況劃定區域，按會員人數比例選出代表，召開會員代表大會，行使會員大會之職權。（第36條第2項）

㈥任務

各級社會工作師公會之任務如下（第40條）：

1. 關於保障會員之權益。
2. 關於規範會員之行為。
3. 關於代表會員共同意志之表達。
4. 關於社會工作師與服務對象間糾紛之調處。
5. 關於社會工作師資料之調查、統計、研究及發布。
6. 關於社會工作師實務經驗之認定。
7. 關於接受政府、機關、民間團體，委託辦理社會服務與研究。
8. 關於各項社會運動之參與。
9. 關於會員資料之建立及動態調查、登記。
10. 關於社會工作在職訓練及講習之舉辦。
11. 關於國際社會工作組織之聯繫、交流與合作。
12. 關於推動社會工作發展之各項活動。

㈦主管機關

1. 各級社會工作師公會之主管機關為各級人民團體主管機關。但其目的事業應受各該目的事業主管機關之監督。（第33條）
2. 社會工作師公會應訂立章程，造具會員名冊及職員簡歷冊，報請該管人民團體主管機關立案，並分送中央及直轄市、縣（市）主管機關備查。（第37條）
3. 社會工作師公會報請主管機關立案之會員名冊，應載明下列事項（施行細則第15條）：
   (1)姓名。
   (2)性別。
   (3)出生年月日。
   (4)社會工作師證書字號。
   (5)執業執照字號。
   (6)開業執照字號。
   (7)執業機關（構）、團體之名稱、地址及電話。
   (8)現任本職。
   (9)戶籍地址及電話。
   (10)通訊地址及電話。

4.社會工作師公會報請主管機關立案之職員簡歷冊，應註明屆別並載明下列事項（施行細則第16條）：

(1)職別。此項應依序分別塡明理事長、常務理事、理事、後補理事、監事會召集人、常務監事、監事或後補監事等。（施行細則第16條第2項）

(2)姓名。

(3)性別。

(4)出生年月日。

(5)學歷。

(6)經歷。

(7)現任本職。

(8)戶籍地址及電話。

5.社會工作師公會應將下列事項函報該管人民團體主管機關（第39條）：

(1)會員（會員代表）名冊及會員之入會、退會。

(2)理事、監事選舉情形及當選人姓名。

(3)會員（會員代表）大會理事會、監事會之時間、地點及會議情形。

(4)提議、決議事項。

六、罰則

㈠證書之廢止

社會工作師將其證照租借他人使用者，廢止其社會工作師證書。（第41條）

㈡執業執照及證書之廢止

社會工作師受停業處分仍執行業務者，廢止其執業執照；受廢止執業執照處分仍執行業務者，廢止其社會工作師證書。（第48條）

㈢開業執照及證書之廢止

社會工作師事務所受停業處分而不停業者，廢止其開業執照；受廢止開業執照處分，仍繼續開業者，得廢止其負責社會工作師之社會工作師證書。（第49條）

㈣社會工作師事務所違反下列規定之處罰

社會工作師事務所違反下列規定者，處新台幣四千元以上二萬元以下罰鍰，並令其限期改善；屆期不改善者，按日連續處罰或廢止其執業執照。（第42條）此處所稱限期改善，係以三十日為限。（施行細則第17條）

1. **未依規定換發開業執照之處罰**：社會工作師事務所，應每兩年向地方主管機關申請換發開業執照（第24條第1項）；未依規定辦理者。
2. **未依規定刊登廣告內容之處罰**：社會工作師事務所之廣告內容應以社會工作師法第二十五條規定之事項為限（第25條第1項）；未依規定辦理者。
3. **未依規定申請變更登記之處罰**：社會工作師事務所開業後，有：(1)停業，(2)歇業，(3)復業，(4)遷移，(5)其他登記事項變更等情形之一時，應自事實發生之日起十五日內，向原發開業執照機關申請變更登記（第26條第1項）；未依規定辦理者。
4. **未依規定轉介服務對象之處罰**：社會工作師事務所停業、歇業或遷移，應由原社會工作師事務所或當地主管機關將服務對象轉介至其他社會工作師事務所或適當服務機構（第27條第1項）；未依規定辦理者。

㈤為虛偽陳述或報告之處罰

社會工作師受主管機關或司法警察機關詢問時，不得為虛偽之陳述或報告（第15條）；違反其規定者，處新台幣二萬元以上十萬元以下罰鍰；其情節重大者，並處一個月以上一年以下停業處分或廢止其執業執照。（第43條）

㈥社會工作師違反下列規定之處罰

社會工作師違反下列規定者，處新台幣一萬元以上五萬元以下之罰鍰，並限期令其改善；經三次處罰及限期令其改善，屆期仍未遵行者，處一個月以上一年以下停業處分。（第44條第1項）此處所稱限期令其改善，係以三十日爲限（施行細則第17條）；至於經三次處罰一節，其第二次處分應自第一次限期屆滿後行之；而第三次處分應自第二次限期屆滿後行之。（施行細則第18條）

1. **未依規定申請職業登記之處罰**：社會工作師執業，應向所在地直轄市或縣（市）主管機關送驗社會工作師證書申請登記，發給執業執照始得爲之（第9條）；未依規定辦理者。
2. **未依規定申請變更執業事項之處罰**：社會工作師停業、歇業、復業或變更行政區域時，應自事實發生之日起十日內，報請原發執業執照機關備查（第11條第1項）；未依規定辦理者。
3. **變更執業區域未依規定申請執業執照之處罰**：社會工作師變更執業行政區域時，應依社會工作師法第九條之規定申請執業執照（第11條第2項）；未依規定辦理者。
4. **未依規定限於一處執業之處罰**：社會工作師執業以一處爲限。但機關（構）、團體間之支援或經事先報准者，不在此限（第12條）；未依規定辦理者。
5. **洩漏秘密之處罰**：社會工作師及社會工作師事務所之人員，對於因業務而知悉或持有他人之秘密，不得無故洩漏（第16條）；未依規定辦理者。
6. **未依規定撰製紀錄及保存紀錄之處罰**：社會工作師執行業務時，應撰製社會工作紀錄，其紀錄應至少保存十年（第17條第1項）；未依規定辦理者。
7. **未依規定遵守倫理守則之處罰**：社會工作師之行爲必須遵守社會工作倫理守則之規定（第18條第1項）；有違規定者。
8. **未加入公會擅自執業之處罰**：社會工作師非加入社會工作師公會不得執行業務（第28條第1項）；有違規定者。

㈦拒絕社工師加入公會之處罰

社會工作師公會不得拒絕社會工作師加入公會（第28條第2項）；有違規定者，處新台幣一萬元以上五萬元以下之罰鍰。（第44條第2項）

㈧社會工作師事務所違反下列規定之處罰

社會工作師事務所違反下列規定者，處新台幣一萬元以上五萬元以下之罰鍰，並限期令其改善；經三次處罰及限期令其改善，屆期仍未遵行者，處一個月以上一年以下停業處分；如有違反收費標準，並應退還所超收之費用。（第45條）此處所稱限期令其改善及經三次處罰之規定，與第四十四條第一項同。

1. **未依規定申請開業執照之處罰**：社會工作師事務所之設立，應由社會工作師填具申請書，並檢具相關文件及資料，向所在地直轄市或縣（市）主管機關申請核准登記，發給開業執照，始得爲之（第19條第1項）；未依規定辦理者。
2. **未依規定申請核准使用或變更名稱之處罰**：社會工作師事務所名稱之使用或變更，應經原發開業執照機關核准（第21條）；未依規定辦理者。
3. **未依規定收取費用之處罰**：社會工作師事務所收取費用，應製給收費明細表及收據（第22條第2項）；未依規定辦理者。
4. **超收費用之處罰**：社會工作師事務所不得違反收費標準，超收費用（第22條第3項）；有違規定者。
5. **未依規定將證照及收費標準明顯懸掛之處罰**：社會工作師事務所，應將其社會工作師證書、執業執照、開業執照及收費標準懸掛於明顯處所（第23條）；未依規定辦理者。

㈨違規使用社工師事務所名稱之處罰

非社會工作師事務所，不得使用社會工作師事務所或類似名稱（第21條第2項）；有違規定者，處新台幣二萬元以上十萬元以下之罰鍰。（第46條）

㈩違規刊登社工師事務所廣告之處罰

非社會工作師事務所，不得爲社會工作師事務所有關之廣告（第25條第2項）；有違規定者，處新台幣二萬元以上十萬元以下之罰鍰。（第46條）

⼗一違規使用社工師名稱之處罰

非領有社會工作師證書者，不得使用社會工作師名稱（第7條）；有違規定者，處新台幣三萬元以上十五萬元以下罰鍰，並公布其姓名、出生日期、身分證字號及其執行業務機構名稱，且其所屬機構負責人亦處以同樣之罰鍰。連續違反者，得按日連續處罰。（第47條）

⼗二社工師事務所罰鍰之處罰者

社會工作師法所訂之罰鍰，於社會工作師事務所，處罰其負責社會工作師。（第50條）

⼗三處罰之主管機關

本法所訂之罰鍰、停業、撤銷、廢止執業執照或開業執照，由直轄市或縣(市)主管機關處罰之；廢止社會工作師證書，由中央主管機關處罰之。（第51條）

⼗四罰鍰之強制執行

依社會工作師法所處之罰鍰，經限期繳納，屆期仍未繳納者，移送法院強制執行。（第52條）

⼗五處分書之填具

直轄市、縣（市）主管機關依社會工作師法之規定處罰鍰時，應填具處分書；受處分人接獲處分書後，應於三十日內繳納罰鍰。（施行細則第19條）

七、附則

㈠禁止執業及除外情形

社會工作師非加入社會工作師公會不得執行業務（第28條第1項）；社會工作師公會亦不得拒絕社會工作師加入公會。（第28條第2項）惟社會工作師法公布實施後，各直轄市、縣（市）社會工作師公會成立前，社會工作師之執業，不受應加入公會才能執業之限制。（第53條）

㈡證書費或執照費之收取

中央或直轄市、縣（市）主管機關依本法核發證書或執照時，得收取證書費或執照費；其費額，由中央主管機關定之。（第54條）

㈢申請補發或更新證照應檢具之要件

依社會工作師法所發證照因遺失、滅失或污損而申請補發或更新時，應檢具下列要件向原發證照機關辦理（施行細則第9條）：

1.填具申請書。
2.證照遺失、滅失者，應檢送具結書一份。
3.證照污損者，應檢送原發證書或執照。
4.繳交國民身分證正、反面影本。
5.繳交最近一年內二寸正面脫帽半身照片二張。
6.繳交證書費或執照費。

㈣補發或更新字義及其日期之記明

各級主管機關補發或更新社會工作師或社會工作師事務所之證照，應記明補發或更新之字義及其日期。（施行細則第10條）

㈤選派參加上級公會之規定

縣（市）社會工作師公會選派參加省社會工作師公會之會員代表

人數，由省社會工作師公會按各縣（市）社會工作師公會會員人數或其應繳納常年會費之比例定之。縣（市）社會工作師公會選派參加省社會工作師公會之會員代表按比例分配，不足一人者，以一人計；選派參加全國聯合會之會員代表，各縣（市）社會工作師公會至少應有代表一人。（施行細則第12條第1項）直轄市社會工作師公會代表之產生，準用前項規定。（施行細則第12條第2項）有關縣（市）及直轄市社會工作師公會會員代表人數，應於省社會工作師公會及全國社會工作師公會聯合會章程中定之。（施行細則第12條第3項）

㈥公會常年會費之繳納

省（市）、縣（市）社會工作師公會應繳納常年會費；其金額及繳納期限，應於全國社會工作師公會聯合會、省社會工作師公會章程中定之。（施行細則第13條）

㈦公會會員入會或出會之陳報

直轄市、縣（市）社會工作師公會對於入會或出會之會員，應分別造具名冊，每三個月分送中央及地方主管機關備查。（施行細則第14條）

㈧相關書表格式之訂定

社會工作師法及其施行細則所定之書表格式，由中央主管機關定之。（施行細則第20條）

㈨施行細則

本法施行細則，由中央主管機關擬訂，報請行政院核定後發布之。（第56條）

㈩施行日期

本法自公布日施行。（第57條）

參、析評與展望

一、社會工作師法之子法及重要之相關規定

社會工作師法除本法外，其授權訂定之子法及重要相關規定計有：

1. 社會工作師法施行細則。（第56條）
2. 社會工作師事務所換證辦法。（第24條第2項）
3. 社會工作師證書執照收費要點。（第54條）
4. 社會工作師紀錄內容撰製注意事項。（第17條第2項）
5. 辦理社會工作實務經驗及從事社會工作業務年資審查要點。（第55條）
6. 內政部社會工作實務經驗及業務年資審查小組設置要點。
7. 社會工作師檢覈辦法。

二、社會工作師法之特色

社會工作師法制定公布的最大貢獻是使社工界多年來一直主張社會工作專業化的期望目標獲得實現，也對社工界給予無比的鼓舞作用。這雖是遲來的正義，但就整個法案的內涵來看，確仍展現了下列多項的特色。

㈠確立了社會工作專業化的法定地位

本法第一條開宗明義指出，社會工作師法之制定，係爲建立社會工作專業服務體系，提昇社會工作師專業地位，明定社會工作師權利義務，確保受服務對象之權益。又第二條規定，本法所稱社會工作師，指依社會工作專業知識與技術，協助個人、家庭、團體、社區，促進、發展或恢復其社會功能，謀求其福利的專業工作者。足見社會

工作師法的公布實施，使得社會工作專業服務體系奠定了法律基礎；也使得社會工作專業化的主張更加實至名歸。

㈡明定社會工作師的資格取得務須通過專業考試

社會工作師既然是專業，則其工作人員理應通過專門職業及技術人員考試。因之，本法第四條規定，經社會工作師考試及格，並依本法領有社會工作師證書者，得充任社會工作師。至於社工師的專業考試分爲：社會工作師考試、檢覈考試及特種考試三種。且第七條又規定，非領有社會工作師證書者，不得使用社會工作師名稱。因之，社工師法公布實施之後，社工師與社工員顯然有別。

㈢建立社會工作專業證照制度

經過社會工作師考試及格，並領有社會工作師證書者，其如想執業，依本法第九條規定，務須向所在地直轄市或縣（市）主管機關送驗社會工作師證書申請登記，發給執業執照始得爲之。且第十二條規定，社會工作師執業以一處爲限。又第十一條規定，社會工作師如變更行政區域時，應依第九條規定，重新申請執業執照。由此可見，社工師專業體制之建構，機制相當嚴謹。

㈣明定社會工作師執行業務之範圍

依本法第十三條規定，社工師執行的業務範圍包括：(1)關於社會問題之社會暨心理評估與處置，(2)福利法規所定之保護性服務，(3)對服務對象之預防性及支持性服務，(4)社會資源之整合及運用，(5)社會福利機構或社會福利方案之設計、評估、管理及研究發展與教育訓練，(6)人民社會福利權之維護，(7)其他經主管機關或會同目的事業主管機關認定之業務。由此看出，社工師所應執行的業務範圍包羅萬象，錯綜複雜；如果沒有受過足夠的專業訓練，具有精湛的專業方法與技巧，實難以勝任。

㈤明定社會工作師事務所設立之要件及限制

依本法第十九條規定，社會工作師事務所之設立，應由執行本法

第十三條所訂業務三年以上經驗，並持有工作證明書之社工師提出申請。又第二十條規定，社會工作師事務所如有二個以上社工師聯合申請設立者，應以其中一人爲負責社會工作師。且對社會工作師事務所之：(1)名稱，(2)收費標準，(3)開業執照之換發，(4)刊登廣告之內容，(5)停業、歇業、復業、遷移之變更登記等均有明確的規定。這些規範，旨在希望透過嚴密的管理，約束社會工作師事務所務須正派經營。

(六)明定社會工作師應有的職責

依本法第十四條至第十八條之規定，社工師應有的職責包括：(1)應以受服務對象之最佳利益爲優先考量，(2)接受主管機關或司法警察機關詢問時，不得爲虛僞之陳述或報告，(3)應保守秘密，(4)應撰製社會工作紀錄，(5)應遵守倫理守則。本法之所以要對社工師應有的職責作如此嚴謹的規範，主要是因爲社工師所服務的對象，均係社會或心理調適不良的個人、家庭、團體或社區；對其行爲嚴加規範，旨在避免受服務對象遭致二度傷害，並期圓滿解決受服務對象之問題。

(七)明定社工師公會的功能及任務

爲貫徹執行「業必歸會」之政策，並展現社工師公會之功能，本法第二十八條明定，社工師非加入社會工作師公會不得執行業務，且社會工作師公會亦不得拒絕社會工作師加入公會。另第四十條明定，各級社會工作師公會的任務爲：(1)保障會員權益，(2)規範會員行爲，(3)代表會員共同意志，(4)調處會員與服務對象之糾紛，(5)認定社工師之實務經驗，(6)接受委託辦理社會服務有關事項，(7)參與社會運動，(8)辦理社會工作專業訓練，(9)促進國際社會工作交流，(10)社會工作資料之調查、統計及研究、發布，(11)會員動態資料之建立，(12)社會工作發展之推動等。這些規定旨在希望各級社工師公會確實能夠：(1)對內健全組織，有效保障會員權益，產生凝聚作用；(2)對外強化功能，致力服務社會大衆，發生促進效能。

三、社會工作政策之展望

社會工作師法之訂定，固然確立「社會工作」在我國的專業地位。惟仍有諸多事項有待處理。展望未來，除依現行社會工作師法落實專業證照制度外，尚需依階段性任務之達成或發展性需求之推估，逐步研修社會工作師法及相關社會福利法規，以建構完整的社會工作專業服務輸送體系。

㈠逐步會同認可社會工作師執業處所

社會工作師法第十二條明定社會工作師執業應在所在地直轄市或縣（市）主管機關核准設立之社會福利機關（構）、團體、社會工作師事務所或其他經中央主管機關會同目的事業主管機關認可必須聘請社會工作師之機關（構）、團體爲之。爲使經社會工作師考試及格取得社會工作師證書者能有處所得以執業，亟需逐步會同目的事業主管機關認可社會工作師執業處所，其範圍有三，包括：(1)中央級社會福利主管機關（構）、團體，(2)直轄市及縣（市）級社會福利主管機關（構）、團體，(3)社會工作實施領域範圍內之機關（構）、團體。

㈡落實遴用專業人員辦理機構業務

各類社會福利法律均定有遴用專業人員辦理機構業務之規定，如兒童及少年福利法第十一條、老人福利法第十四條、身心障礙者保護法第六條第二項、社會救助法第三十四條、兒童及少年性交易防制條例第十三條第二項及第十四條第二項、性侵害犯罪防治法第六條與家庭暴力防治法第八條。而上開各類法律並未明定專業人員範圍及賦予其法定位置，致無法落實遴用專業人員之規定。是以，上開法律是否宜參酌醫療法第十條、第十五條、第二十四條、第三十一條及第四十二條之規定，考量修法明定以下事項：(1)私立機構，以社會工作師爲申請人、負責人，(2)財團法人機構，董事三分之一以上應具有社會工作師資格，(3)機構，應置負責社會工作師督導業務，(4)機構於辦公時間以外，應依規模及需要指派適當人數社會工作師值班等，以落實法律規定，惟應主動協調相關主管釐清與溝通要領。

㈢社會工作師法修正之研議

社會工作師法的催生工作已告一段落，現階段除依現行社會工作師法落實證照制度外，欲完備社會工作法制化、專業化與制度化之理想，則仍有諸多問題尚待釐清與建立共識，諸如：(1)證照終身的妥適性，是否需建立評鑑淘汰制度；(2)專業分科的必要性，是否需區分臨床、方案等專科或兒、少、婦、老、障等專科；(3)在職訓練的強制性，是否需強制執業、開業者接收專業新知，提昇服務品質；(4)補貼制度的需求性，收費與附加服務是否阻怯弱勢者求助的管道；(5)爭議審議的需要性，是否需建構社會工作師對評鑑決定或服務對象期待落差的申訴管道。以上諸端，尚有待持續之研討及研究，逐步尋求實務與理想之平衡點，化爲共通之法則加以實踐。

肆、結語

社會工作制度之績效不在社會工作者的自我吹捧，而應植基於受服務對象肯定的程度。睽諸西方先進國家，被視爲專業者，往往以其對民眾之貢獻具體而有效者稱之。因之，社會工作員不僅能對那些遭遇個人層面問題的個案提供協助，更應能夠處理社會層面的問題。

社會工作制度引進社會行政系統以來，有其服務績效，然亦有其限制。畢竟，在我國社會工作實務工作中，僅依外來的理論與經驗是不夠的，尚需將其在兼顧國際化的前提下，重視國情化。所謂國情化即是採借進口的概念以吻合本地的需要。面對社會結構急遽轉型，社會問題變幻莫測之際，要維持專業服務水準，除應積極括取國外的菁華，充實專業知識與技術，更應順應國家民情，以家庭爲中心、社區爲單位，加強政策形成、方案設計與評估等各方面的工作導向；致力使行政系統和專業體系之間的不同本質得到調和；嚐試著發展出使專業知能在行政科層體系下充分發揮，維持開拓創新的高度活力，讓專業與行政相輔相成，展現社會工作專業權威，開創社會福利新境。

台灣在政黨競爭的民主化時代，選民除了比較政黨的理念與意識型態，更關心的是與自身利益有關的議題，其中尤以社會福利政策的競爭最爲凸顯，這也是政府社會福利業務快速膨脹的主因。爲回應民眾對於社會福利需求的日益殷切，及配合社會福利多元化、社區化、民營化的潮流；個人認爲，今後，社會工作師及社會工作員務須扮演：方案規劃者、資源分配者、輸送協調者及執行監督者的多重角色；其服務方式亦應漸漸從扶助弱勢族群發展爲落實「福利人權」。爲因應此一趨勢，社會工作專業體系在社會工作師法公布施行後，將來應朝下列幾個方向努力：

1.落實法令執行、建立專業制度。
2.認識福利政策、拓展服務範疇。
3.加強專業訓練、提昇服務品質。
4.健全督導體系、激勵工作士氣。
5.弘揚專業倫理、強化專業關係。
6.整合社會資源、建構服務網絡。
7.致力研究發展、迎合世界潮流。

第十五章　社區發展工作綱要

壹、前言

「社區」（Community）在社會學中將其界定為一個「具有一定地理區域產生互動關係的人口集團」；其層次可分為部落、村里、鄉鎮、城市、都會區、區域乃至於國家。此種用法，其語意不在於社區面積之大小或人口之多寡，而在於社區地理界限之劃定，可以按其組織結構與服務體系及居民一體的共同關係而加以區分，這樣的社區概念在現代是廣泛被接受的。

至於**「社區發展」**（Community Development）係在第二次世界大戰以後，聯合國有鑑於當時民窮財盡，經濟蕭條，尤以發展中的國家，對當時的失業與貧窮更是無法應付；企圖運用工業國家社區組織工作（Community Organization Work）中社區福利中心的各項設施，作為推行各國經濟與社會同時發展的途徑，於一九五一年在經社理事會通過之議案所率先提出的方案。而我國以社區發展方式作為促進基層民生福利，改善民眾生活的方法，係開始於民國五十三年中國國民黨第九屆二中全會通過之「民生主義現階段社會政策」，該政策首先採用「社區發展」這個名詞將「民生基層建設」與「國民義務勞動」兩項在台灣已有顯著績效的工作併在一起，並於序言中標明「以採取社區發展方式促進民生建設」為重點，而將「社區發展」列為該政策七大工作項目之一。行政院依照執政黨的此項決策，正式於五十四年四月八日頒布施行「民生主義現階段社會政策」，此乃我國社區發展工作列為國家重要政策之開始。

隨後，內政部呈准行政院於五十七年五月十日頒布「社區發展工作綱要」，對社區發展之涵義、工作方法、工作項目、經費來源等均作明確之規定。接著，台灣省政府亦於五十七年九月公布「台灣省社區發展八年計畫」；六十一年五月台灣省政府復修訂原八年計畫為十年計畫，並陸續訂頒「社區發展後續第一、二期五年計畫」、「現階段社區發展工作實施方案」、「基層建設八十一年至八十四年度社區發展計畫」，付諸實施。而台北市政府亦於六十年公布「台北市社區發展四年計畫」，積極推動。

「社區發展工作綱要」自五十七年頒布實施十餘年後，各級政府及社區理事會均一致反應希望制定「社區發展法」，內政部遂著手起草，唯仍朝修訂綱要之方向進行，孰料該草案陳報行政院後，行政院竟將「社區發展工作綱要」改爲「社區發展工作綱領」，並於七十二年四月二十八日修正頒布，使所有有關人士大失所望，因爲原來的「綱要」雖非法律，但至少還具有行政命令之效力，而「綱領」只不過係屬政策性質，毫無法令效力。雖如此，「政策綱領」比「政策綱要」仍有進步之處；諸如：(1)對社區的劃定，除提出具體條件，並對社區的範圍更有彈性，另劃定社區的權責除由政府主導外，且需經該地區內居民過半數同意，(2)規定社區理事會理事之選舉方式、任期及任務，並增加理事名額，(3)明定社區得設置基金，(4)修訂工作項目，以求社區發展工作之落實等。

由於「綱領」根本不具任何法令效力，爲因應實際需要，內政部又將「社區發展工作綱領」再次修訂爲「社區發展工作綱要」，並於八十年五月一日頒布實施。儘管如此，在政策依據方面，「民生主義現階段社會政策」已逐漸無法滿足時代需求，內政部遂積極研擬「社會福利政策綱領」暨其實施方案，陳奉行政院於八十三年七月三十日修正核定，並據以頒布施行。綜觀以上歷程，我國推行社區發展的政策依據爲：

㈠民生主義現階段社會政策

我國以社區發展方式推動社會福利工作，開始於民國五十四年四月八日行政院令頒之「民生主義現階段社會政策」，該政策於序言中標明「以採取社區發展方式促進民生建設」；且在決定現階段社會福利措施之實施方針「庚、社區發展」中強調：

1.採社區發展方式，啓發居民自動自治精神，配合政府行政措施，改善居民生活，增進居民福利。

2.設立社區服務中心，由社區居民推荐熱心公益人士組織理事會，並僱用曾受專業訓練之社會工作人員，負責推動各項工作。

3.加強公共衛生暨康樂設施，尤應積極推廣道路橋樑之修築暨公井、公廁、公園、公墓、游泳池、體育場之設置。

4.鼓勵社區內人民，以合作組織方式辦理消費、副業生產與運銷及公用福利等事業。

㈡現階段社會建設綱領

民國五十八年三月中國國民黨第十次全國代表大會通過之「現階段社會建設綱領」「乙、社會建設」之內容中「一、實踐民生主義之建設事項（八）」載明：全面推動社區發展，鼓勵區內居民以自動、自發、自治精神，貢獻人力、財力、物力，配合地方行政措施，以改善其生活環境與生活方式。

㈢社會福利政策綱領

行政院民國八十三年七月十四日第二三八九次院會審議通過，八十三年七月三十日修正核定之「社會福利政策綱領」「貳、實施要項」中「（參）福利服務」之第二十一點規定：「輔導社區居民依法成立社區組織，鼓勵居民參與社區事務，發揮團結互助之精神」。

㈣社會福利政策綱領實施方案

此項方案行政院亦於民國八十三年七月十四日審議通過，八十三年七月三十日修正核定。該方案「參、福利服務」中第二十七點規定：「社區發展協會應廣徵社區居民爲會員，並鼓勵社區內各機關、機構、學校、團體、公民營企業之參與，做爲社區發展協會之團體會員，以結合資源建設社區」。

目前「社區發展工作綱要」仍是我國推展社區發展之主要依據。依本綱要之規定，「社區發展協會」正式被定位爲依「人民團體法」成立之社團。根據內政部統計資料顯示，截至九十一年十二月底，台閩地區計有社區發展協會五、七一八個，其中台灣省二十一縣市計有五、一二四個，台北市三一五個，高雄市二一七個，金門縣六十二個，連江縣目前還沒有社區發展協會之組織。而台閩地區也有社區活動中心四、二三七個，其中台灣省二十一縣市計有四、〇八六個，台北市五十六個，高雄市六十九個，金門縣二十六個，這些中心均是各社區發展協會推展三大工作項目：公共設施建設、生產福利建設及精神倫理建設的重要據點。

貳、綱要內涵

我國社區發展工作之推動，目前尚無法律依據，而仍以民國八十年五月一日內政部發布施行之「社區發展工作綱要」(Work Outline of Community Development) 爲最高準則，茲將本綱要之全部內涵詳述解說於后。

㈠目的

社區發展工作綱要之訂定，係爲促進社區發展，增進居民福利，建設安和融洽，團結合作之現代化社會。(第1條第1項)

㈡效力

社區發展之組織與活動，除法律另有規定外，依該綱要之規定。(第1條第2項)

㈢定義

1.**社區**：該綱要所稱社區，係指經鄉（鎮、市、區）社區發展主管機關劃定，供爲依法設立社區發展協會，推動社區發展工作之組織與活動區域。(第2條第1項)
2.**社區發展**：係社區居民基於共同需要，循自動與互助精神，配合政府行政支援、技術指導，有效運用各種資源，從事綜合建設，以改進社區居民生活品質。(第2條第2項)
3.**社區居民**：係指設戶籍並居住該社區之居民。(第2條第3項)

㈣主管機關

社區發展主管機關在中央爲內政部；在直轄市爲直轄市政府；在

縣（市）爲縣（市）政府；在鄉（鎮、市、區）爲鄉（鎮、市、區）公所。（第3條第1項）

主管機關辦理社區發展業務主管單位應加強與警政、民政、工務、國宅、教育、農政、衛生及環保等相關單位協調聯繫、分工合作、相互配合支援，以使社區發展業務順利有效執行。（第3條第2項）

㈤社區發展促進委員會之設置

各級主管機關爲協調、研究、審議、諮詢及推動社區發展業務，得邀請學者、專家、有關單位及民間團體代表、社區居民組設社區發展促進委員會；其設置要點由各級主管機關分別定之。（第4條）

㈥社區之劃定

鄉（鎮、市、區）主管機關爲推展社區發展業務，得視實際需要，於該鄉（鎮、市、區）內劃定數個社區區域。（第5條第1項）

社區之劃定，以歷史關係、文化背景、地緣形勢、人口分布、生態特性、資源狀況、住宅型態、農、漁、工、礦、商業之發展及居民之意向、興趣及共同需求等因素爲依據。（第5條第2項）

㈦社區發展協會

1. 設立：鄉（鎮、市、區）主管機關應輔導社區居民依法設立社區發展協會，依章程推動社區發展工作；社區發展協會章程範本由中央主管機關定之。（第6條第1項）
社區發展工作之推動，應循調查、研究、諮詢、協調、計畫、推行及評估等方式辦理。（第6條第2項）
主管機關對於社區發展工作之推動應遴派專業人員指導之。（第6條第3項）
2. 組織：社區發展協會設會員（會員代表）大會，理事會及監事會。另爲推動社區發展工作需要，得聘請顧問，並得設內部作業組織。（第7條）
(1)會員（會員代表）大會：其爲社區發展協會最高權力機構，

由下列會員（會員代表）組成：①個人會員：由社區居民自動申請加入；②團體會員：由社區內各機關、機構、學校及團體申請加入；團體會員依章程推派會員代表一至五人（第8條第1項）；③贊助會員：社區外贊助社區發展協會之其他團體或個人，得申請加入為贊助會員；贊助會員無表決權、選舉權、被選舉權、罷免權。（第8條第2項）

(2)**理事會**：由會員（會員代表）於會員（會員代表）大會中選舉理事組成之。（第9條）

(3)監事會：由會員（會員代表）於會員（會員代表）大會中選舉監事組成之。（第9條）

3.**工作人員**：社區發展協會置總幹事一人，並得聘用社會工作員及其他工作人員若干人，推動社區各項業務。（第10條）

㈧社區資料之建立

社區發展協會應根據社區實際狀況，建立下列社區資料（第11條）：

1.歷史、地理、環境、人文資料。

2.人口資料及社區資源資料。

3.社區各項問題之個案資料。

4.其他與社區發展有關資料。

㈨社區發展工作之推動

社區發展協會應針對社區特性、居民需要，配合政府社區發展指定工作項目、政府年度推荐項目、社區自創項目，訂定社區發展計畫、編訂經費預算積極推動。（第12條第1項）

㈩社區發展指定工作項目

社區發展指定工作項目如下（第12條第2項）：

1.**公共設施建設**：

(1)新（修）建社區活動中心。

(2)社區環境衛生及垃圾之改善與處理。

(3)社區道路、水溝之維修。

(4)停車設施之整理與添設。

(5)社區綠化與美化。

(6)其他。

2.生產福利建設：

(1)社區生產建設基金之設置。

(2)社會福利之推動。

(3)社區托兒所之設置。

(4)其他。

3.精神倫理建設：

(1)加強改善社會風氣重要措施及國民禮儀範例之倡導與推行。

(2)鄉土文化、民俗技藝之維護與發揚。

(3)社區交通秩序之建立。

(4)社區公約之制訂。

(5)社區守望相助之推動。

(6)社區藝文康樂團隊之設立。

(7)社區長青俱樂部之設置。

(8)社區媽媽教室之設置。

(9)社區志願服務團隊之成立。

(10)社區圖書室之設置。

(11)社區全民運動之提倡。

(12)其他。

(十一)社區發展推荐項目及自創項目

社區發展政府年度推荐項目由推荐之政府機關函知；社區自創項目應配合政府年度社區發展工作計畫。（第12條第3項）

(十二)社區發展計畫之辦理

社區發展計畫由社區發展協會分別配合主管機關有關規定辦理，各相關單位應予輔導支援，並解決其困難。（第13條）

㈢社區活動中心之設置

社區發展協會應設社區活動中心，作爲舉辦各種活動之場所。（第14條第1項）另主管機關得於轄區內設置綜合福利服務中心，推動社區福利服務工作。（第14條第2項）

㈣社區發展工作之成果維護

社區發展協會應與轄區內之有關機關、機構、學校、團體及村里辦公處加強協調、聯繫，以爭取其支援社區發展工作並維護成果。（第15條）

㈤社區發展協會之經費

1.**經費來源**：社區發展協會之經費來源如下（第17條）：
(1)會費收入。
(2)社區生產收益。
(3)政府機關之補助。
(4)捐助收入。
(5)社區辦理福利服務活動之收入。
(6)基金及其孳息。
(7)其他收入。

2.**活動費用之收取**：社區發展協會辦理各項福利服務活動，得經理事會通過後酌收費用。（第16條）

3.**基金之設置**：社區發展協會爲辦理社區發展業務，得設置基金，其設置要點由直轄市、縣(市)主管機關定之。（第18條）

4.**經費之補助**：社區發展工作屬政府指定及推荐之項目，由指定及推荐之政府機關酌予補助經費；屬社區自創之項目，得申請有關機關補助經費。（第19條）另各級政府應按年編列社區發展預算，補助社區發展協會推展業務，並得動用社會福利基金。（第20條）

㈥社區發展工作之評鑑考核及講習訓練

各級主管機關對社區發展工作，應會同相關單位辦理評鑑、考核、觀摩，對社區發展工作有關人員應舉辦講習或訓練。（第21條）

㈦社區發展工作之獎勵

推動社區發展業務績效良好之社區，各級主管機關應予下列之獎勵（第22條）：

1.表揚或指定示範觀摩。

2.頒發獎狀或獎品。

3.發給社區發展獎助金。

㈧社區理事會之處置

本綱要施行前已成立社區理事會，於本綱要發布施行後，由主管機關輔導其依法設立為社區發展協會，但理事會任期未屆滿者，可繼續行使職權至屆滿時辦理之。（第23條）

㈨施行日期

本綱要自發布日施行。（第24條）

參、析評與展望

社區發展工作在我國推展已有三、四十年的歷史，由於政府的長期計畫、經費支援、技術指導及精神鼓勵，配合民眾的積極參與，使政府與民間力量相結合，並運用社會資源克服困難，促成城鄉均衡發展，成為政府施政整體發展的典範；至於社區基層組織亦由過去的社區理事會時代進入到目前的社區發展協會時代。社區理事會是由各家戶戶長組成，並無實質的法律地位；而社區發展協會則是依「人民團體法」成立的社團，其成立組織、會務運作乃至解散皆於法有據，脫離了過去渾沌不明的階段。是以，八十年「社區發展工作綱要」之頒

布，在社區發展史上亦是一重要的轉捩點。

一、社區發展工作綱要之析評

回顧過去，雖然社區理事會改爲社區發展協會，已具有人民團體的位階，可解決組織的、會務的一些疑難；但目前社區仍然面臨到一些根本及實務的問題。諸如：

㈠缺乏「法律」位階的依據

目前推展社區發展工作的主要依據爲「社區發展工作綱要」，惟此綱要係屬法規命令，並無法律的強制效力，比之「公寓大廈管理條例」，既有具體規定，又有罰則，差之甚遠。尤其社區發展工作是各相關業務機關通力合作、相互配合的工作，沒有法律作爲依據，在業務的推動上確有其礙難克服的實際問題。

㈡社區劃定不當造成社區範圍與村里重疊

依據「社區發展工作綱要」第五條規定，社區之劃定，以歷史關係、文化背景、地緣形態、人口分布、生態特性、資源狀況、住宅型態、農、漁、工、礦、商業之發展及居民之意向、興趣及共同需求等因素爲依據。但在實務上，或因村里制度由來已久，或由於劃定之條件不易界定，造成鄉鎮市區主管機關往往以村里範圍劃定社區，也就是形成「一村里一社區」情形。在以前社區理事會時代，理事長幾乎就是村里長兼任，沒有什麼問題；但現在的社區發展協會是人民團體，只要有三十人以上發起即可申請組織，理事長是由會員大會選舉產生，所以極有可能造成村里長與協會理事長共同領導一個社區。在這種情形之下，若村里長與理事長對社區事務能有共識，則可相輔相成，眞正落實社區發展工作綱要的精神；如果不是，則必造成二者相互牽制，影響社區功能之發揮。

㈢社區發展協會缺乏實質功能的代表性

依本綱要規定，社區發展協會已定位爲依人民團體法成立之社

團；而依人民團體法第八條：「人民團體之組織，應由發起人檢具章程草案及發起人名冊向主管機關申請許可。前項發起人須年滿二十歲，並應有三十人以上，且無左列情事者為限……。」由此觀之，一個社區內只要有三十個年滿二十歲以上的居民作為發起人，向主管機關申請核准籌組後，即可招收會員成立社區發展協會，而會員人數並無規定。如此一來，設若某一社區有居民二千人，協會會員只有八十人，且這八十人可能又集中在少數幾十戶，則一個只有八十個會員的社團如何有權代表一個擁有二千人的社區？可想而知。另社區發展協會只有八十個會員，在人力、財力、資源、專業知識均極度不足的情況下，寄望其充分發揮功能，更是緣木求魚。

㈣社區發展相關單位協調配合不夠

社區發展工作包羅萬象，舉凡：社會福利 、農業推廣、環保、衛生、教育、文化、交通、經濟、治安等業務均涵蓋其中。而其業務又分別隸屬於不同的業務主管機關，目前計有：(1)內政部社會司的「社會福利社區化」，(2)行政院文建會的「社區總體營造」，(3)行政院農委會的「農村社區建設」，(4)經濟部中小企業處的「社會產業更新」，(5)內政部營建署的「城鄉景觀風貌改造運動」，(6)行政院衛生署的「社區化長期照顧網絡」，(7)行政院環保署的「社區環境改造」，(8)行政院原民會的「部落社區產業發展」。然而，今日強調的社區發展應是整體性的，人民要求的是「完全」的社區。此種整體性的、完全的社區發展工作，卻分別由不同機關各自為政，且相互之間幾乎又完全缺乏協調配合；以致由於工作重疊、人力分散、事權不統一，而難免造成事倍功半，且有浪費國家公帑之憾。

㈤社區意識的凝聚力不足

社區意識乃推動社區發展的主要動力，它是居民對其社區產生心理上的一致認同。惟由於高度都市化的結果，往往造成社區居民彼此不相往來、漠不關心，甚至形成各人自掃門前雪，莫管他人瓦上霜的冷漠心態；若一個社區內的居民大家都只求自家利益及居家安全，而缺乏對社區事務的關心，則必定是社區發展工作致力推廣的致命傷。

㈥社區發展評鑑考核制度有待檢討

本綱要第二十一條規定，各級主管機關對社區發展工作，應會同相關單位辦理評鑑、考核、觀摩。於是各業務主管機關每年或每兩年幾乎均分別針對個別業務推動成果之需要辦理評鑑、考核，造成考評種類之頻繁及考評時間之密集，使得社區疲於應付。另考評設計又無法顧及社區的差異性，用同一套標準去考評性質、條件、資源互異的社區，其公平性難免略嫌不足。結果有的社區爲了爭取考評成績，往往只注重考評的文件績效，而未能眞正凸顯社區的實際需求。

二、社區發展政策之展望

「社區發展」是一項多目標、多角化的綜合性工作，在我國推展是項工作三、四十年以來，不但深獲肯定，且甚受歡迎。惟近年來，社會結構急遽轉型，如何因應社會變遷的需求，在困境中針對問題，找到正確的解決之道，應是當務之急。展望未來，社區發展工作亟應努力的方向應爲：

㈠健全社區發展法制

要使政策落實，必須要有健全的法制做依據。因之，如何將當前之「社區發展工作綱要」提昇爲「法律」的位階，應是社區發展工作弘揚光大的當務之急。

㈡凝聚社區意識

「社區意識」的凝聚是推動社區發展的先決條件；如何透過社區活動、社區會議、社區報紙、社區電台等，加強報導社區的動態狀況及工作績效，增加社區的認同感，並激發社區居民的向心力；使社區每一份子均能產生「榮辱與共，休戚相關」的感覺；進而促使社區「活化」，有效凝聚社區意識，實乃當前增強社區發展功能的要圖。

㈢強化社區發展協會功能

社區發展協會是推動社區發展的基層單位，其績效之好壞直接影響社區發展的功能。因之，主管機關應對「社區發展協會」加以評估、整頓；凡績效彰顯者，應予獎勵；其績效不良者，應積極輔導其改善；而如根本毫無活動、有名無實者，則應撤銷其立案。另政府對於社區的補助，更應以社區的工作績效爲標準，以期藉以激勵社區在公平競爭之下，獲得政府之獎勵。

㈣確實檢討社區之劃定

在綱要第五條規定，鄉（鎮、市、區）主管機關爲推展社區發展業務，得視實際需要，於鄉（鎮、市、區）內劃定數個社區區域。惟不可諱言，爲免增加麻煩，或引起爭議，大部分的鄉（鎮、市、區）均採一村里一社區之原則劃定，以致造成社區與村里重疊的現象。因之，各鄉（鎮、市、區）負責社區發展工作之人員亟應調整心態，積極輔導、鼓勵社區居民重新劃定社區，並適度擴大社區範圍，以弘揚社區的實質效能。

㈤加強社區發展專業人力之培訓

專業人力是推動社區發展的主宰者，各級主管機關亟應擬訂短、中、長期培訓計畫，提供適當管道，加強訓練社區發展工作新進人員，及調訓在職人員，以充實工作人員專業知能，提昇服務品質；致力輔導、協助社區充分發揮社區應有功能，而助於社區福利之增進。

㈥有效運用志工人力資源

志工是協助推動社區發展工作的重要資源；志願服務是一種秉持「助人最樂、服務最榮」的奉獻精神，只問付出、不求回報的崇高志業；社區發展工作的推動也是秉持這種理念；因之，有效招募志工、培訓志工，不但可彌補專業人力之不足，尤可運用志工的人力資源作爲擴大推廣社區發展工作的最佳實現者。

㈦致力推展「社會福利社區化」

「福利社區化」是當前推展社會福利的發展趨勢；基於這個理念，我國特於八十五年十二月由內政部訂頒「推動社會福利社區化」實施要點，並於八十七年度由內政部社會司選定台北市文山區、宜蘭縣蘇澳鎮、彰化縣鹿港鎮、台南市安平區及高雄縣鳳山市等五個實驗區進行試辦；而八十八年度下半年及八十九年度又選定台北縣三重市、高雄市小港區、彰化縣秀水鄉及台中縣、金門縣五個地區繼續試辦，並商請各實驗區指導教授撰寫試辦成果報告，雖其成果未必豐碩，但至少這種迎合時代潮流的社會福利工作模式已經開始起動；可是這種創新的福利措施如今竟是無疾而終；確有重新檢討，持續推展之必要。

肆、結語

社區發展是追求現代化文明社會永無止境的公共事業，它需要全民持續的關注與參與。今後的社區發展爲因應社會變遷的衝擊及衡酌社區的實際需求，亟應呈現一個具多元功能、多元目標的新面貌。基此，未來社區發展工作的推展，除「社區發展工作綱要」所規定的「公共設施建設」、「生產福利建設」及「精神倫理建設」等工作項目外，下列若干因社會變遷而產生的時代任務，更應考慮列爲重點工作。

1.**建立一個「民主的社區」**：社區經由居民循民主運作程序，選出領導幹部，成立社區組織；並依民主方式決定社區的各項事務，最能展現民主生活化的精神，也是民眾學習民主運作的最佳場所。因之，落實社區民主運作，培育國民民主素養，以建立一個「民主的社區」，誠宜列爲社區發展工作的基本任務。

2.**營造一個「文化的社區」**：國民經濟水準提高，對休閒活動的需求就愈殷切。若不能導引民眾從事高尚的休閒活動，休閒生活品質將流於低俗化；尤其青少年休閒活動如未予妥善規劃辦理，可能導致其涉足不良娛樂場所，而衍生社區青少年問題。

因之，推廣社區文化活動，提昇居民生活品質，以營造一個「文化的社區」亦應列爲社區發展工作的主要方向。

3. **建構一個「安樂的社區」**：公共安全與環境保護是民眾最關心的兩大切身問題。社區公共安全的維護，除了發揮傳統守望相助的精神，更應進一步建立完整的安全維護體係。至於環境保護方面，也不能僅止於社區的綠化、美化工作，而應促使社區人人做環保，家家做環保，進而共同維護社區環境的潔淨。因之，維護社區公共安全，保護社區環境整潔，以建構一個「安樂的社區」也應列爲社區發展工作的重點事項。

4. **凝塑一個「同心的社區」**：任何社區都有急公好義的熱心人士，也有自私自利的冷漠者。唯有靠熱心人士，透過社區資源的運用，積極推展各項活動，以不計較、不排斥的寬宏大量，讓冷漠的居民分享社區發展的成果，才能逐漸吸引他們融入社區，激發他們對社區的認同。因此，凝塑社區意識，建立命運共同體的共識，以凝塑一個「同心的社區」，更應列爲社區發展工作的急切要務。

第十六章　志願服務法

壹、前言

現代化國家的社會政策莫不以提高民眾生活品質，增進民眾生活福祉爲施政目標。惟值此政治民主化、經濟自由化、社會多元化的急遽轉型時期，由於社會風氣日靡，社會亂象叢生，社會問題亦因之層出不窮；諸如：幼兒托育、障礙關懷、婦幼安全、老人照顧、衛生保健、生態保育、交通安全、環境保護、社會治安、消防救難、消費者保護等等均引起社會大眾高度重視與關心。面對這些問題與衝擊，固有賴政府公權力的有效伸張；但若僅憑政府的政策推動，沒有民間力量的配合，相信必將事倍功半，難見成效。於是我們除了要有專業的工作人員矢志奉獻外，還需要有熱心公益的志願工作者，致力各種溫馨服務的提供；以人爲的力量來扭轉社會變遷中的不幸，讓我們的生活環境處處都是溫暖滿人間。

志願服務確是公私部門用以輔助、彌補服務內涵及提昇、精進服務品質的不二法門。我國在各項公共事務的領域已大量運用志願工作者來提供協助，以減輕在服務工作上的投資，並增進在服務民眾上的溫情；可是，志願服務在我國逐漸蓬勃發展二十餘年來，由於政府與民間的共同努力，雖然已逐步建立制度，持續推廣；惟在一般人的感覺中，總認爲眞正參與的人不是非常熱烈；且因一直沒有「法」的依據做基礎，致使此項民力運用的重要工作，在發展過程中難免感到有所或缺或美中不足。

二○○一是國際志工年，我國恭逢其盛於民國九十年元月四日經立法院三讀通過「志願服務法」，並於同年元月二十日奉總統令公布施行；志願服務法的制訂，旨在希望能爲志工朋友提供更多的助力及鼓舞；一則期盼藉以提昇民眾參與志願服務的意願，推動全民共同關懷社會；另外更冀望能藉以提昇志工之安全保障，增進志願服務的水準。這個法案的公布施行，對我國志願服務工作的弘揚推廣，應該能夠在新的世紀邁向新的里程；對於公共事務的推動及社會公益的增進將有更大助益。

志願服務的發皇光大，端賴明朗的政策、系統的規劃、正確的宣導、有效的推廣，這些準備工作做得愈多、愈好，其所能產生的成效必愈大；具體言之，志願服務應具有下列的積極功能：

㈠輔助性功能——彌補業務不足

政府機關或民間機構及團體所負責的公共事務，經常錯綜複雜、疲於應付；諸如；心理輔導、諮商服務、關懷晤談、病人探訪、團康活動、環保宣導、社區巡守、消防救難或導覽解說等等，如果能夠透過政策的指引，推展志願服務，結合熱心公益、樂善好施的志工朋友來響應，則必能彌補業務不足，而收輔助未及之功效。

㈡補充性功能——提昇工作品質

各公、私立機關、機構或團體由於業務繁雜、人力不足；加上有些工作大多是例行性、機械性、刻板性的一成不變，每易產生工作倦怠；對於各項業務能夠奉公守法、按章行事的消極承受，已是難能可貴；如再要求其積極開拓、付出溫情，雖未必是遙遙無期，但確實是相當不易。志願服務完全是有志之士導自誠心的奉獻心理，把幫助別人當做是一種樂趣，視服務大眾是一種光榮；一些並未牽涉公權力行使的例行性工作，如果運用志工協助支援，非但可使志工實踐理想與目標，尤可彰顯服務與溫情兼具的工作品質。

㈢實用性功能——擴大服務範疇

參與志願服務的志工伙伴，散布在社會各個階層，他們所展開的各項服務，或由耳之所聞，或經目之所見，或從心之所感；漸由救助、福利、輔導等服務，進而擴大有關心交通、環保、教育、文化、區政、戶政、藝文活動、衛生保健、緊急救護、水土保持等等，不論其參與的服務項目爲何，相信樣樣都是發自內心，推己及人的善行義舉。如果能夠激發更多對志願服務有所體認的民眾踴躍參與，則必更能顯現志願服務的實用效果。

㈣效益性功能——均衡社會供需

從供需的觀點來看，我們經常發現社會上有許多既具愛心又富熱忱的民眾同胞，時有服務有心，而奉獻無處之苦；尤其亦常發現有些眞正需要付出關懷幫助的受困民眾，每有急待救援，卻有呼援無門之嘆。志願服務就是希望透過各種不同的措施，讓有心服務者貢獻有處，急待救援者呼援有門。因此，志願服務的有效發展，不但能使施與受相互呼應，尤可讓助人與被助者各得其所。

㈤學術性功能——融匯科際整合

志願服務是一種人性極致發揮的崇高志業，因爲它的基本精神是人人可參與，響應者必形形色色，無所不包；而因每個人均有其不同的教育背景與專業素養，當在服務的過程中，發揮不同的專長，致力一種問題的解決，或一項服務的展開時，必各有其獨特的觀點、構想與方法，如果運用單位能將其不同意見妥予溝通，並凝聚共識；化分歧爲一致，融己見爲整體；則必是最成功的科際整合，也必使志願服務展現更高的意境。

貳、法案內涵

志願服務法計（Voluntary Service Law）有八章二十五條；第一章：總則，第二章：主管機關，第三章：志願服務運用單位之職責，第四章：志工之權利及義務，第五章：促進志願服務之措施，第六章：志願服務之法律責任，第七章：經費，第八章：附則。茲將該法案的全部內涵予以詳述解說於后。

一、總則

㈠目的

為整合社會人力資源，使願意投入志願服務工作之國民力量做最有效之運用，以發揚志願服務美德，促進社會各項建設及提昇國民生活素質，特制訂本法（第1條第1項）。

志願服務，依本法之規定。但其他法律另有規定者，從其規定（第1條第2項）。

㈡適用範圍

志願服務法之適用範圍為經主管機關或目的事業主管機關，主辦或經其備查符合公眾利益之服務計畫（第2條第1項）。

上項所指之服務計畫不包括單純、偶發，基於家庭或友誼原因而執行之志願服務計畫（第2條第2項）。

㈢名詞定義

志願服務法之名詞定義如下（第3條）：

1. **志願服務**：民眾出於自由意志非基於個人義務或法律責任，秉誠心以知識、體能、勞力、經驗、技術、時間等貢獻社會，不以獲取報酬為目的，以提高公共事務效能及增進社會公益所為之各項輔助性服務。
2. **志願服務者（以下簡稱志工）**：對社會提出志願服務者。
3. **志願服務運用單位**：運用志工的機關、機構、學校、法人或經政府立案之團體。

二、主管機關

㈠主管機關

1. 志願服務法所稱主管機關，在中央為內政部，在直轄市為直轄市政府，在縣（市）為縣（市）政府（第4條第1項）。
2. 志願服務法所定事項，涉及各目的事業主管機關職掌者，由各目的事業主管機關辦理（第4條第2項）。

㈡各主管機關及目的事業主管機關之權責

1. **規劃及辦理志工之權利、義務、召募、教育訓練、獎勵表揚、福利、保障、宣導與申訴，其權責如下（第4條第3項）：**
   (1)主管機關：主管從事社會福利服務、涉及兩個以上目的事業主管機關之服務工作協調及其綜合規劃事項。
   (2)目的事業主管機關：凡主管相關社會服務、教育、輔導文化、 科學、體育、消防救難、交通安全、環境保護、衛生保健、合作發展、經濟、研究、志工人力之開發、聯合活動之發展及志願服務之提昇等公眾利益之機關。
2. **設置專責人員**：主管機關及目的事業主管機關應置專責人員辦理志願服務相關事宜，其人數得由各級政府及目的事業主管機關視其實際業務需要而定之（第5條第1項）。
3. **召開志願服務會報**：為整合、規劃、研究、協調及開拓社會資源、創新社會服務項目相關事宜，得召開志願服務會報（第5條第1項）。
4. **加強聯繫輔導及協助**：對志願服務運用單位，應加強聯繫輔導，並給予必要之協助（第5條第2項）。

三、志願服務運用單位之職責

㈠志工之召募

1.志願服務運用單位得自行或採聯合方式召募志工，召募時，應將志願服務計畫公告（第6條第1項）。

2.集體從事志願服務之公、民營事業團體應與志願服務運用單位簽訂服務協議（第6條第2項）。

㈡運用計畫之辦理

1.志願服務運用者應依志願服務計畫運用志願服務人員（第7條第1項）

2.上項志願服務計畫應包括志願服務人員之召募、訓練、管理、運用、輔導、考核及其服務項目（第7條第2項）。

3.志願服務運用者，應於運用前，檢具志願服務計畫及立案登記證書影本送主管機關及該志願服務計畫目的事業主管機關備案，並應於運用結束後二個月內，將志願服務計畫辦理情形函報主管機關及該志願服務計畫目的事業主管機關備查；其運用期間在二年以上者，應於年度結束後二個月內，將辦理情形函報主管機關及志願服務計畫目的事業主管機關備查（第7條第3項）。

4.志願服務運用者爲各級政府機關、機構、公立學校或志願服務運用者之章程所載存立目的與志願服務相符者免於運用前申請備案。但應於年度結束後二個月內，將辦理情形函報主管機關及該志願服務計畫目的事業主管機關備查（第7條第4項）。

5.志願服務運用者未依上述3.4.兩項規定辦理備案或備查時，志願服務計畫目的事業主管機關應不予經費補助，並作爲志願服務績效考核之參據（第7條第5項）。

㈢運用計畫之核備

主管機關及志願服務計畫目的事業主管機關受理志願服務計畫備案時，其志願服務計畫與志願服務法或其他法令規定不符者，應即通知志願服務運用單位補正後，再行備案（第8條）。

㈣教育訓練之辦理

1. 爲提昇志願服務工作品質，保障受服務者之權益，志願服務運用單位應對志工辦理下列訓練：(1)基礎訓練，(2)特殊訓練（第9條第1項）。
2. 上項之基礎訓練課程由中央主管機關定之。特殊訓練課程由各目的事業主管機關或各志願服務運用單位依其個別需求自行訂定（第9條第2項）。有關基礎訓練課程包括：(1)志願服務的內涵二小時，(2)志願服務倫理二小時，(3)自我了解及自我肯定、快樂志工就是我（二選一）二小時，(4)志願服務經驗分享二小時，(5)志願服務法規之認識二小時，(6)志願服務發展趨勢二小時。（90.4.24.內政部台(90)內中社字第9074750號函頒「志工基礎教育訓練課程」）

㈤服務環境

志願服務運用單位應依照志工之工作內容與特點，確保志工在符合安全及衛生之適當環境下進行服務（第10條）。

㈥服務資訊及督導

志願服務運用單位應提供志工必要之資訊，並指定專人負責志願服務之督導（第11條）。

㈦志願服務證及服務紀錄冊之發給

志願服務運用單位對其志工應發給志願服務證及服務紀錄冊。前述志願服務證及服務紀錄冊之管理辦法，由中央主管機關定之（第12條）。有關「志願服務證及服務紀錄冊管理辦法」，內政部已於九十年四月二十日以內政部台(90)內中社字第9074777號函頒布實施。該管理辦法之重要規定爲：

1.志工完成教育訓練者，志願服務運用單位應發給志願服務證及服務紀錄冊。（管理辦法第2條）
2.志願服務證及服務紀錄冊由志工使用及保管，不得轉借、冒用或不當使用；有轉借、冒用或不當使用情事者，志願服務運用單位應予糾正並註記，其服務紀錄不予採計。（管理辦法第6條）
3.志願服務運用單位對不適任之志工，得收回服務證，並註銷證號。（管理辦法第10條）
4.目的事業主管機關得隨時抽檢志願服務證及服務紀錄冊之使用情形。（管理辦法第12條）

㈧服務限制

必須具專門執業證照之工作，應由具證照之志工爲之（第13條）。

四、志工之權利及義務

㈠志工之權利

志工應有以下之權利（第14條）：

1.接受足以擔任所從事工作之教育訓練。
2.一視同仁，尊重其自由、尊嚴、隱私及信仰。
3.依據工作之性質與特點，確保在適當的安全與衛生條件下從事工作。
4.獲得從事服務之完整資訊。
5.參與所從事之志願服務計畫之擬定、設計、執行及評估。

㈡志工之義務

志工應有以下之義務（第15條第1項）：

1. 遵守倫理守則之規定。
2. 遵守志願服務運用單位訂定之規章。
3. 參與志願服務運用單位所提供之教育訓練。
4. 妥善使用志工服務證。
5. 服務時，應尊重受服務者之權利。
6. 對因服務而取得或獲知之訊息，保守秘密。
7. 拒絕向受服務者收取報酬。
8. 妥善保管志願服務運用單位所提供的可利用資源。

上述所規定之倫理守則，由中央主管機關會商有關機關定之（第15條第2項）。「志工倫理守則」內政部已於九十年四月二十四日，以內政部台(90)內中社字第9074750號函頒實施。

五、促進志願服務之措施

㈠志工之保險

志願服務運用單位應為志工辦理意外事故保險，必要時，並得補助交通、誤餐及特殊保險等經費（第16條）。

㈡志願服務績效證明書之發給

1. 志願服務運用單位對於參與服務成績優良之志工，因升學、進修、就業或其他原因需志願服務績效證明者，得發給服務績效證明書（第17條第1項）。
2. 上項服務績效之認證及證明書格式，由中央主管機關召集各目的事業主管機關及直轄市、縣（市）政府會商訂之（第17條第2項）。關於此項，內政部已於民國九十年四月二十四日，以內政部台(90)內中社字第9074750號函頒實施「志工服務績效認證及志願服務績效證明書發給作業規定」。依該規定第三點，志工服務年資滿一年，服務時數達一五〇小時以上者，始得向志願服務運用單位申請認證服務績效及發給志願服務績效證明書。
3. 另該規定第六點，志工持志願服務績效證明書申請升學、就業、服相關兵役替代役或其他目的者，應依相關目的事業主管機關法令規定辦理。

㈢資源之使用

各目的事業主管機關得視業務需要，將汰舊之車輛、器材及設備無償撥交相關志願服務運用單位使用；車輛得供有關志願服務運用單位供公共安全及公共衛生使用（第18條）。

㈣績效評鑑與獎勵

1.志願服務運用單位應定期考核志願服務者個人及團隊之服務績效（第19條第1項）。

2.主管機關及目的事業主管機關得就上項服務績效特優者選拔楷模獎勵之（第19條第2項）。

3.主管機關及目的事業主管機關應對推展志願服務之機關及志願服務運用單位定期辦理志願服務評鑑（第19條第3項）。

4.主管機關及目的事業主管機關得對上項評鑑成績優良者予以獎勵（第19條第4項）。

5.志願服務表現優良者，應給予獎勵，並得列入升學、就業之部分成績（第19條第5項）。惟申請列入升學、就業之部分成績，應依相關目的事業主管機關規定辦理。（獎勵辦法第7條）

6.上項獎勵辦法由各級主管機關及各目的事業主管機關分別訂之（第19條第6項）。內政部已於民國九十年六月二十一日函頒實施「志願服務獎勵辦法」。志工從事志願服務工作，服務時數三千小時以上，持有志願服務績效證明書者，始可申請獎勵（獎勵辦法第2條）；其獎勵之等次如下（獎勵辦法第5條）：

(1)服務時數三千小時以上，頒授志願服務績優銅牌獎及得獎證書。

(2)服務時數五千小時以上，頒授志願服務績優銀牌獎及得獎證書。

(3)服務時數八千小時以上，頒授志願服務績優金牌獎及得獎證書。

㈤志願服務榮譽卡之核發

1. 志工之服務年資滿三年，服務時數達三百小時以上者，得檢具證明文件向地方主管機關申請核發志願服務榮譽卡（第20條第1項）。關於此項，內政部已於民國九十年四月二十四日，以內政部台(90)內中社字第9074750號函頒實施「志工申請志願服務榮譽卡作業規定」。依該規定第三點，志願服務榮譽卡使用期限爲三年，期限屆滿後，志工得檢具相關文件重新申請，惟重新申請時，其服務年資及服務時數不得重複計算（作業規定第3點）。又申請志願服務榮譽卡應檢具：(1)一吋半身照片二張，(2)服務紀錄冊影本，(3)相關證明文件。（作業規定第2點）
2. 志工進入收費之公立風景區、未編定座次之康樂場所及文教設施，憑志願服務榮譽卡得以免費（第20條第2項）。

㈥優先服兵役替代役

從事志願服務工作績效優良並經認證之志工，得優先服相關兵役替代役，其辦法由中央主管機關定之（第21條）。

六、志願服務之法律責任——過失行爲之處理

1. 志工依志願服務運用單位之指示進行志願服務時，因故意或過失不法侵害他人權利者，由志願服務運用單位負損害賠償責任（第22條第1項）。
2. 上項情形，志工有故意或重大過失時，賠償之志願服務運用單位對之有求償權（第22條第2項）。

七、經費——經費編列與運用

主管機關、志願服務計畫目的事業主管機關及志願服務運用單位應編列預算或結合社會資源，辦理推動志願服務（第23條）。

八、附則

㈠派遣前往國外服務之志工

志願服務運用單位派遣志工前往國外從事志願服務工作，其志願服務計畫經主管機關及目的事業主管機關備查者，適用志願服務法之規定（第24條）。

㈡施行日期

本法自公布日施行（第25條）。

參、析評與展望

志願服務法除本法外，其授權訂定之子法或相關規定包括：

1.志工基礎教育訓練課程。（第9條）

2.志願服務證及服務紀錄冊管理辦法。（第12條第2項）

3.志工倫理守則。（第15條第2項）

4.志工服務績效認證及志願服務績效證明書發給作業規定。（第17條第2項）

5.志願服務獎勵辦法。（第19條第6項）

6.志工申請志願服務榮譽卡作業規定。（第20條）

7.役男申請服替代役辦法部分條文。（第21條）

我國早在民國七十八年九月，中華民國社區發展研究訓練中心就已委託師範大學社會教育系陸光教授研究擬訂完成「社會福利志願服務法」（草案），並經內政部社會司於八十年九月印發社會各界，建請針對草案踴躍提供意見；以期集思廣益，彙整建言，促使該法早日制訂頒布，以有助於志願服務工作的弘揚推廣。惟事隔十餘年漫長的時間，雖台灣地區志願服務的風氣日盛，但「志願服務法」的頒布實施，卻仍毫無進展。

欣逢二○○一「國際志工年」，立法院江委員綺雯等對「志願服務法」的制訂，至爲熱衷，卯足全力積極推動本法的立法工作，除逕行研提「志願服務法」（草案），透過委員們連署提案送請立法院審議外，且不斷催促內政部立即研提政府版本的「志願服務法」（草案）送請立法院一併審議。其間內政部雖曾委託學者研訂本法草案，並委由中華民國志願服務協會就擬訂之「志願服務法」（草案）分北、中、南、東四區舉辦公聽會，期藉以廣納建言後，再加修正整理，俾能盡速將政府版本的「志願服務法」（草案）送請立法院併案審查；但最後仍由於委員們一致期盼本法能夠趕在「國際志工年」一開始就即通過；致使立法院開始著手審查該法案時，根本等不及政府版本的姍姍來遲；遂就江委員等所提的法案版本，以急就章方式匆匆審議，草草協商；而使「志願服務法」順利於民國九十年元月四日經立法院三讀通過。

經查立法院衛生環境及社會福利委員會第十四次委員會議紀錄，當時在審議本法的過程中，委員們意見有所出入的部分蓋包括：(1)服務時數可否儲存抵用，(2)服務時數可否抵稅，(3)績效良好的服務人員可否轉爲職業，(4)志工與義工可否併稱等；惟該等意見均在大家抱持與響應「國際志工年」湊熱鬧的心態下，亟盼法案趕緊通過；結果未經多花時間討論，即透過協商捨棄此等意見難以交集的少數條文，而將沒有太大爭議的整個法案快馬加鞭，決議通過。以如此情況通過的法案，對內行人而言，其品質如何，可想而知。

一、志願服務法之特色

說實在的，政府爲因應社會的需求，特配合「國際志工年」制訂「志願服務法」，足見政府對志願服務工作的重視與期許。雖然這個法案的通過稍嫌草率，但綜觀其主要特色概有：

1. 明定「志願服務」、「志願服務者」及「志願服務運用單位」之定義。
2. 明定各級政府主管機關與目的事業主管機關之權責。
3. 明定志願服務運用單位之職責。

4.明定志工應有之權利及應遵守之義務。

5.明定志工務必遵守志願服務倫理。

6.明定辦理志工教育訓練既是志願服務運用單位之職責，亦是志工之權利及義務。

7.明定志願服務運用單位應爲志工辦理意外事故保險。

8.明定參與服務成績優良之志工，得向運用單位申請發給「服務績效證明書」，以作爲升學、進修、就業或其他原因所需，作爲參考證明之用。

9.明定服務績優志工及經政府機關評鑑優良之運用單位應予獎勵。

10.明定「志願服務榮譽卡」之核發。

11.明定服務績效優良並經認證之志工，得優先服相關兵役替代役。

12.明定志願服務的法律責任。

13.明定推展志願服務須編列經費。

二、志願服務法之析評

不過，仔細研讀整個法案的內容，確實仍有諸多值得商榷之處，茲將其析評如下：

1.這個法案的通過，在立法院審議時，政府機關既未能與委員們充分溝通，又未能就不妥之處提出有力說明；致使整個法案的內容，因有部分考慮欠周或窒礙難行的盲點，而使法案的原本美意難免須打折扣。

2.整個法案並無應予訂定「施行細則」之規定，致使各推展志願服務的相關機關，遇有法條規定亟待整合之處，因無施行細則得以統一規定，如此對於冀求法案之落實實施，必定難上加難。

3.第四條有關目的事業主管機關之規定有欠周延；依當前推展志願服務的狀況，應增列主管相關：司法（包括：觀護、更生、犯罪被害人保護等）、治安維護、導覽解說、青年輔導、勞工、消費者保護……；而有關：志工人力之開發、聯合活動之發展及志願服務之提昇等其目的事業主管機關模糊不清的項目實不宜列入。

4.第四條另規定：各級主管機關及各目的事業主管機關主管志工之權利、義務……、宣導與申訴之規劃及辦理。其中有關**「申訴」**之規定最爲荒謬；因爲志願服務的基本前提本來就是：「無怨無悔」、「甘願做、歡喜受」、「只問付出，不計回報」……，志工參與志願服務就算稍有委曲，理應忍受，談何申訴？這種規定不但違背志願服務的崇高精神，尤易導致志工服務理念的偏差；而使志願服務的善良風氣向下沈淪。不過，如果因爲政府機關或運用單位該做而不做，導致志工不滿而提出申訴，亦當是社會之不幸。

5.第七條第三項規定：志願服務運用者，應於運用前，檢具志願服務計畫……，送主管機關及該志願服務計畫目的事業主管機關備案，並應於運用結束後二個月內，將志願服務計畫辦理情形函報……備查；其中規定運用前之**「備案」**及運用後之**「備查」**，究係何指？且用意何在？這種規定不但易滋爭議，更讓人不解。所謂「備案」，到底是指運用志工之前要先報請核准，抑或例行性的報請存備查考？如果務須報請核准，非僅顯有擾民之虞，更與**「低度管理、高度自治」**的原則相違。

6.第九條規定：志願服務運用單位應對志工辦理：(1)基礎訓練，(2)特殊訓練。其中特殊訓練應改爲**「專業訓練」**或**「專長訓練」**較爲恰當。

7.第十條規定：志願服務運用單位應依照志工之工作內容與特點，確保志工在符合安全及衛生之適當環境下進行服務；不可否認的，志工在參與服務的過程中，確保自身安全自屬重要，但要苛求講究衛生，殊屬不易；因爲志工投入服務之處，不外貧病、髒亂、災變、或環境較爲惡劣等處所，此等地方如果要過度要求符合衛生，不免使志工給人作秀有餘、服務虛晃之不良印象。

8.第十條規定：志願服務運用單位對其志工應發給志願服務證及

……；而第十五條第四款規定：志工應有妥善使用志工服務證之義務；其中「志願服務證」與「志工服務證」顯係同一事實，而卻規定不一。依推展志願服務現況而言，應採「志工服務證」之名稱才對。

9.第十五條第二款規定：倫理守則由中央主管機關會商有關機關定之，更爲不妥。因爲倫理守則應係志工務必遵守的道德標準及行爲規範；理應由全國志願服務團體邀集相關團體及志工朋友共同研商，凝聚共識自行訂定，作爲志工伙伴參與志願服務時自我約束的圭臬；這種規則與秩序竟然規定由主管機關會同有關機關訂定，如此非但與「低度管理」的原則相違，尤更失去訂定倫理守則的意義。

10.第二十條規定：志工之服務年資滿三年，服務時數達三百小時以上者，得檢具證明文件向地方主管機關申請核發志願服務榮譽卡；此項規定尤更有欠思考，因爲：(1)目前服務年資滿三年，服務時數達三百小時以上之志工在在皆是；就算不追溯既往，要想達到此一目標亦係輕而易舉的事情；(2)核發榮譽卡並無服務績效優良之規定，如果人人可以核發，有何榮譽可談？這項規定，至少應該改爲：(1)**服務年資滿十年，服務時數達一五〇〇小時以上者**；(2)**經過審慎考核，服務績效優良者**。

三、志願服務政策之展望

展望未來，個人認爲，欲期志願服務法的落實實施，及志願服務的弘揚推廣，進而展現更爲顯著的績效，下列重點工作有待加速辦理。

1.中央主管機關應即成立「修法專案小組」，積極進行修法工作，期使法案更形完備。

2.未來修法應增列罰則，對未能貫徹執行法案規定的單位，應給予必要之懲處。

3.各級主管機關及目的事業主管機關應依法確實設置學有專長的專責人員，負責推動志願服務工作。

4. 中央主管機關應透過召開「志願服務會報」之管道，責成各級政府機關務必落實實施法案之各項規定。
5. 中央主管機關對各目的事業主管機關貫徹執行法案之程度，應委請學者專家組成評鑑小組，每年辦理評鑑考核，並將評鑑考核之成績公布，以期各目的事業主管機關均能落實法案之實施。
6. 中央應研酌結合民力成立「財團法人志願服務推廣基金會」，統籌、整合、執行、推動有關志願服務教育訓練、評鑑考核、獎勵表揚等工作；其基金可採政府編列預算及發動民間籌募並行方式辦理。

肆、結語

我國「志願服務法」的制訂可以說是舉世推動志願服務工作罕有的一大創舉，但徒法不足以使志願服務工作產生重大變革；務須政府機關、民間團體、運用單位及志工本身，凝聚共識，群策群力，才能有助於「志願服務法」的落實實施，進而眞正帶動志願服務蔚爲善良的社會風尚。

一、在政府機關方面

㈠訂頒明朗的主導政策

因爲明朗的政策才能激起民間團體及機構的響應，讓團體及機構認識、瞭解提供各項配合措施的目的及意義，政府在擬訂任何一項志願服務計畫時，一方面要求均衡、協調與可行，另一方面事先應有完善的推行方案，完整的工作架構；更應明定政策的目標、期望，與如何與民間團體、機構配合運用的需求，期使各個民間團體與機構在認清政府的明朗政策下，貢獻專長，提供更多、更佳，且更有意義的配合措施。

㈡建立評鑑獎勵制度

評鑑是手段，獎勵是目的；惟獎勵表揚欲求達到公正客觀、寧缺勿濫的目標，則有賴良好評鑑機制的建立；否則，獎勵的結束，非但未能產生激勵作用，反而可能釀成忿忿不平的開始，如此獎勵則完全失去意義。因此，政府機關亟應盡速建立評鑑獎勵制度，俾以透過審慎謹嚴、公正客觀的評鑑考核，選拔出眞正名副其實的優質志工及志工團隊，而有助於志願服務的弘揚推廣。

㈢加強推行「民營化」措施

志願服務的實施旨在彌補政府人力之不足，而如「志願服務法」的頒布反而增加政府的負擔，則完全喪失制訂「志願服務法」的基本精神；因此，政府機關應該在掌控政策原則的情形下，將部分推動志願服務的業務委託績優的民間志願服務團體辦理，俾能使志願服務經由效率的政府與活力的民間密切合作精進發展。

二、在民間團體方面

㈠致力健全組織功能

民間團體不但是推動社會進步的基石，尤是支援公共事務的最佳助力。當前我國經政府許可立案的志願服務團體已經相當普遍，且有日益成長的趨勢；這股力量的整合，對於協助志願服務的發展應可發揮不可限量的影響效果。所以，至盼各志願服務團體務須對內致力健全組織功能，產生凝聚作用；進而才能對外協助落實執行法案，發生輻射效能。

㈡研擬推動創新方案

「法」的可貴在於能夠落實實施，並日見制訂法案的預期效果。惟「法」的貫徹執行，固然有賴政府的正確主導，但民間團體如能全力配合，協助推動，相信必能更加產生潛移默化的實際成效。因之，各志

願服務團體應該心手相連，貢獻智慧，勇於扮演中介、輔助的角色，積極研擬創新方案，配合辦理：「志願服務法」宣導、志工教育訓練、志願服務評鑑及獎勵、志工倫理守則之研訂等事項；以期「志願服務法」的制頒能在最短時間內，促使我國志願服務的發展產生嶄新的風貌。

三、在運用單位方面

㈠妥切訂定運用計畫

志願服務運用單位是否善盡職責應是志願服務推展成功與否的關鍵要素；不可諱言的，當前有些志願服務運用單位，由於業務膨脹不堪負荷，亟需志工的協助支援，於是乃大肆廣召志工，來者不拒，每每造成「志工有不如無」或「請神容易送神難」的窘境。因此，爾後運用單位對於志工的運用務須確實依照志願服務法規定，妥切訂定「志願服務計畫」，舉凡有關：志工的召募甄用、教育訓練、輔導考核、服務項目、服務規則、服務限制等，均應詳細規定無遺，俾期志工的運用能按既定的計畫充分產生預期的效益。

㈡落實志工教育訓練

透過教育訓練非但可瞭解志工的動機、觀念、態度、抱負、技巧和潛能；尤更希望經由教育訓練激發志工問題，帶領志工汲取經驗和告訴志工如何去做。志願服務法明文規定，志願服務運用單位應對志工辦理基礎訓練及特殊訓練。因之，推展志願服務，方法技巧不可缺，教育訓練不可免。因爲，教育訓練可增強認知、引導方法、修正態度及增添自信；基此，志願服務運用單位對於志工的教育訓練絕對不容忽視。

㈢建立志願服務督導體制

志願服務的督導工作對於機構組織功能的發揮，服務成效的增強，具有絕對的影響作用。因此，運用單位必須設置和培植督導人

才，建立督導體制，以有助於志願服務工作的順利推動。尤其志願服務法明文規定，志願服務運用單位應指定專人負責志願服務之督導；由此可見，建立志願服務督導體制的重要性與必要性。一般來說，一個優秀的志願服務督導應該扮演：行政者、指導者、管理者、教育者、支持者、諮詢者及激勵者等角色。

四、在志工本身方面

㈠恪遵倫理守則

倫理是一種價值觀念，也是一種行爲規範。志願服務倫理係指志工與相關人員在從事服務工作的過程中，與受服務對象、志工伙伴、運用單位及志工督導互動之間所應遵守的「有所爲」與「有所不爲」的秩序與標準。依志願服務法規定，遵守倫理守則是志工最主要之義務；志工的本質既是只求奉獻，不計酬勞；一旦參與，則應全心投入、全力以赴；絕不可沽名釣譽、敷衍應付，有損志工清純的聲譽。基此，在志工本身務須自我體認恪遵倫理守則的重要性，樹立服務典範。

㈡力求自我約束

倫理守則是一種規定，而自我約束則是發自內心的惕勵自勉；前者是外力的驅使，後者是內心的制約；雖然二者的源起不一，但最終的目的應是一致的。志工參與志願服務的動機固然完全出自個人內心自發的意願，而非外力的驅迫，則應言必由衷，實事求是；否則說是一套，做又是另外一套，非但破壞志工形象，尤更損及志工的人格價值。至盼志工朋友務須好自爲之，力求自我約束，俾期每位都能成爲社會上肯定推崇的優質志工。

第十七章　人民團體法

壹、前言

人民團體爲社會組織中最重要的一環，蓋其組織遍及於各個行業、階層及地域；其健全與否，不僅對社會的影響至鉅，且關係人民的權益甚大；所以政府應有責任輔導人民團體成爲社會大眾所需要的團體，爲會員謀求福利或爭取權益，並協助政府推行政令或促進建設，而成爲社會的助力；不要讓人民團體流於形式，或爲少數人所操縱利用，甚至假借團體之名斂財騙色，妨害公益情事，致變成社會的阻力。

我國民法總則中列有「社團法人」之法條，所謂「人民團體」者，其本質亦屬民法規定社團法人之一種，惟其組織型態、籌組立案及法人登記等程序，係依據「人民團體法」及其他特別法之規定，因此其與普通社團法人仍有區別。換言之，人民團體是依法結合的社會組織，係指具有共同職緣、利緣、趣緣、地緣、血緣、誼緣或政緣的一群人，爲著滿足共同的需要或解決共同的問題而依法組織的「法定人民團體」而言。

我國最早的人民團體立法係於民國三十一年二月十日國民政府公布之「非常時期人民團體組織法」，經過近四十七年始於民國七十八年一月二十七日修正公布爲「動員戡亂時期人民團體法」，嗣後由於政府在民國八十年五月一日宣布終止動員戡亂時期之後，遂於民國八十一年七月二十七日再修正爲常前的「人民團體法」。其間經歷八十二年十二月三十一日第三次修正，九十一年四月二十四日第四次修正，九十一年十二月十一日第五次修正公布迄今。

依據內政部統計資料顯示，截至九十一年十二月底，我國各級人民團體計達二萬五、一六六個；其中職業團體共有四、五七六個，含全國性二四二個，省（市）及縣（市）級四、三三四個；社會團體共有二〇、四五六個，含全國性四、九三〇個，省（市）及縣（市）級一五、五二六個；另政治團體無分層級，均屬全國性的，共有一三四個，含政黨九九個，非政黨之政治團體三五個。各級人民團體除政治團體另有法令規定外，雖大部分均能遵照法令規定、貫徹章程宗旨，而積極推展會務、努力開拓業務、建立財務制度、倡行會議規範、重視會員服務及參與社會建設；但仍有少數有事業目的的團體，常因經費充裕，造成人員繁冗，開支浮濫；而無業務收入者，則僅賴少數會費收入或政府補助維持其名義，實已名存而實亡；尤其亦有若干人民團體，其人員之聘派解僱，預算支配，因無完善的人事與財務管理辦法，以致糾紛迭起，常爲社會所詬病；凡此等等非但直接關係人民的權益，更間接影響社會的進步與國家的發展。

面臨「主權在民」的時代，人際交往日益頻仍；或因關愛、或因扶持、或因志趣、或因服務，每個人隨自己性之所近，興之所趨，可以不只參加一種團體，已是司空見慣；聚志同道合之士，作研商歷練之集，使得介乎家與國之間的團體，成爲充實自己，協助別人之所在，更成爲眾人一致的嚮往；只要每個人參與團體的動機純眞，而將生活融涵於團體之中；且如每個團體均能落實實踐章程既定的宗旨與任務，健全組織，發揮功能，深信其對社會、國家之貢獻應該都是受肯定的。

人民團體在政治民主的時代化社會裡，扮演著多元性的角色，既可做爲政府與民眾之間溝通媒介的中介角色；又可表現其影響政府決策的利益團體或壓力團體的力量；更可承擔政府授權的委託行政事務。分析言之，人民團體應具有下列的重要功能：

㈠激勵個人

個人參與團體活動與他人共同生活時，即發生交互行爲與心理互動的關係，在此過程中，個人的知識能力，漸趨成熟發展；更由於彼此思想的交流，學習到合作的精神，但也引起了競爭的心理；非僅激發個人的向上之心，進而會使人產生其想高人一等的觀念；許多個人的成就，最初常爲此種團體的互動關係所激勵而成。

㈡傳播思想

在有組織的團體中，能聚集多數人心思才能，貢獻智慧，研究評估，分辨錯綜複雜的各種思想、文物；取其適合社會需要者，發揚光大；對不需要者予以袪除；借重團體的組織力量，有系統地保存與傳播，以指導社會的進步。

㈢促進團結

人民團體是由具有共同利益、興趣與需要的一群人所結合而成的社會組織，組成份子爲了達成共同的利益與目標，滿足共同的興趣與需要，彼此之間必然產生休戚與共的互動關係，相互溝通思想，互助合作，直接強化團體功能，間接促進和諧團結。

㈣安定社會

在政治民主的開放社會中才有可能促使人民團體健全發展及充分發揮其功能；人民團體組織，由於活動形態的不斷擴展，使人群關係日趨密切，不僅促進了社會各階層的和諧協調，亦足以促使整體社會更趨於安定與進步。

㈤表明利益

政黨的功能在於綜合各種團體及民眾的意見和利益融合在其政綱中，而人民團體的功能則是使基本利益和意見相同的民眾組織起來，並透過各種傳播途徑、活動方式及選舉過程使這群人的意見和利益得以表明出來，以供政府作爲制定政策的參據；沒有人民團體將民眾的意見、主張表明出來，則政府必無法充分做到以民意爲依歸的理想目標。

㈥溝通意見

人民團體扮演著政府與民眾之間的「中介角色」，必然建立起兩者之間意見交流、意見溝通的主要管道；以中國傳統社會而言，「地方士紳」及「團體領袖」往往擔任政府與民眾之間溝通意見的角色；而英美等先進國家，政治領袖亦常邀請團體領導者舉行公開討論會或其他形式的會談，其目的亦在溝通意見；人民團體透過大眾傳播、集體陳情及政治領袖的商談，當可達成其溝通意見的目的。

㈦形成意見

國家愈現代化，分工愈細密，意見愈紛歧；而政府的各項政策與施政在在均需顧及全民意見與利益，惟有透過各種人民團體的「意見領袖」，就民眾的不同意見加以整合，政治領袖才有可能制訂所謂「民之所欲」的政策，政府也才能獲得全民的擁護與支持。

㈧訓練民主

人民團體由於活動方式的自由民主，一切決定取決於多數。開會應用「會議規範」的各種規則，不但培養如何充分表達自己的意見，更學習如何接納別人的意見，養成了民主生活的優良習性；進而訓練四權行使，促使政治向上發展，使得民主憲政導入常軌。

㈨協助施政

福利國家的政府，人民的需求也日益擴大，而各機關無法鉅細靡遺，面面俱到；則人民團體不但負有承擔政府授予委託行政之任務，更具有彌補政府業務不足之功能；如能針對事實需要，貢獻力量，必能善盡其對社會國家之義務。

㈩宣導政令

政令推行旨在如何加強宣導，而廣泛地將政府能為人民做些什麼，及政府要求人民做些什麼的主要意旨傳達給民眾，使其深入了解並澈底遵照實施。人民團體係集利益、需要與志趣相投的眾人所結合，政府的政策為能爭取人民的普遍支持，透過人民團體各種集會加以說明及疏導，實為爭取民意的最佳媒介。

貳、法案內涵

人民團體法（Law of Citizen's Organization）計有十一章六十九條：第一章：總則，第二章：設立，第三章：會員，第四章：職員，

第五章：會議，第六章：經費，第七章：職業團體，第八章：社會團體，第九章：政治團體，第十章：監督與處罰，第十一章：附則。另督導各級人民團體實施辦法計有二十四條。茲將兩法案之全部內涵綜合詳述解說於后。

一、通則

人民團體之組織與活動，除其他法律另有特別規定者，適用其規定外，均應遵循人民團體法之規定（第1條）；且依人民團體法之規定，人民團體之組織與活動，不得主張共產主義，或主張分裂國土。（第2條）

㈠團體的種類

人民團體分為下列三種（第4條）：

1. **職業團體**：係以協調同業關係，增進共同利益，促進社會經濟建設為目的，由同一行業之單位，團體或同一職業之從業人員組織之團體。（第35條）其組成之原則為：
 (1)職業團體應以其組織區域內從事各該行職業者為會員。（第37條第1項）
 (2)職業團體不得拒絕具有會員資格者入會。（第37條第3項）
 (3)下級職業團體應加入其上一級職業團體為會員。（第37條第2項）
 (4)上級職業團體須俟其下一級團體過半數完成組織後，始得發起組織；但經中央主管機關核准者，不在此限。（第36條）
2. **社會團體**：係以推展文化、學術、醫療、衛生、宗教、慈善、體育、聯誼、社會服務或其他以公益為目的，由個人或團體組成之團體。（第39條）其組成應注意之事項為：
 (1)社會團體選任職員之職稱及其職員之選任與解任事項，得於其章程另定之；但須報經主管機關之核准。（第41條）
 (2)社會團體有分級組織者，下級團體應加入其上級團體為會員。（第40條）

3.**政治團體**：係以共同民主政治理念，協助形成國民政治意志，促進國民政治參與為目的，由中華民國國民組成之團體。（第44條）在此要特別一提的是，凡是依法設立之政黨均屬政治團體，如中國國民黨、民主進步黨、親民黨、新黨等；惟政治團體未必完全是政黨，如中華民國國家發展策進會、中華婦女反共聯合會等。又政黨之設立係以推薦候選人參加公職人員選舉為目的；但政治團體之設立則未必是以推薦候選人參加公職人員選舉為目的。其組織應注意之事項為：

(1)符合下列規定之一者為政黨（第45條）：

①全國性政治團體以推薦候選人參加公職人員選舉為目的，依本法規定設立政黨，並報請中央主管機關備案者。

②已立案之全國性政治團體，以推薦候選人參加公職人員選舉為目的者。

(2)依前條第一款規定設立政黨者，應於成立大會後三十日內，檢具章程及負責人名冊，報請中央主管機關備案，並發給證書及圖記。（第46條第1項）

前條第二款之政黨，應於選舉公告發布之日前，檢具章程及負責人名冊，向中央主管機關申請備案。（第46條第2項）

依本條規定設立之政黨，得依法推薦候選人參加公職人員選舉。（第48條）

(3)依前條規定備案之政黨，符合下列各款規定者，得經中央主管機關核准後，依法向法院辦理法人登記（第46-1條）：

①政黨備案後已逾一年。

②所屬中央、直轄市、縣（市）民選公職人員合計五人以上。

③擁有新台幣一千萬元以上之財產。

上項政黨法人之登記及其他事項，除本法另有規定外，準用民法關於公益社團之規定。

(4)政治團體依據民主原則組織與運作，其選任職員之職稱、名額、任期、選任、解任、會議及經費等事項，於其章程中另定之。（第49條）

(5)政治團體不得收受外國團體、法人、個人或主要成員爲外國人之團體、法人之捐助。（第51條）

(6)政黨以全國行政區域爲其組織區域，不得成立區域性政黨，但得設分支機構。（第47條）又政黨不得在大學、法院或軍隊設置黨團組織。（第50-1條）

(7)政黨依法令有平等使用公共場地及公營大眾傳播媒體之權利。（第50條）

(8)內政部設政黨審議委員會，審議政黨處分事件。（第52條第1項）政黨審議委員會由社會公正人士組成，其具有同一黨籍者，不得超過委員總額二分之一；其組織由內政部定之。（第52條第2項）

(二)組織區域

人民團體以行政區域爲其組織區域，並得分級組織（第5條第1項）；惟分級組織之設立，應依人民團體法之規定向當地主管機關辦理。（第5條第2項）一般言之，人民團體的組織區域分爲三級，即中央級、省（市）級及縣（市）級。

(三)同類組織的限制

人民團體在同一組織區域內，除法律另有限制外，得組織二個以上同級同類之團體；但其名稱不得相同。（第7條）依此規定，社會團體之組織已突破過去「同性質同級者以一個爲限」的限制；也因此，自人民團體法修正公布後，社會團體之設立如雨後春筍，急速膨脹。

(四)團體的會址

人民團體會址設於主管機關所在地區；但報經主管機關核准者，得設於其他地區，並得設分支機構。（第6條）

(五)主管機關

人民團體之主管機關在中央及省爲內政部；在直轄市爲直轄市政

府；在縣（市）為縣（市）政府。但其目的事業應受各該事業主管機關之指導、監督。（第3條）所謂目的事業係依人民團體成立之宗旨與任務論斷。

註：勞工團體之主管機關在中央為行政院勞工委員會，在直轄市為直轄市政府，在縣（市）為縣（市）政府；農漁團體之主管機關在中央為行政院農業委員會，在直轄市為直轄市政府，在縣（市）為縣（市）政府。

二、設立

人民團體之設立除政治團體之政黨設立係採備案制外，所有職業團體、社會團體及非政黨之政治團體均採許可制。因此，人民團體之組織，應由發起人檢具申請書、章程草案及發起人名冊，向主管機關申請許可。（第8條第1項）其申請設立之程序為：

㈠發起組織

人民團體除職業團體之設立，其發起組織另有法律特別規定外，社會團體及非政黨之政治團體，其設立須有年滿二十歲，並應有三十人以上之發起；惟如有下列情事者，不得為發起人（第8條第2項）：

1.因犯罪經判處有期徒刑以上之刑確定，尚未執行或執行未畢者；但受緩刑宣告者，不在此限。

2.受保安處分或感訓處分之裁判確定，尚未執行或執行未畢者。

3.受破產之宣告，尚未復權者。

4.受禁治產之宣告，尚未撤銷者。

㈡籌備組織

人民團體經許可設立後，應召開發起人會議，推選籌備委員，組織籌備會，進行籌備工作。（第9條第1項）有關籌備委員之人數法無明文規定，但一般均以不超過發起人之半數為原則；籌備會之主要任務為：

1.審慎研訂章程草案。依人民團體法之規定，章程應載明下列事項（第12條）：(1)名稱，(2)宗旨，(3)經織區域，(4)會址，(5)任務，(6)組織，(7)會員入會、出會與除名，(8)會員之權利與義務，(9)會員代表及理事、監事之名額、職權、任期及選任與解任，(10)會議，(11)經費及會計，(12)章程修改之程序，(13)其他依法令規定應載明之事項。

2.擬訂年度工作計畫。

3.編列年度經費預算。

4.徵求會員。

5.籌開成立大會。

㈢正式成立

人民團體經許可設立籌備完成後，應即召開成立大會（成立大會應亦是第一屆第一次會員大會），正式成立；成立大會之任務爲：

1.通過章程。

2.通過年度工作計畫。

3.通過年度經費預算。

4.選舉理事與監事。

㈣辦理立案

人民團體應於成立大會後三十日內檢具：(1)章程，(2)會員名冊，(3)選任職員簡歷冊，報請主管機關核准立案，並由主管機關發給立案證書及圖記。（第10條）

㈤辦理法人登記

人民團體經主管機關核准立案後，得依法向該管地方法院辦理法人登記，並於完成法人登記後三十日內，將登記證書影本送主管機關備查。（第11條）

三、會員

人民團體的會員是團體設立的動力，會員素質的優劣對於團體健全組織、強化功能的影響至鉅。人民團體如產生會員代表，其權利之行使與會員同。（第13條）依照規定，人民團體會員代表之產生來源有三：(1)由會員單位推派，如工商團體等會員單位推派之代表，(2)由下級團體選派，如由省（市）級團體選派參加中央級團體的代表（第13條），(3)依人民團體法第二十八條規定，凡人民團體代表人數超過三百人以上者，得劃分地區，依會員或會員代表人數比例選出代表；惟依此規定產生之代表，其地區劃分及應選代表名額之分配應報請主管機關核備。（第28條）

㈠會員的入會

凡中華民國國民年滿二十歲，符合人民團體章程會員入會資格之規定，均可申請參加該人民團體爲會員。一般言之，會員可區分爲：(1)個人會員，(2)團體會員，(3)贊助會員，(4)榮譽會員。

㈡會員的除名

人民團體會員（會員代表）有違反法令、章程、或不遵守會員（會員代表）大會決議而致危害團體情節重大者，得經會員（會員代表）大會決議予以除名。（第14條）

㈢會員的出會

人民團體會員（會員代表）有下列情事之一者，應予出會（第15條）：(1)死亡，(2)喪失會員資格者，(3)經會員（會員代表）大會決議除名者。

㈣會員的權利

人民團體會員（會員代表）有表決權、選舉權、被選舉權與罷免權；且每一會員（會員代表）均爲一權（第16條）；惟贊助會員或榮譽會員除外。

㈤會員的義務

會員（會員代表）的義務應與權利基於均等原則，會員（會員代

表）應有遵守團體章程、團體決議及繳納會費之義務。

四、職員

人民團體的職員係指團體經選舉產生的理事、監事、常務理事、常務監事及理事長；各項職員均爲無給職。（第21條）其相關規定爲：

㈠職員之名額（第17條）

1.縣（市）以下人民團體之理事不得逾十五人。
2.省（市）人民團體之理事不得逾二十五人。
3.中央直轄人民團體之理事不得逾三十五人。
4.各級人民團體之監事名額不得超過該團體理事名額三分之一。
5.各級人民團體均得置候補理監事；其名額不得超過該團體理監事名額三分之一。
6.各級人民團體應由全體理事就常務理事中選舉一人爲理事長，其不設常務理事者，就理事中互選之；常務監事在三人以上時，應互推一人爲監事會召集人。
7.各級人民團體均得置候補理事、監事，其名額不得超過該團體理、監事名額三分之一。

㈡職員之選任

1.人民團體之理、監事係由該團體之會員（會員代表）選舉產生；其任期除法律另有規定者外，不得超過四年，且連選得連任；惟理事長之連任，以一次爲限。（第20條）
2.人民團體之常務理事、理事長及常務監事分別由理事會及監事會依規定選舉產生。
3.人民團體理、監事之當選，不限於人民團體法第二十八條規定選出出席會員代表大會之代表；且上級人民團體理、監事之當選不限於下級人民團體選派出席之代表，又下級人民團體選派出席上級人民團體之代表，不限於該團體理、監事。（第19條）

4.人民團體選任理事、監事組成之理事會、監事會應依會員（會員代表）大會之決議及章程之規定，分別執行職務。（第18條）

㈢職員之解任

人民團體理事、監事有下列情事之一者，應即解任，其缺額由候補理事、監事分別依次遞補（第23條）：

1.喪失會員（會員代表）資格者。

2.因故辭職經理事會或監事會決議通過者。

3.被罷免或撤免者。

4.受停權處分期間逾任期二分之一者。

㈣職員之罷免

人民團體理事、監事執行職務，如有違反法令、章程或會員（會員代表）大會決議情事者，除依有關法令及章程處理外，得經會員（會員代表）大會通過予以罷免。（第22條）

㈤工作人員之解僱

人民團體依其章程之規定聘僱工作人員，辦理會務及業務。（第24條）人民團體之工作人員係指各級人民團體之秘書長、副秘書長、處長或總幹事、副總幹事、組長及幹事、會計、出納等人員。

五、會議

人民團體的法定會議有：(1)會員大會或會員代表大會，(2)理事會議，(3)監事會議，(4)理監事聯席會議。至於人民團體之常務理事會議僅係人民團體之參謀會議，絕非法定會議；其會議之決議務須提經理事會議通過後始生效力。

㈠會員大會或會員代表大會

1.人民團體會員（會員代表）大會分定期會議與臨時會議二種，由理事長召集之。定期會議每年召開一次；臨時會議則於下列

情況時召開：(1)理事會認為必要，(2)經會員（會員代表）五分之一以上之請求，(3)監事會函請召集時。（第25條）

2. 人民團體會員（會員代表）大會之召集，應於會議召開十五日前，將會議種類、時間、地點連同議程通知各應出席人員（會員代表）；並報請主管機關及目的事業主管機關備查。但因緊急事故召集臨時會議，經於開會前一日送達通知者，不在此限。（第26條第1項及督導各級人民團體實施辦法第5條）會員（會員代表）大會之召開應報請主管機關派員列席。（第26條第2項）

3. 人民團體召開會員（會員代表）大會，應有會員（會員代表）過半數之出席，始得開會。（督導各級人民團體實施辦法第6條）

4. 人民團體會員（會員代表）不能親自出席會員（會員代表）大會時，得以書面委託其他會員（會員代表）代理。但職業團體委託出席人數，不得超過該次會議親自出席人數之三分之一（第38條）；而社會團體委託出席之人數則無比例之限制。（第42條）惟不論職業團體或社會團體，每一會員（會員代表）均以代理一人為限。

5. 人民團體會員（會員代表）大會之決議，應有出席會員（會員代表）過半數或較多數之同意行之。但若有下列重要事項，其決議應有會員（會員代表）三分之二以上同意行之（第27條）：

(1)章程之訂定與變更。

(2)會員（會員代表）之除名。

(3)理事、監事之罷免。

(4)財產之處分。

(5)團體之解散。

(6)其他與會員權利義務有關之重大事項。

6. 人民團體會員（會員代表）大會出席人數之計算，以簽到或報到人數為準。但出席人提出清查在場人數之動議時，應即清查在場人數，以清查結果為準。（督導各級人民團體實施辦法第8

條）

7. 人民團體會員（會員代表）大會不能依法召開時，得由主管機關指定理事一人召集之。（第32條）

8. 人民團體會員（會員代表）大會之紀錄應載明應出席人數、實際出席人數、缺席人數及請假人數；並於閉會後三十日內報請主管機關及目的事業主管機關備查。會議之決議須報請主管機關或目的事業主管機關核辦者，應分別專案處理，並將處理情形提報下次會議。（督導各級人民團體實施辦法第5條）

9. 人民團體會員（會員代表）人數超過三百人以上者，得劃分地區，依會員（會員代表）人數比例選出代表，再合開代表大會，行使會員大會職權。（第28條第1項）

㈡理、監事會議

1. 人民團體理事會、監事會，每三個月至少舉行會議一次，並得通知候補理事、候補監事列席。（第29條第1項）另召開理事會議時，監事會召集人（常務監事）得列席；召開監事會議時，理事長得列席。（督導各級人民團體實施辦法第9條）

2. 人民團體召開理事會議、監事會議應於會議召開七日前，將會議種類、時間、地點連同議程通知各應出席人員，並報請主管機關及目的事業主管機關備查。（督導各級人民團體實施辦法第5條）

3. 人民團體召開理事會議或監事會議，應有理事或監事過半數之出席，始得開會。（督導各級人民團體實施辦法第7條）

4. 人民團體理事、監事應親自出席理事、監事會議，不得委託他人代理；連續二次無故缺席者，視同辭職，由候補理事、候補監事依次遞補。（第31條）

5. 人民團體理事會議或監事會議之決議，以出席人數過半數或較多數之同意行之。（第29條第2項）

6. 人民團體理事或監事認爲必要，並經理事或監事過半數之連署，得函請理事長或監事會召集人（常務監事）召開臨時理事會議或監事會議。如理事長或監事會召集人（常務監事）無故

不為召開時，得由連署人報請主管機關指定理事或監事一人召集之。（督導各級人民團體實施辦法第6條）

7. 人民團體理事會不能依法召開時，得由主管機關指定理事一人召集之；監事會不能依法召開會議時，得由主管機關指定監事一人召集之。（第32條）

8. 人民團體理事長或監事會召集人(常務監事)無正當理由不召開理事會議或監事會議超過二個會次者，應由主管機關解除理事長或監事會召集人（常務監事）職務，另行改選或改推。（第30條）

9. 人民團體於每次召開理事會議時，應將經費收支及工作執行情形提報審議，並於審議後送請監事會監察；監事會監察發現有不當情事者，應提出糾正意見，送請理事會處理；若理事會不為處理時，監事會得提報會員（會員代表）大會審議。（督導各級人民團體實施辦法第10條）

10. 人民團體理事、監事會議之紀錄，應載明出席、缺席、請假人員之姓名，於閉會後三十日內報請主管機關及目的事業主管機關備查。會議之決議如須報請主管機關或目的事業主管機關核辦者，應分別專案處理，並將處理情形提報下次會議。（督導各級人民團體實施辦法第5條）

㈢理監事聯席會議

人民團體理事會議、監事會議應分別舉行；必要時，得召開理事監事聯席會議。（督導各級人民團體實施辦法第7條第1項）召開聯席會議時，應有理事、監事各過半數之出席，始得開會。其決議應以出席理事、監事各過半數或較多數之同意行之。（督導各級人民團體實施辦法第7條第2項）

六、經費

㈠經費來源

人民團體的經費來源如下：(1)入會費，(2)常年會費，(3)事業費，(4)會員捐款，(5)委託收益，(6)基金及其孳息，(7)其他收入。（第33條）

㈡預、決算報告

人民團體應每年編造預算、決算報告，提經會員（會員代表）大會通過，並報主管機關核備。但決算報告應先送監事會審核，並將審核結果一併提報會員（會員代表）大會。（第34條）依照規定，人民團體之會計年度係自每年一月一日至十二月卅一日。

㈢經費收支之審議

人民團體之經費收支，應於每次理事會議時提出審議，並由理事會送請監事會監察，監事會監察發現有不當情事者，應提出糾正意見，送請理事會處理；如理事會不為處理時，監事會得提報會員（會員代表）大會審議。（督導各級人民團體實施辦法第10條）

七、監督與處罰

㈠人民團體的監督

1.設立之人民團體如有違反人民團體法第二條：「人民團體之組織與活動，不得主張共產主義，或主張分裂國土」或其他法令之規定者，不予許可；經許可設立者，廢止其許可。（第53條）
2.人民團體經核准立案後，其章程、選任職員簡歷冊或負責人名冊如有異動，應於三十日內報請主管機關核備。（第54條）
3.人民團體於每屆理事、監事改選前，應將立案證書、圖記、未

完成案件、檔案、財務及人事等資料造具清冊一式三份，於下屆理事長選出後，以一份連同立案證書、圖記移交新任理事長及監交人，並於十五日內由新任理事長會同監交人接收完畢。逾期未完成移交者，除依法處理外，得報請主管機關將原發圖記或立案證書予以註銷或作廢，重新發給。（督導各級人民團體實施辦法第11條第1項）依照規定，監交人由新任監事會召集人（常務監事）擔任。（督導各級人民團體實施辦法第11條第2項）

4. 人民團體依法設立分支機構，應依章程規定擬具組織簡則，載明設立依據、組成、任務、經費來源等，提經理事會通過，報請主管機關核准後實施。（督導各級人民團體實施辦法第12條）
5. 主管機關及目的事業主管機關爲瞭解人民團體辦理業務或活動之狀況，得通知該團體提出各該業務或活動之實施計畫、執行情形及財務報告。（督導各級人民團體實施辦法第13條）
6. 人民團體辦理之業務或活動，涉有收費或公開招生、授課、售票、出版、捐助、義賣、義演或其他類似情形者，應依有關法令規定辦理。其財務收支，事後並應公開徵信。（督導各級人民團體實施辦法第14條）
7. 人民團體因組織區域之調整或其他原因有合併或分立之必要者，得申請主管機關核定合併或分立。（第56條）
8. 人民團體合併或分立時，有關人事、財產及其他權利義務事項之承受或移轉，應議定辦法經會員（會員代表）大會通過，報請主管機關核定後辦理。（督導各級人民團體實施辦法第17條）
9. 人民團體之考核評鑑，由主管機關辦理；其涉及目的事業者，得會同目的事業主管機關爲之。（督導各級人民團體實施辦法第23條）
10. 人民團體成績優良者，主管機關得予獎勵；其獎勵辦法由中央主管機關定之。（第57條）
11. 上級社會團體在同一行政區域內之會員人數符合依法設立分級組織者，得於章程內訂定設立分級組織。（督導各級人民團體實施辦法第15條第1項）；且分級組織之設立，應由各該社會

團體出具同意文件。（督導各級人民團體實施辦法第15條第2項）

12. 人民團體設有分級組織者，上級團體應於章程載明分級組織之名稱、下級團體選派代表名額、上下級團體權利義務關係等有關事項。（督導各級人民團體實施辦法第16條）

㈡人民團體的處罰

1. **主管機關得為處分之狀況**：人民團體有違反法令、章程或妨害公益情事者，主管機關得予警告、撤銷其決議、停止其業務之一部或全部，並限期令其改善；屆期未改善或情節重大者，得為下列之處分（第58條第1項）：

   (1)撤免其職員。

   (2)限期整理。

   (3)廢止許可。

   (4)解散。

   前項警告、撤銷決議及停止業務處分，目的事業主管機關亦得為之。但為撤銷決議或停止業務處分時，應會商主管機關後為之。（第58條第2項）對於政黨之處分，以警告、限期整理及解散為限。政黨之解散，由主管機關檢同相關事證移送司法院大法官組成憲法法庭審理之。（第58條第3項）上項移送，應經政黨審議委員會出席委員三分之二以上認有違憲情事，始得為之。（第58條第4項）

2. **主管機關得通知限期改選、補選、改推之狀況**：人民團體有下列情事之一者，主管機關得通知限期改選、補選、改推（督導各級人民團體實施辦法第18條）：

   (1)理事或監事任期屆滿尚未改選者。

   (2)理事或監事人數未達章程所定名額三分之二，未補選足額者。

   (3)經主管機關依法解除理事長或監事會召集人（常務監事）職務後，未另行改選、改推者。

3. **主管機關得限期整理之狀況**：人民團體有下列情事之一者，主

管機關得限期整理（督導各級人民團體實施辦法第19條）：

(1)年度內未依章程規定召開會員（會員代表）大會、理事會議、監事會議或經召開未能成會者。

(2)經主管機關通知限期改選、補選、改推，逾期未完成者。

(3)經主管機關依法指定召集仍未能成會者。

凡人民團體經主管機關限期整理者，其理事、監事之職權應即停止，由主管機關就非現任理事、監事之會員（會員代表）中遴選五人或七人組織整理小組，並指定一人為召集人，於指定後三個月內完成整理工作。（督導各級人民團體實施辦法第20條）

人民團體整理小組之任務為（督導各級人民團體實施辦法第21條）：

(1)接管立案證書、圖記、人事、檔案、財產及清理財務，造具清冊，移交於下屆理事會。

(2)清查會籍。

(3)召開會員（會員代表）大會，選舉理事、監事。

(4)處理①政府委託服務事項，②對會員（會員代表）應提供之服務事項。

整理小組於新任理事長選出後十日內應辦理交接完竣，並即解散。整理小組如無法依規定接管立案證書、圖記時，得依規定報請主管機關將原發立案證書、圖記註銷，重新發給。

4.**主管機關應予解散之狀況**：人民團體有下列情事之一者，應予解散（第59條第1項）：

(1)經主管機關廢止許可者。

(2)破產者。

(3)合併或分立者。

(4)限期整理未如期完成者。

(5)會員（會員代表）大會決議解散者。

上項第四款於政黨之解散不適用之。（第59條第2項）又人民團體解散之清算程序，如經法人登記者，除法律另有規定外，依民法之規定辦理；如未經法人登記者，應依章程或會員（會

員代表）大會決議辦理；章程未規定或會員（會員代表）大會無法召開時，由主管機關選任清算人，並準用民法清算之規定辦理。（督導各級人民團體實施辦法第22條）

5.人民團體之罰鍰（金）與處刑：

(1)未經依法申請許可或備案而成立人民團體，經該管主管機關通知限期解散而屆期不解散者，處新台幣六萬元以下罰鍰。（第60條第1項）又人民團體經主管機關廢止許可或解散，並通知限期解散而屆期不解散者，亦處新台幣六萬元以下罰鍰。（第60條第2項）

(2)未經依法申請許可或備案而成立人民團體，經該管主管機關通知限期解散而屆期不解散，仍以該團體名義從事活動經該管主管機關制止而不遵從，首謀者處二年以下有期徒刑或拘役。（第61條第1項）又人民團體經主管機關廢止許可或解散，並通知限期解散而屆期不解散，仍以該團體名義從事活動，經該管主管機關制止而不遵從，首謀者亦處二年以下有期徒刑或拘役。（第61條第2項）

(3)違反本法第五十一條規定收受捐助者，處二年以下有期徒刑、拘役或新台幣六萬元以下罰金。（第62條第1項）凡犯前項之罪者，所收受之捐助沒收之；如全部或一部不能沒收時，追徵其價額。（第62條第2項）

(4)依人民團體法所處之罰鍰，經通知後逾期不繳納者，移送法院強制執行。（第63條）

八、附則

1.人民團體選任職員之選舉罷免、工作人員之管理與財務之處理，其辦法由中央主管機關定之。（第66條）

2.本法自公布日施行。（第67條）

參、析評與展望

一、人民團體法之子法及重要之相關規定

人民團體法除本法外，其授權訂定之子法及重要之相關規定計有：

1. 督導各級人民團體實施辦法。
2. 人民團體選舉罷免辦法。（第66條）
3. 社會團體工作人員管理辦法。（第66條）
4. 社會團體財務處理辦法。（第66條）
5. 人民團體獎勵辦法。（第57條）
6. 社會團體許可立案作業規定。
7. 法院辦理社團法人登記注意事項。
8. 人民團體立案證書頒發原則。
9. 全國性社會團體績效評鑑要點。
10. 全國性社會及職業團體優良工作人員選拔要點。
11. 國際性民間團體申請設立要點。
12. 各相關團體派員參加及在國內舉辦國際會議準則。
13. 人民團體申請補助國際交流及活動費用要點。
14. 內政部受理外國民間機構、團體在我國設置辦事處申請登記注意事項。
15. 印信條例（摘錄有關製發人民團體圖記條文）。

二、人民團體法之特色

綜合研析，「人民團體法」相較於過去之「非常時期人民團體組織法」，應具有下列幾項特色：

㈠全文均以規範「社會團體」之相關事項為主

第一條明確指出，人民團體之組織與活動，依本法之規定，其他法律有特別規定者，適用其規定。蓋職業團體中之工商團體、工會、農會、漁會及各類自由職業團體均有其專法；且政治團體亦有其相關之重要規範；故人民團體法可說是類似社會團體法。

㈡明定人民團體組織與活動之限制

「結社」固然是憲法賦予人民的基本自由；惟個人自由必須尊重，國家安全更須顧及；國家安全失去維護時，個人自由必缺乏保障。故本法第二條明文規定，人民團體之組織與活動，不得主張共產主義，或主張分裂國土。

㈢明定人民團體之分類

第四條明文規定，人民團體分為：(1)職業團體，(2)社會團體，及(3)政治團體三類，且在第七、八、九章均明文規定各類團體之定義及相關之規定。過去非常時期人民團體組織法，根本毫無提及政治團體之相關事項。足見政治團體係八十年五月一日宣佈終止動員勘亂時期之後的產物。

㈣社會團體之組織突破過去「同性質同級者以一個為限」的限制

第七條規定，人民團體在同一組織區域內，除法律另有限制外，得組織二個以上同級同類之團體，但其名稱不得相同。依此規定，社會團體之組織已突破過去非常時期人民團體組織法第八條：「人民團體在同一區域內，除法令另有限制外，其同性質同級者，以一個為限」的限制；也因此，自人民團體法修正公布後，社會團體之設立如雨後春筍，急速膨脹。

㈤明定社會團體申請設立許可之要件及程序

因職業團體及政治團體另有申請設立許可及登記備案之規定，故本法第八條事實就是社會團體申請設立許可之要件。依其規定社會團

體申請設立許可之要件爲：(1)年滿二十歲，三十人以上發起，(2)檢具申請書、章程草案及發起人名冊，(3)向主管機關申請。另第九、十條即規定社會團體申請設立之程序爲：(1)發起組織，(2)籌備組織，(3)正式成立，(4)辦理立案。

㈥明定會員（會員代表）之權利

第十六條明定，會員（會員代表）有表決權、選舉權、被選舉權與罷免權。每一會員（會員代表）只有一權。惟贊助會員或榮譽會員除外。

㈦明定各級人民團體理、監事之名額

第十七條規定：(1)縣（市）以下人民團體之理事不得逾十五人，(2)省（市）人民團體之理事不得逾二十五人，(3)中央直轄人民團體之理事不得逾三十五人，(4)各級人民團體之監事名額不得超過該團體理事名額三分之一，(5)候補理監事名額不得超過該團體理監事名額三分之一。此項規定，相較於過去規定：縣（市）以下人民團體理事不得逾九人、中央直轄人民團體不得逾三十一人，顯然有擴大會員（會員代表）參與團體事務之趨勢。

㈧明定理事長產生之方式及任期

第十七條明文規定，由理事就常務理事中選舉一人爲理事長。且第二十條規定，理事長之連任，以一次爲限。作此規定，係爲避免產生萬年理事長之現象，並藉以活絡人民團體領導人新陳代謝之管道。

㈨明定人民團體之法定會議及會議決議應有之規範

第二十五條、第二十九條規定，人民團體之法定會議包括：(1)會員（會員代表）大會，(2)理事會議，(3)監事會議，(4)理事監事聯席會議（督導各級人民團體實施辦法第七條規定，必要時得召開）。其中會員（會員代表）大會每年定期召開一次；臨時會議於理事會認爲必要，或經會員（會員代表）五分之一以上之請求或監事會函請召集時召開；而理事會議、監事會議每三個月至少應舉行一次。至於會議之

決議，均應有應出席人數過半數之出席，出席人數過半數或較多數之同意行之。

㈩明定人民團體重大事項應有會員（會員代表）大會絕對多數之同意行之

第二十七條規定，下列人民團體重要事項，應有出席人數三分之二以上同意行之：(1)章程之訂定與變更，(2)會員(會員代會)之除名，(3)理事、監事之罷免，(4)財產之處分，(5)團體之解散，(6)其他與會員權利義務有關之重大事項。

㈩㈠明定人民團體得召開會員代表大會行使會員大會職權

第二十八條明文規定，人民團體會員（會員代表）人數超過三百人以上者，得劃分地區，依會員（會員代表）比例選出代表，再合開代表大會，行使會員大會職權。惟地區之劃分及應選代表名額之分配，應報請主管機關核備。

㈩㈡明定人民團體經費之來源

第三十三條明文規定，人民團體之經費來源包括：入會費、常年會費、事業費、會員捐款、委託收益、基金及其孳息及其他收入。其中入會費、常年會費、事業費、會員捐款等繳納數額及方式，應提經會員（會員代表）大會通過，並報請主管機關核備後行之。

㈩㈢明定人民團體之監督與處罰

第五十三條至第六十三條均屬人民團體之監督與處罰之規定。舉凡：(1)人民團體之許可設立，(2)人民團體之獎勵，(3)人民團體違反法令、章程或妨害公益情事之處分，(4)人民團體之解散等等均有明確之規範，其主要目的是希望每一個人民團體之成立均能對人民、社會及國家有所助益。

㈥明定人民團體職員之選舉罷免、工作人員之管理與財務之處理另以法令定之

第六十六條規定，人民團體選任職員之選舉罷免、工作人員之管理與財務之處理，其辦法由中央主管機關定之。因此，內政部分別訂頒：(1)人民團體選舉罷免辦法，(2)社會團體工作人員管理辦法，(3)社會團體財務處理辦法予以規範。

㈦未予規定中央主管機關應訂定施行細則

任何一種法令應該均訂有「本法之施行細則，由中央主管機關定之」之規定，可是人民團體法卻無此項規定，此可說是本法另外一種特色。據瞭解，人民團體法之所以沒有施行細則之訂定，主要是因爲這項施行細則之訂定，爭議性議題甚多，難以達成共識，產生交集；因之，改以「督導各級人民團體實施辦法」取而代之。

三、人民團體常存之共同問題

人民團體在民主政治的開放社會中，其發展情況恆被視爲國家現代化的重要指標之一，自人民團體法修正公布以來，人民團體不斷急遽增加，而由於政府機關之正確領導及部分團體負責人之熱心推展工作，許多團體的會務業務績效卓著，對國家社會所產生的貢獻，有目共睹；惟亦有部分團體，組織鬆懈、經費困難、缺乏辦事人員、會務幾近停頓，乃爲不可諱言的事實；茲綜合各種人民團體（政治團體除外）常存的共同問題擇要敘述如后：

1. 非自發性團體，其成員的參與感與責任心不夠；因其對會務缺乏認識，自無參與會務興趣；既不出席會議，也不繳納會費，更談不上關心會務；凡團體組織愈大，成員的參與感愈小，責任心也愈弱。
2. 多數團體的成員對團體的規則及本身的權利義務，觀念模糊不清，甚且不予重視，本身應扮演什麼角色或團體能產生什麼功能幾乎完全不了解；因此，不注意會議的決議情形，對團體毫

無向心力，心理上流於被動或依賴。

3.多數團體（除國際團體外）領導階層的新陳代謝及流動率偏低，致使團體形成或爲少數人所把持壟斷；或爲派系所利用等不良現象；領導階層祇圖個人私利而不顧及組織及全體會員的利益。

4.有些團體領導階層或則消極因循忽視職責；或則素質較低，無法完成團體任務；或由於身兼數職，工作繁忙，限於時間精力，無暇照顧團體會務；或其本身事務不忙，但因對於團體組織活動既無認識，更乏興趣，只以其爲社會知名之士，被人勉強拉攏擔任，徒具虛名。

5.有些團體工作人員或因待遇微薄，另謀兼職，未能專心會務；或雖才智兼備，工作能力甚強，但未能與理監事合作，權力糾纏不清，會務推展受阻；工作能力非凡，但因係兼職，缺乏充分時間兼顧會務，致使團體活動停滯不展。

6.多數團體缺乏專業的工作人員，對處理團體事務缺乏專業知能，稍遇挫折，即難應付；又年青者流動率高，在職期間缺乏敬業精神，未能爲團體效命；年長者流動率低，一切工作墨守成規，交差了事，觀念陳舊，未能迎合時代需求，對團體發展毫無幫助。

7.有些團體重要幹部對團體有關法令未能充分了解，推行會務，隨心所欲，毫無依據；或則違背法令規定，爲主管機關所不許；或則侵害會員權益，爲團體成員所詬病；會務紊亂，糾紛迭起。

8.多數團體對如何開好會議，缺乏經驗及興趣；能按照「會議規範」或「民權初步」之規則開會者寥寥無幾；各種會議往往流於形式，或則形成馬拉松式的演講會；或則成爲個人式的訓話會；會而不議，議而不決，決而不行；會員既不能平心靜氣地表達自己的意見，也不能虛心地聽取別人的意見，使大多數會員不但害怕開會，甚至討厭開會，而致團體未能充分發揮培養民主素養的功能。

9.有些團體未能貫徹章程的宗旨與任務積極推展業務；任何團體

不論其成立之動機何在，均必有其既定的宗旨與目標，而更應據以遵循，兼顧團體及會員的利益，務積極推展各項團體本身能力所及的業務；惟有些團體成立之初，冠冕堂皇，雄心勃勃；成立之後，會務既已停滯不前，業務內容更屬空談，致使團體形同虛設，毫無存在的價值。

10. 多數團體財源短絀，經費困難，影響會務業務無法推展，形成名存實亡狀態；有的團體雖財源較佳，經費充裕，惟缺乏健全的財務會計制度及有效的監督管理辦法，以致帳務混亂，開支浮濫，弊端百出。

四、人民團體輔導政策之展望

以上係就人民團體常存的共同問題，提出個人多年來負責團體輔導之業務，所體認之心得感受。事實上，一個團體之健全發展與否，除團體本身應負大部分責任外；人民團體的主管機關及輔導人員當然也不能置身度外。因爲，團體輔導是法律賦予主管機關的職責與權力，其目的在使團體組織得以健全發展，發揮整體功能，增強國家建設力量。個人認爲，當前主管機關及輔導人員對於團體輔導之工作，仍有值得檢討之處。

㈠先從主管機關的輔導觀念說起

根據個人了解，各級主管機關對團體的輔導仍僅限於列席團體各種會議（含會員大會或會員代表大會及有選舉的理、監事會議），輔導團體辦理理監事選舉工作，輔導團體依規定處理會務，舉辦團體幹部研討會，表揚優良團體等等；而以上各項輔導工作幾乎常墨守成規，流於形式，只要消極地求團體能相安無事，無糾紛發生，似乎就算盡到輔導的責任；而根本鮮有考慮到如何積極運用專業方法輔導團體眞正發揮其不同的功能來協助政府推動各項建設；例如：國際團體（含扶輪社、獅子會、青商會、同濟會……），其組織團體的目標向以「服務社會，造福人群」爲宗旨，各團體均具有相當豐富的服務能量，可惜因缺乏正確的輔導，致使各項社會服務顯得零零星星，未能發揮預期的效果；甚或有的社會服務更發生錦上添花或浪費經費的情事。設若各級主管機關在輔導措施上，能深入了解團體不同特性，分析團體的個別情況，配合政府政策的需求，為團體提供良好的社會服務方案；則必能使團體的服務能量作更妥善的整體運用，發揮更大的服務效能，提高社會服務層次，對社會國家產生更顯著而肯定的貢獻。

㈡次就輔導人員的基本態度來講

所謂團體的輔導人員狹義的是專指社政主管機關的行政人員而言，但廣義的應涵蓋目的事業主管機關的有關人員。團體之能否強化組織功能，發揮整體力量，固端賴組成份子之是否熱心參與，工作人員之是否盡忠職守及領導幹部之是否具有卓越的領導能力；而負責輔導團體的有關人員是否能抱著「輔導重於管理，服務重於干預」的信念，輔導得力，監督得體，當為重要的影響因素。忝為多年來參與團體輔導的一份子，深深感觸到目前一般輔導人員對於輔導團體所持的基本態度，幾乎僅限於「消極的承受」，而未能「積極的開拓」；也就是只要團體來文能依規定期限予以答覆，團體發生糾紛能夠迅速予以解決，團體召開會議能按規定列席指導等等，就算達到輔導的目的，而從未考量主動、積極運用專業技巧，甚或根本不知如何運用專業技巧，透過各種有效的輔導措施，協助團體建立一套推行會務、發展業務及健全財務的標準模式；促使團體能夠好的更好，不好的也能變好，而真正達到健全團體組織，發揮團體功能的積極目標。

肆、結語

人民團體是社會組織的重要單元，屬於社會組織中扮演一種「中介角色」的地位；它不但是社會的骨幹，更是國家的中堅；團體得運用集體的力量，溝通政府與民眾之間的意見；政府的各項決策與措施，更可透過團體的闡揚，獲得民眾支持與諒解；足見，團體的健全發展與否，不但與民眾的權益息息相關，對於社會國家影響更鉅。人民團體不論是職緣、趣緣、血緣、地緣或誼緣的結合，任何一個團體

的設立，我們都期盼它能：

1.在會務推展中凝塑民主素養。

2.在急公好義中善盡社會責任。

3.在參與過程中學習自我成長。

4.在聯誼歡樂中增添生活情趣。

5.在組織運作中培養敬業精神。

6.在響應政策中配合社會運動。

7.在活動交流中拓展國民外交。

人民有「結社」之自由，雖憲法已有明確保障，然更誠摯地盼望所有人民團體均應秉持自立、自律的精神，致力強化團體組織功能，促使人民團體成為帶動社會進步，促進國家發展的最佳助力。

而團體功能的發揮，固然有賴團體本身自立自律，以堅強的人事、健全的財務、完善的服務及高度的效率來強化組織功能，以贏取政府與民眾的信任；人民團體主管機關肩負輔導、監督之責，尤應採行有效的措施以資因應；個人認為，其具體做法為：

1.改進人民團體輔導觀念。

2.致力充實輔導人員專業知能。

3.督導各團體定期辦理會員會籍清查。

4.輔導各團體確實倡行會議規範。

5.督導各團體建立工作人員任考制度。

6.建立團體個案紀錄及資料。

7.加強辦理團體幹部教育訓練。

8.分類舉辦各團體領導幹部聯繫會報。

9.建立團體評鑑考核制度。

10 擴大表揚優良團體及幹部。

11.舉辦優良團體會務觀摩。

12.建立團體財務處理查考制度。

13.建立主管機關與目的事業主管機關工作會報制度。

我國自宣布解除戒嚴及終止動員勘亂時期，加以人民團體法於民國八十一年七月二十七日修正公布後，社會團體之設立突破過去「同性質同級者以一個為限」的限制；因此，社會團體急速增加。吾人深知，人民團體的組成固然是憲法賦予民眾「結社自由」的具體發揮，但至盼現有的及將來成立的團體，個個均能力自整飭，奮力自強；回顧過去，展望未來，在此願提出幾點建議與各人民團體領導先進共勉：

1. 人民團體的發展必須顧及國家的安全與利益，團體在表明其利益與主張時，處處應慎加思考此一觀念的重要性，時時應注意內部的健全、和諧與團結。
2. 人民團體的發展有賴於開放的政治與社會，團體在致力於各項會務活動的推展過程中，尤應考慮政府的立場與國家的政策。
3. 人民團體的發展務必秉持「自由中有約束，開放中重法紀」的原則，以期每個團體均能貫徹章程既定的宗旨與任務，而成為帶動社會進步的最佳助力。
4. 人民團體處於當今國家正積極推動「心靈改革工程」與「提昇國家競爭力」的重要時刻，亟應團結一致率先響應，多加扮演積極性的社會、教育、經濟及政治功能的示範角色。

第十八章　社會立法未來展望

我國社會福利政策，依據憲法促進經濟與社會均衡發展之原則，衡酌國家總體資源及政府財力，期以就業安全達成自助，社會保險邁向互助，福利服務提昇生活品質，國民住宅安定生活，醫療保險增進全民健康，逐步建立社會安全制度，發揮政策功能。

行政院八十三年七月三十日核定之「社會福利政策綱領」明確指出，社會福利政策的基本原則計有六項：

1. 著重社會與經濟之均衡發展，兼顧政府財力，倡導施重於取、權利義務對等之福利倫理，本助人自助促進國民應有權益之保障。
2. 健全社會福利之行政體系，適時修訂社會福利相關法規，以因應社會變遷產生之需求，並發揮規劃、執行、協調、評估社會福利整體功能，從而落實各項福利政策與法規。
3. 建構以家庭爲中心之社會福利政策，以弘揚家庭倫理，促進家庭關係，藉家庭倫理來維護成員福利。
4. 運用社會福利專業人員，採專業社會工作方法，推展各項社會福利工作。
5. 規劃各類社會保險，本財務自給自足、不浪費、不虧損之原則，建立完整之保險體系。
6. 福利服務應本民眾福祉爲先，針對現況與需求，著重城鄉均衡發展，並結合學術與民間組織，共同發展合作模式的服務輸送體系。

整體而言，我國社會福利政策的施政重點應以強調：(1)合理分配社會福利資源，(2)建構溫馨與安全的福利網絡，致力照顧弱勢族群的基本權益。

個人認爲，社會政策的規劃原則、社會福利的發展取向及社會立法的未來展望分別應爲：

壹、社會政策的規劃原則

社會政策既廣且雜，大多與民眾權益息息相關。面對當前各界對

增進社會福利之急切需求與期許；個人認為，社會政策應以「回應民眾需求，增進民眾福祉」為規劃基礎；其規劃原則為：

㈠需求滿足原則

社會政策以滿足國人需求為出發點，因此應定期或長期蒐集、瞭解福利需求的變化，隨時因應和調整其政策，使福利政策和民意需求相契合。

㈡可行便利原則

任何方案的規劃和設計，貴在可行；因此在規劃時應考量民意需求之外，更應確保方案的便利可行，其基本考量是簡化申請手續，使福利消費者與福利供給者之間具有高度的「可近性」。

㈢整體規劃原則

社會政策以滿足民眾全人的需求為目的，因此社會福利的規劃策略貴在全盤的、整體的研究考量；尤其是社會福利涵蓋範圍甚廣，包括：衛生、保健、教育、司法、勞工等，務需落實整體規劃原則，方能確保社會福利工作之有效推展。

㈣激勵參與原則

好的政策應該讓更多人參與，袖手旁觀的政策必得不到太多支持；參與的範圍愈廣，愈易達成共識，政策愈易施行。參與內涵應包括：參與決策、參與推動、參與執行；最具體作法是在政策擬定過程中，有效結合學術與民間共同制定；政策形成之後，執行更須借重民間力量全力推動。社會福利政策關係民眾福祉，且與每個人生活息息相關；唯有透過充分參與，才能獲得普遍認可，進而熱烈支持。

㈤公平正義原則

公平是指「公正的分享」，正義是指「合理的分配」，政府應該保證資源公正分享，依民眾不同經濟需求給予不同的扶助；換言之，政府所推動的社會福利制度將致力發展「全民性福利」，也更特別注意弱勢族群的「優先性福利」。

㈥財政穩定原則

一個合理且具符合民意需求的社會福利制度之建立，必須兼顧社會公平正義與財政穩定平衡，才能眞正落實各項社會福利措施。歐美「福利大國」的作法，不但帶來無法解決的財政赤字，而且最後卻產生惡性循環，使經濟和社會都陷入無法解決的困境。因此，財政穩定原則是絕對必須的，也就是一方面要維持財政政策的穩定，另一方面要逐步調整福利支出的各項優先順序，以加強生產性支出，使民眾在負擔合理限度之稅負下能享有適當的福利水準。

貳、社會福利的發展取向

新世紀的開始，社會福利除應立基於既有基礎上，更需有新展望、新作法，以因應社會、經濟結構轉型之各項挑戰。個人認爲，未來社會福利的發展取向爲：

㈠社會福利「家庭化」

以家庭爲單位；致力弘揚家庭功能作爲推展社會福利的屏障；因爲社會福利僅能協助弘揚家庭的功能，社會福利未能完全取代家庭的功能。

㈡社會福利「社區化」

以社區爲中心；致力結合社區可資運用的各項資源，激發社區居民發揮守望相助、敦親睦鄰的精神；挺身而出，共同投入照顧社區需要照顧的居民同胞。

㈢社會福利「均衡化」

以均衡爲指標；重視都市與鄉村社會福利資源的均衡分配，並採行「福利優先區」的創新措施，使鄉村居民能與都市同胞同享應有的

福利措施與關懷。

㈣社會福利「民營化」

以民營為導向；擴大結合民間有意參與社會福利的機構、團體或個人，積極響應社會福利政策，並採「公設民營」的方式，鼓勵民間共同參與社會福利的推展。

㈤社會福利「專業化」

以專業為要求；妥善結合學者專家的力量提供建言，作為推展社會福利的理論基礎，並廣泛進用社會工作師或社會工作員充當推動社會福利的尖兵；以期理論與實務相結合，使社會福利因為專業方法的應用而更邁向卓越。

㈥社會福利「志工化」

以志工為助力；積極推展志願服務工作，廣結熱心社會福利的志工朋友，熱烈參與社會福利的推廣，使社會福利因為民眾的普遍參與而更溫馨，尤更芬芳。

參、社會立法的未來展望

我國社會福利立法自民國六十二年二月「兒童福利法」公布實施，以致民國九十二年五月「兒童及少年福利法」修正公布，迄今各項社會立法堪稱漸趨完備；如以人的生長歷程而言，其不同的立法計有：

㈠從縱切面來講

有優生保健法、兒童及少年福利法、老人福利法等。

㈡就橫切面來說

有身心障礙者保護法、社會救助法、兒童及少年性交易防制條例、性侵害犯罪防治法、家庭暴力防治法、特殊境遇婦女家庭扶助條例、兩性工作平等法、就業保險法、社會工作師法、志願服務法、人民團體法、社區發展工作綱要等。

未來亟待努力的社會福利立法應以下列爲重點：

1.制定「社會福利基本法」。

2.制定「勸募管理條例」。

3.提昇「社區發展工作綱要」爲「社區發展法」或「社區發展條例」。

4.制定「社區總體營造條例」。

5.制定「國民年金保險法」。

參考文獻

中文部分

劉脩如 （民73），《社會政策與社會立法》，台北市：五南。

劉脩如 （民71），《中外社會政策比較研究》，中央文物供應社。

劉脩如 （民63），《社會福利行政》，台北市：國立編譯館。

陳國鈞 （民73），《社會政策與社會立法》，台北市：三民。

陳國鈞 （民83），《社會政策與社會行政》，台北市：三民。

劉脩如、陳國鈞 （民55），《社會立法》，台北市：三民。

岑士麟 （民72），《社會政策與社會立法》，台北市：永大書局。

蔡漢賢、林萬億 （民73），《中外社會福利行政比較研究》，中央文物供應社。

蔡漢賢 （民77），《中華民國的社會福利》，台北市：正中。

蔡漢賢 （民81），《福利策略與措施的商榷》，中華民國社區發展研究訓練中心。

林顯宗、陳明男 （民75），《社會福利與行政》，台北市：五南。

詹火生 （民72），《民生主義社會安全理論與措施》，中央文物供應社。

詹火生 （民77），《社會福利理論研究》，台北市：巨流。

郭靜晃等 （民92），《社會問題與適應》，台北市：揚智文化。

林勝義 （民88），《社會工作概論》，台北市：五南。

張英陣、彭淑華、鄭麗珍 （民87），《社會福利與社會工作》，台北市：洪葉文化。

李欽湧 （民83），《社會政策分析》，台北市：巨流。

王順民 （民88），《社會福利服務：困境、轉折與展望》，台北市：亞太圖書。

陳武雄 （民84），〈整合福利政策、法規、措施之理念與作法──社會福利的理念與實踐〉，八十四年度國家建設研究會社會福利分組會議。

陳武雄 （民85），〈我國社政工作之檢討與前瞻〉，《社區發展季刊》，第75期。

陳武雄 （民86），〈跨世紀社會福利的規劃策略與發展趨向〉，研考雙月刊第198

期。

林萬億　（民91），〈社會福利政策之回顧與展望〉，《九十一年全國社會福利會議特刊》。

林萬億　（民87），〈跨世紀台灣社會福利政策之制定方向〉，《八十七年全國社會福利會議特刊》。

林向愷　（民87），〈社會福利制度與國家經濟發展之關係〉，《八十七年全國社會福利會議特刊》。

郭靜晃等　（民84），《兒童福利政策之研究》，內政部社會司委託研究。

李鍾元　（民75），《兒童福利：理論與方法》，台北市：金鼎書局。

周震歐　（民84），《兒童福利》，台北市：巨流。

林勝義　（民87），《兒童福利行政》，台北市：五南。

李庚霈　（民88），《兒童福利概論》，台北市：保成出版社。

余漢儀　（民85），《兒童虐待──現象檢視與問題反思》，台北市：巨流。

葉肅科、蔡漢賢　（民91），《五十年來的兒童福利》，內政部兒童局。

馮燕　（民84），《托育服務》，台北市：巨流。

郭靜晃等　（民84），〈兒童福利政策執行力之提昇〉，《社區發展季刊》，第72期。

彭淑華　（民84），〈我國兒童福利法政策取向之評析〉，《社區發展季刊》，第72期。

彭明聰、尤幸玲　（民90），〈兒童受虐現象之檢視與省思〉，《社區發展季刊》，第94期。

曾華源、郭靜晃　（民85），《少年福利》，台北市：亞太圖書。

蔡德輝、楊士隆　（民87），《少年犯罪》，台北市：五南。

周震歐　（民81），《少年犯罪與觀護制度》，台北市：台灣商務。

曾華源、許翠紋　（民84），〈青少年福利政策規劃之探究〉，《社區發展季刊》，第72期。

曾華源、郭靜晃　（民90），《廿一世紀發展性取向的少年福利政策──以社會權益爲指標的政策規劃》，厚生基金會。

許臨高　（民84），〈青少年福利政策制度的原則與內涵〉，《社區發展季刊》，第72期。

蔡宏昭　（民78），《老人福利政策》，台北市：桂冠。

白秀雄　(民85)，《老人福利》，台北市：三民。

沙依仁　(民85)，《高齡學》，台北市：五南。

沙依仁　(民85)，〈老人社區照顧之理論與實際〉，《社區發展季刊》，第74期。

呂寶靜　(民84)，《老人福利政策之研究》，內政部社會司委託研究。

呂寶靜　(民90)，《老人福利：老人、家庭、正式服務》，台北市：五南。

詹火生　(民86)，《迎接高齡社會的挑戰政策》，厚生基金會。

楊孝濚　(民85)，〈老人福利法積極建構與老人保護〉，《社區發展季刊》，第74期。

陳武雄　(民85)，〈我國老人福利政策的現行措施與未來展望〉，《社區發展季刊》，第74期。

萬育維　(民83)，〈專業整合與老人長期照護之規劃〉，《經社法制論叢》，第14期。

周月清　(民87)，《身心障礙者福利與家庭社會工作》，台北市：五南。

周月清　(民84)，《我國殘障福利政策之研究》，內政部社會司委託研究。

萬育維、王文娟譯　(民91)，《身心障礙家庭──建構專業與家庭的信賴聯盟》，台北市：洪葉文化。

王國羽　(民83)，《邁向二十一世紀社會福利之規劃與整合──殘障福利需求初步評估報告》，內政部社會司委託研究。

王國羽　(民91)，〈我國身心障礙福利政策與體系──身心障礙者保護法的分析〉，《社區發展季刊》，第97期。

詹火生　(民79)，〈殘障福利政策的檢討〉，《研考雙月刊》，第14期。

吳武典等　(民79)，《我國殘障福利法執行成效之評估》，行政院研究發展考核委員會。

施教裕、宋麗玉　(民87)，《身心障礙福利機構評鑑基準之研究》，內政部社會司委託研究。

楊孝濚　(民91)，〈身心障礙者保護法與身心障礙者保護福利〉，《社區發展季刊》，第97期。

林宏熾　(民91)，〈轉銜計畫在身心障礙者福利服務的運用與發展〉，《社區發展季刊》，第97期。

林昭文、朱貽莊　(民91)，〈身心障礙者生涯轉銜服務整合的芻議〉，《社區發展季刊》，第97期。

金桐　（民91），〈無障礙環境的回顧與展望〉，《社區發展季刊》，第97期。

王麗容　（民84），《婦女與社會政策》，台北市：巨流。

李瑞金　（民84），《婦女福利政策研究》，內政部社會司委託研究。

高鳳仙　（民87），《家庭暴力防治法規專論》，台北市：五南。

周月清　（民85），《婚姻暴力──理論分析與社會工作處置》，台北市：巨流。

陳若璋　（民81），《台灣婚姻暴力之本質、歷程與影響》，台北市：巨流。

陳武雄　（民86），〈我國婦女保護工作的回顧與前瞻〉，《社區發展季刊》，第79期。

黎淑慧　（民92），〈從法律觀點論婦女權益的保障〉，《社區發展季刊》，第101期。

翁毓秀　（民92），〈女性單親親職壓力與因應策略〉，《社區發展季刊》，第74期。

任麗華　（民92），〈未成年未婚媽媽問題與福利服務之探討〉，《社區發展季刊》，第101期。

簡慧娟　（民90），〈家庭暴力防治法實施以來的執行困境與展望〉，《社區發展季刊》，第94期。

邱貴玲　（民90），〈家庭暴力防治法對婚姻暴力防治工作的衝擊〉，《社區發展季刊》，第94期。

張錦麗　（民92），〈婦女與人身安全〉，財團法人婦女權益促進發展基金會。

黃富源　（民88），〈警察與家庭暴力處理模式之研究〉，《全國律師》，第3卷第7期。

王麗容　（民83），《台灣地區婦女福利需求評估報告》，內政部社會司委託研究。

王孝仙　（民80），〈單親的支持系統及其生活適應之研究〉，中國文化大學兒童福利研究所碩士論文。

李淑容　（民87），〈單親家庭與貧窮〉，《社會福利雙月刊》，第139期。

洪秋月　（民76），〈女性單親的社會支持系統與生活適應〉，東海大學社會工作研究所碩士論文。

謝秀芬　（民84），〈台灣已婚婦女的問題與家庭福利政策〉，《東吳大學社會工作學報》，第1期。

俞慧君　（民91），《兩性工作平等法》，蔚理法律。

邱駿彥、焦興鎧、林欽明 （民85），《兩性工作平等制度之比較研究》，行政院勞工委員會。

劉黃麗娟 （民90），《終結職場性別歧視：兩性工作平等推動手冊》，中華民國勞資關係協進會。

郭玲惠 （民92），《婦女就業與經濟》，財團法人婦女權益促進發展基金會。

黃義夫、張朝全 （民88），《失業保險與就業服務實務》，台北市：五南。

許君強 （民88），《醫事及衛生法規》，台北市：桂冠。

江亮演 （民78），《社會救助理論與實務》，台北市：桂冠。

蔡明璋 （民85），《台灣的貧窮：下層階級的結構分析》，台北市：巨流。

林萬億 （民84），《我國社會救助政策之研究》，內政部社會司委託研究。

李鍾元 （民90），〈我國社會救助法的平議〉，《社區發展季刊》，第95期。

張世雄 （民90），〈社會救助、新貧窮問題與多層次──多面向分析〉，《社區發展季刊》，第95期。

王篤強 （民90），〈「強制工作」與「財產累聚」：兩種貧窮對策觀點〉，《社區發展季刊》，第95期。

孫健忠 （民88），〈社會價值與社會控制：以社會救助爲例〉，《台灣大學社會工作學刊》，第1期。

孫健忠 （民85），〈英國社會救助政策發展之探討〉，《公共政策學報》，第10期。

張隆順譯 （民71），《社會工作倫理》，台北市：國立編譯館。

包承恩、王永慈主譯 （民89），《社會工作價值與倫理》，台北市：洪葉文化。

王永慈、許臨高等 （民91），《社會工作倫理──應用與省思》，輔仁大學。

徐震、李明政 （民90），《社會工作倫理》，台北市：五南。

陳武雄 （民85），〈我國社會工作專業制度之規劃與發展〉，《社區發展季刊》，第76期。

李宗派 （民88），〈討論社會工作倫理原則與問題〉，《社區發展季刊》，第86期。

曾華源 （民88），〈社會工作專業倫理困境與信託責任之探討〉，《社區發展季刊》，第86期。

楊孝濚 （民88），〈社會工作專業倫理與社會福利體制的專業化〉，《社區發展季刊》，第86期。

徐震（民69），《社區與社區發展》，台北市：正中書局。

賴兩陽（民91），《社區工作與社會福利社區化》，台北市：洪葉文化。

陳武雄（民85），〈推動「社會福利社區化」之政策規劃與具體做法〉，《社區發展季刊》，第77期。

萬育維（民84），〈福利社區化的意涵與策略〉，《全國社區發展會議特刊》。

黃源協（民88），〈福利社區化的迷思與省思〉，《社區發展季刊》，第87期。

陳小紅（民84），〈如何凝聚社區意識以推廣生命共同體理念〉，《全國社區發展會議特刊》。

林振春（民84），〈建立社區文化提昇社區生活品質之芻議〉，《全國社區發展會議特刊》。

林勝義（民84），〈如何以社區活動帶動居民積極參與〉，《全國社區發展會議特刊》。

劉香梅（民84），〈如何加強志願服務以促進社區發展〉，《全國社區發展會議特刊》。

王培勳（民91），〈我國社區發展工作之回顧〉，《社區發展季刊》，第100期。

徐震（民91），〈從虛擬社區之興起看社區發展的未來〉，《社區發展季刊》，第100期。

賴兩陽（民91），〈台灣社區工作的歷史發展與功能轉型〉，《社區發展季刊》，第100期。

陳武雄（民90），《志願服務理念與實務》，中華民國志願服務協會。

陳武雄（民91），《志願服務基礎訓練教材》，中華民國志願服務協會。

曾華源、曾騰光（民92），《志願服務概論》，台北市：揚智文化。

蔡漢賢主編（民71），《志願服務的理論與實務》，中華民國社區發展研究訓練中心。

林勝義（民85），〈如何塑造志願服務文化〉，中華民國志願服務協會。

林勝義（民91），〈志願服務倫理〉，中華民國志願服務協會。

林勝義（民83），〈志願服務與社會教育〉，《社區發展季刊》，第67期。

張英陣（民86），〈激勵措施與志願服務的持續〉，《社區發展季刊》，第78期。

曾華源（民79），〈志願工作者督導工作基本原則之探討〉，台北市志願服務協會。

鄭讚源（民85），〈如何整合民間資源，建立志願服務網絡〉，迎向二十一世紀志願服務會議實錄。

劉香梅　（民85），〈如何落實政策發展，研訂志願服務法規〉，迎向二十一世紀志願服務會議實錄。

劉香梅　（民86），〈推展志願服務的困境與展望〉，《社區發展季刊》，第78期。

萬育維　（民81），〈志願服務與社會需求〉，中華民國志願服務協會。

曾騰光　（民83），〈大學生對志願服務工作特質的認知和參與意願之研究〉，《東海學報》，第35期。

陳金貴　（民91），〈志願服務的內涵〉，中華民國志願服務協會。

曾華源、鄭讚源、陳政智　（民87），《志願服務工作發展趨向──以祥和計畫志願服務之推動為基礎》，內政部社會司委託研究。

陳武雄　（民86），〈我國志願服務工作推展之回顧與前瞻──從祥和計畫之推廣談起〉，《社區發展季刊》，第78期。

陳武雄　（民90），〈志願服務法之剖析〉，《社區發展季刊》，第93期。

陳武雄　（民90），《人民團體組織與輔導》，中華民國志願服務協會。

張學鶚、王培勳　（民87），《人民團體輔導制度之研究》，內政部社會司委託研究。

內政部　（民92），《社政年報》。

內政部　（民92），《內政統計年報》。

英文部分

Brendt, T. J. & Keefe, K. (1995) Friends "Influence on Adolescents Adjustment to School," *Child Development*.

Paupla, A. M. (1995) *Social Work with Children and Adolescents*. University of Michigan.

Kosberg, J. ed., (1994) *International Handbook on Services for the Elderly*. London: Greenwood Press.

Barton, L. ed., (1996) *Disability and Society: Emerging Issues and Insights*. Harlow: Longma. Press.

Barnes, C. & Oliver, M. (1995) "Disability Rights; Rhetoric and Reality in the U. K." *Disability and Society*.

Chan, Y. C. (1994) "Parenting Stress and Social Support of Mothers Who Physically Abuse Their Children in Hong Kong" , *Child Abuse and Neglect.*

McGregor, H. & Hopkins, A. (1991) *Working for Change: the Movement Against Domestic Violence*. Allen & Unwin: Sydney, Australia.

Dobash & Dobash(1992) *Women, Violence and Social Change*. London: Routledge.

Bauman, Zygmunt (1998) *Work, Consumerism and the New Poor*. Open University Press.

Veit-Wilson, John (1998) *Setting Adequacy Standards: How Governments Define Minimum Incomes*. The Policy Press.

Reamer, F. G. (1995) "Malpractice Claim Against Social Worker: First Fact," *Social Work.*

Hardcatle, D. A., Wellocur, S. & Powers, P. R. (1997) *Community Practice-Theories and Skills for Social Workers*. Oxford: Oxford University Press.

Billis, D. (1989) *A Theory of Voluntary Sector: Implications for Policy and Practice.* London: London School of Economics.

Barkman, S. J. (1990) "Job Aids for Volunteers: Tools to Help Them Successful Complete Their Jobs," *The Journal of Volunteer Administration.*

John Wiley & Sons, Inc. (1995) *The Volunteer Management Handbook.*

附　錄

兒童及少年福利法

中華民國九十二年五月二十八日
總統華總一義字第09200096700號令制定公布全文75條

第一章　總則

第1條　爲促進兒童及少年身心健全發展，保障其權益，增進其福利，特制定本法。

兒童及少年福利依本法之規定，本法未規定者，適用其他法律之規定。

第2條　本法所稱兒童及少年，指未滿十八歲之人；所稱兒童，指未滿十二歲之人；所稱少年，指十二歲以上未滿十八歲之人。

第3條　父母或監護人對兒童及少年應負保護、教養之責任。對於主管機關、目的事業主管機關或兒童及少年福利機構依本法所爲之各項措施，應配合及協助。

第4條　政府及公私立機構、團體應協助兒童及少年之父母或監護人，維護兒童及少年健康，促進其身心健全發展，對於需要保護、救助、輔導、治療、早期療育、身心障礙重建及其他特殊協助之兒童及少年，應提供所需服務及措施。

第5條　政府及公私立機構、團體處理兒童及少年相關事務時，應以兒童及少年之最佳利益爲優先考量；有關其保護及救助，並應優先處理。

兒童及少年之權益受到不法侵害時，政府應予適當之協助及保護。

第6條　本法所稱主管機關：在中央爲內政部；在直轄市爲直轄市政府；在縣（市）爲縣（市）政府。

前項主管機關在中央應設兒童及少年局；在直轄市及縣（市）政府應設兒童及少年福利專責單位。

第7條　下列事項，由中央主管機關掌理。但涉及各中央目的事業主管機關職掌，依法應由各中央目的事業主管機關掌理者，從其規定：

一、全國性兒童及少年福利政策、法規與方案之規劃、釐定及宣導事項。

二、對直轄市、縣（市）政府執行兒童及少年福利之監督及協調事項。

三、中央兒童及少年福利經費之分配及補助事項。

四、兒童及少年福利事業之策劃、獎助及評鑑之規劃事項。

五、兒童及少年福利專業人員訓練之規劃事項。

六、國際兒童及少年福利業務之聯繫、交流及合作事項。

七、兒童及少年保護業務之規劃事項。

八、中央或全國性兒童及少年福利機構之設立、監督及輔導事項。

九、其他全國性兒童及少年福利之策劃及督導事項。

第8條　下列事項，由直轄市、縣（市）主管機關掌理。但涉及各地方目的事業主管機關職掌，依法應由各地方目的事業主管機關掌理者，從其規定：

一、直轄市、縣（市）兒童及少年福利政策、自治法規與方案之規劃、釐定、宣導及執行事項。

二、中央兒童及少年福利政策、法規及方案之執行事項。
三、兒童及少年福利專業人員訓練之執行事項。
四、兒童及少年保護業務之執行事項。
五、直轄市、縣（市）兒童及少年福利機構之設立、監督及輔導事項。
六、其他直轄市、縣（市）兒童及少年福利之策劃及督導事項。

第9條　本法所定事項，主管機關及各目的事業主管機關應就其權責範圍，針對兒童及少年之需要，尊重多元文化差異，主動規劃所需福利，對涉及相關機關之兒童及少年福利業務，應全力配合之。

主管機關及各目的事業主管機關權責劃分如下：

一、主管機關：主管兒童及少年福利法規、政策、福利工作、福利事業、專業人員訓練、兒童及少年保護、親職教育、福利機構設置等相關事宜。
二、衛生主管機關：主管婦幼衛生、優生保健、發展遲緩兒童早期醫療、兒童及少年心理保健、醫療、復健及健康保險等相關事宜。
三、教育主管機關：主管兒童及少年教育及其經費之補助、特殊教育、幼稚教育、兒童及少年就學、家庭教育、社會教育、兒童課後照顧服務等相關事宜。
四、勞工主管機關：主管年滿十五歲少年之職業訓練、就業服務、勞動條件之維護等相關事宜。
五、建設、工務、消防主管機關：主管兒童及少年福利機構建築物管理、公共設施、公共安全、建築物環境、消防安全管理、遊樂設施等相關事宜。
六、警政主管機關：主管兒童及少年保護個案人身安全之維護、失蹤兒童及少年之協尋等相關事宜。
七、交通主管機關：主管兒童及少年交通安全、幼童專用車檢驗等相關事宜。
八、新聞主管機關：主管兒童及少年閱聽權益之維護、媒體分級等相關事宜之規劃與辦理。
九、戶政主管機關：主管兒童及少年身分資料及戶籍相關事宜。
十、財政主管機關：主管兒童及少年福利機構稅捐之減免等相關事宜。
十一、其他兒童及少年福利措施由各相關目的事業主管機關依職權辦理。

第10條　主管機關為協調、研究、審議、諮詢及推動兒童及少年福利政策，應設諮詢性質之委員會。

前項委員會以行政首長為主任委員，學者、專家及民間團體代表之比例不得低於委員人數之二分之一。委員會每年至少應開會四次。

第11條　政府及公私立機構、團體應培養兒童及少年福利專業人員，並應定期舉辦職前訓練及在職訓練。

第12條　兒童及少年福利經費之來源如下：

一、各級政府年度預算及社會福利基金。
二、私人或團體捐贈。
三、依本法所處之罰鍰。
四、其他相關收入。

第二章　身分權益

第13條　胎兒出生後七日內，接生人應將其出生之相關資料通報戶政及衛生主管機關備查。

接生人無法取得完整資料以填報出生通報者，仍應為前項之通報。戶政主管機關應於接獲通報後，依相關規定辦理；必要時，得請求主管機關、警政及其他目的事業主管機關協助。

出生通報表由中央衛生主管機關定之。

第14條　法院認可兒童及少年收養事件，應基於兒童及少年之最佳利益，斟酌收養人之人格、經濟能力、家庭狀況及以往照顧或監護其他兒童及少年之紀錄決定之。

滿七歲之兒童及少年被收養時，兒童及少年之意願應受尊重。兒童及少年不同意時，非確信認可被收養，乃符合其最佳利益，法院應不予認可。

法院認可兒童及少年之收養前，得准收養人與兒童及少年先行共同生活一段期間，供法院決定認可之參考；共同生活期間，對於兒童及少年權利義務之行使或負擔，由收養人為之。

法院認可兒童及少年之收養前，應命主管機關或兒童及少年福利機構進行訪視，提出調查報告及建議。收養人或收養事件之利害關係人亦得提出相關資料或證據，供法院斟酌。

前項主管機關或兒童及少年福利機構進行前項訪視，應調查出養之必要性，並給予必要之協助。其無出養之必要者，應建議法院不為收養之認可。

法院對被遺棄兒童及少年為收養認可前，應命主管機關調查其身分資料。

父母對於兒童及少年出養之意見不一致，或一方所在不明時，父母之一方仍可向法院聲請認可。經法院調查認為收養乃符合兒童及少年之最佳利益時，應予認可。

法院認可或駁回兒童及少年收養之聲請時，應以書面通知主管機關，主管機關應為必要之訪視或其他處置，並作成報告。

第15條　收養兒童及少年經法院認可者，收養關係溯及於收養書面契約成立時發生效力；無書面契約者，以向法院聲請時為收養關係成立之時；有試行收養之情形者，收養關係溯及於開始共同生活時發生效力。

聲請認可收養後，法院裁定前，兒童及少年死亡者，聲請程序終結。收養人死亡者，法院應命主管機關或其委託機構為調查，並提出報告及建議，法院認收養於兒童及少年有利益時，仍得為認可收養之裁定，其效力依前項之規定。

第16條　養父母對養子女有下列之行為，養子女、利害關係人或主管機關得向法院聲請宣告終止其收養關係：

一、有第三十條各款所定行為之一。

二、違反第二十六條第二項或第二十八條第二項規定，情節重大者。

第17條　中央主管機關應自行或委託兒童及少年福利機構設立收養資訊中心，保存出養人、收養人及被收養兒童及少年之身分、健康等相關資訊之檔案。

收養資訊中心、所屬人員或其他辦理收出養業務之人員，對前項資訊，應妥善維護當事人之隱私並負專業上保密之責，未經當事人同意或依法律規定者，不得對外提供。

第一項資訊之範圍、來源、管理及使用辦法，由中央主管機關定之。

第18條　父母或監護人因故無法對其兒童及少年盡扶養義務時，於聲請法院認可收養前，得委託有收出養服務之兒童及少年福利機構，代覓適當之收養人。

前項機構應於接受委託後，先為出養必要性之訪視調查；評估有其出養必要後，始為寄養、試養或其他適當之安置、輔導與協助。

兒童及少年福利機構從事收出養服務項目之許可、管理、撤銷及收出養媒介程序等事項，由中央主管機關定之。

第三章　福利措施

第19條　直轄市、縣（市）政府，應鼓勵、輔導、委託民間或自行辦理下列兒童及少年福利措施：

一、建立發展遲緩兒童早期通報系統，並提供早期療育服務。

二、辦理兒童托育服務。

三、對兒童及少年及其家庭提供諮詢輔導服務。

四、對兒童及少年及其父母辦理親職教育。

五、對於無力撫育其未滿十二歲之子女或被監護人者，予以家庭生活扶助或醫療補助。

六、對於無謀生能力或在學之少年，無扶養義務人或扶養義務人無力維持其生活者，予以生活扶助或醫療補助。

七、早產兒、重病兒童及少年與發展遲緩兒童之扶養義務人無力支付醫療費用之補助。

八、對於不適宜在家庭內教養或逃家之兒童及少年，提供適當之安置。

九、對於無依兒童及少年，予以適當之安置。

十、對於未婚懷孕或分娩而遭遇困境之婦嬰，予以適當之安置及協助。

十一、提供兒童及少年適當之休閒、娛樂及文化活動。

十二、辦理兒童課後照顧服務。

十三、其他兒童及少年及其家庭之福利服務。

前項第九款無依兒童及少年之通報、協尋、安置方式、要件、追蹤之處理辦法，由中央主管機關定之。

第一項第十二款之兒童課後照顧服務，得由直轄市、縣（市）政府指定所屬國民小學辦理，其辦理方式、人員資格等相關事項標準，由教育部會同內政部定之。

第20條　政府應規劃實施三歲以下兒童醫療照顧措施，必要時並得補助其費用。

前項費用之補助對象、項目、金額及其程序等之辦法，由中央主管機關定之。

第21條　疑似發展遲緩兒童或身心障礙兒童及少年之父母或監護人，得申請警政主管機關建立疑似發展遲緩兒童或身心障礙兒童及少年之指紋資料。

第22條　各類兒童及少年福利、教育及醫療機構，發現有疑似發展遲緩兒童或身心障礙兒童及少年，應通報直轄市、縣（市）主管機關。直轄市、縣（市）主管機關應將接獲資料，建立檔案管理，並視其需要提供、轉介適當之服務。

第23條 政府對發展遲緩兒童，應按其需要，給予早期療育、醫療、就學方面之特殊照顧。

父母、監護人或其他實際照顧兒童之人，應配合前項政府對發展遲緩兒童所提供之各項特殊照顧。

早期療育所需之篩檢、通報、評估、治療、教育等各項服務之銜接及協調機制，由中央主管機關會同衛生、教育主管機關規劃辦理。

第24條 兒童及孕婦應優先獲得照顧。

交通及醫療等公、民營事業應提供兒童及孕婦優先照顧措施。

第25條 少年年滿十五歲有進修或就業意願者，教育、勞工主管機關應視其性向及志願，輔導其進修、接受職業訓練或就業。

雇主對年滿十五歲之少年員工應提供教育進修機會，其辦理績效良好者，勞工主管機關應予獎勵。

第四章 保護措施

第26條 兒童及少年不得為下列行為：

一、吸菸、飲酒、嚼檳榔。

二、施用毒品、非法施用管制藥品或其他有害身心健康之物質。

三、觀看、閱覽、收聽或使用足以妨害其身心健康之暴力、色情、猥褻、賭博之出版品、圖畫、錄影帶、錄音帶、影片、光碟、磁片、電子訊號、遊戲軟體、網際網路或其他物品。

四、在道路上競駛、競技或以蛇行等危險方式駕車或參與其行為。

父母、監護人或其他實際照顧兒童及少年之人，應禁止兒童及少年為前項各款行為。

任何人均不得供應第一項之物質、物品予兒童及少年。

第27條 出版品、電腦軟體、電腦網路應予分級；其他有害兒童及少年身心健康之物品經目的事業主管機關認定應予分級者，亦同。

前項物品列為限制級者，禁止對兒童及少年為租售、散布、播送或公然陳列。

第一項物品之分級辦法，由目的事業主管機關定之。

第28條 兒童及少年不得出入酒家、特種咖啡茶室、限制級電子遊戲場及其他涉及賭博、色情、暴力等經主管機關認定足以危害其身心健康之場所。

父母、監護人或其他實際照顧兒童及少年之人，應禁止兒童及少年出入前項場所。

第一項場所之負責人及從業人員應拒絕兒童及少年進入。

第29條 父母、監護人或其他實際照顧兒童及少年之人，應禁止兒童及少年充當前條第一項場所之侍應或從事危險、不正當或其他足以危害或影響其身心發展之工作。

任何人不得利用、僱用或誘迫兒童及少年從事前項之工作。

第30條 任何人對於兒童及少年不得有下列行為：

一、遺棄。

二、身心虐待。
三、利用兒童及少年從事有害健康等危害性活動或欺騙之行爲。
四、利用身心障礙或特殊形體兒童及少年供人參觀。
五、利用兒童及少年行乞。
六、剝奪或妨礙兒童及少年接受國民教育之機會。
七、強迫兒童及少年婚嫁。
八、拐騙、綁架、買賣、質押兒童及少年，或以兒童及少年爲擔保之行爲。
九、強迫、引誘、容留或媒介兒童及少年爲猥褻行爲或性交。
十、供應兒童及少年刀械、槍礮、彈藥或其他危險物品。
十一、利用兒童及少年拍攝或錄製暴力、猥褻、色情或其他有害兒童及少年身心發展之出版品、圖畫、錄影帶、錄音帶、影片、光碟、磁片、電子訊號、遊戲軟體、網際網路或其他物品。
十二、違反媒體分級辦法，對兒童及少年提供或播送有害其身心發展之出版品、圖畫、錄影帶、影片、光碟、電子訊號、網際網路或其他物品。
十三、帶領或誘使兒童及少年進入有礙其身心健康之場所。
十四、其他對兒童及少年或利用兒童及少年犯罪或爲不正當之行爲。

第31條　孕婦不得吸菸、酗酒、嚼檳榔、施用毒品、非法施用管制藥品或爲其他有害胎兒發育之行爲。
任何人不得強迫、引誘或以其他方式使孕婦爲有害胎兒發育之行爲。

第32條　父母、監護人或其他實際照顧兒童之人不得使兒童獨處於易發生危險或傷害之環境；對於六歲以下兒童或需要特別看護之兒童及少年，不得使其獨處或由不適當之人代爲照顧。

第33條　兒童及少年有下列情事之一，宜由相關機構協助、輔導者，直轄市、縣（市）主管機關得依其父母、監護人或其他實際照顧兒童及少年之人之申請或經其同意，協調適當之機構協助、輔導或安置之：
一、違反第二十六條第一項、第二十八條第一項規定或從事第二十九條第一項禁止從事之工作，經其父母、監護人或其他實際照顧兒童及少年之人盡力禁止而無效果。
二、有品行不端、暴力等偏差行爲，情形嚴重，經其父母、監護人或其他實際照顧兒童及少年之人盡力矯正而無效果。
前項機構協助、輔導或安置所必要之生活費、衛生保健費、學雜各費及其他相關費用，由扶養義務人負擔。

第34條　醫事人員、社會工作人員、教育人員、保育人員、警察、司法人員及其他執行兒童及少年福利業務人員，知悉兒童及少年有下列情形之一者，應立即向直轄市、縣（市）主管機關通報，至遲不得超過二十四小時：
一、施用毒品、非法施用管制藥品或其他有害身心健康之物質。
二、充當第二十八條第一項場所之侍應。
三、遭受第三十條各款之行爲。
四、有第三十六條第一項各款之情形。
五、遭受其他傷害之情形。
其他任何人知悉兒童及少年有前項各款之情形者，得通報直轄市、縣

（市）主管機關。

直轄市、縣（市）主管機關於知悉或接獲通報前二項案件時，應立即處理，至遲不得超過二十四小時，其承辦人員並應於受理案件後四日內提出調查報告。

第一項及第二項通報及處理辦法，由中央主管機關定之。

第一項及第二項通報人之身分資料，應予保密。

第35條　兒童及少年罹患性病或有酒癮、藥物濫用情形者，其父母、監護人或其他實際照顧兒童及少年之人應協助就醫，或由直轄市、縣（市）主管機關會同衛生主管機關配合協助就醫；必要時，得請求警察主管機關協助。

前項治療所需之費用，由兒童及少年之父母、監護人負擔。但屬全民健康保險給付範圍或依法補助者，不在此限。

第36條　兒童及少年有下列各款情形之一，非立即給予保護、安置或為其他處置，其生命、身體或自由有立即之危險或有危險之虞者，直轄市、縣（市）主管機關應予緊急保護、安置或為其他必要之處置：

一、兒童及少年未受適當之養育或照顧。

二、兒童及少年有立即接受診治之必要，而未就醫者。

三、兒童及少年遭遺棄、身心虐待、買賣、質押，被強迫或引誘從事不正當之行為或工作者。

四、兒童及少年遭受其他迫害，非立即安置難以有效保護者。

直轄市、縣（市）主管機關為前項緊急保護、安置或為其他必要之處置時，得請求檢察官或當地警察機關協助之。

第一項兒童及少年之安置，直轄市、縣（市）主管機關得辦理家庭寄養、交付適當之兒童及少年福利機構或其他安置機構教養之。

第37條　直轄市、縣（市）主管機關依前條規定緊急安置時，應即通報當地地方法院及警察機關，並通知兒童及少年之父母、監護人。但其無父母、監護人或通知顯有困難時，得不通知之。

緊急安置不得超過七十二小時，非七十二小時以上之安置不足以保護兒童及少年者，得聲請法院裁定繼續安置。繼續安置以三個月為限；必要時，得聲請法院裁定延長之。

繼續安置之聲請，得以電訊傳眞或其他科技設備為之。

第38條　直轄市、縣（市）主管機關、父母、監護人、受安置兒童及少年對於前條第二項裁定有不服者，得於裁定送達後十日內提起抗告。對於抗告法院之裁定不得再抗告。

聲請及抗告期間，原安置機關、機構或寄養家庭得繼續安置。

安置期間因情事變更或無依原裁定繼續安置之必要者，直轄市、縣（市）主管機關、父母、原監護人、受安置兒童及少年得向法院聲請變更或撤銷之。

直轄市、縣（市）主管機關對於安置期間期滿或依前項撤銷安置之兒童及少年，應續予追蹤輔導一年。

第39條　安置期間，直轄市、縣（市）主管機關或受其交付安置之機構或寄養家庭在保護安置兒童及少年之範圍內，行使、負擔父母對於未成年子女之權利義務。

法院裁定得繼續安置兒童及少年者，直轄市、縣（市）主管機關或受其交付安置之機構或寄養家庭，應選任其成員一人執行監護事務，並負與親權人相同之注意義務。直轄市、縣（市）主管機關應陳報法院執行監護事務之人，並應按個案進展作成報告備查。

安置期間，兒童及少年之父母、原監護人、親友、師長經主管機關許可，得依其指示時間、地點及方式，探視兒童及少年。不遵守指示者，直轄市、縣（市）主管機關得禁止之。

主管機關爲前項許可時，應尊重兒童及少年之意願。

第40條　安置期間，非爲貫徹保護兒童及少年之目的，不得使其接受訪談、偵訊、訊問或身體檢查。

兒童及少年接受訪談、偵訊、訊問或身體檢查，應由社會工作人員陪同，並保護其隱私。

第41條　兒童及少年因家庭發生重大變故，致無法正常生活於其家庭者，其父母、監護人、利害關係人或兒童及少年福利機構，得申請直轄市、縣（市）主管機關安置或輔助。

前項安置，直轄市、縣（市）主管機關得辦理家庭寄養、交付適當之兒童及少年福利機構或其他安置機構教養之。

直轄市、縣（市）主管機關、受寄養家庭或機構負責人依第一項規定，在安置兒童及少年之範圍內，行使、負擔父母對於未成年子女之權利義務。

第一項之家庭情況改善者，被安置之兒童及少年仍得返回其家庭，並由主管機關續予追蹤輔導一年。

第二項及第三十六條第三項之家庭寄養，其寄養條件、程序與受寄養家庭之資格、許可、督導、考核及獎勵之辦法，由直轄市、縣（市）主管機關定之。

第42條　直轄市、縣（市）主管機關依第三十六條第三項或前條第二項對兒童及少年爲安置時，因受寄養家庭或安置機構提供兒童及少年必要服務所需之生活費、衛生保健費、學雜各費及其他與安置有關之費用，得向扶養義務人收取；其收費規定，由直轄市、縣（市）主管機關定之。

第43條　兒童及少年有第三十條或第三十六條第一項各款情事，或屬目睹家庭暴力之兒童及少年，經直轄市、縣（市）主管機關列爲保護個案者，該主管機關應提出兒童及少年家庭處遇計畫；必要時，得委託兒童及少年福利機構或團體辦理。

前項處遇計畫得包括家庭功能評估、兒童少年安全與安置評估、親職教育、心理輔導、精神治療、戒癮治療或其他與維護兒童及少年或其他家庭正常功能有關之扶助及福利服務方案。

處遇計畫之實施，兒童及少年本人、父母、監護人、實際照顧兒童及少年之人或其他有關之人應予配合。

第44條　依本法保護、安置、訪視、調查、評估、輔導、處遇兒童及少年或其家庭，應建立個案資料，並定期追蹤評估。

因職務上所知悉之秘密或隱私及所製作或持有之文書，應予保密，非有正當理由，不得洩漏或公開。

第45條　對於依少年事件處理法所轉介或交付安置輔導之兒童及少年及其家庭，

當地主管機關應予以追蹤輔導，並提供必要之福利服務。

前項追蹤輔導及福利服務，得委託兒童及少年福利機構為之。

第46條 宣傳品、出版品、廣播電視、電腦網路或其他媒體不得報導或記載遭受第三十條或第三十六條第一項各款行為兒童及少年之姓名或其他足以識別身分之資訊。兒童及少年有施用毒品、非法施用管制藥品或其他有害身心健康之物質之情事者，亦同。

行政機關及司法機關所製作必須公開之文書，不得揭露足以識別前項兒童及少年身分之資訊。

除前二項以外之任何人亦不得於媒體、資訊或以其他公示方式揭示有關第一項兒童及少年之姓名及其他足以識別身分之資訊。

第47條 直轄市、縣（市）主管機關就本法規定事項，必要時，得自行或委託兒童及少年福利機構、團體進行訪視、調查及處遇。

直轄市、縣（市）主管機關或受其委託之機構或團體進行訪視、調查及處遇時，兒童及少年之父母、監護人、實際照顧兒童及少年之人、師長、雇主、醫事人員及其他有關之人應予配合並提供相關資料；必要時，該主管機關並得請求警政、戶政、財政、教育或其他相關機關或機構協助，被請求之機關或機構應予配合。

第48條 父母或監護人對兒童及少年疏於保護、照顧情節嚴重，或有第三十條、第三十六條第一項各款行為，或未禁止兒童及少年施用毒品、非法施用管制藥品者，兒童及少年或其最近尊親屬、主管機關、兒童及少年福利機構或其他利害關係人，得聲請法院宣告停止其親權或監護權之全部或一部，或另行選定或改定監護人；對於養父母，並得聲請法院宣告終止其收養關係。

法院依前項規定選定或改定監護人時，得指定主管機關、兒童及少年福利機構之負責人或其他適當之人為兒童及少年之監護人，並得指定監護方法、命其父母、原監護人或其他扶養義務人交付子女、支付選定或改定監護人相當之扶養費用及報酬、命為其他必要處分或訂定必要事項。

前項裁定，得為執行名義。

第49條 有事實足以認定兒童及少年之財產權益有遭受侵害之虞者，主管機關得請求法院就兒童及少年財產之管理、使用、收益或處分，指定或改定社政主管機關或其他適當之人任監護人或指定監護之方法，並得指定或改定受託人管理財產之全部或一部。

前項裁定確定前，主管機關得代為保管兒童及少年之財產。

第五章　福利機構

第50條 兒童及少年福利機構分類如下：

一、托育機構。

二、早期療育機構。

三、安置及教養機構。

四、心理輔導或家庭諮詢機構。

五、其他兒童及少年福利機構。

前項兒童及少年福利機構之規模、面積、設施、人員配置及業務範圍等事項之標準，由中央主管機關定之。

第一項兒童及少年福利機構，各級主管機關應鼓勵、委託民間或自行創辦；其所屬公立兒童及少年福利機構之業務，必要時，並得委託民間辦理。

第51條　兒童及少年福利機構之業務，應遴用專業人員辦理；其專業人員之類別、資格、訓練及課程等之辦法，由中央主管機關定之。

第52條　私人或團體辦理兒童及少年福利機構，應向當地主管機關申請設立許可；其有對外勸募行爲且享受租稅減免者，應於設立許可之日起六個月內辦理財團法人登記。

未於前項期間辦理財團法人登記，而有正當理由者，得申請核准延長一次，期間不得超過三個月；屆期不辦理者，原許可失其效力。

第一項申請設立之許可要件、申請程序、審核期限、撤銷與廢止許可、督導管理及其他應遵行事項之辦法，由中央主管機關定之。

第53條　兒童及少年福利機構不得利用其事業爲任何不當之宣傳；其接受捐贈者，應公開徵信，並不得利用捐贈爲設立目的以外之行爲。

主管機關應辦理輔導、監督、檢查、評鑑及獎勵兒童及少年福利機構。

前項評鑑對象、項目、方式及獎勵方式等辦法，由主管機關定之。

第六章　罰則

第54條　接生人違反第十三條規定者，由衛生主管機關處新台幣六千元以上三萬元以下罰鍰。

第55條　父母、監護人或其他實際照顧兒童及少年之人，違反第二十六條第二項規定情節嚴重者，處新台幣一萬元以上五萬元以下罰鍰。

供應菸、酒或檳榔予兒童及少年者，處新台幣三千元以上一萬五千元以下罰鍰。

供應毒品、非法供應管制藥品或其他有害身心健康之物質予兒童及少年者，處新台幣六萬元以上三十萬元以下罰鍰。

供應有關暴力、猥褻或色情之出版品、圖畫、錄影帶、影片、光碟、電子訊號、電腦網路或其他物品予兒童及少年者，處新台幣六千元以上三萬元以下罰鍰。

第56條　父母、監護人或其他實際照顧兒童及少年之人，違反第二十八條第二項規定者，處新台幣一萬元以上五萬元以下罰鍰。

違反第二十八條第三項規定者，處新台幣二萬元以上十萬元以下罰鍰，並公告場所負責人姓名。

第57條　父母、監護人或其他實際照顧兒童及少年之人，違反第二十九條第一項規定者，處新台幣二萬元以上十萬元以下罰鍰，並公告其姓名。

違反第二十九條第二項規定者，處新台幣六萬元以上三十萬元以下罰鍰，公告行爲人及場所負責人之姓名，並令其限期改善；屆期仍不改善者，除情節嚴重，由主管機關移請目的事業主管機關令其歇業者外，令其停業一個月以上一年以下。

第58條　違反第三十條規定者，處新台幣三萬元以上十五萬元以下罰鍰，並公告其姓名。

違反第三十條第十二款規定者，處新台幣十萬元以上五十萬元以下罰鍰，並得勒令停業一個月以上一年以下。

第59條　違反第三十一條第二項規定者，處新台幣一萬元以上五萬元以下罰鍰。

第60條　違反第三十二條規定者，處新台幣三千元以上一萬五千元以下罰鍰。

第61條　違反第三十四條第一項規定而無正當理由者，處新台幣六千元以上三萬元以下罰鍰。

第62條　違反第十七條第二項、第三十四條第五項、第四十四條第二項、第四十六條第三項而無正當理由者，處新台幣六千元以上三萬元以下罰鍰。

第63條　違反第四十六條第一項規定者，各目的事業主管機關對其負責人及行為人，得各處新台幣三萬元以上三十萬元以下罰鍰，並得沒入第四十六條第一項規定之物品。

第64條　兒童及少年之父母、監護人、實際照顧兒童及少年之人、師長、雇主、醫事人員及其他有關之人違反第四十七條第二項規定而無正當理由者，處新台幣六千元以上三萬元以下罰鍰，並得按次處罰，至其配合或提供相關資料為止。

第65條　父母、監護人或其他實際照顧兒童及少年之人有下列情事之一者，直轄市、縣（市）主管機關得令其接受八小時以上五十小時以下之親職教育輔導，並收取必要之費用；其收費規定，由直轄市、縣（市）主管機關定之：

一、對於兒童及少年所為第二十六條第一項第二款行為，未依同條第二項規定予以禁止。

二、違反第二十八條第二項、第二十九條第一項、第三十條或第三十二條規定，情節嚴重。

三、有第三十六條第一項各款情事之一者。

經直轄市、縣（市）主管機關令其接受前項親職教育輔導，有正當理由無法如期參加者，得申請延期。

拒不接受第一項親職教育輔導或時數不足者，處新台幣三千元以上一萬五千元以下罰鍰；經再通知仍不接受者，得按次連續處罰，至其參加為止。

第66條　違反第五十二條第一項規定者，由設立許可主管機關處新台幣六萬元以上三十萬元以下罰鍰並公告其姓名，並命其限期申辦設立許可，屆期仍不辦理者，得按次處罰。

經設立許可主管機關依第五十二條第一項規定令其立即停止對外勸募之行為，而不遵令者，由設立許可主管機關處新台幣六萬元以上三十萬元以下罰鍰並限期改善；屆期仍不改善者，得按次處罰並公告其名稱，並得令其停辦一日以上一個月以下。

兒童及少年福利機構有下列各款情形之一者，設立許可主管機關應通知其限期改善；屆期仍不改善者，得令其停辦一個月以上一年以下：

一、虐待或妨害兒童及少年身心健康者。

二、違反法令或捐助章程者。

三、業務經營方針與設立目的不符者。

四、財務收支未取具合法之憑證、捐款未公開徵信或會計紀錄未完備者。

五、規避、妨礙或拒絕主管機關或目的事業主管機關輔導、檢查、監督者。

六、對各項工作業務報告申報不實者。
七、擴充、遷移、停業未依規定辦理者。
八、供給不衛生之餐飲，經衛生主管機關查明屬實者。
九、提供不安全之設施設備者。
十、發現兒童及少年受虐事實未向直轄市、縣（市）主管機關通報者。
十一、依第五十二條第一項須辦理財團法人登記而未登記者，其有對外募捐行為時。
十二、有其他重大情事，足以影響兒童及少年身心健康者。

依前二項規定令其停辦而拒不遵守者，處新台幣六萬元以上三十萬元以下罰鍰。經處罰鍰，仍拒不停辦者，設立許可主管機關應廢止其設立許可。

兒童及少年福利機構停辦、停業、解散、撤銷許可或經廢止許可時，設立許可主管機關對於該機構收容之兒童及少年應即予適當之安置。兒童及少年福利機構應予配合；不予配合者，強制實施之，並處以新台幣六萬元以上三十萬元以下罰鍰。

第67條　依本法應受處罰者，除依本法處罰外，其有犯罪嫌疑者，應移送司法機關處理。

第68條　依本法所處之罰鍰，經限期繳納，屆期仍不繳納者，依法移送強制執行。

第七章　附則

第69條　十八歲以上未滿二十歲之人，於緊急安置等保護措施，準用本法之規定。

第70條　成年人教唆、幫助或利用兒童及少年犯罪或與之共同實施犯罪或故意對其犯罪者，加重其刑至二分之一。但各該罪就被害人係兒童及少年已定有特別處罰規定者，不在此限。

對於兒童及少年犯罪者，主管機關得獨立告訴。

第71條　以詐欺或其他不正當方法領取本法相關補助或獎勵費用者，主管機關應撤銷原處分並以書面限期命其返還，屆期未返還者，依法移送強制執行；其涉及刑事責任者，移送司法機關辦理。

第72條　扶養義務人不依本法規定支付相關費用者，如為保護兒童及少年之必要，由主管機關於兒童及少年福利經費中先行支付。

第73條　本法修正施行前已許可立案之兒童福利機構及少年福利機構，於本法修正公布施行後，其設立要件與本法及所授權辦法規定不相符合者，應於中央主管機關公告指定之期限內改善；屆期未改善者，依本法規定處理。

第74條　本法施行細則，由中央主管機關定之。

第75條　本法自公布日施行。

兒童及少年福利法施行細則

中華民國九十三年六月三日
內政部台內童字第0930093663號令訂定發布全文24條

第1條　本細則依兒童及少年福利法（以下簡稱本法）第七十四條規定訂定之。

第2條　本法第十一條所定政府應培養兒童及少年福利專業人員，除由大專校院相關系、科培植外，得委託有關機關、學校選訓。
本法第十一條所定政府應定期舉行職前訓練及在職訓練，每年至少辦理一次。

第3條　本法第十二條第三款所定依本法所處之罰鍰，應全數供作促進兒童及少年福利業務之經費使用。

第4條　本法第十三條第一項所定七日內，自胎兒出生之翌日起算，並以網路通報日或發信郵戳日爲通報日；非以網路通報或郵寄者，以主管機關收受日爲通報日。

第5條　本法所稱早期療育，指由社會福利、衛生、教育等專業人員以團隊合作方式，依未滿六歲之發展遲緩兒童及其家庭之個別需求，提供必要之治療、教育、諮詢、轉介、安置與其他服務及照顧。
經早期療育後仍不能改善者，輔導其依身心障礙者保護法相關規定申請身心障礙鑑定。

第6條　本法所稱發展遲緩兒童，指在認知發展、生理發展、語言及溝通發展、心理社會發展或生活自理技能等方面，有疑似異常或可預期有發展異常情形，並經衛生主管機關認可之醫院評估確認，發給證明之兒童。
經評估爲發展遲緩兒童，每年至少應再評估一次。

第7條　直轄市、縣（市）政府爲及早發現發展遲緩兒童，必要時，得辦理兒童身心發展篩檢；發現有疑似發展遲緩兒童時，應依本法第二十二條規定建立檔案管理，並視其需要提供、轉介適當之服務。

第8條　直轄市、縣（市）主管機關依本法第十九條第一項第八款、第三十六條第一項或第四十一條第一項規定安置兒童及少年，應循下列順序爲原則：
一、寄養於合適之親屬家庭。
二、寄養於已登記合格之寄養家庭。
三、收容於經核准立案之兒童及少年安置及教養機構。
四、收容於其他安置機構。

第9條　警察機關、學校或直轄市、縣（市）主管機關發現兒童及少年有本法第二十六條第一項第一款或第三款情形，應予以勸導制止，並酌情通知兒童及少年之父母、監護人或實際照顧之人加強管教。

第10條　本法第二十八條第一項營業場所之負責人應於場所入口明顯處，張貼禁止未滿十八歲之兒童及少年進入之標誌。對顧客之年齡有懷疑時，應請其出示身分證明；無身分證明或不出示證明者，應拒絕其進入該場所。

第11條　本法第三十二條所定不適當之人，指下列各款情形之一：

一、無行爲能力人。
二、七歲以上未滿十二歲之兒童。
三、有法定傳染病者。
四、身心有嚴重缺陷者。
五、其他有影響受照顧兒童及少年安全之虞者。

第12條　本法第三十七條第二項所定七十二小時，自依本法第三十六條第一項規定緊急安置兒童及少年之時起，即時起算。但下列時間不予計入：
一、在途護送時間。
二、交通障礙時間。
三、其他不可抗力之事由所生不得已之遲滯時間。

第13條　依本法第三十七條第二項規定聲請法院裁定延長者，每次得聲請延長三個月。

第14條　依本法第三十九條第三項規定申請探視，應以書面爲之。直轄市、縣（市）主管機關應就會面過程做成紀錄。

第15條　本法第四十條第二項所定社會工作人員，包括下列人員：
一、直轄市、縣（市）主管機關編制內或聘僱之社會工作及社會行政人員。
二、受直轄市、縣（市）主管機關委託之社會福利團體、機構之社會工作人員。
三、醫療機構之社會工作人員。
四、執業之社會工作師。

第16條　本法第四十一條第一項所定家庭發生重大變故，致無法正常生活於其家庭者，由居住地主管機關認定之；必要時，得洽商有關機關認定之。

第17條　直轄市、縣（市）主管機關對依本法安置之兒童、少年及其家庭，應進行個案調查、諮詢，並提供家庭服務。
依本法處理兒童及少年個案時，當地主管機關應通知其居住地及戶籍所在地主管機關提供資料；認爲有續予救助、輔導或保護兒童及少年之必要者，得移送兒童及少年戶籍所在地之主管機關處理。

第18條　直轄市、縣（市）主管機關發現接受安置之兒童及少年，與其交付安置之親屬家庭、寄養家庭或機構間發生失調情形者，應協調處理之；其不能適應生活者，應另行安置之。

第19條　依本法第四十四條第一項規定建立之個案資料，應記載下列事項：
一、兒童及少年及其家庭、關係人概況。
二、個案問題概述。
三、個案分析及評估。
四、個案處遇結果評估。
五、個案訪視調查及追蹤報告。

第20條　本法第四十六條第一項及第三項所定其他足以識別身分之資訊，包括兒童及少年照片或影像、聲音、住址、親屬姓名或其關係、就讀學校班級等個人基本資料。

第21條　兒童及少年福利機構之目的事業，應受各該目的事業主管機關之輔導、監督。

第22條　主管機關依本法第六十六條第三項規定通知兒童及少年福利機構限期改

善時，應要求受處分者提出改善計畫書，並由主管機關會同目的事業主管機關評估其改善情形。

第23條　主管機關應定期對兒童及少年福利需求、兒童及少年福利機構及服務現況調查、統計、分析。

第24條　本細則自發布日施行。

老人福利法

中華民國六十九年一月二十六日總統（69）台統（一）義字第0561號令制定公布全文21條

中華民國八十六年六月十八日總統（86）華總（一）義字第8600141380號令修正公布全文34條

中華民國八十九年五月三日總統（89）華總一義字第8900110150號令修正公布第3、4、15、20、25、27條條文

中華民國九十一年六月二十六日總統華總一義字第09100125180號令修正公布第9條條文

第一章　總則

第1條　爲弘揚敬老美德，維護老人健康，安定老人生活，保障老人權益，增進老人福利，特制定本法。

第2條　本法所稱老人，係指年滿六十五歲以上之人。

第3條　本法所稱主管機關：在中央爲內政部；在直轄市爲直轄市政府；在縣（市）爲縣（市）政府。

為執行有關老人福利業務，各級主管機關應設專責單位或置專責人員。

涉及老人福利各項業務之相關目的事業主管機關，應就主管項目主動配合規劃並執行之。

第4條　各級政府及老人福利機構應各本職掌或宗旨，對老人提供服務及福利。

各級政府得以委託興建、撥款補助、興建設施委託經營、委託服務或其他方式，獎助民間對老人提供服務及福利。

前項獎助辦法，由各級政府定之。

第5條　各級主管機關爲協調、研究、審議、諮詢及推動老人福利，應設老人福利促進委員會；其組織規程，由中央主管機關定之。

第6條　各級政府老人福利之經費來源如下：

一、按年專列之老人福利預算。

二、社會福利基金。

三、私人或團體捐贈。

第7條　有法定扶養義務之人應善盡奉養老人之責；各級政府及老人福利機構得督促、協助之。

第8條　各級政府爲提高老人福利專業人員素質，應經常舉辦專業訓練。

前項專業人員之資格，由中央主管機關定之。

第二章　福利機構

第9條　地方政府應視需要設立並獎助私人設立下列各類老人福利機構：

一、長期照護機構：以照顧罹患長期慢性疾病且需要醫護服務之老人爲目的。

二、養護機構：以照顧生活自理能力缺損且無技術性護理服務需求之老人爲目的。

三、安養機構：以安養自費老人或留養無扶養義務之親屬或扶養義務之親屬無扶養能力之老人爲目的。
四、文康機構：以舉辦老人休閒、康樂、文藝、技藝、進修及聯誼活動爲目的。
五、服務機構：以提供老人日間照顧、臨時照顧、就業資訊、志願服務、在宅服務、餐飲服務、短期保護及安置、退休準備服務、法律諮詢服務等綜合性服務爲目的。

前項機構之設立標準，由中央主管機關定之。但涉及醫事服務者，會同中央衛生主管機關定之。

第一項各類機構所需之醫療或護理服務，應依醫療法、護理人員法或其他醫事專門職業法等規定辦理。

第一項各類老人福利機構之獎助辦法，由各級主管暨目的事業主管機關定之。

第一項各類機構，得單獨或綜合辦理；並得就其所提供之設施或服務收取費用，以協助其自給自足；其收費規定，應報由當地主管機關核定。

第10條　老人福利機構之名稱，除應依前條第一項規定標明其業務性質外；其由地方政府設立者，應冠以該地方政府之名稱；其由民間設立者，應冠以私立二字。

第11條　創辦第九條第一項老人福利機構，應以申請書載明下列事項，申請當地主管機關許可：
一、名稱及地址。
二、組織性質及管理計畫。
三、經費來源及預算。
四、業務性質及規模。
五、創辦人姓名、地址及履歷。

前項經許可後，應層報中央主管機關備查。

第九條第一項老人福利機構設立許可辦法，由中央主管機關定之。但涉及醫事服務者，會同中央衛生主管機關定之。

第12條　經許可創辦私立老人福利機構者，應於三個月內辦理財團法人登記。但小型設立且不對外募捐、接受補助或享受租稅減免者，得免辦財團法人登記。

未於前項期間辦理財團法人登記，而有正當理由者，得申請當地主管機關核准延長一次，期間不得超過三個月；逾期不辦者，原許可失其效力。

第一項但書關於小型設立之規模、面積、設施、人員配置等設立標準，由中央主管機關定之。

第13條　老人福利機構應按年將工作報告及收支報告送請主管機關備查；主管機關對老人福利機構應予輔導、監督及評鑑。

私立老人福利機構，辦理成績優良者，主管機關應予獎勵；其獎勵辦法，由各級主管機關定之。

私立老人福利機構不得兼營營利行爲或利用其事業爲任何不當之宣傳。

私立老人福利機構辦理不善或違反原許可設立之標準或前項規定者，主管機關應通知其限期改善。

第13-1條　各級政府及老人福利機構接受私人或團體之捐贈，應妥善管理及運用；其屬現金者，應設專戶儲存，專作增進老人福利之用。但捐贈者有指定用途者，應專款專用。
前項所受之捐贈，應辦理公開徵信。

第14條　老人福利機構之業務，應擇用專業人員辦理之。

第三章　福利措施

第15條　直轄市、縣（市）主管機關應視實際需要，辦理下列事項：
一、政府直接興建之國民住宅，提供符合國民住宅承租條件且與老人同住之三代同堂家庭給予優先承租之權利。
二、專案興建適合老人安居之住宅，並採綜合服務管理方式，專供老人租賃。
三、鼓勵民間興建適合老人安居之住宅，並採綜合服務管理方式，專供老人租賃。
依前項第一款規定承租之國民住宅，於老人非因死亡而未再同住時，國民住宅主管機關應收回該住宅及基地。

第16條　老人經濟生活保障，採生活津貼、特別照顧津貼、年金保險制度方式，逐步規劃實施。
前項年金保險之實施，依相關社會保險法律規定辦理。

第17條　中低收入老人未接受收容安置者，得申請發給生活津貼。
前項中低收入標準、津貼發給標準及辦法，由中央主管機關定之。

第18條　爲協助因身心受損致日常生活功能需他人協助之老人得到所需之持續性照顧，地方政府應提供或結合民間資源提供下列居家服務：
一、居家護理。
二、居家照顧。
三、家務服務。
四、友善訪視。
五、電話問安。
六、餐飲服務。
七、居家環境改善。
八、其他相關之居家服務。
前項居家服務之實施辦法，由地方政府定之。

第19條　無扶養義務之親屬或扶養義務之親屬無扶養能力之老人死亡時，當地主管機關或福利機構應爲其辦理喪葬，所需費用，由其遺產負擔之；無遺產者，由當地主管機關或福利機構負擔之。

第20條　老人得依意願接受直轄市、縣（市）主管機關定期舉辦之老人健康檢查及提供之保健服務。
前項健康檢查及保健服務之項目及方式，由中央主管機關會同中央衛生主管機關定之。

第21條　老人或其法定扶養義務人就老人參加全民健康保險之保險費、部分負擔費用或保險給付未涵蓋之醫療費用無力負擔者，地方政府應予以補助；其辦法由中央主管機關定之。

第22條　老人搭乘國內公、民營水、陸、空公共交通工具、進入康樂場所及參觀文教設施，予以半價優待。

第23條　老人志願以其知識、經驗貢獻於社會者，社會服務機構應予以介紹或協助，並妥善照顧。

第24條　有關機關、團體應鼓勵老人參與社會、教育、宗教、學術等活動，以充實老人精神生活。

第四章　保護措施

第25條　老人直系血親卑親屬對其有疏於照料、虐待、遺棄等情事致其有生命、身體、健康或自由之危難，直轄市、縣（市）主管機關及老人福利機構得依職權並徵得老人同意或依老人之申請，予以適當短期保護與安置。老人如欲對其直系血親卑親屬提出告訴時，主管機關應協助之。
前項老人短期保護及安置所需之費用，直轄市、縣（市）主管機關及老人福利機構得檢具費用單據影本及計算書，通知老人直系血親卑親屬限期繳納；屆期不繳納者，由直轄市、縣（市）主管機關老人福利經費先行代墊後，請求扶養義務人償還，並移送法院強制執行。

第26條　為發揮老人保護功能，應以直轄市及縣（市）為單位，建立老人保護體系。

第27條　老人因無人扶養，致有生命、身體之危難或生活陷於困境者，直轄市、縣（市）主管機關應依職權並徵得老人同意或依老人之申請，予以適當安置。

第五章　罰則

第28條　未經依法申請許可而成立老人福利機構者，處其負責人新台幣三萬元以上十五萬元以下罰鍰，其經限期申請設立許可或辦理財團法人登記，逾期仍未辦理者，得按次連續處罰，並公告其名稱，且得令其停辦。
前項規定於本法修正公布日起滿二年實施。

第29條　私立老人福利機構經主管機關依第十三條第四項規定通知限期改善，逾期仍不改善者，得令其停辦。
依前條或前項規定令其停辦而拒不遵守者，再處新台幣五萬元以上二十五萬元以下罰鍰。
經主管機關依前項規定處罰鍰，仍拒不停辦者，處行為人一年以下有期徒刑、拘役或科或併科新台幣五十萬元以下罰金。
私立老人福利機構停辦、停業、歇業或決議解散時，主管機關對於該機構收容之老人應即以予適當之安置，老人福利機構應予配合；不予配合者，強制實施之，並處以新台幣三萬元以上十五萬元以下罰鍰；必要時，得予接管。
前項接管辦法，由中央主管機關定之。

第30條　依法令或契約有扶養義務而對老人有下列行為之一者，處新台幣三萬元以上十五萬元以下罰鍰；並公告其姓名；如涉及刑責，應移送司法機關偵辦：
一、遺棄。
二、妨害自由。
三、傷害。

四、身心虐待。

五、留置無生活自理能力之老人獨處於易發生危險或傷害之環境。

第31條　老人之扶養人或其他實際照顧老人之人違反前條情節嚴重者，主管機關應對其施以四小時以上之家庭教育與輔導。

前項家庭教育與輔導，如有正當理由，得申請原處罰之主管機關核准後延期參加。

不接受第一項家庭教育與輔導或時數不足者，處新台幣一千二百元以上六千元以下罰鍰，經再通知仍不接受者，得按次處罰至其參加為止。

第32條　依本法所處之罰鍰，經通知限期繳納而逾期仍未繳納者，移送法院強制執行。

第六章　附則

第33條　本法施行細則，由中央主管機關定之。

第34條　本法自公布日施行。

老人福利法施行細則

中華民國六十九年四月二十九日內政部（69）台內社字第21083號令訂定發布

中華民國七十年一月六日內政部（70）台內社字第64007號令修正發布全文26條

中華民國八十七年三月二十五日內政部（87）台內社字第8785868號令修正發布全文19條

中華民國八十八年十月二十日內政部（88）台內社字第8885596號令修正發布第4、6條條文

第1條　本細則依老人福利法（以下簡稱本法）第三十三條規定訂定之。

第2條　本法第二條所定老人之年齡，以戶籍登記者為準。

第3條　本法施行前公私立之老人福利機構，對已提供福利之人應繼續辦理，不受本法第二條所定年齡之限制。

第4條　中央、直轄市、縣（市）政府依本法第四條第一項對老人提供之服務及福利措施，應定期調查及評估地方老人需求、社會經濟狀況及其發展趨勢，訂定近程、中程、遠程計畫，據以執行。

第5條　六十歲以上未滿六十五歲之人自願負擔費用者，老人福利機構得視內部設施情形，提供長期照護、養護或安養之服務。

第6條　中央、直轄市、縣（市）政府及老人福利機構接受私人或團體之捐贈，應妥善管理及運用；其屬現金者，應設專戶儲存，專作增進老人福利之用。

但捐贈者有指定用途者，應專款專用。

前項所受之捐贈，應辦理公開徵信。

第7條　本法第七條所定有法定扶養義務之人，指依民法規定順序定其履行義務之人。

第8條　私立老人福利機構依本法第九條第五項提供設施或服務收取費用者，其收費標準，應報請當地主管機關核定。

第9條　私立老人福利機構設立地點跨越不同行政區域時，由受理其設立申請之機關為主管機關。

第10條　本法第十五條第一項第二款及第三款所定適合老人安居之住宅，其設計應符合下列規定：

一、提供老人寧靜、安全、合適、衛生、通風採光良好之環境及完善設備與措施。

二、建築物之設計、構造及設備與措施，應符合建築法及其有關法令規定，並應具無障礙環境。

三、消防安全設備、防火管理、防燄物品等消防安全事項，應符合消防法及其有關法令規定。

四、社區規劃及住宅設計，應符合國民住宅條例所定國民住宅社區規劃及住宅設計規則之規定。

本法第十五條第一項第二款及第三款所定綜合服務管理，包括下列事項：

一、環境清潔之維護。

二、水電器材及房舍之維護、維修。

三、門禁安全與緊急呼叫之受信及聯繫。

四、其他必要之住宅管理及服務。

第11條　本法第十六條第一項所稱特別照顧津貼，指對於罹患長期慢性病且生活自理能力缺損，需專人照顧之中低收入戶老人所給與之津貼。

第12條　老人憑國民身分證或政府核發足以證明老人身分之證件，享受本法第二十二條規定之優待。

第13條　爲弘揚敬老美德，各機關、團體、學校，得配合重陽節舉辦各種敬老活動。

第14條　本法第二十八條第一項所定限期申請設立許可，其期間爲六個月。

第15條　本法所定之罰鍰及其他處罰之主管機關，指直轄市、縣（市）主管機關。

第16條　依本法所處之罰鍰，直轄市、縣（市）主管機關應塡具處分書送達。受處分人接獲處分書後，應於三十日內繳納罰鍰。

第17條　依本法第三十一條第一項規定施以家庭教育與輔導之內容，包括家庭倫理、親子溝通、人際關係、老人身心特性與疾病之認識及如何與老人相處等相關課程。

前項應施以家庭教育與輔導之課程及時數，由直轄市、縣（市）主管機關依需要定之。

第18條　依本法第三十一條第二項規定核准延期參加家庭教育與輔導者，以一次爲限，最長不得逾三個月。

第19條　本細則自發布日施行。

身心障礙者保護法

中華民國六十九年六月二日總統(69)台統(一)義字第3028號令制定公布全文26條
中華民國七十九年一月二十四日總統(79)華總(一)義字第0424號令修正公布全文31條
中華民國八十四年六月十六日總統(84)華總(一)義字第4056號令修正公布第3條條文
中華民國八十六年四月二十三日總統(86)華總(一)義字第8600097810號令修正公布名稱及全文75條(原名稱:殘障福利法)
中華民國八十六年四月二十六日總統(86)華總(一)義字第8600101190號令修正公布第65條條文
中華民國九十年十一月二十一日總統(90)華總一義字第9000224680號令修正公布第2、3、6、7、9、11、16、19、20、36～42、47、49、50、51、58、60、67條條文
中華民國九十二年六月二十五日總統華總一義字第09200116210號令修正公布第26、62條條文;並增訂第64-1條條文
中華民國九十三年六月二十三日總統華總一義字第09300117621號令增訂公布第51-1、65-1條條文

第一章　總則

第1條　爲維護身心障礙者之合法權益及生活，保障其公平參與社會生活之機會，結合政府及民間資源，規劃並推行各項扶助及福利措施，特制定本法;本法未規定者，適用其他法律之規定。

第2條　本法所稱主管機關:在中央爲內政部;在直轄市爲直轄市政府;在縣(市)爲縣(市)政府。

本法所定事項，涉及各目的事業主管機關職掌者，由各目的事業主管機關辦理。

前二項各級主管機關及各目的事業主管機關權責劃分如下:

一、主管機關:主管身心障礙者人格及合法權益之維護、個人基本資料之建立、身心障礙手冊之核發、托育、養護、生活、諮詢、育樂、在宅服務等福利服務相關事宜之規劃及辦理。

二、衛生主管機關:主管身心障礙者之鑑定、醫療復健、早期醫療、健康保險與醫療復健輔助器具之研究發展等相關事宜之規劃及辦理。

三、教育主管機關:主管身心障礙者之教育及所需經費之補助、特殊教育教材、教學、輔助器具之研究發展、特殊教育教師之檢定及本法各類專業人員之教育培育，與身心障礙者就學及社會教育等相關事宜之規劃及辦理。

四、勞工主管機關:主管身心障礙者之職業訓練及就業服務、定額進用及就業保障之執行、薪資及勞動條件之維護、就業職業種類與輔助器具之研究發展、身心障礙者就業基金專戶經費之管理及運用等就

業相關事宜之規劃及辦理。

五、建設、工務、國民住宅主管機關：提供身心障礙者申請公有公共場所零售商店、攤位、國民住宅、公共建築物停車位優惠事宜、公共設施及建築物無障礙生活環境等相關事宜之規劃及辦理。

六、交通主管機關：提供身心障礙者公共交通工具及公共停車場地優惠事宜、無障礙公共交通工具與生活通訊等相關事宜之規劃及辦理。

七、財政主管機關：主管身心障礙者及身心障礙福利機構稅捐之減免等相關事宜之規劃及辦理。

八、其他措施由各相關目的事業主管機關依職權辦理。

第3條　本法所稱身心障礙者，係指個人因生理或心理因素致其參與社會及從事生產活動功能受到限制或無法發揮，經鑑定符合中央衛生主管機關所定等級之下列障礙並領有身心障礙手冊者爲範圍：

一、視覺障礙者。

二、聽覺機能障礙者。

三、平衡機能障礙者。

四、聲音機能或語言機能障礙者。

五、肢體障礙者。

六、智能障礙者。

七、重要器官失去功能者。

八、顏面損傷者。

九、植物人。

十、失智症者。

十一、自閉症者。

十二、慢性精神病患者。

十三、多重障礙者。

十四、頑性（難治型）癲癇症者。

十五、經中央衛生主管機關認定，因罕見疾病而致身心功能障礙者。

十六、其他經中央衛生主管機關認定之障礙者。

前項障礙類別之等級、第七款重要器官及第十六款其他障礙類別之項目，由中央衛生主管機關定之。

第4條　身心障礙者之人格及合法權益，應受尊重與保障，除能證明其無勝任能力者外，不得單獨以身心障礙爲理由，拒絕其接受教育、應考、進用或予其他不公平之待遇。

第5條　爲預防、減低身心障礙之發生，各級政府相關目的事業主管機關，應有計劃地推動身心障礙預防工作、優生保健、預防身心障礙之知識，針對遺傳、疾病、災害、環境污染和其他致殘因素，並推動相關宣導及社會教育。

第6條　中央與直轄市、縣（市）主管機關及各目的事業主管機關應設專責單位或置專責人員辦理身心障礙者權益相關事宜，其人數依其提供服務之實際需要定之。

身心障礙福利相關業務應遴用專業人員辦理。

前項專業人員之遴用、資格、訓練及培訓之辦法，由中央主管機關及中央各目的事業主管機關定之。

第7條　各級主管機關應設立身心障礙者保護委員會，以行政首長爲主任委員，各目的事業主管機關、身心障礙者或其監護人代表、身心障礙福利學者或專家、民意代表及民間相關機構、團體代表等爲委員；其中身心障礙者或其監護人代表、民意代表及民間相關機構、團體代表等，不得少於三分之一。

前項保護委員會辦理下列事項：

一、整合規劃、研究、諮詢、協調推動促進身心障礙者保護相關事宜。

二、審議身心障礙者權益受損申訴事宜。

三、其他促進身心障礙者權益及福利保護相關事宜。

第一項保護委員會組織與會議及前項第二款身心障礙者權益受損申訴之處理，由各該主管機關定之。

身心障礙者權益遭受損失時，其最終申訴之審議，由中央主管機關之保護委員會辦理。

第8條　各級政府應至少每三年定期於十二月舉辦身心障礙者生活需求調查、出版統計報告。

行政院每十年辦理全國人口普查時，應將身心障礙者人口調查納入普查項目。

第9條　身心障礙福利經費來源如下：

一、各級政府按年專列之身心障礙福利預算。

二、社會福利基金。

三、身心障礙者就業基金專戶。

四、私人或團體捐款。

五、其他收入。

前項第一款身心障礙福利預算，應以前條之調查報告爲依據，按年從寬專列。

第一項第一款身心障礙福利預算，直轄市、縣（市）主管機關財政確有困難者，應由中央政府補助。

第10條　直轄市及縣（市）衛生主管機關應設鑑定小組指定醫療機構或鑑定作業小組辦理第三條第一項之鑑定服務；對設戶籍於轄區內經鑑定合於規定者，應由主管機關主動核發身心障礙手冊。

前項鑑定作業辦法，由中央衛生主管機關定之；身心障礙手冊核發辦法，由中央主管機關定之。

第11條　身心障礙者因障礙情況改變時，應依鑑定小組之指定或自行申請重新鑑定。

對鑑定結果有異議時，應於收到鑑定結果次日起三十日內，以書面向鑑定小組提出申請複檢，並以一次爲限，且負擔百分之四十之鑑定費；其異議成立時，應退還之。

第12條　有關身心障礙鑑定與免役鑑定間之相關問題，由內政部、教育部、衛生署會同國防部共同研商之。

第13條　身心障礙者於障礙事實變更或消失時，應將身心障礙手冊繳還原發給機關變更或註銷。

原發給機關發現身心障礙者持有之身心障礙手冊，所記載之障礙類別及等級顯與事實不符時，應限期令其重新鑑定；逾期未重新鑑定者，原發

給機關得逕行註銷其身心障礙手冊。

第14條 爲適時提供療育與服務，中央相關目的事業主管機關應建立彙報及下列通報系統：

一、衛生主管機關應建立疑似身心障礙六歲以下嬰幼兒早期發現通報系統。

二、教育主管機關應建立疑似身心障礙學生通報系統。

三、勞工主管機關應建立職業傷害通報系統。

四、警政主管機關應建立交通事故通報系統。

五、消防主管機關應建立緊急醫療救護通報系統。

六、戶政主管機關應建立身心障礙人口異動通報系統。

各目的事業主管機關依前項通報系統，發現有疑似本法所稱身心障礙者時，應即時通知當地主管機關主動協助。

第15條 各級主管機關及目的事業主管機關應建立個別化專業服務制度，經由專業人員之評估，依身心障礙者實際需要提供服務，使其獲得最適當之輔導及安置。

前項個別化專業服務制度包括個案管理、就業服務、特殊教育、醫療復健等制度；其實施由各級主管機關及目的事業主管機關依各相關法規規定辦理或委託、輔導民間辦理。

第16條 爲促進身心障礙復健與無障礙環境之研究發展及整合規劃之功能，中央應設立或輔導民間設立身心障礙復健研究發展中心。

第二章 醫療復健

第17條 中央衛生主管機關應整合全國醫療資源，辦理嬰幼兒健康檢查，提供身心障礙者適當之醫療復健及早期醫療等相關服務。

各級衛生主管機關對於安置於學前療育機構、相關服務機構及學校之身心障礙者，應配合提供其所需要之醫療復健服務。

第18條 爲加強身心障礙者之醫療復健服務及醫療復健輔助器具之研究發展，當地衛生主管機關應依據各類身心障礙者之人口數及需要，設立或獎勵設立復健醫療機構、醫療復健輔助器具之研究發展機構與護理之家機構。

第19條 身心障礙者醫療復健所需之醫療費及醫療輔助器具，尚未納入全民健康保險給付範圍時，直轄市、縣（市）主管機關應視其障礙等級補助之。

前項補助辦法，由中央主管機關會同中央衛生主管機關定之。

第三章 教育權益

第20條 中央與直轄市、縣（市）主管機關應根據身心障礙者人口調查之資料，規劃設立各級特殊教育學校、特殊教育班或以其他方式教育不能就讀於普通學校或普通班級之身心障礙者，以維護其受教育之權益。

前項學齡身心障礙兒童無法自行上下學者，應由政府免費提供交通工具；確有困難，無法提供者，應補助其交通費；直轄市、縣（市）主管機關經費不足者，由中央政府補助之。

第21條 各級教育主管機關應主動協助身心障礙者就學，各級學校亦不得因其障礙類別、程度、或尚未設置特殊教育班（學校）而拒絕其入學。

第22條 教育主管機關應視身心障礙者之障礙等級，優惠其本人及子女受教育所

需相關經費；其補助辦法由中央教育主管機關定之。

第23條　各級機育主管機關辦理身心障礙者教育及入學考試時，應依其障礙情況及學習需要，提供各項必需之專業人員、特殊教材與各種教育輔助器材、無障礙校園環境、點字讀物及相關教育資源，以符公平合理接受教育之機會與應考條件。

第24條　各級政府應設立及獎勵民間設立學前療育機構，並獎勵幼稚園、托兒所及其他學前療育機構，辦理身心障礙幼兒學前教育、托育服務及特殊訓練。

第25條　為鼓勵並獎助身心障礙者繼續接受高級中等學校以上之教育，中央教育主管機關應訂定獎助辦法獎助之。

前項提供身心障礙者就讀之學校，其無障礙軟、硬體設施，得向中央教育主管機關申請補助。

第四章　促進就業

第26條　各級政府應依身心障礙者之障礙類別及等級，提供無障礙個別化職業訓練及就業服務。其辦理情形，每半年應達各級民意機關備查。

第27條　勞工主管機關應設立或獎勵設立職業訓練及就業服務機構，依身心障礙者實際需要，提供職業訓練、就業服務與就業所需輔助器具之研究發展及相關服務。

第28條　勞工主管機關協助身心障礙者就業時，應先辦理職業輔導評量，以提供適當之就業服務。

前項職業輔導評量辦法，由中央勞工主管機關定之。

第29條　勞工主管機關應視身心障礙者需要提供職業重建、創業貸款及就業所需輔助器具等相關經費補助。

前項職業重建係指職業訓練、職業輔導評量、就業服務、追蹤及輔導再就業等。

第一項之職業重建、創業貸款及就業所需輔助器具等相關補助辦法，由中央勞工主管機關定之。

第30條　勞工主管機關對於具有工作能力，但尚不足於進入競爭性就業市場之身心障礙者應提供支持性及個別化就業服務；對於具有工作意願，但工作能力不足之身心障礙者，應提供庇護性就業服務。主管機關及各目的事業主管機關得設立或獎勵設立庇護工場或商店。

第31條　各級政府機關、公立學校及公營事業機構員工總人數在五十人以上者，進用具有工作能力之身心障礙者人數，不得低於員工總人數百分之二。

私立學校、團體及民營事業機構員工總人數在一百人以上者，進用具有工作能力之身心障礙者人數，不得低於員工總人數百分之一。

前二項各級政府機關、公、私立學校、團體及公、民營事業機構為進用身心障礙者義務機關（構），其進用身心障礙者人數，未達前二項標準者，應定期向機關（構）所在地之直轄市或縣（市）勞工主管機關設立之身心障礙者就業基金專戶繳納差額補助費；其金額依差額人數乘以每月基本工資計算。

依第一項、第二項進用重度身心障礙者，每進用一人以二人核計。

警政、消防、關務及法務等單位定額進用總人數之計算，得於本法施行

細則另定之。

第32條　各級政府機關、公立學校及公營事業機構爲進用身心障礙者，應洽請考試院依法舉行身心障礙人員特種考試，並取消各項公務人員考試對身心障礙人員體位之不合理限制。

第33條　進用身心障礙者之機關（構），應本同工同酬之原則，不得爲任何歧視待遇，且其正常工作時間所得不得低於基本工資。

身心障礙者就業，薪資比照一般待遇，於產能不足時，可酌予減少。但不得低於百分之七十。

前項產能不足之認定及扣減工資之金額遇有爭議時，得向本法第七條成立之保護委員會申訴之。

第34條　直轄市及縣（市）勞工主管機關對於進用身心障礙者達一定標準以上之機關（構），應以身心障礙就業基金專戶，補助其因進用身心障礙者必須購置、改裝、修繕器材、設備及其他爲協助進用必要之費用。對於私立機構並得核發獎勵金，其金額按超額進用人數乘以每月基本工資二分之一計算；其運用以協助進用身心障礙者必要之支出爲限。

第35條　各級勞工主管機關對於進用身心障礙者工作績優之機關（構）應予獎勵。

前項獎勵辦法由中央勞工主管機關定之。

第36條　直轄市及縣（市）勞工主管機關依第三十一條第三項收取之差額補助費，應開立身心障礙者就業基金專戶儲存，除依本法補助進用身心障礙者機關（構）外，並作爲辦理促進身心障礙者就業權益相關事項之用。

前項基金不列入政府年度預算，其專戶之收支、保管及運用辦法，由直轄市、縣（市）勞工主管機關定之。

第37條　非本法所稱視覺障礙者，不得從事按摩業。但醫護人員以按摩爲病人治療者，不在此限。

視覺障礙者經專業訓練並取得資格者，得在固定場所從事理療按摩工作。

視覺障礙者從事按摩或理療按摩，應向執業所在地主管機關申請按摩或理療按摩執業許可證。

前項執業之資格與許可證之核發、換發、補發、廢止及其他應遵行事項之辦法，由中央主管機關會同中央衛生主管機關定之。

第五章　福利服務

第38條　直轄市及縣（市）主管機關對設籍於轄區內之身心障礙者，應依其障礙類別、等級及家庭經濟狀況提供生活、托育、養護及其他生活必要之福利等經費補助，並不得有設籍時間之限制。

前項經費補助辦法，由中央主管機關定之。

直轄市及縣（市）主管機關爲辦理第一項業務，應於會計年度終了前，主動將已核定補助案件相關資料併同有關機關提供之資料重新審核。但主管機關於申領人申領資格變更或審核認有必要時，得請申領人提供相關證明文件。

第39條　直轄市、縣（市）主管機關得按需要，以提供場地、設備、經費或其他方式結合民間資源辦理身心障礙福利服務；其辦法，由中央主管機關定之。

第40條　爲協助身心障礙者得到所需之持續性照顧，直轄市、縣（市）主管機關應提供或結合民間資源提供下列居家服務：

一、居家護理。

二、居家照顧。

三、家務助理。

四、友善訪視。

五、電話問安。

六、送餐到家。

七、居家環境改善。

八、其他相關之居家服務。

第41條　爲強化家庭照顧身心障礙者之意願及能力，直轄市、縣（市）主管機關應提供或結合民間資源提供下列社區服務：

一、復健服務。

二、心理諮詢。

三、日間照顧。

四、臨時及短期照顧。

五、餐飲服務。

六、交通服務。

七、休閒服務。

八、親職教育。

九、資訊提供。

十、轉介服務。

十一、其他相關之社區服務。

第42條　爲使身心障礙者不同之生涯福利需求得以銜接，直轄市、縣（市）主管機關相關部門，應積極溝通、協調，制定生涯轉銜計畫，以提供身心障礙者整體性及持續性服務。

第43條　爲使身心障礙者於其直系親屬或扶養者老邁時，仍受到應有照顧及保障，中央主管機關應會同相關目的事業主管機關，共同建立身心障礙者安養監護制度及財產信託制度。

第44條　身心障礙者參加社會保險，政府應視其家庭經濟狀況及障礙等級，補助其自付部分之保險費。但極重度及重度身心障礙者之保險費由政府全額負擔。

前項保險費補助辦法，由中央主管機關定之。

第45條　政府規劃國民年金制度時，應優先將身心障礙者納入辦理。

第46條　對於身心障礙者或其扶養者應繳納之稅捐，政府應按障礙等級及家庭經濟狀況，依法給予適當之減免。

納稅義務人或與其合併申報納稅之配偶或撫養親屬爲身心障礙者，應准予列報身心障礙特別扣除額，其金額於所得稅法定之。

身心障礙者或其扶養者依本法規定所得之各項補助，應免納所得稅。

第47條　身心障礙者申請在公有公共場所開設零售商店或攤販，申請購買或承租國民住宅、停車位，政府應保留名額優先核准。

前項受核准者，須親自經營、居住或使用達一定期間；如需出租或轉讓，應以其他身心障礙者優先。但經親自居住五年以上，且主管機關公告後仍無人願承租或受讓者，主管單位得將其列為一般國民住宅，按照各地國民住宅主管機關所定辦法辦理。

身心障礙者購買或承租第一項之商店或攤販、國民住宅、停車位，政府應提供低利貸款；其辦法，由中央主管機關定之。

第一項應保留名額之比例，由直轄市、縣（市）政府定之。

第48條　公共停車場應保留百分之二比例做為身心障礙者專用停車位，車位未滿五十個之公共停車場，至少應保留一個身心障礙者專用停車位。非領有專用停車位識別證明之身心障礙者或其家屬，不得違規佔用。

前項身心障礙者專用停車位之設置地點、空間規劃、使用方式、識別證明之核發及違規佔用之罰則等由中央主管機關會同交通、營建等相關單位定之。

第49條　直轄市、縣（市）主管機關對於身心障礙者及其同住扶養者，因無自有房屋而需租賃房屋居住者，或首次購屋所需之貸款利息，應視其家庭經濟狀況，酌予補助。

前項房屋租金及貸款利息之補助辦法，由中央主管機關定之。

第50條　身心障礙者及其監護人或必要陪伴者一人搭乘國內公、民營水、陸、空公共交通工具，憑身心障礙手冊，應予半價優待。

前項公共交通工具，身心障礙者得優先乘坐。

前二項實施辦法，由中央目的事業主管機關定之。

第51條　身心障礙者及其監護人或必要之陪伴者一人進入收費之公立風景區、康樂場所或文教設施，憑身心障礙手冊應予免費。其為私人者，應予半價優待。

第51-1條　視覺障礙者由合格導盲犬陪同或導盲犬專業訓練人員於執行訓練時帶同導盲幼犬，得自由出入公共場所、公共建築物、營業場所、公共交通工具及其他公共設施。

前項公共場所、公共建築物、營業場所、公共交通工具及其他公共設施之所有人、管理人或使用人，不得對導盲幼犬及合格導盲犬收取額外費用，且不得拒絕其自由出入或附加其他出入條件。

有關合格導盲犬及導盲幼犬之資格認定、使用管理及其他應遵行事項之辦法，由中央主管機關會同各目的事業主管機關定之。

第52條　任何擁有、出租（或租用）或經營公共設施場所者，不得單獨以身心障礙為理由，使其無法完全公平地享用物品、服務、設備、權利、利益或設施。

第53條　各級政府及民間應採取下列措施豐富身心障礙者之文化及精神生活：

一、透過廣播、電視、電影、報刊、圖書等方式，反映身心障礙者生活。

二、設立並獎助身心障礙者各障礙類別之讀物，開辦電視手語節目，在部分影視作品中增加字幕及解說。

三、舉辦並鼓勵身心障礙者參與各項文化、體育、娛樂等活動、特殊才藝表演，參加重大國際性比賽和交流。

前項實施辦法，由中央主管機關會同各目的事業主管機關定之。

第54條　各級政府及民間資源應鼓勵、協助身心障礙者進行文學、藝術、教育、

科學、技術或其他方面的創造性活動。

第55條　通訊業者應對身心障礙者提供電訊轉接或其他特別傳送服務；其實施辦法由中央目的事業主管機關定之。

第56條　各項新建公共建築物、活動場所及公共交通工具，應規劃設置便於各類身心障礙者行動與使用之設施及設備。未符合規定者，不得核發建築執照或對外開放使用。

前項公共建築物、活動場所及公共交通工具之無障礙設備與設施之設置規定，由中央各目的事業主管機關於其相關法令定之。

第一項已領建築執照或對外開放使用之公共建築物、活動場所及公共交通工具，其無障礙設備與設施不符合前項規定或前項規定修正後不符合修正後之規定者，各級目的事業主管機關應令其所有權人或管理機關負責人改善。但因軍事管制、古蹟維護、自然環境因素、建築物構造或設備限制等特殊情形，設置無障礙設備與設施確有困難者，得由所有權人或管理機關負責人提具替代改善計畫，申報各級目的事業主管機關核備並核定改善期限。有關作業程序及認定原則，由中央各目的事業主管機關定之。

第57條　實施刑事訴訟程序之公務員，於身心障礙者涉案或作證時，應就其障礙類別之特別需要，提供必要之協助。

第六章　福利機構

第58條　各級政府應按需要自行或結合民間資源，設立下列身心障礙福利機構：

一、身心障礙者之教育、醫療、護理及復健機構。

二、視障者讀物出版社及視障者圖書館。

三、身心障礙庇護工場。

四、職業訓練及就業服務機構。

五、身心障礙收容及養護機構。

六、身心障礙服務及育樂機構。

七、其他身心障礙福利機構。

前項機構之業務應遴用專業人員辦理，並定期予以在職訓練；另得就其所提供之設施或服務，酌收必要費用。

第一項各類機構得單獨或綜合設立；其設立許可、籌設、獎助、查核之辦法及設施、人員配置、任用資格之標準，由中央主管機關及中央各目的事業主管機關定之。

第59條　設立障礙福利機構，應向各目的事業主管機關申請許可。

依前項許可設立者，應於許可設立之日起三個月內依有關法令辦理財團法人登記，於登記完成後，得接受補助或報經主管機關核准後對外募捐並專款專用。但有下列情形之一者，得免辦理財團法人登記：

一、依其他法律申請設立之財團法人或公益社團法人申請附設者。

二、小型設立且不對外募捐、接受補助或享受租稅減免者。

未依前項規定辦理財團法人登記或未符合前項免辦理財團法人登記之機構，其有對外募捐行為時，主管機關應限期令其辦理財團法人登記或停止對外募捐行為。

第60條　身心障礙福利機構設立之規模，應以社區化、小型化為原則；其設置標準，由直轄市、縣（市）主管機關定之。

第61條　主管機關應定期輔導與評鑑身心障礙福利機構，經評鑑成績優良者，應予將勵。

身心障礙福利機構，辦理不善或違反設立標準者，主管機關應限期令其改善。

第一項評鑑工作應由中央主管機關成立評鑑委員會爲之，其辦法由中央主管機關定之。

第62條　身心障礙福利機構所生產之物品及其可提供之服務，於合理價格及一定金額以下者，各級政府機關、公、私立學校、團體、公營事業機構及接受政府補助之機構或團體應優先採購。

各級主管機關應定期公告或發函各義務採購單位，告知前項物品及服務，並應參酌相關法令規定，扶助身心障礙福利機構或團體承包或分包該物品及服務至一定比例。

第63條　身心障礙福利機構或團體申請在公共場所設立庇護工場、福利工廠或商店；申請在國民住宅設立社區家園或團體家庭者，應保留名額，優先核准。

前項受核准者，須親自經營、居住或使用並達一定期間；如需出租或轉讓，應以身心障礙福利機構或團體爲限。

第七章　罰則

第64條　公務員執行職務違反第四條規定時，應受懲戒。

違反第四條或第三十三條第一項或第二項規定者，處新台幣十萬元以上五十萬元以下罰鍰。

第64-1條　公務員執行職務無正當理由違反第三十一條第一項或第六十二條規定者，應受懲戒。

私立學校、機構及團體無正當理由違反第三十一條第二項或第六十二規定者，處新台幣二萬元以上十萬元以下罰緩。

第65條　違反第三十七條第一項者，處新台幣一萬元以上三萬元以下罰鍰並限期改善。

前項違法事件如於營業場所內發生並依前項標準加倍處罰場所之負責人或所有權人。

前兩項罰鍰之收入不列入年度預算，應納入視障者就業基金專戶專款專用，專供作推動視障者職業訓練、就業服務與安置、創業貸款、示範按摩中心（院）補助之用。該基金管理及運用之辦法，由中央勞工主管機關會同各目的事業主管機關定之。

第65-1條　違反第五十一條之一第二項規定者，得予以勸導並限期改善，逾期未改善者，處新台幣一萬元以上三萬元以下罰鍰，並得按次連續處罰。

第66條　未依第五十九條第一項規定申請許可設立而辦理身心障礙福利機構者，處其負責人新台幣六萬元以上三十萬元以下罰鍰。

經主管機關限期申請設立許可或依第五十九條第三項規定期限令其辦理財團法人登記或停止對外募捐行爲，仍不遵辦者，處其負責人新台幣十萬元以上五十萬元以下罰鍰，得按次連續處罰，並公告其名稱，且得令其停辦。

第67條　身心障礙福利機構經主管機關依第六十一條第二項規定限期令其改善，屆期未改善者，得令其停辦一個月以上一年以下，並公告其名稱。停辦期限屆滿仍未改善或違反法令情節重大者，應廢止其許可；其屬法人者，得予解散。

第68條　身心障礙福利機構經主管機關依第六十六條或第六十七條規定令其停辦而拒不遵守者，再處新台幣二十萬元以上一百萬元以下罰鍰。並得按次連續處罰。

第69條　身心障礙福利機構停辦或決議解散時，主管機關對於該機構服務之身心障礙者，應即予適當之安置，身心障礙福利機構應予配合。不予配合者，強制實施之，並處新台幣六萬元以上六十萬元以下罰鍰。

第70條　違反第四十七條第一項規定者，不得核發零售商店、攤販之營利事業登記證及國民住宅、停車位之使用執照。違反同條第二項規定者，目的事業主管機關得強制收回，並優先出售或出租予其他身心障礙者。

第71條　違反第五十六條第三項規定未改善或未提具替代改善計畫或未依核定改善計畫之期限改善完成者，除應勒令停止其使用外，處其所有權人或管理機關負責人新台幣六萬元以上三十萬元以下罰鍰，並限期改善；逾期未改善者，得按次連續處罰至其改善完成爲止。必要時得停止供水、供電或封閉、強制拆除。

前項罰鍰收入應成立基金，供作改善及推動無障礙設備與設施經費使用。

該基金管理及運用之辦法，由中央各目的事業主管機關定之。

第72條　依本法所處之罰鍰及依第三十一條第三項應繳納之金額，經通知限期繳納；逾期仍未繳納者，移送法院強制執行。

第八章　附則

第73條　各級政府每年應向其民意機關報告本法之執行情形。

第74條　本法施行細則，由中央主管機關會商中央各目的事業主管機關定之。

第75條　本法自公布日施行。

身心障礙者保護法施行細則

中華民國七十年四月三十日內政部（70）台內社字第17721號令訂定發布
中華民國八十年三月十一日內政部（80）台內社字第900944號令修正發布
中華民國八十七年四月八日內政部（87）台內社字第8776969號令修正發布全文20條及更名（原名稱：殘障福利法施行細則）
中華民國九十年十一月十四日內政部（90）台內社字第9070220號令增訂發布第14-1條條文
中華民國九十二年二月二十一日內政部台內社字第09200075132號令修正發布刪除第4條條文

第1條　本細則依身心障礙者保護法（以下簡稱本法）第七十四條規定訂定之。

第2條　各級主管機關及各目的事業主管機關應依本法規定之權責，編訂年度預算規劃辦理。

第3條　本法第六條第一項所稱專責人員，指全職辦理身心障礙福利工作，未兼辦其他業務者。
本法第六條第二項所稱專業人員，指從事身心障礙相關福利工作，並符合專業人員之遴用標準及培訓辦法者。

第4條　（刪除）

第5條　依本法第十條辦理身心障礙鑑定服務所需之鑑定費，由直轄市、縣（市）衛生主管機關編列預算支應。
直轄市、縣（市）衛生主管機關應公告轄區內身心障礙鑑定之醫療機構。

第6條　醫療機構或鑑定作業小組依本法第十條第一項辦理鑑定時，對於可經由醫療復健或其他原因而改變原鑑定結果者，得指定期限辦理重新鑑定。
身心障礙手冊原發給機關應依據前項重新鑑定期限，註明身心障礙手冊之有效時間，並於有效時間屆滿三十日前主動通知身心障礙者或其監護人辦理重新鑑定。

第7條　身心障礙者依本法第十一條第二項申請複檢，應於收到鑑定結果次日起三十日內以書面向鑑定小組提出，逾期不得再對鑑定結果提出異議。

第8條　本法第十三條所稱障礙事實變更，指經重新鑑定障礙類別或等級已變更者；所稱障礙事實消失，指經重新鑑定已不符障礙類別或等級標準，或已逾身心障礙手冊所註明之有效時間者。

第9條　本法第十三條第二項所定重新鑑定之限期爲三十日。

第10條　身心障礙手冊原發給機關應對轄區內身心障礙者建立檔案，並將其基本資料送戶政機關。
身心障礙者之戶籍有異動或死亡登記時，戶政機關應通報社政機關。

第11條　本法第十四條第二項所稱主動協助，指主管機關於接到各目的事業主管機關通報後，應於七日內協助疑似身心障礙者申辦鑑定；如合於身心障礙資格，應轉請各目的事業主管機關提供相關專業服務。

第12條　本法第三十一條之各級政府機關、公、私立學校、團體及公、民營事業機構員工總人數之計算方式，以勞工保險局、中央信託局所統計各該機關、學校、團體或機構每月一日參加勞保、公保人數為準。但下列單位人員不予計入：

一、警政單位：警察官。

二、消防單位：實際從事救災救護之員工。

三、關務單位：擔任海上及陸上查緝、驗貨、調查、燈塔管理之員工。

四、法務單位：檢察官、書記官、法醫師、檢驗員、法警、調查人員、矯正人員及駐衛警。

前項總人數之計算，因機關被裁減，其人員被資遣或退休而仍繼續參加勞保者，不予計入。

本法第三十一條第一項及第二項所定進用具有工作能力之身心障礙者人數，以整數為計算標準，未達整數部分不予計入。

第13條　進用身心障礙者之義務機關（構）進用人數未達法定比例時，應於每月十日前，向所在地直轄市或縣（市）勞工主管機關設立之身心障礙者就業基金專戶，繳納上月之差額補助費。

第14條　直轄市及縣（市）勞工主管機關應建立進用身心障礙者之義務機關（構）名冊，通知其定期申報進用身心障礙者或不定期抽查進用身心障礙者之實際狀況。

第14-1條　身心障礙者就業基金專戶之會計事務，應由直轄市、縣（市）勞工主管機關之主計機構或人員，依會計法、決算法、政府採購法及相關法令規定辦理；該基金專戶經費之管理及運用，並應依直轄市、縣（市）勞工主管機關之規定辦理。

前項基金專戶之收支明細，每年應定期公告之。

第15條　本法第四十二條所稱生涯轉銜計畫，指對身心障礙者各個人生階段，由社會福利、教育、衛生及勞工等專業人員以團隊方式，會同身心障礙者或其家屬訂定之轉銜計畫。

前項轉銜計畫內容如下：

一、身心障礙者基本資料。

二、各階段專業服務資料。

三、家庭輔導計畫。

四、身心狀況評估。

五、未來安置協助建議方案。

六、轉銜準備服務事項。

第16條　本法第四十七條第二項所定一定期間為二年。

第17條　本法第六十二條第二項所定定期為六個月。

第18條　本法第六十三條第二項所定一定期間為二年。

第19條　本法第七十二條所定限期繳納之期間為三十日，自各目的事業主管機關通知送達之次日起算。

第20條　本細則自發布日施行。

兩性工作平等法

中華民國九十一年一月十六日
總統(91)華總一義字第09100003660號令制定公布全文40條

第一章　總則

第1條　爲保障兩性工作權之平等，貫徹憲法消除性別歧視、促進兩性地位實質平等之精神，爰制定本法。

第2條　雇主與受僱者之約定優於本法者，從其約定。

本法於公務人員、教育人員及軍職人員，亦適用之。但第三十三條、第三十四條及第三十八條之規定，不在此限。

公務人員、教育人員及軍職人員之申訴、救濟及處理程序，依各該人事法令之規定。

第3條　本法用辭定義如下：

一、受僱者：謂受雇主僱用從事工作獲致薪資者。

二、求職者：謂向雇主應徵工作之人。

三、雇主：謂僱用受僱者之人、公私立機構或機關。代表雇主行使管理權之人或代表雇主處理有關受僱者事務之人，視同雇主。

四、薪資：謂受僱者因工作而獲得之報酬；包括薪資、薪金及按計時、計日、計月、計件以現金或實物等方式給付之獎金、津貼及其他任何名義之經常性給與。

第4條　本法所稱主管機關：在中央爲行政院勞工委員會；在直轄市爲直轄市政府；在縣（市）爲縣（市）政府。

本法所定事項，涉及各目的事業主管機關職掌者，由各該目的事業主管機關辦理。

第5條　爲審議、諮詢及促進兩性工作平等事項，各級主管機關應設兩性工作平等委員會。

前項兩性工作平等委員會應置委員五人至十一人，任期兩年，由具備勞工事務、兩性問題之相關學識經驗或法律專業人士擔任之，其中經勞工團體、婦女團體推薦之委員各二人，女性委員人數應占全體委員人數二分之一以上。

前項兩性工作平等委員會組織、會議及其他相關事項，由各級主管機關另定之。

地方主管機關如設有就業歧視評議委員會，亦得由該委員會處理相關事宜。該會之組成應符合第二項之規定。

第6條　直轄市及縣（市）主管機關爲婦女就業之需要應編列經費，辦理各類職業訓練、就業服務及再就業訓練，並於該期間提供或設置托兒、托老及相關福利設施，以促進兩性工作平等。

中央主管機關對直轄市及縣（市）主管機關辦理前項職業訓練、就業服務及再就業訓練，並於該期間提供或設置托兒、托老及相關福利措施，得給予經費補助。

第二章　性別歧視之禁止

第7條　雇主對求職者或受僱者之招募、甄試、進用、分發、配置、考績或陞遷等，不得因性別而有差別待遇。但工作性質僅適合特定性別者，不在此限。

第8條　雇主為受僱者舉辦或提供教育、訓練或其他類似活動，不得因性別而有差別待遇。

第9條　雇主為受僱者舉辦或提供各項福利措施，不得因性別而有差別待遇。

第10條　雇主對受僱者薪資之給付，不得因性別而有差別待遇；其工作或價值相同者，應給付同等薪資。但基於年資、獎懲、績效或其他非因性別因素之正當理由者，不在此限。
雇主不得以降低其他受僱者薪資之方式，規避前項之規定。

第11條　雇主對受僱者之退休、資遣、離職及解僱，不得因性別而有差別待遇。
工作規則、勞動契約或團體協約，不得規定或事先約定受僱者有結婚、懷孕、分娩或育兒之情事時，應行離職或留職停薪；亦不得以其為解僱之理由。
違反前二項規定者，其規定或約定無效；勞動契約之終止不生效力。

第三章　性騷擾之防治

第12條　本法所稱性騷擾，謂下列二款情形之一：
一、受僱者於執行職務時，任何人以性要求、具有性意味或性別歧視之言詞或行為，對其造成敵意性、脅迫性或冒犯性之工作環境，致侵犯或干擾其人格尊嚴、人身自由或影響其工作表現。
二、雇主對受僱者或求職者為明示或暗示之性要求、具有性意味或性別歧視之言詞或行為，作為勞務契約成立、存續、變更或分發、配置、報酬、考績、陞遷、降調、獎懲等之交換條件。

第13條　雇主應防治性騷擾行為之發生。其僱用受僱者三十人以上者，應訂定性騷擾防治措施、申訴及懲戒辦法，並在工作場所公開揭示。
雇主於知悉前條性騷擾之情形時，應採取立即有效之糾正及補救措施。
第一項性騷擾防治措施、申訴及懲戒辦法之相關準則，由中央主管機關定之。

第四章　促進工作平等措施

第14條　女性受僱者因生理日致工作有困難者，每月得請生理假一日，其請假日數併入病假計算。
生理假薪資之計算，依各該病假規定辦理。

第15條　雇主於女性受僱者分娩前後，應使其停止工作，給予產假八星期；妊娠三個月以上流產者，應使其停止工作，給予產假四星期；妊娠二個月以上未滿三個月流產者，應使其停止工作，給予產假一星期；妊娠未滿二個月流產者，應使其停止工作，給予產假五日。
產假期間薪資之計算，依相關法令之規定。
受僱者於其配偶分娩時，雇主應給予陪產假二日。
陪產假期間工資照給。

第16條　受僱於僱用三十人以上雇主之受僱者，任職滿一年後，於每一子女滿三歲前，得申請育嬰留職停薪，期間至該子女滿三歲止，但不得逾二年。同時撫育子女二人以上者，其育嬰留職停薪期間應合併計算，最長以最幼子女受撫育二年爲限。
受僱者於育嬰留職停薪期間，得繼續參加原有之社會保險，原由雇主負擔之保險費，免予繳納；原由受僱者負擔之保險費，得遞延三年繳納。
育嬰留職停薪津貼之發放，另以法律定之。
育嬰留職停薪實施辦法，由中央主管機關定之。

第17條　前條受僱者於育嬰留職停薪期滿後，申請復職時，除有下列情形之一，並經主管機關同意者外，雇主不得拒絕：
一、歇業、虧損或業務緊縮者。
二、雇主依法變更組織、解散或轉讓者。
三、不可抗力暫停工作在一個月以上者。
四、業務性質變更，有減少受僱者之必要，又無適當工作可供安置者。
雇主因前項各款原因未能使受僱者復職時，應於三十日前通知之，並應依法定標準發給資遣費或退休金。

第18條　子女未滿一歲須受僱者親自哺乳者，除規定之休息時間外，雇主應每日另給哺乳時間二次，每次以三十分鐘爲度。
前項哺乳時間，視爲工作時間。

第19條　受僱於僱用三十人以上雇主之受僱者，爲撫育未滿三歲子女，得向雇主請求爲下列二款事項之一：
一、每天減少工作時間一小時；減少之工作時間，不得請求報酬。
二、調整工作時間。

第20條　受僱於僱用三十人以上雇主之受僱者，於其家庭成員預防接種、發生嚴重之疾病或其他重大事故須親自照顧時，得請家庭照顧假，其請假日數併入事假計算，全年以七日爲限。
家庭照顧假薪資之計算，依各該事假規定辦理。

第21條　受僱者依前七條之規定爲請求時，雇主不得拒絕。但第十九條雇主有正當理由者，不在此限。
受僱者爲前項之請求時，雇主不得視爲缺勤而影響其全勤獎金、考績或爲其他不利之處分。

第22條　受僱者之配偶未就業者，不適用第十六條及第二十條之規定。但有正當理由者，不在此限。

第23條　僱用受僱者二百五十人以上之雇主，應設置托兒設施或提供適當之托兒措施。
主管機關對於雇主設置托兒設施或提供托兒措施，應給予經費補助。
有關托兒設施、措施之設置標準及經費補助辦法，由中央主管機關會商有關機關定之。

第24條　主管機關爲協助因結婚、懷孕、分娩、育兒或照顧家庭而離職之受僱者獲得再就業之機會，應採取就業服務、職業訓練及其他必要之措施。

第25條　雇主僱用因結婚、懷孕、分娩、育兒或照顧家庭而離職之受僱者成效卓著者，主管機關得給予適當之獎勵。

第五章　救濟及申訴程序

第26條　受僱者或求職者因第七條至第十一條或第二十一條第二項之情事，受有損害者，雇主應負賠償責任。

第27條　受僱者或求職者因第十二條之情事，受有損害者，由雇主及行為人連帶負損害賠償責任。但雇主證明其已遵行本法所定之各種防治性騷擾之規定，且對該事情之發生已盡力防止仍不免發生者，雇主不負賠償責任。

如被害人依前項但書之規定不能受損害賠償時，法院因其聲請，得斟酌雇主與被害人之經濟狀況，令雇主為全部或一部之損害賠償。

雇主賠償損害時，對於為性騷擾之行為人，有求償權。

第28條　受僱者或求職者因雇主違反第十三條第二項之義務，受有損害者，雇主應負賠償責任。

第29條　前三條情形，受僱者或求職者雖非財產上之損害，亦得請求賠償相當之金額。其名譽被侵害者，並得請求回復名譽之適當處分。

第30條　第二十六條至第二十八條之損害賠償請求權，自請求權人知有損害及賠償義務人時起，二年間不行使而消滅。自有性騷擾行為或違反各該規定之行為時起，逾十年者，亦同。

第31條　受僱者或求職者於釋明差別待遇之事實後，雇主應就差別待遇之非性別因素，或該受僱者或求職者所從事工作之特定性別因素，負舉證責任。

第32條　雇主為處理受僱者之申訴，得建立申訴制度協調處理。

第33條　受僱者發現雇主違反第十四條至第二十條之規定時，得向地方主管機關申訴。

其向中央主管機關提出者，中央主管機關應於收受申訴案件，或發現有上開違反情事之日起七日內，移送地方主管機關。

地方主管機關應於接獲申訴後七日內展開調查，並得依職權對雙方當事人進行協調。

前項申訴處理辦法，由地方主管機關定之。

第34條　受僱者或求職者發現雇主違反第七條至第十一條、第十三條、第二十一條第二項或第三十六條規定時，向地方主管機關申訴後，雇主、受僱者或求職者對於地方主管機關所為之處分有異議時，得於十日內向中央主管機關兩性工作平等委員會申請審議或逕行提起訴願。雇主、受僱者或求職者對於中央主管機關兩性工作平等委員會所為之處分有異議時，得依訴願及行政訴訟程序，提起訴願及進行行政訴訟。

前項申訴審議處理辦法，由中央主管機關定之。

第35條　法院及主管機關對差別待遇事實之認定，應審酌兩性工作平等委員會所為之調查報告、評議或處分。

第36條　雇主不得因受僱者提出本法之申訴或協助他人申訴，而予以解僱、調職或其他不利之處分。

第37條　受僱者或求職者因雇主違反本法之規定，而向法院提出訴訟時，主管機關應提供必要之法律扶助。

前項法律扶助辦法，由中央主管機關定之。

受僱者或求職者為第一項訴訟而聲請保全處分時，法院得減少或免除供擔保之金額。

第六章　罰則

第38條　雇主違反第七條至第十條、第十一條第一項、第二項、第十三條第一項後段、第二項、第二十一條第二項或第三十六條者，處新台幣一萬元以上十萬元以下罰鍰。

第七章　附則

第39條　本法施行細則，由中央主管機關定之。

第40條　本法自中華民國九十一年三月八日施行。

兩性工作平等法施行細則

中華民國九十一年三月六日
行政院勞工委員會（91）勞動三字第0910010554號令訂定發布全文15條

第1條　本細則依兩性工作平等法（以下簡稱本法）第三十九條規定訂定之。

第2條　本法第七條至第十一條、第三十一條及第三十五條所稱差別待遇，指雇主因性別因素而對受僱者或求職者爲直接或間接不利之對待。

第3條　本法第七條但書所稱工作性質僅適合特定性別者，指非由特定性別之求職者或受僱者從事，不能完成或難以完成之工作。

第4條　本法所稱性騷擾之認定，應就個案審酌事件發生之背景、工作環境、當事人之關係、行爲人之言詞、行爲及相對人之認知等具體事實爲之。

第5條　本法第十三條第一項、第十六條第一項、第十九條、第二十條第一項及第二十三條第一項所定僱用人數之計算，包括分支機構及附屬單位之僱用人數。

本法第十六條第一項、第十九條及第二十條第一項所定之僱用人數，依受僱者申請或請求當月第一個工作日雇主僱用之總人數計算。

第6條　本法第十五條第一項規定產假期間之計算，應依曆連續計算。

第7條　本法第十五條第三項規定之二日陪產假，受僱者應於配偶分娩之當日及其前後二日之五日期間內，擇其中之二日請假。

前項期間如遇例假、紀念節日及依其他法令規定應放假之日，均包括在內，不另給假。

第8條　受僱者於依本法第十六條第一項規定申請育嬰留職停薪期間屆滿前分娩或流產，於復職後仍在本法第十五條第一項所定之產假期間時，雇主仍應依本法規定給予產假。但得扣除自分娩或流產之日起至復職前之日數。

第9條　受僱者依本法第十六條第二項規定繼續參加原有之社會保險，不包括參加勞工保險之職業災害保險，並應於原投保單位繼續投保。

第10條　依本法第十六條第二項規定繼續參加原有之社會保險者，其投保手續、投保金額、保險費繳納及保險給付等事項，依各該相關法令規定辦理。

第11條　本法第十八條第一項所定親自哺乳，包括女性受僱者以容器貯存母乳備供育兒之情形。

第12條　本法第十六條第一項、第十八條第一項及第十九條所稱子女，指婚生子女、非婚生子女及養子女。

第13條　受僱者依本法第十四條至第二十條規定爲申請或請求者，必要時雇主得要求其提出相關證明文件。

第14條　本法第二十三條第一項所定雇主應設置托兒設施或提供適當之托兒措施，包括與其他雇主聯合辦理或委託托兒機構、幼稚園辦理者。

第15條　本細則自發布日施行。

兒童及少年性交易防制條例

中華民國八十四年八月十一日總統（84）華總（一）義字第5957號令制定公布全文39條

中華民國八十八年四月二十一日總統（88）華總（一）義字第8800085130號令修正公布第2、27條條文；並刪除第37條條文

中華民國八十八年六月二日總統（88）華總（一）義字第8800124350號令修正公布第9、22、29、33、34條條文

中華民國八十九年十一月八日總統（89）華總一義字第8900270250號令修正公布第3、13～16、33條條文；並增訂第36-1條條文

中華民國九十四年二月五日總統華總一義字第09400017711號令修正公布第14、20、23～26、28、31條條文；並增訂第36-2條條文

第一章　總則

第1條　爲防制、消弭以兒童少年爲性交易對象事件，特制定本條例。

第2條　本條例所稱性交易指有對價之性交或猥褻行爲。

第3條　本條例所稱主管機關：在中央爲內政部；在直轄市爲直轄市政府；在縣（市）爲縣（市）政府。各該主管機關應獨立編列預算並置專職人員辦理兒童及少年性交易防制業務。

法務、教育、衛生、國防、新聞、經濟、交通等相關單位涉及兒童及少年性交易防制業務時，應全力配合之，各單位應於本條例施行後六個月內訂定教育宣導等防制辦法。

主管機關應於本條例施行後六個月內會同前項相關單位成立兒童及少年性交易防制之督導會報，定期公布並檢討教育宣導、救援、加害者處罰、安置保護之成果。

第4條　本條例所稱兒童及少年性交易防制之課程或教育宣導內容如下：

一、正確性心理之建立。

二、對他人性自由之尊重。

三、錯誤性觀念之矯正。

四、性不得作爲交易對象之宣導。

五、兒童或少年從事性交易之遭遇。

六、其他有關兒童或少年性交易防制事項。

第5條　本條例爲有關兒童及少年性交易防制事項之特別法，優先他法適用。本條例未規定者，適用其他法律之規定。

第二章　救援

第6條　法務部與內政部應於本條例施行後六個月內，指定所屬機關成立檢警之專責任務編組，負責全國性有關本條例犯罪之偵查工作。

第7條　前條單位成立後，應即設立或委由民間機構設立全國性救援專線。

第8條　法務部與內政部應於本條例施行後六個月內訂定獎懲辦法，以激勵救援及偵辦工作。

第9條　醫師、藥師、護理人員、社會工作人員、臨床心理工作人員、教育人員、保育人員、警察、司法人員、觀光業從業人員及其他執行兒童福利或少年福利業務人員，知悉未滿十八歲之人從事性交易或有從事之虞者，或知有本條例第四章之犯罪嫌疑者，應即向當地主管機關或第六條所定之單位報告。

本條例報告人及告發人之身分資料應予保密。

第10條　本條例第四章之案件偵查、審判中，於訊問兒童或少年時，主管機關應指派社工人員陪同在場，並得陳述意見。

兒童或少年於前項案件偵查、審判中，已經合法訊問，其陳述明確別無訊問之必要者，不得再行傳喚。

第三章　安置保護

第11條　國民小學及國民中學發現學生有未經請假、不明原因未到校上課達三天以上者，或轉學生未向轉入學校報到者，應立即通知主管機關及教育主管機關。主管機關應立即指派社工人員調查及採取必要措施。

教育部應於本條例施行後六個月內頒布前項中途輟學學生通報辦法。

第12條　為免脫離家庭之未滿十八歲兒童或少年淪入色情場所，主管機關應於本條例施行後六個月內設立或委託民間機構設立關懷中心，提供緊急庇護，諮詢、連繫或其他必要措施。

第13條　直轄市、縣（市）主管機關應於本條例施行後六個月內，設置專門安置從事性交易或有從事之虞之兒童或少年之緊急收容中心及短期收容中心。

直轄市、縣（市）主管機關於緊急收容中心及短期收容中心，應聘請專業人員辦理觀察、輔導及醫療等事項。

第14條　教育部及內政部應聯合協調直轄市、縣（市）主管機關設置專門安置從事性交易之兒童或少年之中途學校；其設置，得比照少年矯正學校設置及教育實施通則規定辦理；其員額編制，得比照特殊教育法及其相關規定辦理。

中途學校應聘請社工、心理、輔導及教育等專業人員，並結合專業與民間資源，提供特殊教育及輔導；其課程、教材及教法，應保持彈性，以適合學生身心特性及需要；其實施辦法，由教育部定之。

中途學校學生之學籍應分散設於普通學校，畢業證書應由該普通學校發給。

中途學校所需經費來源如下：

一、各級政府按年編列之預算。

二、社會福利基金。

三、私人或團體捐款。

四、其他收入。

中途學校之設置及辦理，涉及其他機關業務權責者，各該機關應予配合及協助。

第15條　法官、檢察官、司法警察官、司法警察、聯合稽查小組或第六條之任務編組查獲及救援從事性交易或有從事之虞之兒童或少年時，應立即通知主管機關指派專業人員陪同兒童或少年進行加害者之指認及必要之訊問，並於二十四小時內將該兒童或少年移送直轄市、縣（市）主管機關設置之緊急收容中心。

第九條之人員或他人向主管機關報告或主管機關發現兒童或少年從事性交易或有從事之虞者，主管機關應將該兒童或少年暫時安置於其所設之緊急收容中心。

從事性交易或有從事之虞之兒童或少年自行求助者，主管機關應提供必要之保護、安置或其他協助。

第16條　直轄市、縣（市）主管機關所設之緊急收容中心應於安置起七十二小時內，提出報告，聲請法院裁定。

法院受理前項報告時，除有下列情形外，應裁定將兒童或少年交付主管機關安置於短期收容中心：

一、該兒童或少年顯無從事性交易或從事之虞者，法院應裁定不予安置並交付該兒童或少年之法定代理人、家長、最近親屬或其他適當之人。

二、該兒童或少年有特殊事由致不宜安置於短期收容中心者，法院得裁定交由主管機關安置於其他適當場所。

第17條　主管機關依前條安置後，應於二週至一個月內，向法院提出觀察輔導報告及建議處遇方式，並聲請法院裁定。

法院受理前項聲請時，應於二週內爲第十八條之裁定。如前項報告不足，法院得命主管機關於一週內補正，法院應於主管機關補正後二週內裁定。

第18條　法院依審理之結果，認爲該兒童或少年無從事性交易或從事之虞者，應裁定不予安置並交付該兒童或少年之法定代理人、家長、最近親屬或其他適當之人。

法院依審理之結果，認爲該兒童或少年有從事性交易者，除有下列情形之一者外，法院應裁定將其安置於中途學校，施予二年之特殊教育：

一、罹患愛滋病者。

二、懷孕者。

三、外國籍者。

四、來自大陸地區者。

五、智障者。

六、有事實足證較適宜由父母監護者。

七、其他事實足證不適合中途學校之特殊教育，且有其他適當之處遇者。

法院就前項所列七款情形，及兒童或少年有從事性交易之虞者，應分別情形裁定將兒童或少年安置於主管機關委託之兒童福利機構、少年福利機構、寄養家庭或其他適當醫療或教育機構，或裁定遣送、或交由父母監護，或爲其他適當處理，並通知主管機關續予輔導及協助。

安置於中途學校之兒童或少年如於接受特殊教育期間，年滿十八歲者，中途學校得繼續安置至兩年期滿。

特殊教育實施逾一年，主管機關認爲無繼續特殊教育之必要者，或因事實上之原因以不繼續特殊教育爲宜者，得聲請法院裁定，免除特殊教育。

特殊教育實施逾二年，主管機關認爲有繼續特殊教育之必要者，得聲請法院裁定，延長至滿二十歲爲止。

第19條　未滿十八歲之兒童或少年從事性交易或有從事之虞者，如無另犯其他之罪，不適用少年事件處理法及社會秩序維護法之規定。

未滿十八歲之兒童或少年從事性交易或有從事之虞者，如另犯其他之罪，應依第十六條至第十八條之規定裁定後，再依少年事件處理法移送少年法庭處理。

第20條　主管機關及教育部依第十六條至第十八條之規定，於安置、保護收容兒童及少年期間，行使、負擔父母對於該兒童或少年之權利義務。

父母、養父母或監護人對未滿十八歲之子女、養子女或被監護人犯第二十三條至第二十八條之罪者，兒童或少年、檢察官、兒童或少年最近尊親屬、主管機關、兒童或少年福利機構或其他利害關係人，得向法院聲請宣告停止其行使、負擔父母對於該兒童或少年之權利義務，另行選定監護人。

對於養父母，並得請求法院宣告終止其收養關係。

法院依前項規定選定監護人時，得指定監護之方法及命其父母或養父母支付選定監護人相當之扶養費用及報酬。

第21條　十八歲以上之人，如遭他人以強暴、脅迫、略誘、買賣、或其他違反本人意願之方法而與他人爲性交易者，得請求依本條例安置保護。

第四章　罰則

第22條　與未滿十六歲之人爲性交易者，依刑法之規定處罰之。

十八歲以上之人與十六歲以上未滿十八歲之人爲性交易者，處一年以下有期徒刑、拘役或新台幣十萬元以下罰金。

中華民國人民在中華民國領域外犯前二項之罪者，不問犯罪地之法律有無處罰規定，均依本條例處罰。

第23條　引誘、容留、媒介、協助或以他法，使未滿十八歲之人爲性交易者，處一年以上七年以下有期徒刑，得併科新台幣三百萬元以下罰金。以詐術犯之者，亦同。

意圖營利而犯前項之罪者，處三年以上十年以下有期徒刑，併科新台幣五百萬元以下罰金。

以犯前項之罪爲常業者，處五年以上有期徒刑，併科新台幣七百萬元以下之罰金。

媒介、收受、藏匿前三項被害人或使之隱避者，處一年以上七年以下有期徒刑，得併科新台幣三百萬元以下罰金。

前項收受、藏匿行爲之媒介者，亦同。

第一項、第二項、第四項及第五項之未遂犯罰之。

第24條　以強暴、脅迫、恐嚇、監控、藥劑、催眠術或其他違反本人意願之方法，使未滿十八歲之人爲性交易者，處七年以上有期徒刑，得併科新台幣七百萬元以下罰金。

意圖營利而犯前項之罪者，處十年以上有期徒刑，併科新台幣一千萬元以下罰金。

以犯前項之罪爲常業者，處無期徒刑或十年以上有期徒刑，併科新台幣一千五百萬元以下罰金。

媒介、收受、藏匿前三項被害人或使之隱避者，處三年以上十年以下有期徒刑，得併科新台幣五百萬元以下罰金。

前項收受、藏匿行為之媒介者，亦同。

第一項、第二項、第四項及第五項之未遂犯罰之。

第25條 意圖使未滿十八歲之人為性交易，而買賣、質押或以他法，為他人人身之交付或收受者，處七年以上有期徒刑，併科新台幣七百萬元以下罰金。以詐術犯之者，亦同。

以強暴、脅迫、恐嚇、監控、藥劑、催眠術或其他違反本人意願之方法，犯前項之罪者，加重其刑至二分之一。

以犯前二項之罪為常業者，處無期徒刑或十年以上有期徒刑，併科新台幣一千五百萬元以下罰金。

媒介、收受、藏匿前三項被害人或使之隱避者，處三年以上十年以下有期徒刑，併科新台幣五百萬元以下罰金。

前項收受、藏匿行為之媒介者，亦同。

第一項、第二項、第四項及第五項之未遂犯罰之。

預備犯第一項、第二項之罪者，處二年以下有期徒刑。

第26條 犯第二十四條第一項、第二項或第二十五條第二項之罪，而故意殺害被害人者，處死刑或無期徒刑；使被害人受重傷者，處無期徒刑或十二年以上有期徒刑。

犯第二十四條第一項、第二項或第二十五條第二項之罪，因而致被害人於死者，處無期徒刑或十二年以上有期徒刑；致重傷者，處十二年以上有期徒刑。

第27條 拍攝、製造未滿十八歲之人為性交或猥褻行為之圖畫、錄影帶、影片、光碟、電子訊號或其他物品者，處六個月以上五年以下有期徒刑，得併科新台幣五十萬元以下罰金。

意圖營利犯前項之罪者，處一年以上七年以下有期徒刑，應併科新台幣五百萬元以下罰金。

引誘、媒介或以他法，使未滿十八歲之人被拍攝、製造性交或猥褻行為之圖畫、錄影帶、影片、光碟、電子訊號或其他物品者，處一年以上七年以下有期徒刑，得併科新台幣一百萬元以下罰金。

以強暴、脅迫、藥劑、詐術、催眠術或其他違反本人意願之方法，使未滿十八歲之人被拍攝、製造性交或猥褻行為之圖畫、錄影帶、影片、光碟、電子訊號或其他物品者，處五年以上有期徒刑，得併科新台幣三百萬元以下罰金。

以犯第二項至第四項之罪為常業者，處七年以上有期徒刑，應併科新台幣一千萬元以下罰金。

第一項至第四項之未遂犯罰之。

第一項至第四項之物品，不問屬於犯人與否，沒收之。

第28條 散布、播送或販賣前條拍攝、製造之圖畫、錄影帶、影片、光碟、電子訊號或其他物品，或公然陳列，或以他法供人觀覽、聽聞者，處三年以下有期徒刑，得併科新台幣五百萬元以下罰金。

意圖散布、播送、販賣而持有前項物品者，處二年以下有期徒刑，得併科新台幣二百萬元以下罰金。

前二項之物品，不問屬於犯人與否，沒收之。

第29條　以廣告物、出版品、廣播、電視、電子訊號、電腦網路或其他媒體，散布、播送或刊登足以引誘、媒介、暗示或其他促使人爲性交易之訊息者，處五年以下有期徒刑，得併科新台幣一百萬元以下罰金。

第30條　公務員或經選舉產生之公職人員犯本條例之罪，或包庇他人犯本條例之罪者，依各該條項之規定，加重其刑至二分之一。

第31條　意圖犯第二十三條至第二十五條、第二十六條第一項後段或第二十七條之罪，而移送被害人入出台灣地區者，依各該條項之規定，加重其刑至二分之一。

前項之未遂犯罰之。

第32條　父母對其子女犯本條例之罪因自白、自首或供訴，而查獲第二十三條至第二十八條之犯罪者，減輕或免除其刑。

犯第二十二條之罪自白或自首，因而查獲第二十三條至第二十八條之犯罪者，減輕或免除其刑。

第33條　廣告物、出版品、廣播、電視、電子訊號、電腦網路或其他媒體，散布、播送或刊登足以引誘、媒介、暗示或其他促使人爲性交易之訊息者，由各目的事業主管機關處以新臺幣五萬元以上六十萬元以下罰鍰。

新聞主管機關對於違反前項規定之媒體，應發布新聞並公告之。

第34條　犯第二十二條至第二十九條之罪，經判刑確定者，主管機關應公告其姓名、照片及判決要旨。

前項之行爲人未滿十八歲者，不適用前項之規定。

第35條　犯第二十二條至第二十九條之罪，經判決確定者，主管機關應對其實施輔導教育；其輔導教育辦法，由主管機關定之。

不接受前項輔導教育或接受之時數不足者，處新台幣六千元以上三萬以下罰鍰；經再通知仍不接受者，得按次連續處罰。

第36條　違反第九條第項之規定者，處新台幣六千元以上三萬元以下罰鍰。但醫護人員爲避免兒童、少年生命身體緊急危難而違反者，不罰。

第36-1條　依本條例所處之罰鍰，經限期繳納，屆期不繳納者，移送法院強制執行。

第36-2條　違反本條例之行爲，其他法律有較重處罰之規定者，從其規定。

第五章　附則

第37條　（刪除）

第38條　本條例施行細則，由中央主管機關於本條例公布後六個月內訂定之。

第39條　本條例自公布日施行。

兒童及少年性交易防制條例施行細則

中華民國八十五年二月十日行政院（85）台內社字第8576094號令訂定發布全文44條

中華民國八十九年二月二日內政部（89）台內中社字第8815816號令修正發布第2、17、40條條文

中華民國八十九年十二月三十日內政部（89）台內中社字第8986147號令修正發布第2、17條條文

第一章　總則

第1條　本細則依兒童及少年性交易防制條例（以下簡稱本條例）第三十八條規定訂定之。

第2條　本條例第十條第一項所稱主管機關，係指兒童或少年所在地之直轄市、縣（市）主管機關。

本條例第十一條第一項所稱主管機關，係指兒童或少年住所地之直轄市、縣（市）主管機關。但所在地與住所地不同時，係指所在地之直轄市、縣（市）主管機關。

本條例第十二條所稱主管機關，係指直轄市、縣（市）主管機關。

本條例第十五條至第十七條所稱主管機關，係指行爲地之直轄市、縣（市）主管機關。

本條例第十八條第三項、第五項、第六項及第二十條第二項、第三項所稱主管機關，係指兒童或少年住所地之直轄市、縣（市）主管機關。

本條例第三十三條第一項所稱出版品之目的事業主管機關及第二項所稱新聞主管機關，係指直轄市、縣（市）政府。

本條例第三十四條第一項、第三十五條第一項前段所稱主管機關，係指犯罪行爲人住所或居所地之直轄市、縣（市）主管機關。但犯罪行爲人無住所、居所者，係指犯罪地之直轄市、縣（市）主管機關。

本條例第三十五條第一項後段所稱輔導教育辦法，由中央主管機關定之。

第3條　司法機關爲本條例第四章之案件偵查、審判中，或法院爲第三章之事件審理、裁定中，傳喚安置中兒童或少年時，安置兒童或少年之主管機關應指派社工人員護送兒童或少年到場。

第4條　本條例第十六條第一項、第十七條第一項之聲請，由行爲地主管機關爲之。

第二章　名詞定義

第5條　本條例第十條第一項、第十一條第一項所稱社工人員，第十五條第一項所稱專業人員，係指下列人員：

一、主管機關編制內或聘僱之社會工作及社會行政人員。

二、受主管機關委託之兒童福利機構、少年福利機構之社會工作人員。

三、其他受主管機關委託之適當人員。

第6條　本條例第十三條第二項所稱專業人員，包括下列人員：
一、社會工作人員。
二、心理輔導人員。
三、醫師。
四、護理人員。
五、其他有關專業人員。
前項人員，得以特約方式設置。

第7條　本條例第十六條第二項第二款所稱其他適當場所，係指行為地主管機關委託之兒童福利機構、少年福利機構或寄養家庭。

第8條　本條例第三十一條所稱臺灣地區，係指臺灣、澎湖、金門、馬祖及政府統治權所及之其他地區。

第三章　文書

第9條　主管機關或本條例第六條所定之單位依本條例第九條受理報告，應塡具三聯單。第一聯送當地檢察機關，第二聯照會其他得受理報告之單位，第三聯由受理報告單位自存。
前項三聯單之格式，由中央主管機關會同法務部定之。

第10條　法官、檢察官、司法警察官、司法警察、聯合稽查小組或本條例第六條之任務編組為本條例第十五條第一項之移送時，應檢具現存之證據或其他可供參考之資料，並以移送書載明下列事項：
一、被移送人之姓名、性別、出生年月日、國民身分證統一編號、職業、住所或居所及其他足資辨別之特徵。
二、具體事實。

第11條　依本條例第十六條第一項、第十七條第一項規定報告時，應以書面為之。
前項報告書之格式，由中央主管機關協商司法院定之。

第12條　受理本條例第九條第一項報告之機關或單位，對報告人及告發人之身分資料應另行封存，不得附入移送法院審理之文書內。

第四章　期日及期間

第13條　本條例第十五條第一項所稱二十四小時，自依同條項規定通知主管機關時起算。
本條例第十六條第一項所稱七十二小時期間之終止，逾法定上班時間者，以次日上午代之。其次日為休息日時，以其休息日之次日上午代之。

第14條　下列時間不計入本條例第十五條第一項、第十六條第一項所定期間之計算：
一、在途護送時間。
二、交通障礙時間。
三、其他不可抗力之事由所生不得已之遲滯時間。

第15條　主管機關於接獲法院依本條例第十六條第二項、第十七條第二項規定之裁定前，應繼續安置兒童或少年。
前項繼續安置期間，應分別併計入短期收容中心之觀察輔導期間、中途學校之特殊教育期間。

第16條　本條例第十八條第六項之延長特殊教育期間之裁定，不以一次爲限，其每次延長之期間不得逾二年。但以延長至滿二十歲爲止。

第五章　機構

第17條　本條例第十三條第一項規定直轄市、縣（市）主管機關應置之緊急收容中心及短期收容中心，得視實際情形合併設置，並得採行公設民營或委託民間之方式辦理。

第18條　兒童或少年被安置後，短期收容中心應行健康及性病檢查，有下列情形之一者，主管機關應於聲請裁定時，建議法院爲適當之處置：
一、罹患愛滋病或性病者。
二、罹患精神疾病之嚴重病人。
三、懷孕者。
四、罹患法定傳染病者。
五、智障者。
前項檢查報告，短期收容中心應依法院裁定，通知各該主管機關。

第六章　保護程序

第19條　兒童或少年有下列行爲之一，而有從事性交易之虞者，應依本條例第十五條至第十八條規定處理：
一、坐檯陪酒。
二、伴遊、伴唱或伴舞。
三、其他涉及色情之侍應工作。

第20條　本條例第十五條第一項規定之指認及訊問前，主管機關指派之專業人員得要求與兒童或少年單獨晤談。
兒童或少年進行指認加害者時，警察機關應使之隔離或採間接方式。

第21條　法官、檢察官、司法警察官、司法警察、聯合稽查小組或本條例第六條之任務編組依本條例第十五條第一項通知主管機關指派專業人員到場，應給予適當之在途時間。
主管機關指派之專業人員逾時未能到場，前項通知單位應記明事實，並得在不妨礙該兒童或少年身心情況下，逕爲本條例第十五條第一項之指認及訊問。

第22條　主管機關依本條例第十五條第一項安置兒童或少年後應向其法定代理人或最近尊親屬敘明安置之依據，並告知其應配合事項。但其法定代理人或最近尊親屬無法通知者，不在此限。

第23條　主管機關依本條例第十五條、第十六條安置兒童或少年期間，發現另有犯本條例第二十二條至第二十九條之罪者，應通知檢察機關或本條例第六條所定之單位。

第24條　依本條例第十六條第一項安置兒童或少年時，應建立個案資料；必要時，得請該兒童或少年住所地之直轄市、縣（市）主管機關配合提供資料。

第25條　依本條例第十七條第一項安置兒童或少年時，應建立個案資料；並通知該兒童或少年住所地之直轄市、縣（市）主管機關評估其家庭之適任程序。

前項家庭適任評估，應於二週內完成，並以書面送達行爲地之直轄市、縣（市）主管機關。

第26條 依本條例第十六條第一項、第十七條第一項規定聲請法院裁定，不得隨案移送兒童或少年。但法院請求隨案移送時，不在此限。

第27條 主管機關依本條例第十六條第一項、第十七條第一項規定安置少年期間，少年年滿十八歲者，仍應依本條例規定辦理。

第28條 兒童或少年經法院依本條例第十六條第二項第一款、第十八條第一項裁定不予安置，或依本條例第十八條第三項裁定交由父母監護者，如應受交付之人經催告仍不領回兒童或少年，主管機關應暫予適當之安置。

第29條 主管機關對法院依本條例第十六條第二項第一款、第十八條第一項裁定不予安置之兒童或少年，應視法院交付對象，通知其住所或所在地之兒童福利或少年福利主管機關。

第30條 主管機關依本條例第十八條第三項對交由父母監護或爲其他適當處遇之兒童或少年續予輔導及協助時，得以書面指定時間、地點，通知其到場。

前項輔導及協助，主管機關應指派專業人員爲之。

第31條 主管機關依本條例第十八條第五項、第六項認有或無繼續特殊教育之必要，應於中途學校檢具事證以書面通知後始得爲之。

主管機關接獲前項通知，應邀集專家學者評估，中途學校應予配合，並給予必要協助。

第32條 經前條評估確認兒童或少年無繼續特殊教育之必要者，於聲請法院裁定前，或接受特殊教育期滿，認爲無繼續特殊教育之必要者，主管機關應協助該兒童或少年及其家庭預爲必要之返家準備。

兒童或少年返家後，主管機關應續予輔導及協助，其期間至少一年或至其年滿二十歲止。

前項輔導與協助，教育、勞工、衛生、警察等單位，應全力配合。

第33條 主管機關依本條例第十五條第三項或第十八條第三項規定，對十五歲以上或國民中學畢業而從事性交易或有從事之虞者，認有提供職業訓練或就業服務必要時，應移請當地公共職業訓練機構或公立就業服務機構依其意願施予職業訓練或推介就業。

主管機關對移由公共職業訓練機構或公立就業服務機構提供協助者，應定期或不定期派社工人員訪視，以協助其適應社會生活。

第34條 本條例第十八條第四項規定之特殊教育期滿或法院依本條例第十八條第五項規定裁定免除特殊教育後，兒童或少年之法定代理人經催告仍不領回該兒童或少年，主管機關應委託兒童福利機構、少年福利機構或其他適當場所續予安置。

第35條 返家後之兒童或少年，與社會、家庭、學校發生失調情況者，住所地之直轄市、縣（市）主管機關認有保護之必要時，依兒童福利法或少年福利法之規定處理。

第36條 主管機關依本條例第十五條第三項或第十八條第三項規定，對兒童或少年續予輔導及協助期間，兒童或少年因就學、接受職業訓練或就業等因素，經其法定代理人同意離開家庭居住，主管機關認有續予輔導及協助之必要者，得移請其所在地之直轄市、縣（市）主管機關處理。

第37條　兒童或少年逃離安置之場所或中途學校，或返家後脫離家庭者，主管機關應立即以書面通知逃脫當地警察機關協尋。逃離期間不計入緊急收容、短期收容及特殊教育期間。
協尋於其原因消滅或少年年滿二十歲時，主管機關應即以書面通知前項警察機關撤銷協尋。

第七章　自行救助者之保護

第38條　直轄市、縣（市）政府或本條例第六條所定之單位依本條例第二十一條受理十八歲以上之人之請求，應通知行為地之直轄市、縣（市）主管機關。
行為地之直轄市、縣（市）主管機關接獲前項通知後，應迅即處理；處理遭遇困難時，得請求檢察或警察機關予以必要之協助。

第39條　對於十八歲以上之人之安置保護，應視其性向及志願，就其生活、醫療、就學、就業、接受職業訓練或法律訴訟時，給予適當輔導及協助。

第八章　處分程序

第40條　依本條例第三十四條第一項規定應公告犯罪行為人姓名、照片及判決要旨者，由犯罪行為人住所或居所地之直轄市、縣（市）主管機關於接獲法院之確定判決後為之；犯罪行為人無住所或居所者，由犯罪地之直轄市、縣（市）主管機關為之。

第41條　本條例第三十四條之主管機關於取得照片遭遇困難時，得請求原移送警察機關或執行監所配合提供。

第42條　主管機關依本條例第三十五條第二項、第三十六條規定處罰鍰，應填發處分書，受處分者應於收受處分書後三十日內繳納罰鍰。
前項處分書格式，由中央主管機關定之。

第九章　附則

第43條　行為地之直轄市、縣（市）主管機關接獲警察機關、檢察機關及法院對加害者為移送、不起訴、起訴或判決之書面通知，應納入個案資料檔案，並依個案安置狀況，通知各該主管機關。

第44條　本細則自發布日施行。

性侵害犯罪防治法

中華民國八十六年一月二十二日總統（86）華總（一）義字第8600016230號令制定公布全文20條；並自公布日施行

中華民國九十一年五月十五日總統（91）華總一義字第09100095540號令修正公布第3條條文

中華民國九十一年六月十二日總統華總一義字第09100116860號令增訂公布第6-1、6-2條條文

中華民國九十四年二月五日總統華總一義字第09400017721號令修正公布全文25條；並自公布後六個月施行

第1條　爲防治性侵害犯罪及保護被害人權益，特制定本法。

第2條　本法所稱性侵害犯罪，係指觸犯刑法第二百二十一條至第二百二十七條、第二百二十八條、第二百二十九條、第三百三十二條第二項第二款、第三百三十四條第二款、第三百四十八條第二項第一款及其特別法之罪。

本法所稱加害人，係指觸犯前項各罪經判決有罪確定之人。

第3條　本法所稱主管機關：在中央爲內政部；在直轄市爲直轄市政府；在縣（市）爲縣（市）政府。

第4條　內政部應設性侵害防治委員會，掌理下列事項：

一、研擬性侵害防治政策及法規。

二、協調及監督有關性侵害防治事項之執行。

三、監督各級政府建立性侵害事件處理程序、防治及醫療網絡。

四、督導及推展性侵害防治教育。

五、性侵害事件各項資料之建立、彙整、統計及管理。

六、性侵害防治有關問題之研議。

七、其他性侵害防治有關事項。

第5條　內政部性侵害防治委員會，以內政部部長爲主任委員，民間團體代表、學者及專家之比例不得少於委員總數二分之一。

性侵害防治委員會應配置專人分科處理有關業務；其組織規程，由中央主管機關定之。

第6條　直轄市、縣（市）主管機關應設性侵害防治中心，辦理下列事項：

一、提供二十四小時電話專線服務。

二、提供被害人二十四小時緊急救援。

三、協助被害人就醫診療、驗傷及取得證據。

四、協助被害人心理治療、輔導、緊急安置及提供法律服務。

五、協調醫院成立專門處理性侵害事件之醫療小組。

六、加害人之追蹤輔導及身心治療。

七、推廣性侵害防治教育、訓練及宣導。

八、其他有關性侵害防治及保護事項。

前項中心應配置社工、警察、醫療及其他相關專業人員；其組織由直轄

市、縣（市）主管機關定之。

地方政府應編列預算辦理前二項事宜，不足由中央主管機關編列專款補助。

第7條　各級中小學每學年應至少有四小時以上之性侵害防治教育課程。

前項所稱性侵害防治教育課程應包括：

一、兩性性器官構造與功能。

二、安全性行為與自我保護性知識。

三、兩性平等之教育。

四、正確性心理之建立。

五、對他人性自由之尊重。

六、性侵害犯罪之認識。

七、性侵害危機之處理。

八、性侵害防範之技巧。

九、其他與性侵害有關之教育。

第8條　醫事人員、社工人員、教育人員、保育人員、警察人員、勞政人員，於執行職務知有疑似性侵害犯罪情事者，應立即向當地直轄市、縣（市）主管機關通報，至遲不得超過二十四小時。通報之方式及內容，由中央主管機關定之。

前項通報內容、通報人之姓名、住居所及其他足資識別其身分之資訊，除法律另有規定外，應予保密。

第9條　中央主管機關應建立全國性侵害加害人之檔案資料；其內容，應包含指紋、去氧核醣核酸紀錄。

前項檔案資料應予保密，非依法律規定，不得提供；其管理及使用等事項之辦法，由中央主管機關定之。

第10條　醫院、診所對於被害人，不得無故拒絕診療及開立驗傷診斷書。

醫院、診所對被害人診療時，應有護理人員陪同，並應保護被害人之隱私，提供安全及合適之就醫環境。

第一項驗傷診斷書之格式，由中央衛生主管機關會商有關機關定之。

違反第一項規定者，由衛生主管機關處新台幣一萬元以上五萬元以下罰鍰。

第11條　對於被害人之驗傷及取證，除依刑事訴訟法、軍事審判法之規定或被害人無意識或無法表意者外，應經被害人之同意。被害人為禁治產或未滿十二歲之人時，應經其監護人或法定代理人之同意。但監護人或法定代理人之有無不明、通知顯有困難或為該性侵害犯罪之嫌疑人時，得逕行驗傷及取證。

取得證據後，應保全證物於證物袋內，司法、軍法警察並應即送請內政部警政署鑑驗，證物鑑驗報告並應依法保存。

性侵害犯罪案件屬告訴乃論者，尚未提出告訴或自訴時，內政部警政署應將證物移送犯罪發生地之直轄市、縣（市）主管機關保管，除未能知悉犯罪嫌疑人外，證物保管六個月後得逕行銷毀。

第12條　因職務或業務知悉或持有性侵害被害人姓名、出生年月日、住居所及其他足資識別其身分之資料者，除法律另有規定外，應予保密。

行政機關、司法機關及軍法機關所製作必須公示之文書，不得揭露被害

人之姓名、出生年月日、住居所及其他足資識別被害人身分之資訊。

第13條　廣告物、出版品、廣播、電視、電子訊號、電腦網路或其他媒體，不得報導或記載被害人之姓名或其他足資識別被害人身分之資訊。但經有行為能力之被害人同意或犯罪偵查機關依法認為有必要者，不在此限。

違反前項規定者，由各該目的事業主管機關處新台幣六萬元以上六十萬元以下罰鍰，並得沒入前項物品或採行其他必要之處置；其經通知限期改正，屆期不改正者，得按次連續處罰。但被害人死亡，經目的事業主管機關權衡社會公益，認有報導必要者，不罰。

第14條　法院、檢察署、軍事法院、軍事法院檢察署、司法、軍法警察機關及醫療機構，應由經專業訓練之專人處理性侵害事件。

前項醫療機構，係指由中央衛生主管機關指定設置處理性侵害事件醫療小組之醫療機構。

第15條　被害人之法定代理人、配偶、直系或三親等內旁系血親、家長、家屬、醫師、心理師、輔導人員或社工人員得於偵查或審判中，陪同被害人在場，並得陳述意見。

前項規定，於得陪同在場之人為性侵害犯罪嫌疑人或被告時，不適用之。

被害人為兒童或少年時，除顯無必要者外，直轄市、縣（市）主管機關應指派社工人員於偵查或審判中陪同在場，並得陳述意見。

第16條　對被害人之訊問或詰問，得依聲請或依職權在法庭外為之，或利用聲音、影像傳送之科技設備或其他適當隔離措施，將被害人與被告或法官隔離。

被害人經傳喚到庭作證時，如因心智障礙或身心創傷，認當庭詰問有致其不能自由陳述或完全陳述之虞者，法官、軍事審判官應採取前項隔離詰問之措施。

審判長因當事人或辯護人詰問被害人不當而禁止其詰問者，得以訊問代之。

性侵害犯罪之被告或其辯護人不得詰問或提出有關被害人與被告以外之人之性經驗證據。但法官、軍事審判官認有必要者，不在此限。

第17條　被害人於審判中有下列情形之一，其於檢察事務官、司法警察官或司法警察調查中所為之陳述，經證明具有可信之特別情況，且為證明犯罪事實之存否所必要者，得為證據：

一、因性侵害致身心創傷無法陳述者。

二、到庭後因身心壓力於訊問或詰問時無法為完全之陳述或拒絕陳述者。

第18條　性侵害犯罪之案件，審判不得公開。但有下列情形之一，經法官或軍事審判官認有必要者，不在此限：

一、被害人同意。

二、被害人為無行為能力或限制行為能力者，經本人及其法定代理人同意。

第19條　直轄市、縣（市）主管機關得依被害人之申請，核發下列補助：

一、非屬全民健康保險給付範圍之醫療費用及心理復健費用。

二、訴訟費用及律師費用。

三、其他費用。

前項補助對象、條件及金額等事項之規定，由直轄市、縣（市）主管機關定之。

第20條　加害人有下列情形之一，經評估認有施以治療輔導之必要者，直轄市、縣（市）主管機關應命其接受身心治療或輔導教育：

一、有期徒刑或保安處分執行完畢。

二、假釋。

三、緩刑。

四、免刑。

五、赦免。

六、緩起訴處分。

觀護人對於前項第二款、第三款付保護管束之加害人，得採取下列一款或數款之處遇方式：

一、對於受保護管束之加害人實施約談、訪視，並得進行團體活動或問卷等輔助行為。

二、對於有事實足認其有再犯罪之虞或需加強輔導及管束之受保護管束加害人，得密集實施約談、訪視；必要時，並得請警察機關派員定期或不定期查訪之。

三、對於受保護管束之加害人有事實可疑為施用毒品時，得命其接受採驗尿液。

四、受保護管束之加害人無一定之居住處所，或其居住處所不利保護管束之執行者，觀護人得報請檢察官、軍事檢察官許可，命其居住於指定之處所。

五、受保護管束之加害人有於夜間犯罪之習性，或有事實足認其有再犯罪之虞時，觀護人得報請檢察官、軍事檢察官許可，施以宵禁。

六、受保護管束之加害人經評估應接受身心治療或輔導教育者，觀護人得報經檢察官、軍事檢察官之許可，對其實施測謊。

七、受保護管束之加害人有固定犯罪模式，或有事實足認其有再犯罪之虞時，觀護人得報請檢察官、軍事檢察官許可，禁止其接近特定場所或對象。

八、轉介適當機構或團體。

九、其他必要處遇。

觀護人對於實施前項第四款、第五款之受保護管束加害人，得報請檢察官、軍事檢察官許可後，輔以科技設備監控。

第一項之執行期間為三年以下。但經評估認無繼續執行之必要者，直轄市、縣（市）主管機關得免其處分之執行。

第一項之評估，除徒刑之受刑人由監獄或軍事監獄辦理外，由直轄市、縣（市）主管機關辦理。

第一項評估之內容、基準、程序與身心治療或輔導教育及登記之內容、程序、成效評估等事項之辦法，由中央主管機關會同法務部、國防部及行政院衛生署定之。

第二項第三款採驗尿液之執行方式、程序、期間次數、檢驗機構及項目等，由法務部會商相關機關定之。

第二項第六款測謊之機關（構）、人員、執行程序、方式等及第三項科技設備之監控方法、執行程序、機關（構）、人員等，由法務部會商相關機關定之。

第21條　前條加害人有下列情形之一者，得處新台幣一萬元以上五萬元以下罰鍰，並限期命其履行：

一、經直轄市、縣（市）主管機關通知，無正當理由不到場或拒絕接受評估、身心治療或輔導教育者。

二、經直轄市、縣（市）主管機關通知，無正當理由不按時到場接受身心治療或輔導教育或接受之時數不足者。

三、未依第二十三條第一項規定定期辦理登記或報到。

前項加害人屆期仍不履行者，處一年以下有期徒刑、拘役或科或併科新台幣五萬元以下罰金。

直轄市、縣（市）主管機關對於假釋、緩刑或受緩起訴處分之加害人為第一項之處分後，應即通知該管地方法院檢察署檢察官或軍事法院檢察署檢察官。

地方法院檢察署檢察官、軍事法院檢察署檢察官接獲前項通知後，得通知原執行監獄典獄長報請法務部、國防部撤銷假釋或向法院、軍事法院聲請撤銷緩刑或依職權撤銷緩起訴處分。

第22條　加害人依第二十條第一項規定接受身心治療或輔導教育，經鑑定、評估其自我控制再犯預防仍無成效者，直轄市、縣（市）主管機關得檢具相關評估報告，送請該管地方法院檢察署檢察官、軍事檢察署檢察官依法聲請強制治療。

第23條　犯刑法第二百二十一條、第二百二十二條、第二百二十四條之一、第二百二十五條第一項、第二百二十六條、第二百二十六條之一、第三百三十二條第二項第二款、第三百三十四條第二款、第三百四十八條第二項第一款或其特別法之罪之加害人，有第二十條第一項各款情形之一者，應定期向警察機關辦理身分、就學、工作、車籍及其異動等資料之登記及報到。其登記、報到之期間為七年。

前項規定於犯罪時未滿十八歲者，不適用之。

第一項登記期間之事項，為維護公共利益及社會安全之目的，於登記期間得供特定人員查閱。

第一項登記、報到之程序及前項供查閱事項之範圍、內容、執行機關、查閱人員之資格、條件、查閱程序及其他應遵行事項之辦法，由中央主管機關定之。

第24條　本法施行細則，由中央主管機關定之。

第25條　本法自公布後六個月施行。

性侵害犯罪防治法施行細則

中華民國八十六年七月二十一日內政部（86）台內防字第8622606號令訂定發布全文14條；並自發布日施行

中華民國九十四年八月八日內政部台內防字第0940061997號令修正發布全文14條；並自性侵害犯罪防治法施行之日施行

第1條　本細則依性侵害犯罪防治法（以下簡稱本法）第二十四條規定訂定之。

第2條　依本法第六條第一項第五款規定協調醫院成立之醫療小組，應由該醫院院長或其指派之人員擔任召集人，其成員至少應包括醫事人員及社工人員。

第3條　本法第八條第一項所定警察人員，包括司法、軍法警察。

第4條　本法第八條第一項規定之通報方式，應以電信傳眞或其他科技設備傳送等方式通報直轄市、縣（市）主管機關；情況緊急時，得先以言詞、電話通訊方式通報，並於通報後二十四小時內補送通報表。

前項通報作業，應就通報表所定內容詳實塡載，並注意維護被害人之秘密或隱私，不得洩漏。

第5條　依本法第十一條第一項規定對於被害人爲驗傷及取證時，應注意其身心狀態及被害情況，並詳實記錄及保存。

本法第十一條第一項之同意，應以書面爲之。

本法第十一條第二項、第三項規定證物之保存及移送，應注意防止滅失。

第6條　本法第十二條及第十三條第一項所定其他足資識別被害人身分之資訊，包括被害人照片或影像、聲音、住址、親屬姓名或其關係、就讀學校與班級或工作場所等個人基本資料。

第7條　醫師、心理師、輔導人員或社工人員依本法第十五條第一項規定陪同被害人到場陳述意見時，應本於專業倫理，並注意維護被害人之權益。

第8條　被害人、被害人之監護人或法定代理人得向直轄市、縣（市）主管機關申請指派社工人員依本法第十五條第一項規定陪同被害人在場，除顯無必要者外，直轄市、縣（市）主管機關不得拒絕。

第9條　本法第十五條第三項及前條所定直轄市、縣（市）主管機關，爲被害人所在地之直轄市、縣（市）主管機關；必要時，得視實際情形協調其他直轄市、縣（市）主管機關協助辦理。

第10條　本法第十六條第一項所定法官，包括軍事審判官。

第11條　本法第十七條所定司法警察官、司法警察，包括軍法警察官、軍法警察。

第12條　本法第十九條所定直轄市、縣（市）主管機關，爲被害人戶籍地之直轄市、縣（市）主管機關。

第13條　直轄市、縣（市）主管機關應每半年邀集當地社政、教育、衛生、勞政、檢察、警察及新聞等相關單位召開協調會議一次。但必要時得召開臨時協調會議。

第14條　本細則自本法施行之日施行。

家庭暴力防治法

中華民國八十七年六月二十四日
總統（87）華總（一）義字第8700122820號令制定公布全文54條

第一章　通則

第1條　爲促進家庭和諧，防治家庭暴力行爲及保護被害人權益，特制定本法。

第2條　本法所稱家庭暴力者，謂家庭成員間實施身體或精神上不法侵害之行爲。

本法所稱家庭暴力罪者，謂家庭成員間故意實施家庭暴力行爲而成立其他法律所規定之犯罪。

本法所稱騷擾者，謂任何打擾、警告、嘲弄或辱罵他人之言語、動作或製造使人心生畏怖情境之行爲。

第3條　本法所稱家庭成員，包括下列各員及其未成年子女：

一、配偶或前配偶。

二、現有或曾有事實上之夫妻關係、家長家屬或家屬間關係者。

三、現爲或曾爲直系血親或直系姻親。

四、現爲或曾爲四親等以內之旁系血親或旁系姻親。

第4條　本法所稱主管機關：在中央爲內政部家庭暴力防治委員會；在省（市）爲省（市）政府；在縣（市）爲縣（市）政府。

第5條　內政部應設立家庭暴力防治委員會，其職掌如下：

一、研擬家庭暴力防治法規及政策。

二、協調、督導及考核有關機關家庭暴力防治事項之執行。

三、提高家庭暴力防治有關機構之服務效能。

四、提供大眾家庭暴力防治教育。

五、協調被害人保護計畫與加害人處遇計畫。

六、協助公、私立機構建立家庭暴力處理程序及推展家庭暴力防治教育。

七、統籌家庭暴力之整體資料，供法官、檢察官、警察人員、醫護人員及其他政府機關相互參酌並對被害人之身分予以保密。

八、協助地方政府推動家庭暴力防治業務並提供輔導及補助。

前項第七款資料之建立、管理及使用辦法，由中央主管機關另定之。

第6條　家庭暴力防治委員會，以內政部長爲主任委員，民間團體代表、學者及專家之比例不得少於委員總數二分之一。

家庭暴力防治委員會應配置專人分組處理有關業務；其組織規程由中央主管機關定之。

第7條　各級地方政府得設立家庭暴力防治委員會，其職掌如下：

一、研擬家庭暴力防治法規及政策。

二、協調、督導及考核有關機關家庭暴力防治事項之執行。

三、提高家庭暴力防治有關機構之服務效能。

四、提供大眾家庭暴力防治教育。

五、協調被害人保護計畫與加害人處遇計畫。

六、協助公、私立機構建立家庭暴力處理程序及推展家庭暴力防治教育。

七、統籌家庭暴力之整體資料，供法官、檢察官、警察人員、醫護人員及其他政府機關相互參酌並對被害人之身分予以保密。

前項家庭暴力防治委員會之組織規程由地方政府定之。

第8條　各級地方政府應各設立家庭暴力防治中心，並結合警政、教育、衛生、社政、戶政、司法等相關單位，辦理下列措施，以保護被害人之權益並防止家庭暴力事件之發生：

一、二十四小時電話專線。

二、被害人之心理輔導、職業輔導、住宅輔導、緊急安置與法律扶助。

三、給予被害人二十四小時緊急救援、協助診療、驗傷及取得證據。

四、加害人之追蹤輔導之轉介。

五、被害人與加害人身心治療之轉介。

六、推廣各種教育、訓練與宣傳。

七、其他與家庭暴力有關之措施。

前項中心得單獨設立或與性侵害防治中心合併設立，並應配置社工、警察、醫療及其他相關專業人員；其組織規程由地方主管機關定之。

第二章　民事保護令

第9條　保護令分爲通常保護令及暫時保護令。

被害人、檢察官、警察機關或直轄市、縣（市）主管機關得向法院聲請保護令。

被害人爲未成年人、身心障礙者或因故難以委任代理人者，其法定代理人、三親等以內之血親或姻親，得爲其向法院聲請保護令。

第10條　保護令之聲請，由被害人之住居所地、相對人之住居所地或家庭暴力發生地之法院管轄。

第11條　保護令之聲請，應以書面爲之。但被害人有受家庭暴力之急迫危險者，檢察官、警察機關、或直轄市、縣（市）主管機關，得以言詞、電信傳真或其他科技設備傳送之方式聲請，並得於夜間或休息日爲之。

前項聲請得不記載聲請人或被害人之住居所，僅記載其送達處所。

法院爲定管轄權，得調查被害人之住居所。如聲請人或被害人要求保密被害人之住居所，法院應以秘密方式訊問，將該筆錄及相關資料密封，並禁止閱覽。

第12條　保護令事件之審理不公開。

法院得依職權調查證據，必要時得隔別訊問。

法院於審理終結前，得聽取直轄市、縣（市）主管機關或社會福利機構之意見。

保護令事件不得進行調解或和解。

法院不得以當事人間有其他案件偵查或訴訟繫屬爲由，延緩核發保護令。

第13條　法院受理通常保護令之聲請後，除有不合法之情形逕以裁定駁回者外，

應即行審理程序。

法院於審理終結後，認有家庭暴力之事實且有必要者，應依聲請或依職權核發包括下列一款或數款之通常保護令：

一、禁止相對人對於被害人或其特定家庭成員實施家庭暴力。

二、禁止相對人直接或間接對於被害人爲騷擾、通話、通信或其他非必要之聯絡行爲。

三、命相對人遷出被害人之住居所，必要時並得禁止相對人就該不動產爲處分行爲或爲其他假處分。

四、命相對人遠離下列場所特定距離：被害人之住居所、學校、工作場所或其他被害人或其特定家庭成員經常出入之特定場所。

五、定汽、機車及其他個人生活上、職業上或教育上必需品之使用權，必要時並得命交付之。

六、定暫時對未成年子女權利義務之行使或負擔由當事人之一方或雙方共同任之、行使或負擔之內容及方法，必要時並得命交付子女。

七、定相對人對未成年子女會面交往之方式，必要時並得禁止會面交往。

八、命相對人給付被害人住居所之租金或被害人及其未成年子女之扶養費。

九、命相對人交付被害人或特定家庭成員之醫療、輔導、庇護所或財物損害等費用。

十、命相對人完成加害人處遇計畫：戒癮治療、精神治療、心理輔導或其他治療、輔導。

十一、命相對人負擔相當之律師費。

十二、命其他保護被害人及其特定家庭成員之必要命令。

第14條　通常保護令之有效期間爲一年以下，自核發時起生效。

通常保護令失效前，當事人及被害人得聲請法院撤銷、變更或延長之。延長之期間爲一年以下，並以一次爲限。

通常保護令所定之命令，於期間屆滿前經法院另爲裁判確定者，該命令失其效力。

第15條　法院爲保護被害人，得不經審理程序或於審理終結前，依聲請核發暫時保護令。

法院核發暫時保護令時，得依聲請或依職權核發第十三條第二項第一款至第六款及第十二款之命令。

法院於受理第十一條第一項但書之暫時保護令聲請後，依警察人員到庭或電話陳述家庭暴力之事實，有正當理由足認被害人有受家庭暴力之急迫危險者，除有正當事由外，應於四小時內以書面核發暫時保護令，並得以電信傳眞或其他科技設備傳送暫時保護令予警察機關。

聲請人於聲請通常保護令前聲請暫時保護令，其經法院准許核發者，視爲已有通常保護令之聲請。

暫時保護令自核發時起生效，於法院審理終結核發通常保護令或駁回聲請時失其效力。

暫時保護令失效前，法院得依當事人及被害人之聲請或依職權撤銷或變更之。

第16條　命相對人遷出被害人住居所或遠離被害人之保護令，不因被害人同意相對人不遷出或不遠離而失其效力。

第17條　保護令除第十五條第三項情形外，應於核發後二十四小時內發送當事人、被害人、警察機關及直轄市、縣（市）主管機關。

直轄市、縣（市）主管機關應登錄各法院所核發之保護令，並隨時供法院、警察機關及其他政府機關查閱。

第18條　法院應提供被害人或證人安全出庭之環境與措施。

第19條　關於保護令之裁定，除有特別規定者外，得為抗告。

保護令之程序，除本章別有規定外，準用非訟事件法有關規定。非訟事件法未規定者，準用民事訴訟法有關規定。

第20條　保護令之執行，由警察機關為之。但關於金錢給付之保護令，得為執行名義，向法院聲請強制執行。

警察機關應依保護令，保護被害人至被害人或相對人之住居所，確保其安全占有住居所、汽、機車或其他個人生活上、職業上或教育上必需品。

當事人或利害關係人對於警察機關執行保護令之內容有異議時，得於保護令失效前，向原核發保護令之法院聲明異議。

關於聲明異議之程序，準用強制執行法之規定。

第21條　外國法院關於家庭暴力之保護令，經聲請中華民國法院裁定承認後，得執行之。

當事人聲請法院承認之外國法院關於家庭暴力之保護令，有民事訴訟法第四百零二條第一款至第三款所列情形之一者，法院應駁回其聲請。

外國法院關於家庭暴力之保護令，其核發地國對於中華民國法院之保護令不予承認者，法院得駁回其聲請。

第三章　刑事程序

第22條　警察人員發現家庭暴力罪或違反保護令罪之現行犯時，應逕行逮捕之，並依刑事訴訟法第九十二條規定處理。

雖非現行犯，但警察人員認其犯家庭暴力罪嫌疑重大，且有繼續侵害家庭成員生命、身體或自由之危險，而符合刑事訴訟法所定之逕行拘提要件者，應逕行拘提之。並即報請檢察官簽發拘票。如檢察官不簽發拘票時，應即將被拘提人釋放。

第23條　家庭暴力罪或違反保護令罪之被告經檢察官或法院訊問後，認無羈押之必要，而逕命具保、責付、限制住居或釋放者，得附下列一款或數款條件命被告遵守：

一、禁止實施家庭暴力行為。

二、命遷出被害人之住居所。

三、禁止對被害人為直接或間接之騷擾、接觸、通話或其他聯絡行為。

四、其他保護被害人安全之事項。

檢察官或法院得依當事人之聲請或依職權撤銷或變更依前項規定所附之條件。

第24條　被告違反檢察官或法院依前條第一項規定所附之條件者，檢察官或法院得命撤銷原處分，另為適當之處分；如有繳納保證金者，並得沒入其保證金。

前項情形，偵查中檢察官得聲請法院羈押之；審判中法院得命羈押之。

第25條　第二十三條、第二十四條第一項之規定，於羈押中之被告，經法院裁定停止羈押者，準用之。

停止羈押中之被告違反法院依前項規定所附之釋放條件者，法院於認有羈押必要時，得命再執行羈押。

第26條　檢察官或法院爲第二十三條第一項及前條第一項之附條件處分或裁定時，應以書面爲之，並送達於被告及被害人。

第27條　警察人員發現被告違反檢察官或法院依第二十三條第一項、第二十五條第一項規定所附之條件者，應即報告檢察官或法院。第二十二條之規定於本條情形準用之。

第28條　家庭暴力罪及違反保護令罪之告訴人得委任代理人到場。但檢察官或法院認爲必要時，得命本人到場。

對智障被害人或十六歲以下被害人之訊問或詰問，得依聲請或依職權在法庭外爲之，或採取適當隔離措施。被害人於本項情形所爲之陳述，得爲證據。

第29條　對於家庭暴力罪或違反保護令罪案件所爲之起訴書、不起訴處分書、裁定書或判決書，應送達於被害人。

第30條　犯家庭暴力罪或違反保護令罪而受緩刑之宣告者，在緩刑期內應付保護管束。

法院爲前項緩刑宣告時，得命被告於緩刑付保護管束期間內，遵守下列一款或數款事項：

一、禁止實施家庭暴力行爲。

二、命遷出被害人之住居所。

三、禁止對被害人爲直接或間接之騷擾、接觸、通話或其他聯絡行爲。

四、命接受加害人處遇計畫：戒癮治療、精神治療、心理輔導或其他治療、輔導。

五、其他保護被害人或其特定家庭成員安全或更生保護之事項。

法院爲第一項之緩刑宣告時，應即通知被害人及其住居所所在地之警察機關。

受保護管束人違反第二項保護管束事項情節重大者，撤銷其緩刑之宣告。

第31條　前條之規定，於受刑人經假釋出獄付保護管束者，準用之。

第32條　檢察官或法院依第二十三條第一項、第二十五條第一項、第三十條第二項或前條規定所附之條件，得指揮司法警察執行之。

第33條　有關政府機關應訂定並執行家庭暴力罪或違反保護令罪受刑人之處遇計畫。

前項計畫之訂定及執行之相關人員應接受家庭暴力防治教育及訓練。

第34條　監獄長官應將家庭暴力罪或違反保護令罪受刑人預定出獄之日期或脫逃之事實通知被害人。但被害人之所在不明者，不在此限。

第四章　父母子女與和解調解程序

第35條　法院依法爲未成年子女酌定或改定權利義務之行使或負擔之人時，對已

發生家庭暴力者，推定由加害人行使或負擔權利義務不利於該子女。

第36條　法院依法為未成年子女酌定或改定權利義務之行使或負擔之人或會面交往之裁判後，發生家庭暴力者，法院得依被害人、未成年子女、主管機關、社會福利機構或其他利害關係人之請求為子女之最佳利益改定之。

第37條　法院依法准許家庭暴力加害人會面交往其未成年子女時，應審酌子女及被害人之安全，並得為下列一款或數款命令：

一、命於特定安全場所交付子女。

二、命由第三人或機關團體監督會面交往，並得定會面交往時應遵守之事項。

三、以加害人完成加害人處遇計畫或其他特定輔導為會面交往條件。

四、命加害人負擔監督會面交往費用。

五、禁止過夜會面交往。

六、命加害人出具準時、安全交還子女之保證金。

七、其他保護子女、被害人或其他家庭成員安全之條件。

法院如認有違背前項命令之情形，或准許會面交往無法確保被害人或其子女之安全者，得依聲請或依職權禁止之。如違背前項第六款命令，並得沒入保證金。

法院於必要時，得命有關機關或有關人員保密被害人或子女住居所。

第38條　各直轄市及縣（市）政府應設未成年子女會面交往處所或委託辦理。

前項會面交往處所應有受過家庭暴力安全及防制訓練之人員，其設置辦法及監督會面交往與交付子女之程序由各直轄市及縣（市）主管機關另訂之。

第39條　法院於訴訟或調解程序中如認為有家庭暴力之情事時，不得進行和解或調解，但有下列情形之一者，不在此限：

一、行和解或調解之人曾受家庭暴力防治之訓練並以確保被害人安全之方式進行和解或調解。

二、准許被害人選定輔助人參與和解或調解。

三、其他行和解或調解之人認為能使被害人免受加害人脅迫之程序。

第五章　預防與治療

第40條　警察人員處理家庭暴力案件，必要時應採取下列方法保護被害人及防止家庭暴力之發生：

一、於法院核發第十五條第三項之暫時保護令前，在被害人住居所守護或採取其他保護被害人及其家庭成員之必要安全措施。

二、保護被害人及其子女至庇護所或醫療處所。

三、保護被害人至被害人或相對人之住居所，確保其安全占有保護令所定個人生活上、職業上或教育上之必需品。

四、告知被害人其得行使之權利、救濟途徑及服務措施。

警察人員處理家庭暴力案件，應製作書面紀錄，其格式由中央警政主管機關訂之。

第41條　醫事人員、社工人員、臨床心理人員、教育人員、保育人員、警察人員及其他執行家庭暴力防治人員，在執行職務時知有家庭暴力之犯罪嫌疑者，應通報當地主管機關。

前項通報人之身分資料應予保密。

主管機關接獲通報後，必要時得自行或委託其他機關或防治家庭暴力有關機構、團體進行訪視、調查。

主管機關或受其委託之機關、機構或團體進行訪視、調查時，得請求警察、醫療、學校或其他相關機關或機構協助，被請求之機關或機構應予配合。

第42條　醫院、診所對於家庭暴力之被害人，不得無故拒絕診療及開立驗傷診斷書。

第43條　衛生主管機關應擬訂及推廣有關家庭暴力防治之衛生教育宣導計畫。

第44條　直轄市及縣（市）政府應製作家庭暴力被害人權益、救濟及服務之書面資料，以供被害人取閱，並提供執業醫師、醫療機構及警察機關使用。

醫師在執行業務時，知悉其病人為家庭暴力被害人時，應將前項資料交付病人。

第一項資料不得記明庇護所之住址。

第45條　中央衛生主管機關應訂定家庭暴力加害人處遇計畫規範，其內容包括下列各款：

一、處遇計畫之評估標準。

二、司法機關、家庭暴力被害人保護計畫之執行機關（構）、加害人處遇計畫之執行機關（構）間之連繫及評估制度。

三、執行機關（構）之資格。

第46條　加害人處遇計畫之執行機關（構）得為下列事項：

一、將加害人接受處遇情事告知被害人及其辯護人。

二、調查加害人在其他機構之處遇資料。

三、將加害人之資料告知司法機關、監獄監務委員會、家庭暴力防治中心及其他有關機構。

加害人處遇計畫之執行機關（構）應將加害人之恐嚇、施暴、不遵守計畫等行為告知相關機關。

第47條　直轄市、縣（市）政府應提供醫療機構及戶政機關家庭暴力防治之相關資料，俾醫療機構及戶政機關將該相關資料提供新生兒之父母、住院未成年人之父母、辦理結婚登記之新婚夫妻及辦理出生登記之人。

前項資料內容應包括家庭暴力對於子女及家庭之影響及家庭暴力之防治服務。

第48條　社會行政主管機關應辦理社工人員及保育人員防治家庭暴力之在職教育。

警政主管機關應辦理警察人員防治家庭暴力之在職教育。

司法院及法務部應辦理相關司法人員防治家庭暴力之在職教育。

衛生主管機關應辦理或督促相關醫療團體辦理醫護人員防治家庭暴力之在職教育。

教育主管機關應辦理學校之輔導人員、行政人員、教師及學生防治家庭暴力之在職教育及學校教育。

第49條　各級中小學每學年應有家庭暴力防治課程。

第六章　罰則

第50條　違反法院依第十三條、第十五條所為之下列裁定者，為本法所稱之違反保護令罪，處三年以下有期徒刑、拘役或科或併科新台幣十萬元以下罰金：

一、禁止實施家庭暴力行為。

二、禁止直接或間接騷擾、接觸、通話或其他連絡行為。

三、命遷出住居所。

四、遠離住居所、工作場所、學校或其他特定場所。

五、命完成加害人處遇計畫：戒癮治療、精神治療、心理輔導或其他治療、輔導。

第51條　違反第四十一條第一項規定者，處新台幣六千元以上三萬元以下罰鍰。但醫事人員為避免被害人身體緊急危難而違反者，不罰。

違反第四十二條規定者，處新台幣六千元以上三萬元以下之罰鍰。

第七章　附則

第52條　警察機關執行保護令及處理家庭暴力案件辦法，由中央主管機關定之。

第53條　本法施行細則，由中央主管機關定之。

第54條　本法自公布日施行。

第二章至第四章、第五章第四十條、第四十一條、第六章自公布後一年施行。

家庭暴力防治法施行細則

中華民國八十八年六月二十二日
內政部（88）台內家字第8881024號令訂定發布全文19條

第1條　本細則依家庭暴力防治法（以下簡稱本法）第五十三條規定訂定之。

第2條　本法所稱各級地方政府，指直轄市政府及縣（市）政府。

第3條　各級地方政府依本法處理被害人保護相關事務，應以被害人之最佳利益爲優先考量。

第4條　各級地方政府家庭暴力防治中心對於需要職業輔導之被害人，得將其轉介至當地公立職業訓練或就業服務機構，參加職業訓練或輔導就業。

第5條　各級地方政府家庭暴力防治中心每半年應邀集當地警政、教育、衛生、社政、戶政、司法、勞政等相關單位舉行業務協調會報，研議辦理本法第八條第一項各款措施相關事宜，必要時得召開臨時會議。

第6條　檢察官、警察機關或直轄市、縣（市）主管機關依本法第十一條第一項但書規定聲請暫時保護令時，應考量被害人有無遭受相對人虐待、威嚇、傷害或其他身體上、精神上不法侵害之現時危險，或如不核發暫時保護令，將導致無法回復之損害等情形。

第7條　本法第九條第一項所稱通常保護令，指由法院以終局裁定所核發之保護令；所稱暫時保護令，指於通常保護令聲請前或法院審理終結前，法院依本法第十一條第一項但書或第十五條第一項之聲請而核發之保護令。

第8條　依本法第十一條第一項前段規定以書面聲請保護令者，應記載下列事項：

一、聲請人非被害人者，其姓名、住居所、送達處所、公務所或事務所及與被害人之關係。

二、被害人之姓名、性別、出生年月日、住居所或送達處所。

三、相對人之姓名、性別、出生年月日、住居所或送達處所及與被害人之關係。

四、有代理人者，其姓名、性別、職業、住居所或事務所、營業所。

五、聲請之意旨及其原因、事實。

六、供證明之或釋明之證據。

七、附件及其件數。

八、法院。

九、年、月、日。

第9條　檢察官、警察機關或直轄市、縣（市）主管機關依本法第十一條第一項但書規定以言詞、電信傳眞或其他科技設備傳送之方式聲請暫時保護令時，應表明前條各款事項，除有特殊情形外，並應以法院之專線爲之。

第10條　本法第十一條第一項但書規定所稱夜間，爲日出前，日沒後；所稱休息日，爲星期例假日、應放假之紀念日及其他由中央人事主管機關規定應放假之日。

第11條　法院受理本法第十一條第一項但書規定暫時保護令聲請之事件，如認現有資料無法審認被害人有受家庭暴力之急迫危險者，得請警察人員協助調查。

第12條　法院受理本法第十一條第一項但書規定暫時保護令聲請之事件，得請警察人員電話或到庭陳述家庭暴力之事實，警察人員不得拒絕。

第13條　警察人員依本法第二十七條規定報告檢察官及法院時，應以書面爲之，並檢具事證及其他相關資料。但情況急迫者，得以言詞、電信傳眞或其他科技設備傳送之方式報告。

第14條　家庭暴力罪及違反保護令罪之告訴人依本法第二十八條第一項規定委任代理人到場者，應提出委任書狀。

第15條　警察人員發現受保護管束人違反本法第三十條第二項於保護管束期間應遵守之事項時，應檢具事證，報告受保護管束人所在地或其最後住所地之地方法院檢察署檢察官。

第16條　本法第三十三條第一項家庭暴力罪或違反保護令罪受刑人之處遇計畫，由法務部會商行政院衛生署定之。

第17條　本法第四十一條第一項規定之通報，其方式及內容，由中央主管機關定之。

第18條　本法所定之罰鍰，由直轄市、縣（市）主管機關處罰之。

第19條　本細則自發布日施行。

性騷擾防治法

中華民國九十四年二月五日總統華總一義字第09400016851號令制定公布全文28條；並自公布後一年施行
中華民國九十五年一月十八日總統華總一義字第09500005861號令修正公布第18、26條條文

第一章　總則

第1條　爲防治性騷擾及保護被害人之權益，特制定本法。
有關性騷擾之定義及性騷擾事件之處理及防治，依本法之規定，本法未規定者，適用其他法律。但適用兩性工作平等法及性別平等教育法者，除第十二條、第二十四條及第二十五條外，不適用本法之規定。

第2條　本法所稱性騷擾，係指性侵害犯罪以外，對他人實施違反其意願而與性或性別有關之行爲，且有下列情形之一者：
一、以該他人順服或拒絕該行爲，作爲其獲得、喪失或減損與工作、教育、訓練、服務、計畫、活動有關權益之條件。
二、以展示或播送文字、圖畫、聲音、影像或其他物品之方式，或以歧視、侮辱之言行，或以他法，而有損害他人人格尊嚴，或造成使人心生畏怖、感受敵意或冒犯之情境，或不當影響其工作、教育、訓練、服務、計畫、活動或正常生活之進行。

第3條　本法所稱公務員者，指依法令從事於公務之人員。
本法所稱機關者，指政府機關。
本法所稱部隊者，指國防部所屬軍隊及學校。
本法所稱學校者，指公私立各級學校。
本法所稱機構者，指法人、合夥、設有代表人或管理人之非法人團體及其他組織。

第4條　本法所稱主管機關：在中央爲內政部；在直轄市爲直轄市政府；在縣（市）爲縣（市）政府。

第5條　中央主管機關辦理下列事項。但涉及各中央目的事業主管機關職掌者，由各中央目的事業主管機關辦理：
一、關於性騷擾防治政策、法規之研擬及審議事項。
二、關於協調、督導及考核各級政府性騷擾防治之執行事項。
三、關於地方主管機關設立性騷擾事件處理程序、諮詢、醫療及服務網絡之督導事項。
四、關於推展性騷擾防治教育及宣導事項。
五、關於性騷擾防治績效優良之機關、學校、機構、僱用人、團體或個人之獎勵事項。
六、關於性騷擾事件各項資料之彙整及統計事項。
七、關於性騷擾防治趨勢及有關問題研究之事項。
八、關於性騷擾防治之其他事項。

第6條　直轄市、縣（市）政府應設性騷擾防治委員會，辦理下列事項。但涉及

各直轄市、縣（市）目的事業主管機關職掌者，由各直轄市、縣（市）目的事業主管機關辦理：

一、關於性騷擾防治政策及法規之擬定事項。

二、關於協調、督導及執行性騷擾防治事項。

三、關於性騷擾爭議案件之調查、調解及移送有關機關事項。

四、關於推展性騷擾防治教育訓練及宣導事項。

五、關於性騷擾事件各項資料之彙整及統計事項。

六、關於性騷擾防治之其他事項。

前項性騷擾防治委員會置主任委員一人，由直轄市市長、縣（市）長或副首長兼任；有關機關高級職員、社會公正人士、民間團體代表、學者、專家爲委員；其中社會公正人士、民間團體代表、學者、專家人數不得少於二分之一；其中女性代表不得少於二分之一；其組織由地方主管機關定之。

第二章　性騷擾之防治與責任

第7條　機關、部隊、學校、機構或僱用人，應防治性騷擾行爲之發生。於知悉有性騷擾之情形時，應採取立即有效之糾正及補救措施。

前項組織成員、受僱人或受服務人員人數達十人以上者，應設立申訴管道協調處理；其人數達三十人以上者，應訂定性騷擾防治措施，並公開揭示之。

爲預防與處理性騷擾事件，中央主管機關應訂定性騷擾防治之準則；其內容應包括性騷擾防治原則、申訴管道、懲處辦法、教育訓練方案及其他相關措施。

第8條　前條所定機關、部隊、學校、機構或僱用人應定期舉辦或鼓勵所屬人員參與防治性騷擾之相關教育訓練。

第9條　對他人爲性騷擾者，負損害賠償責任。

前項情形，雖非財產上之損害，亦得請求賠償相當之金額，其名譽被侵害者，並得請求回復名譽之適當處分。

第10條　機關、部隊、學校、機構、僱用人對於在性騷擾事件申訴、調查、偵查或審理程序中，爲申訴、告訴、告發、提起訴訟、作證、提供協助或其他參與行爲之人，不得爲不當之差別待遇。

違反前項規定者，負損害賠償責任。

第11條　受僱人、機構負責人利用執行職務之便，對他人爲性騷擾，依第九條第二項對被害人爲回復名譽之適當處分時，雇主、機構應提供適當之協助。

學生、接受教育或訓練之人員於學校、教育或訓練機構接受教育或訓練時，對他人爲性騷擾，依第九條第二項對被害人爲回復名譽之適當處分時，學校或教育訓練機構應提供適當之協助。

前二項之規定於機關不適用之。

第12條　廣告物、出版品、廣播、電視、電子訊號、電腦網路或其他媒體，不得報導或記載被害人之姓名或其他足資識別被害人身分之資訊。但經有行爲能力之被害人同意或犯罪偵查機關依法認爲有必要者，不在此限。

第三章　申訴及調查程序

第13條　性騷擾事件被害人除可依相關法律請求協助外，並得於事件發生後一年內，向加害人所屬機關、部隊、學校、機構、僱用人或直轄市、縣（市）主管機關提出申訴。

前項直轄市、縣（市）主管機關受理申訴後，應即將該案件移送加害人所屬機關、部隊、學校、機構或僱用人調查，並予錄案列管；加害人不明或不知有無所屬機關、部隊、學校、機構或僱用人時，應移請事件發生地警察機關調查。

機關、部隊、學校、機構或僱用人，應於申訴或移送到達之日起七日內開始調查，並應於二個月內調查完成；必要時，得延長一個月，並應通知當事人。

前項調查結果應以書面通知當事人及直轄市、縣（市）主管機關。

機關、部隊、學校、機構或僱用人逾期未完成調查或當事人不服其調查結果者，當事人得於期限屆滿或調查結果通知到達之次日起三十日內，向直轄市、縣（市）主管機關提出再申訴。

當事人逾期提出申訴或再申訴時，直轄市、縣（市）主管機關得不予受理。

第14條　直轄市、縣（市）主管機關受理性騷擾再申訴案件後，性騷擾防治委員會主任委員應於七日內指派委員三人至五人組成調查小組，並推選一人爲小組召集人，進行調查。並依前條第三項及第四項規定辦理。

第15條　性騷擾事件已進入偵查或審判程序者，直轄市或縣（市）性騷擾防治委員會認有必要時，得議決於該程序終結前，停止該事件之處理。

第四章　調解程序

第16條　性騷擾事件雙方當事人得以書面或言詞向直轄市、縣（市）主管機關申請調解；其以言詞申請者，應製作筆錄。

前項申請應表明調解事由及爭議情形。

有關第一項調解案件之管轄、調解案件保密、規定期日不到場之效力、請求有關機關協助等事項，由中央主管機關另以辦法定之。

第17條　調解除勘驗費，應由當事人核實支付外，不得收取任何費用或報酬。

第18條　調解成立者，應作成調解書。

前項調解書之作成及效力，準用鄉鎮市調解條例第二十五條至第二十九條之規定。

第19條　調解不成立者，當事人得向該管地方政府性騷擾防治委員會申請將調解事件移送該管司法機關；其第一審裁判費暫免徵收。

第五章　罰則

第20條　對他人爲性騷擾者，由直轄市、縣（市）主管機關處新台幣一萬元以上十萬元以下罰鍰。

第21條　對於因教育、訓練、醫療、公務、業務、求職或其他相類關係受自己監督、照護之人，利用權勢或機會爲性騷擾者，得加重科處罰鍰至二分之一。

第22條　違反第七條第一項後段、第二項規定者，由直轄市、縣（市）主管機關處新台幣一萬元以上十萬元以下罰鍰。經通知限期改正仍不改正者，得按次連續處罰。

第23條　機關、部隊、學校、機構或僱用人爲第十條第一項規定者，由直轄市、縣（市）主管機關處新台幣一萬元以上十萬元以下罰鍰。經通知限期改正仍不改正者，得按次連續處罰。

第24條　違反第十二條規定者，由各該目的事業主管機關處新台幣六萬元以上三十萬元以下罰鍰，並得沒入第十二條之物品或採行其他必要之處置。其經通知限期改正，屆期不改正者，得按次連續處罰。

第25條　意圖性騷擾，乘人不及抗拒而爲親吻、擁抱或觸摸其臀部、胸部或其他身體隱私處之行爲者，處二年以下有期徒刑、拘役或科或併科新台幣十萬元以下罰金。

前項之罪，須告訴乃論。

第六章　附則

第26條　第七條至第十一條、第二十二條及第二十三條之規定，於性侵害犯罪準用之。

前項行政罰鍰之科處，由性侵害犯罪防治主管機關爲之。

第27條　本法施行細則，由中央主管機關定之。

第28條　本法自公布後一年施行。

性騷擾防治法施行細則

中華民國九十五年一月二十五日內政部台內防字第0950015715號令訂定發布
全文8條；並自九十五年二月五日施行

第1條　本細則依性騷擾防治法（以下簡稱本法）第二十七條規定訂定之。

第2條　性騷擾之認定，應就個案審酌事件發生之背景、環境、當事人之關係、行為人之言詞、行為及相對人之認知等具體事實為之。

第3條　本法第二條所稱性侵害犯罪，指性侵害犯罪防治法第二條所定之犯罪。

第4條　機關、部隊、學校、機構或僱用人依本法第七條第一項規定採取有效之糾正及補救措施時，應注意下列事項：
一、保護被害人權益及隱私。
二、對所屬場域空間安全之維護或改善。
三、其他防治及改善措施。

第5條　本法第七條第二項所定組織成員、受僱人或受服務人員之計算，包括分支機構及附屬單位，並依被害人申訴當月第一個工作日之總人數計算。
前項受服務人員，指到達該機關、部隊、學校、機構或僱用人之處所受服務，且非組織成員或受僱人者。

第6條　機關、部隊、學校、機構、僱用人或直轄市、縣（市）主管機關調查性騷擾申訴、再申訴案件，必要時，得請求警察機關協助。

第7條　本法所定直轄市、縣（市）主管機關，除第二項規定外，為性騷擾事件被害人提出申訴時，加害人所屬機關、部隊、學校、機構或僱用人所在地直轄市、縣（市）主管機關；加害人不明或無所屬機關、部隊、學校、機構、僱用人者，為性騷擾事件發生地直轄市、縣（市）主管機關。
本法第二十二條所定直轄市、縣（市）主管機關，為該機關、部隊、學校、機構或僱用人所在地直轄市、縣（市）主管機關。

第8條　本細則自中華民國九十五年二月五日施行。

特殊境遇婦女家庭扶助條例

中華民國八十九年五月二十四日
總統（89）華總一義字第8900123170號令制定公布全文16條

第1條　爲加強照顧婦女福利，扶助特殊境遇婦女解決生活困難，給予緊急照顧，協助其自立自強及改善生活環境，特制定本條例。

第2條　本條例所定特殊境遇婦女家庭扶助，包括緊急生活扶助、子女生活津貼、子女教育補助、傷病醫療補助、兒童托育津貼、法律訴訟補助及創業貸款補助。

第3條　本條例所稱主管機關：在中央爲內政部；在直轄市爲直轄市政府；在縣（市）爲縣市政府。

本條例所定事項，涉及各目的事業主管機關職掌者，由各目的事業主管機關辦理。

第4條　本條例所稱特殊境遇婦女，指十五歲以上，六十五歲以下之婦女，其家庭總收入按全家人口平均分配，每人每月未超過政府當年公布最低生活費用標準二．五倍，且未超過台灣地區平均每人每月消費支出一．五倍，並具有下列情形之一者：

一、夫死亡或失蹤者。
二、因夫惡意遺棄或受夫不堪同居之虐待經判決離婚確定者。
三、因家庭暴力、性侵害或其他犯罪受害，而無力負擔醫療費用或訴訟費用者。
四、因被強制性交、誘姦受孕之未婚婦女，懷胎三個月以上至分娩兩個月內者。
五、親無工作能力，或雖有工作能力，因遭遇重大傷病或爲照顧子女未能就業者。
六、夫處一年以上之徒刑且在執行中者。

前項特殊境遇婦女之身分，應每年申請認定之。

第5條　特殊境遇婦女得依第二條所定家庭扶助項目申請，不以單一項目爲限。但得依其他法令規定取得生活扶助、給付或安置者，不予重複扶助。

符合前條第一項第三款規定者，以申請傷病醫療補助或法律訴訟補助爲限。

第6條　符合第四條第一項規定申請緊急生活扶助者，按當年度低收入戶每人每月最低生活費用標準一倍核發，每人每次以補助三個月爲原則，同一個案以補助一次爲限。

申請緊急生活扶助，應於事實發生後三個月內，檢具戶口名簿影本及其他相關證明文件，向戶籍所在地之主管機關提出申請，或由鄉（鎮、市、區）公所、社會福利機構轉介申請。證明文件取得困難時，得依社工員訪視資料審核之。

直轄市、縣（市）主管機關應於緊急生活扶助核准後，定期派員訪視其生活情形。其生活已有明顯改善者，應即停止扶助。

第7條　符合第四條第一項第一款、第二款、第五款或第六款規定，並有十五歲以下子女者，得申請子女生活津貼。

子女生活津貼之核發標準，每一名子女每月補助當年度最低工資之十分之一，每年申請一次。

初次申請子女生活津貼者，得隨時提出。但有延長補助情形者，應於會計年度開始前兩個月提出。

直轄市、縣（市）主管機關對申請延長補助者，應派員訪視其生活情形，其生活已有明顯改善者，應即停止津貼。

申請子女生活津貼，應檢具戶口名簿影本及其他相關證明文件，向戶籍所在地主管機關提出申請，或由鄉（鎮、市、區）公所、社會福利機構轉介申請。

第8條　符合第四條第一項規定，且其子女就讀經立案之公私立高級中等學校者，得申請子女教育補助費，其標準爲學雜費之百分之六十。

申請子女教育補助，應檢附相關證明文件及繳費收據，於每學期開學後一個月內向學校所在地目的事業主管機關提出申請。

第9條　符合第四條第一項各款規定，而有下列情形之一者，得申請傷病醫療補助：

一、本人及六歲以上未滿十八歲之子女參加全民健保，最近三個月內自行負擔醫療費用超過新台幣五萬元，無力負擔且未獲其他補助或保險給付者。

二、未滿六歲之子女，參加全民健保，無力負擔自行負擔之費用者。

傷病醫療補助之標準如下：

（一）本人及六歲以上未滿十八歲之子女部分：自行負擔醫療費用超過新台幣五萬元之部分，最高補助百分之七十，每人每年最高補助新台幣十二萬元。

（二）未滿六歲之子女：凡在健保特約之醫療院所接受門診、急診及住院診治者，依全民健康保險法第三十三條及第三十五條之規定應自行負擔之費用，每人每年最高補助新台幣十二萬元。

申請傷病醫療補助，應於傷病發生後三個月內，檢具相關證明文件、健保卡正、反面影本、診斷證明書及醫療費用收據正本，向戶籍所在地主管機關提出申請；未滿六歲之子女傷病醫療補助申請，應向戶籍所在地之鄉（鎮、市、區）公所申請醫療補助證後，逕赴保險人特約之醫療院所就診，並由醫療院所按月造冊向直轄市、縣（市）主管機關申請。

第10條　符合第四條第一項第一款、第二款、第五款及第六款規定，並有未滿六歲之子女者，應優先獲准進入公立托教機構；如子女進入私立托教機構時，得申請兒童托育津貼每人每月新台幣一千五百元。

申請兒童托育津貼，應於事實發生後三個月內檢具相關證明文件向戶籍所在地主管機關申請。

直轄市、縣（市）主管機關對申請延長補助者，應派員訪視其生活情形，其生活已有明顯改善者，應即停止津貼。但已進入公立托教機構者，得繼續接受托育。

第11條　符合第四條第一項第三款規定，而無力負擔訴訟費用者，得申請法律訴訟補助。其標準最高金額以新台幣五萬元爲限。

申請法律訴訟補助，應於事實發生後三個月內檢具相關證明、律師費用收據正本及訴訟或判決書影本各一份，向戶籍所在地之主管機關申請。

第12條　符合第四條第一項第一款、第二款、第五款及第六款規定，且年滿二十歲者，得申請創業貸款補助；其申請資格、程序、補助金額、名額及期限等，由中央目的事業主管機關另以辦法定之。

第13條　辦理本條例各項家庭扶助業務所需經費，應由各級政府分別編列預算支應之。

第14條　各直轄市、縣（市）主管機關得比照社會救助法辦理聯合各界舉行勸募活動以籌措經費，其勸募及運用辦法由各地方主管機關自行定之。

第15條　本條例所定各項家庭扶助之申請，其所需文件、格式、審核基準、審核程序及經費核撥方式等相關事宜，由各該主管機關定之。

第16條　本條例自公布日施行。

社會救助法

中華民國六十九年六月十四日總統台統（一）義字第3409號令制定公布全文27條

中華民國八十六年十一月十九日總統（86）華總（一）義字第8600246790號令修正公布全文46條

中華民國八十九年六月十四日總統（89）華總（一）義字第8900146970號令修正發布第3、4、11、15～17、19、20、23、26～28、36、37條條文

中華民國九十四年一月十九日總統華總一義字第09400004911號令修正公布第4、5、10、16、41、43條條文；增訂第5-1～5-3、15-1、44-1條條文；並刪除第42條條文

第一章　總則

第1條　爲照顧低收入及救助遭受急難或災害者，並協助其自立，特制定本法。

第2條　本法所稱社會救助，分生活扶助、醫療補助、急難救助及災害救助。

第3條　本法所稱主管機關：在中央爲內政部；在直轄市爲直轄市政府；在縣（市）爲縣（市）政府。

第4條　本法所稱低收入戶，指經申請戶籍所在地直轄市、縣（市）主管機關審核認定，符合家庭總收入平均分配全家人口，每人每月在最低生活費以下，且家庭財產未超過中央、直轄市主管機關公告之當年度一定金額者。

前項所稱最低生活費，由中央、直轄市主管機關參照中央主計機關所公布當地區最近一年平均每人消費支出百分之六十定之，並至少每三年檢討一次；直轄市主管機關並應報中央主管機關備查。

第一項所稱家庭財產，包括動產及不動產，其金額應分別定之。

第一項申請應檢附之文件、審核認定程序等事項之規定，由直轄市、縣（市）主管機關定之。

第5條　前條第一項所稱家庭，其應計算人口範圍，除申請人外，包括下列人員：

一、配偶。

二、直系血親。

三、同一戶籍或共同生活之兄弟姊妹。

四、前三款以外，認列綜合所得稅扶養親屬免稅額之納稅義務人。

前項各款人員有下列情形之一者，不列入應計算人口範圍：

一、不得在台灣地區工作之非本國籍配偶或大陸地區配偶。

二、未共同生活且無扶養事實之特定境遇單親家庭直系血親尊親屬。

三、無工作收入、未共同生活且無扶養能力之已結婚直系血親卑親屬。

四、應徵集召集入營服兵役或替代役現役。

五、在學領有公費。

六、入獄服刑、因案羈押或依法拘禁。

七、失蹤，經向警察機關報案協尋未獲，達六個月以上。

▼▼▼

第5-1條　第四條第一項所稱家庭總收入，指下列各款之總額：

一、工作收入，依下列規定計算：

（一）依全家人口當年度實際工作收入並提供薪資證明核算。無法提出薪資證明者，依最近一年度之財稅資料所列工作收入核算。

（二）最近一年度之財稅資料查無工作收入，且未能提出薪資證明者，依台灣地區職類別薪資調查報告各職類每人月平均經常性薪資核算。

（三）未列入台灣地區職類別薪資調查報告各職類者，依中央主計機關公布之最近一年各業員工初任人員平均薪資核算。

（四）有工作能力未就業者，依基本工資核算。但經公立就業服務機構認定失業者，其失業期間得不計算工作收入，所領取之失業給付，仍應併入其他收入計算。

二、動產及不動產之收益。

三、其他收入：前二款以外非屬社會救助給付之收入。

前項第三款收入，由直轄市、縣（市）主管機關認定之。

第5-2條　下列土地，經直轄市、縣（市）主管機關認定者，不列入家庭之不動產計算：

一、未產生經濟效益之原住民保留地。

二、未產生經濟效益之公共設施保留地及具公用地役關係之既成道路。

前項第一款土地之認定標準，由中央原住民族事務主管機關會商本法中央及地方主管機關定之。

第5-3條　本法所稱有工作能力，指十六歲以上，未滿六十五歲，而無下列情事之一者：

一、二十五歲以下仍在國內就讀空中大學、高級中等以上進修學校、在職班、學分班、僅於夜間或假日上課、遠距教學以外之學校，致不能工作。

二、身心障礙致不能工作。

三、罹患嚴重傷、病，必須三個月以上之治療或療養致不能工作。

四、獨自照顧特定身心障礙或罹患特定病症且不能自理生活之共同生活或受扶養親屬，致不能工作。

五、獨自扶養六歲以下之直系血親卑親屬致不能工作。

六、婦女懷胎六個月以上至分娩後二個月內，致不能工作。

七、受禁治產宣告。

第6條　爲執行有關社會救助業務，各級主管機關應設專責單位或置專責人員。

第7條　本法所定救助項目，與其他社會福利法律所定性質相同時，應從優辦理，並不影響其他各法之福利服務。

第8條　依本法或其他法令每人每月所領取政府核發之救助金額，不得超過當年政府公告之基本工資。

第9條　受社會救助者有下列情形之一，主管機關應停止其社會救助，並得追回其所領取之補助：

一、提供不實之資料者。

二、隱匿或拒絕提供主管機關所要求之資料者。
三、以詐欺或其他不正當方法取得本法所定之社會救助者。

第二章 生活扶助

第10條 低收入戶得向戶籍所在地直轄市、縣（市）主管機關申請生活扶助。
直轄市、縣（市）主管機關應自受理前項申請之日起五日內，派員調查申請人家庭環境、經濟狀況等項目後核定之；必要時，得委由鄉(鎮、市、區)公所為之。
申請生活扶助，應檢附之文件、申請調查及核定程序等事項之規定，由直轄市、縣（市）主管機關定之。
前項申請生活扶助經核准者，溯自備齊文件之當月生效。

第11條 生活扶助以現金給付為原則。但因實際需要，得委託適當之社會救助機構、社會福利機構或其他家庭予以收容。
前項現金給付，中央、直轄市主管機關並得依收入差別訂定等級；直轄市主管機關並應報中央主管機關備查。

第12條 低收入戶成員中有下列情形之一者，主管機關得依其原領取現金給付之金額增加百分之二十至四十之補助：
一、年滿六十五歲者。
二、懷胎滿六個月者。
三、領有身心障礙手冊者。
前項補助標準，由中央主管機關定之。

第13條 直轄市及縣（市）主管機關每年應定期辦理低收入戶調查。

第14條 直轄市及縣（市）主管機關應經常派員訪問受生活扶助者之生活情形；其收入或資產增減者，應調整其扶助等級或停止扶助；其扶養義務人已能履行扶養義務者，亦同。

第15條 低收入戶中有工作能力者，直轄市、縣（市）主管機關應協助其接受職業訓練、就業服務、創業輔導或以工代賑等方式輔助其自立；不願接受訓練或輔導，或接受訓練、輔導不願工作者，不予扶助。
直轄市、縣（市）主管機關對低收入戶，於前項受訓期間應另酌給與生活補助費。其給付金額，由直轄市、縣（市）主管機關定之，並報中央主管機關備查。

第15-1條 直轄市、縣（市）主管機關為協助低收入戶自立脫貧，得擬訂方案運用民間資源或自行辦理，並報中央主管機關備查。
參與前項方案之低收入戶，於方案執行期間，家庭總收入平均分配全家人口，每人每月未超過當年度最低生活費之一點五倍者，仍保有低收入戶之資格，不受第四條第一項規定之限制。

第16條 直轄市、縣（市）主管機關得視實際需要及財力，對設籍於該地之低收入戶提供下列特殊項目救助及服務：
一、產婦及嬰兒營養補助。
二、托兒補助。
三、教育補助。
四、租金補助或住宅借住。
五、房屋修繕補助。

六、喪葬補助。
七、居家服務。
八、生育補助。
九、其他必要之救助及服務。
前項特殊項目救助或服務之內容、申請條件及程序等事項之規定，由直轄市、縣（市）主管機關定之。

第17條　警察機關發現無家可歸之遊民，除其他法律另有規定外，應通知社政機關（單位）共同處理，並查明其身分及協助護送前往社會救助機構收容；其身分經查明者，立即通知其家屬。
有關遊民之收容輔導規定，由直轄市、縣（市）主管機關定之。

第三章　醫療補助

第18條　具有下列情形之一者，得檢同有關證明，向戶籍所在地主管機關申請醫療補助：
一、低收入戶之傷、病患者。
二、患嚴重傷、病，所需醫療費用非其本人或扶養義務人所能負擔者。
參加全民健康保險可取得之醫療給付者，不得再依前項規定申請醫療補助。

第19條　低收入戶參加全民健康保險之保險費，由中央及直轄市、縣（市）主管機關編列預算補助。

第20條　醫療補助之給付項目、方式及標準，由中央、直轄市主管機關定之；直轄市主管機關並應報中央主管機關備查。

第四章　急難救助

第21條　具有下列情形之一者，得檢同有關證明，向戶籍所在地主管機關申請急難救助：
一、戶內人口死亡無力殮葬者。
二、戶內人口遭受意外傷害致生活陷於困境者。
三、負家庭主要生計責任者，罹患重病、失業、失蹤、入營服役、入獄服刑或其他原因，無法工作致生活陷於困境者。

第22條　流落外地，缺乏車資返鄉者，當地主管機關得依其申請酌予救助。

第23條　前二條之救助以現金給付爲原則；其給付方式及標準，由直轄市、縣（市）主管機關定之，並報中央主管機關備查。

第24條　死亡而無遺屬與遺產者，應由當地鄉（鎮、市、區）公所辦理葬埋。

第五章　災害救助

第25條　人民遭受水、火、風、雹、旱、地震及其他災害，致損害重大，影響生活者，予以災害救助。

第26條　直轄市或縣（市）主管機關應視災情需要，依下列方式辦理災害救助：
一、協助搶救及善後處理。
二、提供受災戶膳食口糧。
三、給與傷、亡或失蹤濟助。
四、輔導修建房舍。

五、設立臨時災害收容場所。

六、其他必要之救助。

前項救助方式，得由直轄市、縣（市）主管機關依實際需要訂定規定辦理之。

第27條　直轄市、縣（市）主管機關於必要時，得洽請民間團體或機構協助辦理災害救助。

第六章　社會救助機構

第28條　社會救助，除利用各種社會福利機構外，直轄市、縣（市）主管機關得視實際需要，設立或輔導民間設立爲實施本法所必要之機構。

前項社會福利機構，對於受救助者所應收之費用，由主管機關予以補助。

直轄市、縣（市）主管機關依第一項規定設立之機構，不收任何費用。

第29條　設立私立社會救助機構，應申請當地主管機關許可，經許可設立者，應於三個月內辦理財團法人登記；其有正當理由者，得申請主管機關核准延期三個月。

前項申請經許可後，應層報中央主管機關備查。

第30條　社會救助機構之規模、面積、設施、人員配置等設立標準，由中央主管機關定之。

社會救助機構之獎勵辦法，由各級主管機關定之。

第31條　主管機關對社會救助機構應予輔導、監督及評鑑。

社會救助機構辦理不善或違反原許可設立標準或依前項評鑑結果應予改善者，主管機關應通知其限期改善。

第32條　社會救助機構非有正當理由，不得拒絕主管機關依本法之委託收容。

第33條　社會救助機構應接受主管機關派員對其設備、帳冊、紀錄之檢查。

第34條　社會救助機構之業務，應由專業人員辦理之。

第35條　社會救助機構接受政府補助者，應依規定用途使用之，並詳細列帳；其有違反者，補助機關得追回補助款。

依前項規定增置之財產，應列入機構財產管理，以供查核。

第七章　救助經費

第36條　辦理本法各項救助業務所需經費，應由中央、直轄市、縣（市）主管機關分別編列預算支應之。

第37條　直轄市、縣（市）主管機關每年得定期聯合各界舉行勸募社會救助金；其勸募及運用規定，由各該主管機關定之。

第八章　罰則

第38條　社會救助機構違反第二十九條第一項規定者，處新台幣六萬元以上六十萬元以下罰鍰；其經限期辦理申請許可或財團法人登記，逾期仍不辦理者，得連續處罰之，並公告其名稱，且得令其停辦。

依前項規定令其停辦而拒不遵守者，再處新台幣十萬元以上六十萬元以下罰鍰。

第39條　私立社會救助機構經主管機關依第三十一條第二項規定，通知限期改善，逾期不改善者，得令其停辦。

依前項規定令其停辦而拒不遵守者，處新台幣十萬元以上五十萬元以下罰鍰。並得按次連續處罰。

第40條　私立社會救助機構停辦或決議解散時，主管機關對於該機構收容之人應即予以適當之安置，社會救助機構應予接受；不予接受者，強制實施之，並處以新台幣六萬元以上六十萬元以下罰鍰。

第41條　私立社會救助機構違反第三十二條或第三十三條規定者，主管機關得處以新台幣二十萬元以上一百萬元以下罰鍰，並得令其限期改善；屆期不改善者，得廢止其許可。

第41條　（刪除）

第43條　依本法所處之罰鍰，經限期繳納，屆期未繳納者，依法移送強制執行。

第九章　附則

第44條　依本法請領各項現金給付或補助之權利，不得扣押、讓與或供擔保。

第44-1條　各級政府及社會救助機構接受私人或團體之捐贈，應妥善管理及運用；其屬現金者，應設專戶儲存，專作社會救助事業之用，捐贈者有指定用途者，並應專款專用。

前項接受之捐贈，應公開徵信；其相關事項，於本法施行細則定之。

第45條　本法施行細則，由中央主管機關定之。

第46條　本法自公布日施行。

社會救助法施行細則

中華民國七十年一月二十八日內政部（70）台內社字第4920號令訂定發布全文18條

中華民國八十七年十月十四日內政部（87）台內社字第8778424號令修正發布全文20條

中華民國八十八年十二月八日內政部（88）台內社字第8897430號令修正發布第2、4、5、9、10、13條條文

中華民國八十九年五月十九日內政部（89）台內社字第8969128號令修正發布第8條條文

中華民國九十四年十月二十七日內政部台內社字第0940039165號令修正發布全文14條；並自發布日施行

第1條　本細則依社會救助法（以下簡稱本法）第四十五條規定訂定之。

第2條　本法第四條第一項之當年度一定金額及第二項之最低生活費，中央、直轄市主管機關應於前一年九月三十日前公告之。

第3條　本法第五條第二項第二款所定特定境遇單親家庭，指申請人有下列情形之一，且獨自扶養未滿十八歲未婚仍在學子女之家庭：

一、配偶死亡。

二、配偶失蹤，經向警察機關報案協尋未獲，達六個月以上。

三、經法院判決離婚確定或因受家庭暴力已完成協議離婚登記。

四、因受家庭暴力，已提起離婚之訴。

五、配偶處一年以上之徒刑或受拘束人身自由之保安處分一年以上，且在執行中。

申請人有前項各款情形之一，且獨自扶養十八歲至二十五歲在國內就讀屬於本法第五條之三第一款規定學校子女，或獨自照顧無生活自理能力身心障礙子女者，直轄市、縣（市）主管機關得視實際需要及財政能力，認定其爲特定境遇單親家庭。

第4條　本法第五條第二項第三款所稱無扶養能力，指具有下列情形之一，且其動產及不動產未超過中央、直轄市主管機關公告當年度一定金額者：

一、列冊低收入戶。

二、罹患嚴重傷、病，必須三個月以上之治療或療養致不能工作。

三、獨自照顧特定身心障礙或罹患特定病症且不能自理生活之共同生活或受扶養親屬，致不能工作。

四、身心障礙致不能工作。

五、依就業保險法第二十五條規定辦理失業認定或依同法第二十九條、第三十條規定辦理失業再認定，並取得失業認定證明。

本法第五條之三第四款及前項第三款所定特定身心障礙及特定病症之範圍，如附表一及附表二。

第5條　本法第五條之三年齡之計算，以調查當時之實足年齡爲準。

第6條　依本法第十條第二項、第十三條或第十四條規定辦理之調查及訪問，直

轄市、縣（市）主管機關應予以記錄，並建立個案輔導資料。

第7條　本法第十三條所定之調查，應於每年十二月三十一日以前完成，分類列冊登記，如有異動，應隨時變更。

第8條　直轄市、縣（市）主管機關依本法第十五條第一項規定對低收入戶中有工作能力者輔助其自立時，得轉介各相關目的事業主管機關配合辦理。
經依規定予以輔助仍不能適應者，得調整之；其無正當理由拒不接受調整者，不予扶助。

第9條　依本法第十八條或第二十一條申請醫療補助或急難救助者，應備齊申請表件，檢同相關證明，向戶籍所在地鄉（鎮、市、區）公所提出，轉戶籍所在地主管機關申請之。但遇有急迫情形者，得由戶籍所在地主管機關查明先行辦理救助，再行補送有關表件。

第10條　本法第二十一條所稱戶內人口，指同一戶籍並共同生活者；所稱失業，指依就業保險法第二十五條規定辦理失業認定或依同法第二十九條、第三十條規定辦理失業再認定，並取得失業認定證明者；所稱入營服役，指應徵集召集入營服兵役或替代役現役者。

第11條　本法第二十四條所稱當地鄉（鎮、市、區）公所，依下列情形定之：
一、有戶籍者：為戶籍所在地之鄉（鎮、市、區）公所。
二、戶籍不明者：為路倒或屍體發現地之鄉（鎮、市、區）公所。
前項情形，應行辦理葬埋之機關，認有必要時，得協調屍體所在地之鄉（鎮、市、區）公所協助辦理。
鄉（鎮、市、區）公所辦理葬埋時，應將所知死亡者之性別、身世、出生與死亡年月日、埋葬地點及死亡原因列冊登記保存；戶籍不明者，並應將其照片、身體特徵或其他足資辨識之資料列冊登記保存。
協助辦理葬埋之鄉（鎮、市、區）公所，應將前項列冊登記保存資料，送原請求協助鄉（鎮、市、區）公所保存。

第12條　私人或團體贊助社會救助事業捐贈之土地、財物，得依有關稅法規定申請減免稅捐。
依本法辦理社會救助事業，非以營利為目的者，得依有關稅法規定申請免徵稅捐。

第13條　本法第四十四條之一第二項所稱公開徵信，指將接受之捐贈之基本資料及辦理情形，至少每三個月於網際網路、機關（構）發行之刊物或新聞紙公告。
前項基本資料，包括姓名、金額、捐款日期及指定捐贈項目。

第14條　本細則自發布日施行。

附表一　特定身心障礙範圍

	項目
1	平衡機能障礙，經鑑定為重度等級以上
2	軀幹障礙，經鑑定為重度等級以上
3	智能障礙，經鑑定為重度等級以上
4	植物人，經鑑定為重度等級以上
5	失智症，經鑑定為重度等級以上

（續）附表一　特定身心障礙範圍

	項目
6	自閉症，經鑑定為重度等級以上
7	染色體異常，經鑑定為重度等級以上
8	先天代謝異常，經鑑定為重度等級以上
9	其他先天缺陷，經鑑定為重度等級以上
10	多重障礙（至少具有前九項身心障礙項目之一），經鑑定為重度等級以上
11	精神病，經鑑定為重度等級以上

註：本表所定項目，需領有身心障礙手冊。

附表二　特定病症範圍

	項目
1	神經性膀胱病，巴氏量表三十分以下。
2	嚴重灼燙傷（30 ％以上）或電傷，巴氏量表三十分以下。
3	關節病變導致寬、膝、肘、肩至少二個關節僵直性或收縮性縮（至少包含一個下肢關節才算），巴氏量表三十分以下。
4	慢性關節炎，巴氏量表三十分以下。
5	尿路永久改道需長期照顧人工造廔且不良於工作者，巴氏量表三十分以下。
6	經醫師專業判斷評估認為罹患嚴重慢性病或其他重大惡疾，如有嚴重併發症的高血壓，糖尿病，心臟病或慢性肝、腎、肺炎，營養不良，複雜性骨折等，巴氏量表三十分以下。
7	雙側髖關節人工關節置換術後皆鬆脫，需重置換者或運動功能受損無法自行下床活動者，巴氏量表三十分以下。
8	雙側髖關節皆自行關節切除術，巴氏量表三十分以下。
9	雙膝人工關節置換術後皆鬆脫，需重置換者，巴氏量表三十分以下。
10	類風濕性關節炎併發多處關節變形，巴氏量表三十分以下。
11	雙下肢或一上肢併一下肢，開放性粉碎性骨折併骨髓炎，有影響到運動功能者(須靠輔助器才能行動)，巴氏量表三十分以下。
12	慢性阻塞性肺炎，巴氏量表三十分以下。
13	重要器官障礙重度等級以上者，巴氏量表三十分以下。
14	嚴重骨質疏鬆症，巴氏量表三十分以下。
15	腦血管意外（腦中風），巴氏量表三十分以下。
16	腦外傷，巴氏量表三十分以下。
17	腦性麻痺，巴氏量表三十分以下。
18	脊髓損傷或脊椎病變，巴氏量表三十分以下。
19	其他神經病變，巴氏量表三十分以下。
20	兩下肢或兩上肢或一上肢併一下肢，截癱或偏癱（肌力第三度以下）以上者，巴氏量表三十分以下。
21	兩下肢或兩上肢或一上肢併一下肢，截肢以上者，巴氏量表三十分以下。
22	癱瘓，巴氏量表三十分以下。

（續）附表二　特定病症範圍

	項目
23	神經或肌肉病變所致之肢體運動功能障礙達重度等級以上者（該項疾病有去髓鞘等各種週邊神經病變、肌無症及肌失養症等各種神經病變），巴氏量表三十分以下。
24	兩眼視力在0.01以下，巴氏量表三十分以下。
25	癌症末期，巴氏量表四十分以下。
26	天皰瘡，範圍面積大於體表面積30%，經醫師評估需人長期照護六個月以上者，免評巴氏量表分數。
27	類天皰瘡，範圍大於體表面積30%，經醫師評估需人長期照護六個月以上者，免評巴氏量表分數。
28	紅皮症持續六個月以上，經醫師評估需人長期照護六個月以上者，免評巴氏量表分數。
29	先天性表皮水皰症，範圍大於體表面積30%，經醫師評估需人長期照護六個月以上者，免評巴氏量表分數。
30	水皰性魚鱗癬樣紅皮症範圍大於體表面積30%，經醫師評估需人長期照護六個月以上者，免評巴氏量表分數。
31	運動神經元疾病，經醫師評估需人長期照護六個月以上者，免評巴氏量表分數。
32	慢性多發性硬化，經醫師評估需人長期照護六個月以上者，免評巴氏量表分數。
33	小腦萎縮，經醫師評估需人長期照護六個月以上者，免評巴氏量表分數。
34	失智症，經醫師評估需人長期照護六個月以上者，免評巴氏量表分數： 1.CDR（臨床失智評估量表）二分以上者。 2.CDR一分者，須由二位醫師意見一致認定有需專人協助照護必要。
35	蕈樣黴菌病，經醫師評估需人長期照護六個月以上者，免評巴氏量表分數。
36	Sezary症候群，經醫師評估需人長期照護六個月以上者，免評巴氏量表分數。

註：本表所定項目，應由中央衛生主管機關公告之醫療機構專科醫師診斷。

就業保險法

中華民國九十一年五月十五日總統（91）華總一義字第09100095600號令制定公布全文44條

中華民國九十一年八月二日行政院院臺勞字第0910037330號令發布定自九十二年一月一日施行

第一章　總則

第1條　爲提昇勞工就業技能，促進就業，保障勞工職業訓練及失業一定期間之基本生活，特制定本法；本法未規定者，適用其他法律之規定。

第2條　就業保險（以下簡稱本保險）之主管機關：在中央爲行政院勞工委員會；在直轄市爲直轄市政府；在縣（市）爲縣（市）政府。

第3條　本保險業務，由勞工保險監理委員會監理。

被保險人及投保單位對保險人核定之案件發生爭議時，應先向勞工保險監理委員會申請審議；對於爭議審議結果不服時，得依法提起訴願及行政訴訟。

第二章　保險人、投保對象及投保單位

第4條　本保險由中央主管機關委任勞工保險局辦理，並爲保險人。

第5條　年滿十五歲以上，六十歲以下，受僱之本國籍勞工，應以其雇主或所屬機構爲投保單位，參加本保險爲被保險人。但下列人員不得參加本保險：

一、依法應參加公教人員保險或軍人保險者。

二、已領取勞工保險老年給付或公教人員保險養老給付者。

三、受僱於依法免辦登記且無核定課稅或依法免辦登記且無統一發票購票證之雇主或機構者。

受僱於二個以上雇主者，得擇一參加本保險。

第6條　本法施行後，依前條規定應參加本保險爲被保險人之勞工，自投保單位申報參加勞工保險生效之日起，取得本保險被保險人身分；自投保單位申報勞工保險退保效力停止之日起，其保險效力即行終止。

本法施行前，已參加勞工保險之勞工，自本法施行之日起，取得被保險人身分；其依勞工保險條例及勞工保險失業給付實施辦法之規定，繳納失業給付保險費之有效年資，應合併計算本保險之保險年資。

依前條規定應參加本保險爲被保險人之勞工，其雇主或所屬團體或所屬機構未爲其申報參加勞工保險者，各投保單位應於本法施行之當日或勞工到職之當日，爲所屬勞工申報參加本保險；於所屬勞工離職之當日，列表通知保險人。其保險效力之開始或停止，均自應爲申報或通知之當日起算。

但投保單位非於本法施行之當日或勞工到職之當日爲其申報參加本保險者，除依本法第三十八條規定處罰外，其保險效力之開始，均自申報或通知之翌日起算。

第7條　主管機關、保險人及公立就業服務機構為查核投保單位勞工工作情況、薪資或離職原因，必要時，得查對其員工名冊、出勤工作紀錄及薪資帳冊等相關資料，投保單位不得規避、妨礙或拒絕。

第三章　保險財務

第8條　本保險之保險費率，由中央主管機關按被保險人當月之月投保薪資百分之一至百分之二擬訂，報請行政院核定之。

第9條　本保險之保險費率，保險人每三年應至少精算一次，並由中央主管機關聘請精算師、保險財務專家、相關學者及社會公正人士九人至十五人組成精算小組審查之。

有下列情形之一者，中央主管機關應於前條規定之保險費率範圍內調整保險費率：

一、精算之保險費率，其前三年度之平均值與當年度保險費率相差幅度超過正負百分之五。

二、本保險累存之基金餘額低於前一年度保險給付平均月給付金額之六倍或高於前一年度保險給付平均月給付金額之九倍。

三、本保險增減給付項目、給付內容、給付標準或給付期限，致影響保險財務。

第四章　保險給付

第10條　本保險之給付，分下列四種：

一、失業給付。

二、提早就業獎助津貼。

三、職業訓練生活津貼。

四、失業之被保險人其全民健康保險保險費補助。

前項第四款之補助對象、補助條件、補助標準、補助期限之辦法，由中央主管機關另定之。

第11條　本保險各種保險給付之請領條件如下：

一、失業給付：被保險人於非自願離職辦理退保當日前三年內，保險年資合計滿一年以上，具有工作能力及繼續工作意願，向公立就業服務機構辦理求職登記，自求職登記之日起十四日內仍無法推介就業或安排職業訓練。

二、提早就業獎助津貼：符合失業給付請領條件，於失業給付請領期限屆滿前受僱工作，並參加本保險三個月以上。

三、職業訓練生活津貼：被保險人非自願離職，向公立就業服務機構辦理求職登記，經公立就業服務機構安排參加全日制職業訓練。

被保險人因定期契約屆滿離職，逾一個月未能就業，且離職前一年內，契約期間合計滿六個月以上者，視為非自願離職，並準用前項之規定。

本法所稱非自願離職，指被保險人因投保單位關廠、遷廠、休業、解散、破產宣告離職；或因勞動基準法第十一條、第十三條但書、第十四條及第二十條規定各款情事之一離職。

第12條　公立就業服務機構為促進失業之被保險人再就業，得視需要提供就業諮詢、推介就業或參加職業訓練。

前項業務，得由主管機關或公立就業服務機構委任或委託其他機關(構)、學校、團體或法人辦理。

中央主管機關得於就業保險年度應收保險費百分之十範圍內提撥經費，辦理被保險人之在職訓練及失業後之職業訓練暨獎助雇主僱用本國籍失業勞工。

前項職業訓練對象、職類、經費管理及運用辦法暨獎助雇主僱用本國籍失業勞工獎助對象、給付條件、給付標準、給付限制辦法，由中央主管機關另定之。

本法所稱就業諮詢，係指提供選擇職業、轉業或職業訓練之資訊與服務、就業促進研習活動或協助工作適應之專業服務。

第13條　申請人對公立就業服務機構推介之工作，有下列各款情事之一而不接受者，仍得請領失業給付：

一、工資低於其離職退保前六個月平均月投保薪資百分之六十。

二、工作地點距離申請人日常居住處所三十公里以上。

第14條　申請人對公立就業服務機構安排之就業諮詢或職業訓練，有下列情事之一而不接受者，仍得請領失業給付：

一、因傷病診療，持有證明而無法參加者。

二、為參加職業訓練，需要變更現在住所，經公立就業服務機構認定顯有困難者。

申請人因前項各款規定情事之一，未參加公立就業服務機構安排之就業諮詢或職業訓練，公立就業服務機構在其請領失業給付期間仍得擇期安排。

第15條　被保險人有下列情形之一者，公立就業服務機構應拒絕受理失業給付之申請：

一、無第十三條規定情事之一不接受公立就業服務機構推介之工作。

二、無前條規定情事之一不接受公立就業服務機構之安排，參加就業諮詢或職業訓練。

第16條　失業給付之發放，依下列規定辦理：

一、失業給付每月按申請人離職辦理本保險退保之當月起前六個月平均月投保薪資百分之六十發給，最長發給六個月。領滿六個月失業給付者，本保險年資應重行起算。

二、受領失業給付未滿六個月再參加本保險後非自願離職，得依規定申領失業給付。但合併原已領取之失業給付月數及依第十八條規定領取之提早就業獎助津貼，以發給六個月為限；合計領滿六個月失業給付者，本保險年資應重行起算。

依前項規定領滿六個月失業給付者，自領滿之日起二年內再次請領失業給付，其失業給付以發給三個月為限。領滿三個月失業給付者，本保險年資應重行起算。

第17條　被保險人於失業期間另有工作，其每月工作收入超過基本工資者，不得請領失業給付；其每月工作收入未超過基本工資者，其該月工作收入加上失業給付之總額，超過其平均月投保薪資百分之八十部分，應自失業給付中扣除。但總額低於基本工資者，不予扣除。

領取勞工保險傷病給付、職業訓練生活津貼、臨時工作津貼、創業貸款

利息補貼或其他促進就業相關津貼者，領取相關津貼期間，不得同時請領失業給付。

第18條　符合失業給付請領條件，於失業給付請領期限屆滿前受僱工作，並依規定參加本保險為被保險人滿三個月以上者，得向保險人申請，按其尚未請領之失業給付金額之百分之五十，一次發給提早就業獎助津貼。

第19條　被保險人非自願離職，向公立就業服務機構辦理求職登記，經公立就業服務機構安排參加全日制職業訓練，於受訓期間，每月按申請人離職辦理本保險退保之當月起前六個月平均月投保薪資百分之六十發給職業訓練生活津貼，最長發給六個月。

職業訓練單位應於申請人受訓之日，通知保險人發放職業訓練生活津貼。

中途離訓或經訓練單位退訓者，訓練單位應即通知保險人停止發放職業訓練生活津貼。

第20條　失業給付自向公立就業服務機構辦理求職登記之第十五日起算。

職業訓練生活津貼自受訓之日起算。

第21條　投保單位故意為不合本法規定之人員辦理參加保險手續，領取保險給付者，保險人應通知限期返還，屆期未返還者，依法移送強制執行。

第22條　被保險人領取各種保險給付之權利，不得讓與、抵銷、扣押或供擔保。

第23條　申請人與原雇主間因離職事由發生勞資爭議者，仍得請領失業給付。

前項爭議結果，確定申請人不符失業給付請領規定時，應於確定之日起十五日內，將已領之失業給付返還。屆期未返還者，依法移送強制執行。

第24條　領取保險給付之請求權，自得請領之日起，因二年間不行使而消滅。

第五章　申請及審核

第25條　被保險人於離職後，應檢附離職或定期契約證明文件及國民身分證或其他足資證明身分之證件，親自向公立就業服務機構辦理求職登記、申請失業認定及接受就業諮詢，並填寫失業認定、失業給付申請書及給付收據。

公立就業服務機構受理求職登記後，應辦理就業諮詢，並自求職登記之日起十四日內推介就業或安排職業訓練。未能於該十四日內推介就業或安排職業訓練時，公立就業服務機構應於翌日完成失業認定，並轉請保險人核發失業給付。

第一項離職證明文件，指由投保單位或直轄市、縣（市）主管機關發給之證明；其取得有困難者，得經公立就業服務機構之同意，以書面釋明理由代替之。

前項文件或書面，應載明申請人姓名、投保單位名稱及離職原因。

申請人未檢齊第一項規定文件者，應於七日內補正；屆期未補正者，視為未申請。

第26條　公立就業服務機構為辦理推介就業及安排職業訓練所需，得要求申請人提供下列文件：

一、最高學歷及經歷證書影本。

二、專門職業及技術人員證照或執業執照影本。

三、曾接受職業訓練之結訓證書影本。

第27條　申請人應於公立就業服務機構推介就業之日起七日內，將就業與否回覆卡檢送公立就業服務機構。

申請人未依前項規定辦理者，公立就業服務機構應停止辦理當次失業認定或再認定。已辦理認定者，應撤銷其認定。

第28條　職業訓練期滿未能推介就業者，職業訓練單位應轉請公立就業服務機構完成失業認定。其未領取或尚未領滿失業給付者，並應轉請保險人核發失業給付，合併原已領取之失業給付，仍以六個月爲限。

第29條　繼續請領失業給付者，每個月應親自前往公立就業服務機構接受失業再認定。但因傷病診療期間無法親自辦理者，得提出醫療機構出具之相關證明文件，以書面陳述理由委託他人辦理之。

未經公立就業服務機構爲失業再認定者，應停止發給失業給付。

第30條　領取失業給付者，應於辦理失業再認定時，至少提供二次以上之求職紀錄，始得繼續請領。未檢附求職紀錄者，應於七日內補正；屆期未補正者，停止發給失業給付。

第31條　失業期間或受領失業給付期間另有其他工作收入者，應於申請失業認定或辦理失業再認定時，告知公立就業服務機構。

第32條　領取失業給付者，應自再就業之日起三日內，通知公立就業服務機構。

第六章　基金及行政經費

第33條　就業保險基金之來源如下：

一、本保險開辦時，中央主管機關自勞工保險基金提撥之專款。

二、保險費與其孳息收入及保險給付支出之結餘。

三、保險費滯納金。

四、基金運用之收益。

五、其他有關收入。

前項第一款應循預算程序自中華民國八十八年一月一日勞工保險失業給付實施之日起，至本法施行之前一日止，失業給付保險費收支結餘一次提撥，不受勞工保險條例第六十七條規定之限制。

第34條　就業保險基金，經勞工保險監理委員會之通過，得爲下列之運用：

一、對於公債、庫券及公司債之投資。

二、存放於公營銀行或中央主管機關指定之金融機構及買賣短期票券。

就業保險基金除作爲前項運用、保險給付支出及依第十二條第三項規定之提撥外，不得移作他用或轉移處分。基金之收支、運用情形及其積存數額，應由保險人報請中央主管機關按年公告之。

第35條　辦理本保險所需之經費，由保險人以當年度保險費收入預算總額百分之三點五爲上限編列。

第七章　罰則

第36條　以詐欺或其他不正當行爲領取保險給付或爲虛僞之證明、報告、陳述者，除按其領取之保險給付處以二倍罰鍰外，並應依民法請求損害賠償；其涉及刑責者，移送司法機關辦理。

第37條　勞工違反本法規定不參加就業保險及辦理就業保險手續者，處新臺幣一

千五百元以上七千五百元以下罰鍰。

第38條　投保單位不依本法之規定辦理加保手續者，按自應爲加保之日起，至參加保險之日止應負擔之保險費金額，處以十倍罰鍰。勞工因此所受之損失，並應由投保單位依本法規定之給付標準賠償之。

投保單位違反本法規定，將投保薪資金額以多報少或以少報多者，自事實發生之日起，按其短報或多報之保險費金額，處以四倍罰鍰；其溢領之給付金額，經保險人通知限期返還，屆期未返還者，依法移送強制執行，並追繳其溢領之給付金額。勞工因此所受損失，應由投保單位賠償之。

投保單位違反第七條規定者，處新臺幣一萬元以上五萬元以下罰鍰。

投保單位經依規定加徵滯納金至應納費額一倍後，其應繳之保險費仍未向保險人繳納者，應按其應繳保險費之金額，處以六倍罰鍰。

第39條　依本法所處之罰鍰，經保險人通知限期繳納，屆期未繳納者，依法移送強制執行。

第八章　附則

第40條　本保險保險效力之開始及停止、月投保薪資、投保薪資調整、保險費負擔、保險費繳納、保險費寬限期與滯納金之徵收及處理、基金之運用與管理，除本法另有規定外，準用勞工保險條例及其相關規定辦理。

第41條　勞工保險條例第二條第一款有關普通事故保險失業給付部分及第七十四條規定，自本法施行之日起，不再適用。

自本法施行之日起，本法被保險人之勞工保險普通事故保險費率應按被保險人當月之月投保金額薪資百分之一調降之，不受勞工保險條例第十三條第一項規定之限制。

第42條　本保險之一切帳冊、單據及業務收支，均免課稅捐。

第43條　本法施行細則，由中央主管機關定之。

第44條　本法之施行日期，由行政院定之。

就業保險法施行細則

中華民國九十二年一月一日行政院勞工委員會勞保一字第0910067850號令訂定發布全文26條
中華民國九十五年二月二十二日行政院勞工委員會勞保1字第0950005775號令修正發布第17、26條條文；並自發布日施行

第1條 本細則依就業保險法（以下簡稱本法）第四十三條規定訂定之。

第2條 就業保險（以下簡稱本保險）業務，依本法第三條第一項規定，由勞工保險監理委員會監理，其監理事項如下：
一、本保險年度業務計畫及年終總報告之審議事項。
二、本保險年度預算及決算之審議事項。
三、本保險基金管理及運用之審議事項。
四、其他有關本保險監理事項。
勞工保險監理委員會為前項監理事項之審議時，得視需要邀請學者專家及相關機關代表列席。
勞工保險監理委員會應將監理第一項事項之結果，報請中央主管機關備查。

第3條 保險人應按月將下列書表送勞工保險監理委員會，並報請中央主管機關備查：
一、投保單位、投保人數及投保薪資統計表。
二、保險給付統計表。
三、保險收支會計報表。
四、保險基金運用概況表。

第4條 勞工保險監理委員會監理本保險業務，應按季編具業務與財務監督及爭議審議報告，並於年終編具總報告，報請中央主管機關備查。

第5條 被保險人及投保單位對保險人就下列事項所為之核定案件發生爭議時，依本法第三條第二項規定，應先向勞工保險監理委員會申請審議：
一、被保險人資格或投保事項。
二、被保險人投保薪資或年資事項。
三、保險費或滯納金事項。
四、保險給付事項。
五、其他有關保險權益事項。
依前項規定申請審議者，應於接到保險人核定通知文件之翌日起六十日內，填具就業保險爭議事項審議申請書，並檢附有關證件經由保險人向勞工保險監理委員會申請審議。
依第一項規定申請審議者，準用勞工保險爭議事項審議辦法之規定。

第6條 符合本法第五條第一項規定之被保險人，未參加勞工保險者，其保險費應由投保單位以保險人指定金融機構自動轉帳方式繳納之，自動轉帳之扣繳日期為次月底。

第7條 本法第六條第二項所稱本法施行前已參加勞工保險之勞工，指依本法第

五條第一項規定應參加本保險並於本法施行前已參加勞工保險之勞工。

第8條　投保單位依本法第六條第三項規定為所屬勞工申報參加本保險時，應填具投保申請書及加保申報表各一份送交保險人，並檢附負責人國民身分證正背面影本及各目的事業主管機關核發之下列相關證件影本：

一、工廠應檢附工廠登記或設立許可相關證明文件。

二、礦場應檢附礦場登記證、採礦或探礦執照。

三、鹽場、農場、牧場、林場及茶場應檢附登記證書。

四、交通事業應檢附運輸業許可證或有關證明文件。

五、公用事業應檢附事業執照或有關證明文件。

六、公司、行號應檢附公司登記證明文件或商業登記證明文件。

七、新聞事業、文化事業、公益事業、合作事業、職業訓練機構及各業人民團體應檢附立案或登記證明書。

八、其他各業應檢附執業證照或相關登記、核備證明文件。

投保單位無法取得前項各款規定之證件者，應檢附稅捐稽徵機關核發之扣繳單位設立（變更）登記申請書或使用統一發票購票證辦理投保手續。

第9條　本法第六條第三項所定之投保單位有下列各款情事之一者，應於事實發生之日起三十日內，填具投保單位變更事項申請書，並檢附有關證件影本，送交保險人辦理變更：

一、投保單位之名稱、地址或通訊地址變更。

二、投保單位之負責人變更。

第10條　本法第六條第三項所定之被保險人姓名、出生年月日、國民身分證統一編號如有變更或錯誤時，投保單位應即填具被保險人變更事項申請書，並檢附國民身分證正背面或有關證件影本，送交保險人辦理變更。

第11條　投保單位應置備員工名冊、出勤工作紀錄及薪資帳冊，供主管機關、保險人及公立就業服務機構依本法第七條規定為查對，並自被保險人離職之日起保存五年。

前項員工名冊記載事項如下：

一、姓名、性別、出生年月日、住（居）所、國民身分證統一編號。

二、到職之年月日。

三、工作類別。

四、工作時間及薪資。

五、傷病請假致留職停薪期間。

第12條　被保險人請領本法第十條第一項第一款至第三款所定之失業給付、提早就業獎助津貼或職業訓練生活津貼，經保險人審查應予發給者，由保險人匯入被保險人所指定國內金融機構之本人名義帳戶。

第13條　被保險人依本法第十一條第一項第一款規定請領失業給付者，應備具下列書件：

一、失業（再）認定、失業給付申請書及給付收據。

二、離職證明書或定期契約證明文件。

三、國民身分證或其他身分證明文件正背面影本。

四、被保險人本人名義之國內金融機構存摺封面影本。

第14條　被保險人依本法第十一條第一項第二款規定請領提早就業獎助津貼者，

應備具下列書件：
一、提早就業獎助津貼申請書及給付收據。
二、最後就業（加保）單位在職證明書。
三、國民身分證或其他身分證明文件正背面影本。
四、被保險人本人名義之國內金融機構存摺封面影本。

第15條　被保險人依本法第十一條第一項第三款規定請領職業訓練生活津貼者，應備具下列書件：
一、職業訓練生活津貼申請書及給付收據。
二、離職證明書。
三、國民身分證或其他身分證明文件正背面影本。
四、被保險人本人名義之國內金融機構存摺封面影本。

第16條　本法第十一條第一項第三款所定全日制職業訓練，應符合下列條件：
一、訓練期間一個月以上。
二、每星期上課四次以上。
三、每次上課日間四小時以上。
四、每月總訓練時數達一百小時以上。

第17條　中央主管機關辦理本法第十二條第三項規定事項之經費，指當年度應收保險費百分之十範圍及歷年應收保險費百分之十之執行賸餘額度；其額度以審定決算數為計算基礎。
前項經費由保險人按提撥經費預算數每六個月撥付之，執行結果若有賸餘，應於年度結算後辦理繳還。

第18條　中央主管機關依本法第十二條第三項規定辦理被保險人之在職訓練及失業後職業訓練業務，得視實際業務需要委任或委託辦理。

第19條　本法第十九條第一項規定之職業訓練生活津貼，應按申請人實際參訓起迄時間，以三十日為一個月核算發放；其訓練期間未滿三十日者，依下列方式核算發放：
一、十日以上且訓練時數達三十小時者，發放半個月。
二、二十日以上且訓練時數達六十小時者，發放一個月。

第20條　被保險人依本法第二十五條第一項規定向公立就業服務機構辦理求職登記時，應申報其日常居住處所。
被保險人申報前項日常居住處所，應檢附戶籍地址或申報流動人口登記等相關證明文件。

第21條　申請人依本法第二十七條第一項規定檢送就業與否回覆卡或領取失業給付之被保險人依本法第三十二條規定通知公立就業服務機構再就業時，得以自行送達或掛號郵寄方式辦理；其以掛號郵寄方式辦理者，以交郵當日之郵戳為準。

第22條　被保險人依本法規定申請失業給付時，其所屬投保單位未依規定為其辦理退保手續者，由保險人自被保險人離職之日逕予退保，並核發給付。

第23條　本法第三十條所定之求職紀錄內容如下：
一、單位名稱、地址、電話及聯絡人。
二、工作內容。
三、日期。

第24條　本保險依本法第四十二條規定免課之稅捐如下：

一、保險人及投保單位辦理本保險所用之契據，免徵印花稅。

二、保險人辦理本保險所收保險費、保險費滯納金與因此所承受強制執行標的物之收入、基金運用之收益及雜項收入，免納營業稅及所得稅。

三、保險人辦理業務使用之房屋、器材及被保險人領取之保險給付，依稅法有關規定免徵稅捐。

第25條　本法及本細則所定之書表格式，由保險人定之。

第26條　本細則自中華民國九十二年一月一日施行。

本細則修正條文，自發布日施行。

優生保健法

中華民國七十三年七月九日總統（73）華總（一）義字第3602號令制定公布
中華民國八十八年四月二十一日總統（88）華總（一）義字第8800084060號令修正公布第9條條文
中華民國八十八年十二月二十二日總統（88）華總（一）義字第8800303420號令修正發布第2、3條條文

第一章　總則

第1條　爲實施優生保健，提高人口素質，保護母子健康及增進家庭幸福，特制定本法。

本法未規定者，適用其他有關法律之規定。

第2條　本法所稱主管機關：在中央爲行政院衛生署；在直轄市爲直轄市政府；在縣（市）爲縣（市）政府。

第3條　中央主管機關爲推行優生保健，諮詢學者、專家意見，得設優生保健諮詢委員會，研審人工流產及結紮手術之標準；其組織規程，由中央主管機關定之。

直轄市、縣（市）主管機關爲推行優生保健，得設優生保健委員會，指導人民人工流產及結紮手術；其設置辦法，由直轄市、縣（市）主管機關定之。

第4條　稱人工流產者，謂經醫學上認定胎兒在母體外不能自然保持其生命之期間內，以醫學技術，使胎兒及其附屬物排除於母體外之方法。

稱結紮手術者，謂不除去生殖腺，以醫學技術將輸卵管或輸精管組塞或切斷，而使停止生育之方法。

第5條　本法規定之人工流產或結紮手術，非經中央主管機關指定之醫師不得爲之。

前項指定辦法，由中央主管機關定之。

第二章　健康保護及生育調節

第6條　主管機關於必要時，得施行人民健康或婚前檢查。

前項檢查除一般健康檢查外，並包括左列檢查：

一、有關遺傳性疾病檢查。

二、有關傳染性疾病檢查。

三、有關精神疾病檢查。

前項檢查項目，由中央主管機關定之。

第7條　主管機關應實施左列事項：

一、生育調節服務及指導。

二、孕前、產前、產期、產後衛生保健服務及指導。

三、嬰、幼兒健康服務及親職教育。

第8條　避孕器材及藥品之使用，由中央主管機關定之。

第三章　人工流產及結紮手術

第9條　懷孕婦女經診斷或證明有左列情事之一者，得依其自願，施行人工流產：

一、本人或其配偶患有礙優生之遺傳性、傳染性疾病或精神疾病者。

二、本人或其配偶之四親等以內之血親患有礙優生之遺傳性疾病者。

三、有醫學上理由，足以認定懷孕或分娩有招致生命危險或危害身體或精神健康者。

四、有醫學上理由，足以認定胎兒有畸型發育之虞者。

五、因被強制性交、誘姦或與依法不得結婚者相姦而受孕者。

六、因懷孕或生產將影響其心理健康或家庭生活者。

未婚之未成年人或禁治產人，依前項規定施行人工流產，應得法定代理人之同意。有配偶者，依前項第六款規定施行人工流產，應得配偶之同意。

但配偶生死不明或無意識或精神錯亂者，不在此限。

第一項所定人工流產情事之認定，中央主管機關於必要時，得提經優生保健諮詢委員會研擬後，訂定標準公告之。

第10條　已婚男女經配偶同意者，得依其自願，施行結紮手術。但經診斷或證明有左列情事之一者，得逕依其自願行之：

一、本人或其配偶患有礙優生之遺傳性、傳染性疾病或精神疾病者。

二、本人或其配偶之四親等以內之血親患有礙優生之遺傳性疾病者。

三、本人或其配偶懷孕或分娩，有危及母體健康之虞者。

未婚男女有前項但書所定情事之一者，施行結紮手術，得依其自願行之；未婚之未成年人或禁治產人，施行結紮手術，應得法定代理人之同意。

第一項所定應得配偶同意，其配偶生死不明或無意識或精神錯亂者，不在此限。

第一項所定結紮手術情事之認定，中央主管機關於必要時，得提經優生保健諮詢委員會研審後，訂定標準公告之。

第11條　醫師發現患有礙優生之遺傳性、傳染性疾病或精神疾病者，應將實情告知患者或其法定代理人，並勸其接受治療。但對無法治癒者，認為有施行結紮手術之必要時，應勸其施行結紮手術。

懷孕婦女施行產前檢查，醫師如發現有胎兒不正常者，應將實情告知本人或其配偶，認為有施行人工流產之必要時，應勸其施行人工流產。

第四章　罰則

第12條　非第五條所定之醫師施行人工流產或結紮手術者，處一萬元以上三萬元以下罰鍰。

第13條　未取得合法醫師資格，擅自施行人工流產或結紮手術者，依醫師法第二十八條懲處。

第14條　依本法所處罰鍰，經催告後逾期仍未繳納者，由主管機關移送法院強制執行。

第五章　附則

第15條　本法所稱有礙優生之遺傳性、傳染性疾病或精神病之範圍，由中央主管機關定之。

第16條　接受本法第六條、第七條、第九條、第十條所定之優生保健措施者，政府得減免或補助其費用。

前項減免或補助費用辦法，由中央主管機關擬訂，報請行政院核定後行之。

第17條　本法施行細則，由中央主管機關定之。

第18條　本法自中華民國七十四年一月一日施行。

優生保健法施行細則

中華民國七十四年一月四日行政院衛生署（74）衛署保字第499962號令訂定發布

中華民國八十九年五月九日行政院衛生署（89）衛署保字第89024324號令修正發布第6條條文、第2條之附件一、第11條之附件二、第12條之附件三；並刪除第9條條文

第1條　本細則依優生保健法（以下簡稱本法）第十七條規定訂定之。

第2條　本法第六條所稱健康或婚前檢查，其項目如附件一。

附件一　健康或婚前檢查項目

一、個人基本資料

本人職業史、配偶職業史、長期使用特殊藥物之經過、吸菸史、飲酒史、家族遺傳疾病史等。

二、一般健康檢查

身高、體重之測量、視力、色盲之鑑定、內外科一般健診、胸部X光檢查、驗血、驗尿、過去病史、已往之懷孕、分娩史及小孩出生時情況。

三、遺傳性疾病檢查

（一）家族疾病史問診。

（二）染色體、基因、生化檢驗。

四、傳染性疾病檢查

（一）一般檢查：包括結核病、梅毒、淋病、肝炎、皰疹及其他濾過性病毒等。

（二）懷孕者檢查：除一般檢查外，並應檢查德國麻疹。

五、精神疾病檢查

（一）臨床精神科檢查。

（二）心理測驗。

（三）腦波檢查。

（四）遺傳性精神疾病之檢查，照遺傳性疾病檢查之檢查項目。

第3條　本法第六條第一項所稱必要時，係指有左列情事之一者：

一、疑似罹患有礙優生之遺傳性、傳染性疾病或精神疾病者。

二、本人之四親等以內血親罹患有礙優生之遺傳性疾病者。

三、疑有應施行健康檢查之疾病者。

各級公立醫療保健機構及私立醫院診所遇有前項情事之一時，應即報告當地主管機關。

第4條　本法第七條第一款所稱生育調節服務及指導，係指對生育年齡男女提供各種避孕方法、器材、藥品、結紮手術及不孕症之診治。但結紮手術以合於本法第十條規定者為限。

第5條　本法第七條第二款所稱孕前、產前、產期、產後衛生保健服務及指導，係指對懷孕前、懷孕、分娩及產後之婦女，提供檢查、接生、營養及孕

期衛生指導。

第6條　本法第七條第三款所稱嬰、幼兒健康服務，係指對未滿一歲之嬰兒及滿一歲至就學前之幼兒，提供健康檢查、預防接種、必要之診斷治療、營養及各項衛生指導。

第7條　本法第六條、第七條規定之檢查、服務、指導及教育，由各級公立醫療保健機構及私立醫院診所辦理之。

第8條　各級公立醫療保健機構及私立醫院診所，應辦理相關業務之門診，並製作個案紀錄，對需要施行健康或婚前檢查者，勸導其接受檢查，發現有疾病者，勸導其接受治療並給予生育調節指導。

各級公立醫療保健機構及私立醫院診所，必要時並得辦理家庭訪視及各種教育宣導。

第9條　（刪除）

第10條　本法所稱有礙優生之遺傳性、傳染性疾病或精神疾病者，其範圍如左：

一、足以影響胎兒正常發育者，如患苯酮尿症或德國麻疹之孕婦等。

二、無能力照顧嬰兒者，如患重度智能不足或精神分裂症之男女等。

三、可將異常染色體或基因傳至後代者，如患唐氏症之婦女或亨汀頓氏舞蹈症之男女等。

第11條　本法所稱懷孕或分娩有招致生命危險或危害身體或精神健康之醫學上理由，其範圍如附件二。

附件二

有醫學上理由，認定懷孕或分娩有招致生命危險或危害身體或精神健康範圍

一、產科方面：如子宮破裂、子宮穿孔、子宮出血、子宮肌瘤切除或前胎剖腹產、妊娠高血壓症、高齡（三十五歲以上）、多產等。

二、外科、婦科方面：如膀胱與陰道管縫合、腎臟移植、尿道轉向等。

三、骨科方面：如嚴重脊柱後側凸（彎）、軟骨病等。

四、血液科方面：如血栓性異常、血紅素病變、丙球蛋白病變、凝血異常等。

五、心臟血管科方面：如心臟衰竭或心肌炎、風濕性心臟病、曾有中風病史、高血壓或腦性高血壓、動脈瘤等。

六、胸腔科方面：如肺結核（使用抗結核藥物）、嚴重氣喘、支氣管擴張、肺氣腫、復發自發性氣胸、纖維性囊腫等。

七、泌尿科方面：如急性及慢性腎絲球炎、腎性高血壓、多發性腎囊腫、腎盂炎、任何引發腎功能不全之腎臟病變、單腎等。

八、內分泌科方面：如嚴重糖尿病、嗜鉻細胞瘤、腎上腺、甲狀腺或副甲狀腺之功能過高或不全等。

九、腸胃科方面：如懷孕引發之黃疸、肝功能異常、腸系膜血栓、潰瘍性結腸炎、膈（肌）疝氣等。

十、免疫科方面：如免疫缺乏疾病、Rh同族免疫、類風濕關節炎、紅斑性狼瘡、結節性多發性動脈炎等。

十一、神經科方面：如嚴重中樞神經病變、多發性硬化症、肌肉萎縮症、大發作型癲癇。

十二、先天性疾病方面：如唐氏症、基因病變。

十三、腫瘤學方面：如白血病、何杰金氏症、乳癌及其他癌症等。
十四、慢性病方面：如全身性黴菌感染、第三期梅毒、布氏桿菌病等。
十五、精神科方面
（一）經醫生鑑定達心神喪失或精神耗弱之功能性、器質性精神疾病或智能不足者。
（二）引起重度智能不足之遺傳性疾病。
十六、耳鼻喉科方面：如耳骨硬化症等。

第12條　本法第九條第一項第四款所稱足以認定胎兒有畸型發育之虞之醫學上理由，其範圍如附件三。

附件三

有關醫學上理由，認定胎兒有畸形發育之虞之範圍

一、關於母體者
（一）化學因素：如孕婦服用沙利竇邁度或誤食多氯聯苯等。
（二）物理因素：如因診療需要接受過量之放射線照射等。
（三）生物因素：如德國麻疹病毒、小兒麻痺病毒之感染等。

二、關於胎兒者
由下列產前診斷方法，可確知胎兒為畸形者。
（一）羊膜腔穿刺術
1.羊水生化檢查，發現開放性神經管缺損、先天代謝異常疾病等。
2.羊水細胞培養後，經鑑定，發現有染色體或基因異常者，如唐氏症、黏多醣貯積症等。
（二）超音波診斷術
如水腦症、無腦症、脊柱裂、尾骨腫瘤、裂腹畸形等。
（三）胎兒內視鏡術
發現胎兒外貌畸形，難以矯治者。
（四）子宮內胎兒血液取樣檢查術
如血紅素病變、血友病、子宮內胎兒感染等。
（五）絨毛取樣取術
取樣細胞經鑑定有染色體或基因異常者，如唐氏症、重型海洋性貧血、黏多醣貯積症等。

第13條　本法第九條第一項第五款所稱依法不得結婚者，其範圍依民法第九百八十三條之規定。

第14條　第十條至第十三條所定情事，由指定得施行人工流產或結紮手術之醫師依規定認定之。

第15條　人工流產應於妊娠二十四週內施行。但屬於醫療行為者，不在此限。
妊娠十二週以內者，應於有施行人工流產醫師之醫院診所施行；逾十二週者，應於有施行人工流產醫師之醫院住院施行。

第16條　本法所定罰鍰之處分機關為直轄市及縣（市）政府。

第17條　本細則自發布日施行。

社會工作師法

中華民國八十六年四月二日總統（86）華總（一）義字第8600077370號令制定公布全文57條

中華民國八十八年七月十四日總統（88）華總（一）義字第8800159820號令修正公布第12、55條條文

中華民國九十一年四月二十四日總統（91）華總一義字第09100075620號令修正公布第3、18、22、24、37條條文

中華民國九十二年六月五日總統（92）華總一義字第09200101220號令修正公布第10、41～43、48、49、51條條文

第一章　總則

第1條　爲建立社會工作專業服務體系，提昇社會工作師專業地位，明定社會工作師權利義務，確保受服務對象之權益，特制定本法。

第2條　本法所稱社會工作師，指依社會工作專業知識與技術，協助個人、家庭、團體、社區，促進、發展或恢復其社會功能，謀求其福利的專業工作者。

第3條　本法所稱主管機關：在中央爲內政部；在直轄市爲直轄市政府；在縣（市）爲縣（市）政府。

第二章　資格取得

第4條　中華民國國民經社會工作師考試及格，並依本法領有社會工作師證書者，得充任社會工作師。

前項考試得以檢覈行之；其檢覈辦法，由考試院會同行政院定之。

第5條　具有下列資格之一者，得參加社會工作師考試：

一、國內公立或已立案之私立或經教育部承認之國外大專以上社會工作相關科、系（組）、所畢業者。

二、國內公立或已立案之私立或經教育部承認之國外大學或獨立學院以上非社會工作相關學系畢業，並有國內社會工作實務經驗二年以上者。

三、國內已設立十年以上之宗教大學或獨立學院之社會工作相關科系畢業並有國內社會工作實務經驗二年以上者。

第6條　具有下列資格之一者，前條考試得以檢覈行之：

一、國內或經教育部承認之國外大專以上社會工作相關科、系（組）、所畢業，並有國內社會工作實務經驗五年以上者。

二、在教育部承認之國外大學社會工作相關系、所畢業，取得學位及該國社會工作師或相當資格，且有國內社會工作實務經驗一年以上者。

三、在國內外大專院校擔任專任社會工作課程教學之教師，且有國內社會工作實務經驗一年以上者。

第7條　非領有社會工作師證書者，不得使用社會工作師名稱。

第8條　請領社會工作師證書，應檢具申請書及資格證明文件，送請中央主管機關核發之。

第三章　執業

第9條　社會工作師執業，應向所在地直轄市或縣（市）主管機關送驗社會工作師證書申請登記，發給執業執照始得爲之。

第10條　有下列情形之一者，不得發給執業執照；已領取者，撤銷或廢止之：

一、經廢止社會工作師證書。

二、經廢止社會工作師執業執照未滿一年。

三、經衛生主管機關認定精神異常，不能執行職務。

前項第三款原因消滅後，仍得依本法規定申請執業執照。

第11條　社會工作師停業、歇業、復業或變更行政區域時，應自事實發生之日起十日內，報請原發執業執照機關備查。

前項變更執業行政區域時，應依第九條之規定申請執業執照。

社會工作師死亡者，由原發執業執照機關註銷其執業執照。

第12條　社會工作師執業以一處爲限。但機關（構）、團體間之支援或經事先報准者，不在此限。

第13條　社會工作師執行下列業務：

一、行爲、社會關係、婚姻、社會適應等問題之社會暨心理評估與處置。

二、各相關社會福利法規所定之保護性服務。

三、對個人、家庭、團體、社區之預防性及支持性服務。

四、社會福利服務資源之發掘、整合、運用、分配與轉介。

五、社會福利機構或方案之設計、評估、管理、研究發展與教育訓練。

六、人民社會福利權之維護。

七、其他經中央主管機關或會同目的事業主管機關認定之業務。

第14條　社會工作師執行業務時，應以受服務對象之最佳利益爲優先考量。

第15條　社會工作師受主管機關或司法警察機關詢問時，不得爲虛僞之陳述或報告。

第16條　社會工作師及社會工作師事務所之人員，對於因業務而知悉或持有他人之秘密，不得無故洩漏。

第17條　社會工作師執行業務時，應撰製社會工作紀錄，其紀錄應至少保存十年。

前項紀錄之內容，由中央主管機關定之。

第18條　社會工作師之行爲必須遵守社會工作倫理守則之規定。

前項倫理守則，由全國社會工作師公會聯合會訂定，提請會員（會員代表）大會通過後，報請中央主管機關核備。全國社會工作師公會聯合會未設立前，由中央主管機關召集直轄市、縣（市）主管機關會商訂定。

第四章　社會工作師事務所

第19條　社會工作師事務所之設立，應由社會工作師塡具申請書，並檢具相關文件及資料，向所在地直轄市或縣（市）主管機關申請核准登記，發給開業執照，始得爲之。

前項申請設立社會工作師事務所之社會工作師，須執行第十三條所訂之業務三年以上，並得有工作證明者，始得爲之。

第20條　社會工作師事務所，應以其申請人爲負責社會工作師，對其業務負督導責任。其以二個以上社會工作師聯合申請設立者，應以其中一人，爲負責社會工作師。

第21條　社會工作師事務所名稱之使用或變更，應經原發開業執照機關核准。

非社會工作師事務所，不得使用社會工作師事務所或類似名稱。

第22條　社會工作師事務所之收費標準，由直轄市、縣（市）主管機關核定之。

社會工作師事務所收取費用，應掣給收費明細表及收據。

社會工作師事務所不得違反收費標準，超收費用。

第23條　社會工作師事務所，應將其社會工作師證書、執業執照、開業執照及收費標準懸掛於明顯處所。

第24條　社會工作師事務所，應每兩年向直轄市、縣（市）主管機關申請換發開業執照。

前項換照辦法，由中央主管機關另定之。

第25條　社會工作師事務所之廣告，其內容以下列事項爲限：

一、社會工作師事務所之名稱、開業執照字號、地址、電話及交通路線。

二、社會工作師之姓名、證書字號。

三、第十三條所訂社會工作師之業務。

四、其他經中央主管機關公告容許登載或宣傳事項。

非社會工作師事務所，不得爲前項廣告。

第26條　社會工作師事務所開業後，有下列情形之一時，應自事實發生之日起十五日內，向原發開業執照機關，申請變更登記：

一、停業。

二、歇業。

三、復業。

四、遷移。

五、其他登記事項變更。

前項第四款之遷移如變更原行政區域時，應依第十九條第一項之規定申請設立登記。

第27條　社會工作師事務所停業、歇業或遷移，應由原社會工作師事務所或當地主管機關將服務對象轉介至其他社會工作師事務所或適當服務機構。

前項轉介，應取得服務對象之同意。

第五章　公會

第28條　社會工作師非加入社會工作師公會不得執行業務。

社會工作師公會亦不得拒絕其加入。

第29條　社會工作師公會之組織區域依現有之行政區域劃分，分爲縣（市）公會、省（市）公會，並得設全國社會工作師公會聯合會。在同一區域內，同級之社會工作師公會以一個爲限。

第30條　直轄市及縣（市）社會工作師公會，以在該區域工作之社會工作師十五人以上發起組織之；不足十五人者，得加入遴近區域之公會或共同組織之。

第31條　省社會工作師公會之設立，應由該省內縣（市）社會工作師公會五個以上之發起及全體過半數之同意組織之。

第32條　全國社會工作師公會聯合會應由省或直轄市社會工作師公會三個以上完成組織後，始得發起組織。但經中央主管機關核准者，不在此限。

第33條　各級社會工作師公會之主管機關爲各級人民團體主管機關。但其目的事業應受各該目的事業主管機關之監督。

第34條　社會工作師公會之理事長及理、監事任期爲三年；理事長連選得連任一次。

第35條　社會工作師公會置理事、監事，均於召開會員（會員代表）大會時，由會員（會員代表）選舉之，並分別成立理事會、監事會；其理事名額如下：

一、縣（市）社會工作師公會之理事不得逾十五人。

二、省（市）社會工作師公會之理事不得逾二十五人。

三、社會工作師公會全國聯合會之理事不得逾三十五人。

前項理事名額不得超過全體會員（會員代表）人數二分之一，監事名額不得超過理事名額三分之一，候補理事、候補監事名額不得超過各該理事、監事名額三分之一。

理事、監事名額在三人以上時，得分別互選常務理事及常務監事，其名額不得超過理事或監事總額三分之一；並應由理事就常務理事中選舉一人爲理事長，其不置常務理事者，就理事中互選之。常務監事在三人以上時，應互推一人爲監事召集人。

第36條　社會工作師公會每年開會員（會員代表）大會一次；必要時得召集臨時大會。

社會工作師公會會員人數超過三百人時，得依章程之規定就會員分布狀況劃定區域，按會員人數比例選出代表，召開會員代表大會，行使會員大會之職權。

第37條　社會工作師公會應訂立章程，造具會員名冊及職員簡歷冊，報請該管人民團體主管機關立案，並分送中央及直轄市、縣（市）主管機關備查。

第38條　社會工作師公會章程應載明下列事項：

一、名稱、組織區域及會所所在地。

二、宗旨、組織及任務。

三、會員之入會及出會。

四、會員代表之產生及其任期。

五、會員（會員代表）之權利及義務。

六、理事、監事之名額、權限、任期及其選任、解任。

七、會員（會員代表）大會及理事會、監事會會議之規定。

八、會員應遵守之公約。

九、經費及會計。

十、章程修訂之程序。

十一、其他有關會務之必要事項。

第39條　社會工作師公會應將下列事項函報該管人民團體主管機關：

一、會員（會員代表）名冊及會員之入會、退會。

二、理事、監事選舉情形及當選人姓名。
三、會員（會員代表）大會理事會、監事會之時間、地點及會議情形。
四、提議、決議事項。

第40條　各級社會工作師公會之任務如下：
一、關於保障會員之權益。
二、關於規範會員之行為。
三、關於代表會員共同意志之表達。
四、關於社會工作師與服務對象間糾紛之調處。
五、關於社會工作師資料之調查、統計、研究及發布。
六、關於社會工作師實務經驗之認定。
七、關於接受政府、機關、民間團體，委託辦理社會服務與研究。
八、關於各項社會運動之參與。
九、關於會員資料之建立及動態調查、登記。
十、關於社會工作在職訓練及講習之舉辦。
十一、關於國際社會工作組織之聯繫、交流與合作。
十二、關於推動社會工作發展之各項活動。

第六章　罰則

第41條　社會工作師將其證照租借他人使用者，廢止其社會工作師證書。

第42條　社會工作師事務所違反第二十四條第一項、第二十五條第一項、第二十六條第一項或第二十七條第一項之規定者，處新台幣四千元以上二萬元以下罰鍰，並令其限期改善；屆期不改善者，按日連續處罰或廢止其執業執照。

第43條　社會工作師違反第十五條之規定者，處新台幣二萬元以上十萬元以下罰鍰；其情節重大者，並處一個月以上一年以下停業處分或廢止其執業執照。

第44條　社會工作師違反第九條、第十一條第一項、第二項、第十二條、第十六條、第十七條第一項、第十八條第一項、第二十八條第一項之規定者，處新台幣一萬元以上五萬元以下之罰鍰，並限期令其改善；經三次處罰及限期令其改善，屆期仍未遵行者，處一個月以上一年以下停業處分。
社會工作師公會違反第二十八條第二項之規定者，處新台幣一萬元以上五萬元以下之罰鍰。

第45條　社會工作師事務所違反第十九條第一項、第二十一條第一項、第二十二條第二項、第三項、第二十三條之規定者，處新台幣一萬元以上五萬元以下之罰鍰，並限期令其改善；經三次處罰及限期令其改善，屆期仍未遵行者，處一個月以上一年以下停業處分；違反第二十二條第三項之規定者，並應退還所超收之費用。

第46條　違反第十六條、第二十一條第二項、第二十五條第二項之規定者，處新台幣二萬元以上十萬元以下之罰鍰。

第47條　違反第七條規定者，處新台幣三萬元以上十五萬元以下罰鍰，並公布其姓名、出生日期、身分證字號及其執行業務機構名稱，且其所屬機構負責人亦處以前項之罰鍰。連續違反者，得按日連續處罰。

第48條　社會工作師受停業處分仍執行業務者，廢止其執業執照；受廢止執業執照處分仍執行業務者，廢止其社會工作師證書。

第49條　社會工作師事務所受停業處分而不停業者，廢止其開業執照；受廢止開業執照處分，仍繼續開業者，得廢止其負責社會工作師之社會工作師證書。

第50條　本法所訂之罰鍰，於社會工作、師事務所，處罰其負責社會工作師。

第51條　本法所訂之罰鍰、停業、撤銷廢止執業執照或開業執照，由直轄市或縣（市）主管機關處罰之；廢止社會工作師證書，由中央主管機關處罰之。

第52條　依本法所處之罰鍰，經限期繳納，屆期仍未繳納者，移送法院強制執行。

第七章　附則

第53條　本法公布實施後，各直轄市、縣（市）社會工作師公會成立前，社會工作師之執業，不受第二十八條第一項之限制。

第54條　中央或直轄市、縣（市）主管機關依本法核發證書或執照時，得收取證書費或執照費；其費額，由中央主管機關定之。

第55條　本法公布施行前，曾在相關社會福利機關（構）、團體從事社會工作業務滿三年，並具有專科以上學校畢業資格，經中央主管機關審查合格者，得應社會工作師特種考試。

前項特種考試，於本法修正施行後五年內辦理三次。

第56條　本法施行細則，由中央主管機關擬訂，報請行政院核定後發布之。

第57條　本法自公布日施行。

社會工作師法施行細則

中華民國八十六年十二月十七日內政部（86）台內社字第8689828號令訂定發布全文21條
中華民國八十八年十二月二十二日內政部（88）台內中社字第8814101號令修正發布第2條條文

第1條　本細則依社會工作師法（以下簡稱本法）第五十六條規定訂定之。

第2條　本法第五條第二款、第三款、第六條第一款至第三款所定社會工作實務經驗；第五十五條第一項所定曾在相關社會福利機關（構）、團體從事社會工作業務之認定及其他有關審查事項，由中央主管機關設審查小組辦理之。經審查合格者，由中央主管機關發給資格證明。

第3條　本法第五條第三款所定國內已設立十年以上之宗教大學或獨立學院，應具有下列各款之情形：
一、本法公布施行前，已設有社會工作相關科系之宗教團體附設宗教教義研修機構。
二、經內政部認可設立有案十年以上。

第4條　依本法第八條規定請領社會工作師證書時，應塡具申請書，並檢具下列文件及證書費，送請中央主管機關核辦：
一、考試院頒發之社會工作師考試及格證書或社會工作師檢覈及格證書影本。
二、國民身分證正、反面影本。
三、最近一年內二寸正面脫帽半身照片三張。

第5條　依本法第九條規定請領社會工作師執業執照時，應塡具申請書，並檢具下列文件及執業執照費，送請執業所在地直轄市或縣（市）主管機關核辦：
一、社會工作師證書影本一份。
二、國民身分證正、反面影本。
三、最近一年內二寸正面脫帽半身照片三張。
四、擬執業機構出具之證明文件。
五、社會工作師公會會員證書影本。但有本法第五十三條之情形者，免繳。

第6條　社會工作師依本法第十一條第一項規定報請備查時，應塡具申請書，並檢具執業執照及有關文件，送由原發執業執照機關依下列規定辦理：
一、停業：於其執業執照註明停業日期後發還。
二、歇業：註銷其執業執照。
三、復業：於其執業執照註明復業日期後發還。
四、變更執業行政區域：註銷其執業執照。

第7條　社會工作師依本法第十九條規定申請設立社會工作師事務所時，應塡具申請書，並檢具下列文件及開業執照費，送請開業所在地直轄市或縣（市）主管機關核辦：

一、依本法第十九條第二項所定社會工作師之執行業務證明文件。
二、社會工作師證書影本一份。
三、社會工作師執業執照影本一份。
四、國民身分證正、反面影本。
五、擬開業事務所所址之使用權利證明文件影本。

第8條　社會工作師事務所依本法第二十六條第一項規定申請變更登記時，應填具申請書，並檢具開業執照及有關文件，送由原發開業執照機關依下列規定辦理：
一、停業：於其開業執照註明停業日期後發還。
二、歇業：註銷其開業執照。
三、復業：於其開業執照註明復業日期後發還。
四、遷移或其他登記事項變更：辦理變更登記。但變更原行政區域時，應註銷其開業執照。

第9條　本法所發證照因遺失、滅失或污損而申請補發或更新時，除應填具申請書及檢具證書費或執照費外，並檢附下列文件，向原發證照機關辦理：
一、證照遺失、滅失者，應檢送具結書一份。
二、證照污損者，應檢送原發證書或執照。
三、國民身分證正、反面影本。
四、最近一年內二寸正面脫帽半身照片二張。

第10條　補發或更新之證照應記明補發或更新之字義及其日期。

第11條　本法第二十七條所稱遷移而轉介，係指社會工作師事務所遷離原執業之直轄市或縣（市）行政區域者。

第12條　縣（市）社會工作師公會選派參加省社會工作師公會之會員代表人數，由省社會工作師公會按各縣（市）社會工作師公會會員人數或其應繳納常年會費之比例定之。縣（市）社會工作師公會選派參加省社會工作師公會之會員代表按比例分配，不足一人者，以一人計；選派參加全國聯合會之會員代表，各縣（市）社會工作師公會至少應有代表一人。
直轄市社會工作師公會代表之產生，準用前項規定。
前二項會員代表人數，應於省社會工作師公會及全國社會工作師公會聯合會章程中定之。

第13條　省（市）、縣（市）社會工作師公會應繳納常年會費；其金額及繳納期限，應於全國社會工作師公會聯合會、省社會工作師公會章程中定之。

第14條　直轄市、縣（市）社會工作師公會對於入會或出會之會員，應分別造具名冊，每三個月分送中央及地方主管機關備查。

第15條　本法第三十七條所稱會員名冊，應載明下列事項：
一、姓名。
二、性別。
三、出生年月日。
四、社會工作師證書字號。
五、執業執照字號。
六、開業執照字號。
七、執業機關（構）、團體之名稱、地址及電話。
八、現任本職。

九、戶籍地址及電話。
十、通訊地址及電話。

第16條　本法第三十七條所稱職員簡歷冊，應註明屆別並載明下列事項：
一、職別。
二、姓名。
三、性別。
四、出生年月日。
五、學歷。
六、經歷。
七、現任本職。
八、戶籍地址及電話。
前項第一款之職別，應依序分別塡明理事長、常務理事、理事、後補理事、監事會召集人、常務監事、監事或後補監事等。

第17條　本法第四十二條、第四十四條第一項及第四十五條所定限期改善，以三十日爲限。

第18條　依本法第四十四條第一項、第四十五條所處之罰鍰及限期改善，其第二次處分應自第一次限期屆滿後行之；其第三次處分應自第二次限期屆滿後行之。

第19條　直轄市、縣（市）主管機關依本法第四十二條至第四十七條規定處罰鍰時，應塡具處分書；受處分人接獲處分書後，應於三十日內繳納罰鍰。

第20條　本法及本細則所定之書表格式，由中央主管機關定之。

第21條　本細則自發布日施行。

社區發展工作綱要

中華民國八十年五月一日內政部（80）台內社字第915261號令訂定發布全文24條

中華民國八十八年十二月十四日內政部（88）台內中社字第8814454號令修正發布第3、18條條文

第1條 爲促進社區發展，增進居民福利，建設安和融洽，團結互助之現代化社會，特訂定本綱要。

社區發展之組織與活動，除法律另有規定外，依本綱要之規定。

第2條 本綱要所稱社區，係指經鄉（鎮、市、區）社區發展主管機關劃定，供爲依法設立社區發展協會，推動社區發展工作之組織與活動區域。

社區發展係社區居民基於共同需要，循自動與互助精神，配合政府行政支援、技術指導，有效運用各種資源，從事綜合建設，以改進社區居民生活品質。

社區居民係指設戶籍並居住本社區之居民。

第3條 社區發展主管機關：在中央爲內政部；在直轄市爲直轄市政府；在縣（市）爲縣（市）政府；在鄉（鎮、市、區）爲鄉（鎮、市、區）公所。

主管機關辦理社區發展業務單位，應加強與警政、民政、工務、國宅、教育、農業、衛生及環境保護等相關單位協調聯繫、分工合作及相互配合支援，以使社區發展業務順利有效執行。

第4條 各級主管機關爲協調、研究、審議、諮詢及推動社區發展業務，得邀請學者、專家、有關單位及民間團體代表、社區居民組設社區發展促進委員會；其設置要點由各級主管機關分別定之。

第5條 鄉（鎮、市、區）主管機關爲推展社區發展業務，得視實際需要，於該鄉（鎮、市、區）內劃定數個社區區域。

社區之劃定，以歷史關係、文化背景、地緣形勢、人口分布、生態特性，資源狀況、住宅型態、農、漁、工、礦、商業之發展及居民之意向、興趣及共同需求等因素爲依據。

第6條 鄉（鎮、市、區）主管機關應輔導社區居民依法設立社區發展協會，依章程推動社區發展工作；社區發展協會章程範本由中央主管機關定之。

社區發展工作之推動，應循調查、研究、諮詢、協調、計畫、推行及評估等方式辦理。

主管機關對於前項工作應遴派專業人員指導之。

第7條 社區發展協會設會員（會員代表）大會、理事會及監事會。另爲推動社區發展工作需要，得聘請顧問，並得設各種內部作業組織。

第8條 會員（會員代表）大會爲社區發展協會最高權力機構，由左列會員（會員代表）組成：

一、個人會員：由社區居民自動申請加入。

二、團體會員：由社區內各機關、機構、學校及團體申請加入。

團體會員依章程推派會員代表一至五人。

社區外贊助本社區發展協會之其他團體或個人，得申請加入為贊助會員。

贊助會員無表決權、選舉權、被選舉權及罷免權。

第9條　理事會、監事會由會員（會員代表）於會員（會員代表）大會中選舉理事、監事分別組成之。

第10條　社區發展協會置總幹事一人，並得聘用社會工作員及其他工作人員若干人，推動社區各項業務。

第11條　社區發展協會應根據社區實際狀況，建立左列社區資料：

一、歷史、地理、環境、人文資料。

二、人口資料及社區資源資料。

三、社區各項問題之個案資料。

四、其他與社區發展有關資料。

第12條　社區發展協會應針對社區特性、居民需要，配合政府發展指定工作項目、政府年度推薦項目、社區自創項目，訂定社區計畫、編訂經費預算、積極推動。

前項社區發展指定工作項目如左：

一、公共設施建設：

（一）新（修）建社區活動中心。

（二）社區環境衛生及垃圾之改善與處理。

（三）社區道路、水溝之維修。

（四）停車設施之整理與添設。

（五）社區綠化與美化。

（六）其他。

二、生產福利建設：

（一）社區生產建設基金之設置。

（二）社會福利之推動。

（三）社區托兒所之設置。

（四）其他。

三、精神倫理建設：

（一）加強改善社會風氣重要措施及國民禮儀範例之倡導與推行。

（二）鄉土文化、民俗技藝之維護與發揚。

（三）社區交通秩序之建立。

（四）社區公約之制訂。

（五）社區守望相助之推動。

（六）社區藝文康樂團隊之設立。

（七）社區長壽俱樂部之設置。

（八）社區媽媽教室之設置。

（九）社區志願服務團隊之成立。

（十）社區圖書室之設置。

（十一）社區全民運動之提倡。

（十二）其他。

政府年度推薦項目由推薦之政府機關函知，社區自創項目應配合政府年度社區發展工作計畫。

第13條　社區發展計畫，由社區發展協會分別配合主管機關有關規定辦理，各相關單位應予輔導支援，並解決其困難。

第14條　社區發展協會應設社區活動中心，作為舉辦各種活動之場所。

主管機關得於轄區內設置綜合福利服務中心，推動社區福利服務工作。

第15條　社區發展協會應與轄區內有關之機關、機構、學校、團體及村里辦公處加強協調、聯繫，以爭取其支援社區發展工作並維護成果。

第16條　社區發展協會辦理各項福利服務活動，得經理事會通過後酌收費用。

第17條　社區發展協會之經費來源如左：

一、會費收入。

二、社區生產收益。

三、政府機關之補助。

四、捐助收入。

五、社區辦理福利服務活動之收入。

六、基金及其孳息。

七、其他收入。

第18條　社區發展協會為辦理社區發展業務，得設置基金；其設置規定，由直轄市、縣（市）主管機關定之。

第19條　第十二條第一項政府指定及推薦之項目，由指定及推薦之政府機關酌予補助經費；社區自創之項目，得申請有關機關補助經費。

第20條　各級政府應按年編列社區發展預算，補助社區發展協會推展業務，並得動用社會福利基金。

第21條　各級主管機關對社區發展工作，應會同相關單位辦理評鑑、考核、觀摩，對社區發展工作有關人員應舉辦訓練或講習。

第22條　推動社區發展業務績效良好之社區，各級主管機關應予左列之獎勵：

一、表揚或指定示範觀摩。

二、頒發獎狀或獎品。

三、發給社區發展獎助金。

第23條　本綱要施行前已成立之社區理事會，於本綱要發布施行後，由主管機關輔導其依法設立為社區發展協會，但理事會任期未屆滿者，可繼續行使職權至屆滿時辦理之。

第24條　本綱要自發布日施行。

志願服務法

中華民國九十年一月二十日
總統（90）華總一義字第9000011840號令制定公布全文25條

第一章　總則

第1條　爲整合社會人力資源，使願意投入志願服務工作之國民力量做最有效之運用，以發揚志願服務美德，促進社會各項建設及提昇國民生活素質，特制定本法。

志願服務，依本法之規定。但其他法律另有規定者，從其規定。

第2條　本法之適用範圍爲經主管機關或目的事業主管機關主辦或經其備查符合公眾利益之服務計畫。

前項所指之服務計畫不包括單純、偶發，基於家庭或友誼原因而執行之志願服務計畫。

第3條　本法之名詞定義如下：

一、志願服務：民眾出於自由意志，非基於個人義務或法律責任，秉誠心以知識、體能、勞力、經驗、技術、時間等貢獻社會，不以獲取報酬爲目的，以提高公共事務效能及增進社會公益所爲之各項輔助性服務。

二、志願服務者（以下簡稱志工）：對社會提出志願服務者。

三、志願服務運用單位：運用志工之機關、機構、學校、法人或經政府立案團體。

第二章　主管機關

第4條　本法所稱之主管機關：在中央爲內政部；在直轄市爲直轄市政府；在縣（市）爲縣（市）政府。

本法所定事項，涉及各目的事業主管機關職掌者，由各目的事業主管機關辦理。

前二項各級主管機關及各目的事業主管機關主管志工之權利、義務、召募、教育訓練、獎勵表揚、福利、保障、宣導與申訴之規劃及辦理，其權責如下：

一、主管機關：主管從事社會福利服務、涉及二個以上目的事業主管機關之服務工作協調及其他綜合規劃事項。

二、目的事業主管機關：凡主管相關社會服務、教育、輔導、文化、科學、體育、消防救難、交通安全、環境保護、衛生保健、合作發展、經濟、研究、志工人力之開發、聯合活動之發展以及志願服務之提昇等公眾利益工作之機關。

第5條　主管機關及目的事業主管機關應置專責人員辦理志願服務相關事宜；其人數得由各級政府及目的事業主管機關視其實際業務需要定之。爲整合規劃、研究、協調及開拓社會資源、創新社會服務項目相關事宜，得召開志願服務會報。

對志願服務運用單位，應加強聯繫輔導並給予必要之協助。

第三章　志願服務運用單位之職責

第6條　志願服務運用單位得自行或採聯合方式召募志工，召募時，應將志願服務計畫公告。

集體從事志願服務之公、民營事業團體，應與志願服務運用單位簽訂服務協議。

第7條　志願服務運用者應依志願服務計畫運用志願服務人員。

前項志願服務計畫應包括志願服務人員之召募、訓練、管理、運用、輔導、考核及其服務項目。

志願服務運用者應於運用前，檢具志願服務計畫及立案登記證書影本，送主管機關及該志願服務計畫目的事業主管機關備案，並應於運用結束後二個月內，將志願服務計畫辦理情形函報主管機關及該志願服務計畫目的事業主管機關備查；其運用期間在二年以上者，應於年度結束後二個月內，將辦理情形函報主管機關及志願服務計畫目的事業主管機關備查。

志願服務運用者為各級政府機關、機構、公立學校或志願服務運用者之章程所載存立目的與志願服務計畫相符者，免於運用前申請備案。但應於年度結束後二個月內，將辦理情形函報主管機關及該志願服務計畫目的事業主管機關備查。

志願服務運用者未依前二項規定辦理備案或備查時，志願服務計畫目的事業主管機關應不予經費補助，並作為服務績效考核之參據。

第8條　主管機關及志願服務計畫目的事業主管機關受理前條志願服務計畫備案時，其志願服務計畫與本法或其他法令規定不符者，應即通知志願服務運用單位補正後，再行備案。

第9條　為提昇志願服務工作品質，保障受服務者之權益，志願服務運用單位應對志工辦理下列教育訓練：

一、基礎訓練。

二、特殊訓練。

前項第一款訓練課程，由中央主管機關定之。第二款訓練課程，由各目的事業主管機關或各志願服務運用單位依其個別需求自行訂定。

第10條　志願服務運用單位應依照志工之工作內容與特點，確保志工在符合安全及衛生之適當環境下進行服務。

第11條　志願服務運用單位應提供志工必要之資訊，並指定專人負責志願服務之督導。

第12條　志願服務運用單位對其志工應發給志願服務證及服務紀錄冊。

前項志願服務證及服務紀錄冊之管理辦法，由中央主管機關定之。

第13條　必須具專門執業證照之工作，應由具證照之志工為之。

第四章　志工之權利及義務

第14條　志工應有以下之權利：

一、接受足以擔任所從事工作之教育訓練。

二、一視同仁，尊重其自由、尊嚴、隱私及信仰。

三、依據工作之性質與特點，確保在適當之安全與衛生條件下從事工作。

四、獲得從事服務之完整資訊。

五、參與所從事之志願服務計畫之擬定、設計、執行及評估。

第15條　志工應有以下之義務：

一、遵守倫理守則之規定。

二、遵守志願服務運用單位訂定之規章。

三、參與志願服務運用單位所提供之教育訓練。

四、妥善使用志工服務證。

五、服務時，應尊重受服務者之權利。

六、對因服務而取得或獲知之訊息，保守秘密。

七、拒絕向受服務者收取報酬。

八、妥善保管志願服務運用單位所提供之可利用資源。

前項所規定之倫理守則，由中央主管機關會商有關機關定之。

第五章　促進志願服務之措施

第16條　志願服務運用單位應爲志工辦理意外事故保險，必要時，並得補助交通、誤餐及特殊保險等經費。

第17條　志願服務運用單位對於參與服務成績良好之志工，因升學、進修、就業或其他原因需志願服務績效證明者，得發給服務績效證明書。

前項服務績效之認證及證明書格式，由中央主管機關召集各目的事業主管機關及直轄市、縣（市）政府會商定之。

第18條　各目的事業主管機關得視業務需要，將汰舊之車輛、器材及設備無償撥交相關志願服務運用單位使用；車輛得供有關志願服務運用單位供公共安全及公共衛生使用。

第19條　志願服務運用單位應定期考核志工個人及團隊之服務績效。

主管機關及目的事業主管機關得就前項服務績效特優者，選拔楷模獎勵之。

主管機關及目的事業主管機關應對推展志願服務之機關及志願服務運用單位，定期辦理志願服務評鑑。

主管機關及目的事業主管機關得對前項評鑑成績優良者，予以獎勵。

志願服務表現優良者，應給予獎勵，並得列入升學、就業之部分成績。

前項獎勵辦法，由各級主管機關及各目的事業主管機關分別定之。

第20條　志工服務年資滿三年，服務時數達三百小時以上者，得檢具證明文件向地方主管機關申請核發志願服務榮譽卡。

志工進入收費之公立風景區、未編定座次之康樂場所及文教設施，憑志願服務榮譽卡得以免費。

第21條　從事志願服務工作績效優良並經認證之志工，得優先服相關兵役替代役；其辦法，由中央主管機關定之。

第六章　志願服務之法律責任

第22條　志工依志願服務運用單位之指示進行志願服務時，因故意或過失不法侵害他人權利者，由志願服務運用單位負損害賠償責任。

前項情形，志工有故意或重大過失時，賠償之志願服務運用單位對之有求償權。

第七章　經費

第23條　主管機關、志願服務計畫目的事業主管機關及志願服務運用單位，應編列預算或結合社會資源，辦理推動志願服務。

第八章　附則

第24條　志願服務運用單位派遣志工前往國外從事志願服務工作，其服務計畫經主管機關及目的事業主管機關備查者，適用本法之規定。

第25條　本法自公布日施行。

人民團體法

中華民國三十一年二月十日國民政府制定公布全文20條
中華民國七十八年一月二十七日總統(78)華總(一)義字第0516號令修正公布名稱及全文67條
中華民國八十一年七月二十七日總統(81)華總(一)義字第3639號令修正名稱;並修正第2、48、52、58～60、62條條文;增訂第46-1條條文
中華民國八十二年十二月三十一日總統(82)華總(一)義字第7112號修正公布令增訂第50-1條條文
中華民國九十一年四月二十四日總統(91)華總一義字第09100075600號令修正公布第3、46-1條條文
中華民國九十一年十二月十一日總統華總一義字第09100239600號令修正公布第53、55、58～61條條文;並刪除第64、65條條文

第一章　通則

第1條　人民團體之組織與活動,依本法之規定;其他法律有特別規定者,適用其規定。

第2條　人民團體之組織與活動,不得主張共產主義,或主張分裂國土。

第3條　本法所稱主管機關:在中央及省為內政部;在直轄市為直轄市政府;在縣(市)為縣(市)政府。但其目的事業應受各該事業主管機關之指導、監督。

第4條　人民團體分為左列三種:
一、職業團體。
二、社會團體。
三、政治團體。

第5條　人民團體以行政區域為其組織區域,並得分級組織。
前項分級組織之設立,應依本法規定向當地主管機關辦理。

第6條　人民團體會址設於主管機關所在地區。但報經主管機關核准者,得設於其他地區,並得設分支機構。

第7條　人民團體在同一組織區域內,除法律另有限制外,得組織二個以上同級同類之團體,但其名稱不得相同。

第二章　設立

第8條　人民團體之組織,應由發起人檢具申請書、章程草案及發起人名冊,向主管機關申請許可。
前項發起人須滿二十歲,並應有三十人以上,且無左列情事為限:
一、因犯罪經判處有期徒刑以上之刑確定,尚未執行或執行未畢者。但受緩刑宣告者,不在此限。
二、受保安處分或感訓處分之裁判確定,尚未執行或執行未畢者。
三、受破產之宣告,尚未復權者。
四、受禁治產之宣告,尚未撤銷者。

第一項申請書格式由中央主管機關定之。

第9條　人民團體經許可設立後，應召開發起人會議，推選籌備委員，組織籌備會，籌備完成後，召開成立大會。

籌備會會議及成立大會，均應通知主管機關，主管機關得派員列席。

第10條　人民團體應於成立大會後三十日內檢具章程、會員名冊、選任職員簡歷冊，報請主管機關核准立案，並發給立案證書及圖記。

第11條　人民團體經主管機關核准立案後，得依法向該管地方法院辦理法人登記，並於完成法人登記後三十日內，將登記證書影本送主管機關查備。

第12條　人民團體章程應載明左列事項：

一、名稱。
二、宗旨。
三、經織區域。
四、會址。
五、任務。
六、組織。
七、會員入會、出會與除名。
八、會員之權利與義務。
九、會員代表及理事、監事之名額、職權、任期及選任與解任。
十、會議。
十一、經費及會計。
十二、章程修改之程序。
十三、其他依法令規定應載明之事項。

第三章　會員

第13條　人民團體之會員代表係指由會員單位推派或下級團體選派或依第二十八條規定分區選出之代表；其權利之行使與會員同。

第14條　人民團體會員（會員代表）有違反法令、章程或不遵守會員（會員代表）大會決議而致危害團體情節重大者，得經會員（會員代表）大會決議予以除名。

第15條　人民團體會員有左列情事之一者，爲出會：

一、死亡。
二、喪失會員資格者。
三、經會員（會員代表）大會決議除名者。

第16條　人民團體會員（會員代表）有表決權、選舉權、被選舉權與罷免權。每一會員（會員代表）爲一權。

第四章　職員

第17條　人民團體均應置理事、監事，就會員（會員代表）中選舉之，其名額依左列之規定：

一、縣（市）以下人民團體之理事不得逾十五人。
二、省（市）人民團體之理事不得逾二十五人。
三、中央直轄人民團體之理事不得逾三十五人。
四、各級人民團體之監事名額不得超過該團體理事名額三分之一。

五、各級人民團體均得置候補理監事；其名額不得超過該團體理監事名額三分之一。

前項各款理事、監事名額在三人以上者，得分別互選常務理事及常務監事，其名額不得超過理事或監事總額之三分之一；並由理事就常務理事中選舉一人爲理事長，其不設常務理事者，就理事中互選之。常務監事在三人以上時，應互推一人爲監事會召集人。

第18條 人民團體理事會、監事會應依會員（會員代表）大會之決議章程之規定，分別執行職務。

第19條 上級人民團體理事、監事之當選，不限於下級人民團體選派出席之代表。

下級人民團體選派出席上級人民團體之代表，不限於該團體之理事、監事。

第20條 人民團體理事、監事之任期不得超過四年，除法律另有規定或章程另有限制外，連選得連任。理事長之連任，以一次爲限。

第21條 人民團體理事、監事均爲無給職。

第22條 人民團體理事、監事執行職務，如有違反法令、章程或會員（會員代表）大會決議情事者，除依有關法令及章程處理外，得經會員（會員代表）大會通過罷免之。

第23條 人民團體理事、監事有左列情事之一者，應即解任，其缺額由侯補理事、侯補監事分別依次遞補：

一、喪失會員（會員代表）資格者。

二、因故辭職經理事會或監事會決議通過者。

三、被罷免或撤免者。

四、受停權處分期間逾任期二分之一者。

第24條 人民團體依其章程聘僱工作人員，辦理會務、業務。

第五章　會議

第25條 人民團體會員（會員代表）大會，分定期會議與臨時會議二種，由理事長召集之。

定期會議每年召開一次；臨時會議於理事會認爲必要，或經會員（會員代表）五分之一以上之請求，或監事會函請召集時召開之。

第26條 人民團體會員（會員代表）大會之召集，應於十五日前通知各會員（會員代表）。但因緊急事故召集臨時會議，經於開會前一日送達通知者，不在此限。

前項會議應報請主管機關派員列席。

第27條 人民團體會員（會員代表）大會之決議，應有會員（會員代表）過半數之出席，出席人數過半數或較多數之同意行之。但左列事項之決議應有出席人數三分之二以上同意行之：

一、章程之訂定與變更。

二、會員（會員代會）之除名。

三、理事、監事之罷免。

四、財產之處分。

五、團體之解散。

六、其他與會員權利義務有關之重大事項。

第28條　人民團體會員（會員代表）人數超過三百人以上者，得劃分地區，依會員（會員代表）人數比例選出代表，再合開代表大會，行使會員大會職權。
前項地區之劃分應選代表名額之分配，應報請主管機關核備。

第29條　人民團體理事會、監事會，每三個月至少舉行會議一次，並得通知侯補理事、侯補監事列席。
前項會議之決議，各以理事、監事過半數之出席，出席人數過半數或較多數之同意行之。

第30條　人民團體理事長或監事會召集人，無正當理由不召開理事會或監事會超過二個會次者，應由主管機關解除理事長或監事會召集人職務，另行改選或改推。

第31條　人民團體理事、監事應親自出席理事、監事會議，不得委託他人代理；連續二次無故缺席者，視同辭職，由侯補理事、侯補監事依次遞補。

第32條　人民團體會員（會員代表）大會或理事會不能依法召開時，得由主管機關指定理事一人召集之；監事會不能依法召開時，得由主管機關指定監事一人召集之。

第六章　經費

第33條　人民團體經費來源如左：
一、入會費。
二、常年會費。
三、事業費。
四、會員捐款。
五、委託收益。
六、基金及其孳息。
七、其他收入。
前項第一款至第四款經費之繳納數額及方式，應提經會員（會員代表）大會通過，並報請主管機關核備後行之。

第34條　人民團體應每年編造預算、決算報告，提經會員（會員代表）大會通過，並報主管機關核備。但決算報告應先送監事會審核，並將審核結果一併提報會員（會員代表）大會。

第七章　職業團體

第35條　職業團體係以協調同業關係，增進共同利益，促進社會經濟建設爲目的，由同一行業之單位，團體或同一職業之從業人員組成之團體。

第36條　上級職業團體須其下一級團體通半數完成組織後，始得發起組織。但經中央主管機關核准者，不在此限。

第37條　職業團體以其組織區域內從事各該行職業者爲會員。
下級職業團體應加入其上一級職業團體爲會員。
職業團體不得拒絕具有會員資格者入會。

第38條　職業團體會員（會員代表）不能親自出席會員（會員代表）大會時，得以書面委託其他會員（會員代表）代理。但委託出席人數，不得超過該次會議親自出席人數之三分之一。

每一會員（會員代表）以代理一人為限。

第八章　社會團體

第39條　社會團體係以推展文化、學術、醫療、衛生、宗教、慈善、體育、聯誼、社會服務或其他以公益為目的，由個人或團體組成之團體。

第40條　社會團體有分級組織者，下級團體應加入其上級團體為會員。

第41條　社會團體選任職員之職稱及選任與解任事項，得於其章程另定之。但須經主管機關之核准。

第42條　社會團體會員（會員代表）不能親自出席會員（會員代表）大會時，得以書面委託其他會（會員代表）代理，每一會員（會員代表）以代理一人為限。

第43條　社會團體理事會、監事會，每六個月至少舉行會議一次。

第九章　政治團體

第44條　政治團體係以共同民主政治理念，協助形成國民政治意志，促進國民政治參與為目的，由中華民國國民組成之團體。

第45條　符合左列規定之一者為政黨：

一、全國性政治團體以推薦候選人參加公職人員選舉為目的，依本法規定設立政黨，並報請中央主管機關備案者。

二、已立案之全國性政治團體，以推薦候選人參加公職人員選舉為目的者。

第46條　依前條第一款規定設立政黨者，應於成立大會後三十日內，檢具章程及負責人名冊，報請中央主管機關備案，並發給證書及圖記。

前條第二款之政黨，應於選舉公告發布之日前，檢具章程及負責人名冊，向中央主管機關申請備案。

第46-1條　依前條規定備案之政黨，符合下列各款規定者，得經中央主管機關核准後，依法向法院辦理法人登記：

一、政黨備案後已逾一年。

二、所屬中央、直轄市、縣（市）民選公職人員合計五人以上。

三、擁有新台幣一千萬元以上之財產。

前項政黨法人之登記及其他事項，除本法另有規定外，準用民法關於公益社團之規定。

第47條　政黨以全國行政區域為其組織區域，不得成立區域性政黨。但得設分支機構。

第48條　依第四十六條規定設立之政黨，得依法推薦候選人參加公職人員選舉。

第49條　政治團體應依據民主原則組織與運作，其選任職員之職稱、名額、任期、選任、解任、會議及經費等事項，於其章程中另定之。

第50條　政黨依法令有平等使用公共場地及公營大眾傳播媒體之權利。

第50-1條　政黨不得在大學、法院或軍隊設置黨團組織。

第51條　政治團體不得收受外國團體、法人、個人或主要成員為外國人之團體、法人之捐助。

第52條　內政部設政黨審議委員會，審議政黨處分事件。

政黨審議委員會由社會公正人士組成，其具有同一黨籍者，不得超過委員總額二分之一；其組織由內政部定之。

第十章　監督與處罰

第53條　申請設立之人民團體有違反第二條或其他法令之規定者，不予許可；經許可設立者，廢止其許可。

第54條　人民團體經核准立案後，其章程、選任職員簡歷冊或負責人名冊如有異動，應於三十日內報請主管機關核備。

第55條　人民團體經許可設立後逾六個月未成立者，廢止其許可。但報經主管機關核准者，得延長之，其期間以三個月爲限。

第56條　人民團體因組織區域之調整或其他原因有合併或分立之必要者，得申請主管機關核定合併或分立。

第57條　人民團體成績優良者，主管機關得予獎勵；其獎勵辦法由中央主管機關定之。

第58條　人民團體有違反法令、章程或妨害公益情事者，主管機關得予警告、撤銷其決議、停止其業務之一部或全部，並限期令其改善；屆期未改善或情節重大者，得爲左列之處分：

一、撤免其職員。

二、限期整理。

三、廢止許可。

四、解散。

前項警告、撤銷決議及停止業務處分，目的事業主管機關亦得爲之。但爲撤銷決議或停止業務處分時，應會商主管機關後爲之。

對於政黨之處分，以警告、限期整理及解散爲限。政黨之解散，由主管機關檢同相關事證移送司法院大法官組成憲法法庭審理之。

前項移送，應經政黨審議委員會出席委員三分之二以上認有違憲情事，始得爲之。

第59條　人民團體有左列情事之一者，應予解散：

一、經主管機關廢止許可者。

二、破產者。

三、合併或分立者。

四、限期整理未如期完成者。

五、會員（會員代表）大會決議解散者。

前項第四款於政黨之解散不適用之。

第60條　未經依法申請許可或備案而成立人民團體，經主管機關通知限期解散而屆期不解散者，處新台幣六萬元以下罰鍰。

人民團體經主管機關廢止許可或解散並通知限期解散而屆期不解散者，亦同。

第61條　未經依法申請許可或備案而成立人民團體，經該管主管機關通知限期解散而屆期不解散，仍以該團體名義從事活動經該管主管機關制止而不遵從，首謀者，處二年以下有期徒刑或拘役。

人民團體經主管機關廢止許可或解散並通知限期解散而屆期不解散，仍以該團體名義從事活動，經該管主管機關制止而不遵從，首謀者，亦同。

第62條　違反第五十一條規定收受捐助者，處二年以下有期徒刑、拘役或新台幣六萬元以下罰金。
犯前項之罪者，所收受之捐助沒收之。如全部或一部不能沒收時，追徵其價額。

第63條　依本法所處罰鍰，經通知後逾期不繳納者，移送法院強制執行。

第十一章　附則

第64條　（刪除）

第65條　（刪除）

第66條　人民團體選任職員之選舉罷免、工作人員之管理與財務之處理，其辦法由中央主管機關定之。

第67條　本法自公布日施行。

督導各級人民團體實施辦法

中華民國七十年十二月十九日內政部（70）台內社字第59762號令修正發布名稱及全文24條
中華民國八十年五月二十七日內政部（80）台內社字第921080號令修正發布名稱及全文24條
中華民國八十八年六月二十三日內政部（88）台內社字第8881247號令修正發布全文24條

第1條　爲督導各級人民團體健全組織發揮功能，特訂定本辦法。

第2條　本辦法所稱人民團體，係指依法設立之職業團體及社會團體。

第3條　人民團體理事、監事之人數應定額並爲奇數。

第4條　人民團體應建立會員（會員代表）會籍資料，隨時辦理異動登記，並由理事會於召開會員（會員代表）大會十五日前審定會員（會員代表）資格，造具名冊，報請主管機關備查。

第5條　人民團體應於召開會員（會員代表）大會十五日前，或召開理事會議、監事會議、理事監事聯席會議七日前，將會議種類、時間、地點連同議程通知各應出席人員並報請主管機關及目的事業主管機關備查。但因緊急事故召集臨時會議，經於開會前一日送達通知者，不在此限。

會員（會員代表）大會會議紀錄，應載明出席、缺席、請假者之人數，於閉會後三十日內報請主管機關及目的事業主管機關備查。

會員（會員代表）大會、理事會議、監事會議及理事監事聯席會議之決議應報請主管機關或目的事業主管機關核辦者，須檢附會議紀錄分別專案處理，並將處理情形提報下次會議。

主管機關及目的事業主管機關於人民團體召開會員（會員代表）大會、理事會議、監事會議、理事監事聯席會議時得派員列席。

第6條　人民團體理事或監事認爲必要，並經理事或監事過半數之連署，得函請理事長或監事會召集人（常務監事）召開臨時理事會議或監事會議。如理事長或監事會召集人（常務監事）無故不爲召開時，得由連署人報請主管機關指定理事或監事一人召集之。

第7條　人民團體理事會議、監事會議應分別舉行，必要時，得召開理事監事聯席會議。

前項聯席會議，應有理事、監事各過半數之出席，始得開會。其決議各以出席理事、監事過半數或較多數之同意行之。

第8條　人民團體各項會議出席人數之計算，以簽到或報到人數爲準。但出席人提出清查在場人數之動議時，應清查在場人數，以清查結果爲準。

前項動議不需附議。但原動議人得於清查結果宣布前收回之。

第9條　人民團體召開理事會議時，監事會召集人（常務監事）得列席；召開監事會議時，理事長得列席。

第10條　人民團體之經費收支及工作執行情形，應於每次理事會議時提出審議，並由理事會送請監事會監察，監事會監察發現有不當情事者，應提出糾正意見，送請理事會處理，如理事會不為處理時，監事會得提報會員（會員代表）大會審議。

第11條　人民團體於每屆理事、監事改選前，應將立案證書、圖記、未完成案件、檔案、財務及人事等資料造具清冊一式三份，於下屆理事長選出後，以一份連同立案證書、圖記移交新任理事長及監交人，並於十五日內由新任理事長會同監交人接收完畢。逾期未完成移交者，除依法處理外，得報請主管機關將原發圖記或立案證書予以註銷或作廢，重新發給。

前項監交人由新任監事會召集人（常務監事）或新任監事互推一人擔任之。

第12條　人民團體依法設立分支機構，應依章程規定擬具組織簡則，載明設立依據、組成、任務、經費來源等，提經理事會通過，報請主管機關核准後實施。

第13條　主管機關及目的事業主管機關為瞭解人民團體辦理業務或活動之狀況，得通知該團體提出各該業務或活動之實施計畫、執行情形及財務報告。

第14條　人民團體辦理之業務或活動，涉有收費或公開招生、授課、售票、捐募、義賣或其他類似情形者，應依有關法令規定，報請各該目的事業主管機關立案或核准後辦理。其財務收支，事後並應公開徵信。

第15條　社會團體在同一行政區域內之會員人數符合依法設立分級組織者，得於章程內訂定設立分級組織。

前項分級組織之設立，應由各該社會團體出具同意文件。

第16條　人民團體設有分級組織者，上級團體應於章程載明分級組織之名稱、下級團體選派代表名額、上下級團體權利義務關係等有關事項。

第17條　人民團體合併或分立時，有關人事、財產及其他權利義務事項之承受或移轉，應議定辦法經會員（會員代表）大會通過，報請主管機關核定後辦理。

第18條　人民團體有下列情事之一者，主管機關得通知限期改選、補選、改推：

一、理事或監事任期屆滿尚未改選者。

二、理事或監事人數未達章程所定名額三分之二，未補選足額者。

三、經主管機關依法解除理事長或監事會召集人（常務監事）職務後，未另行改選、改推者。

第19條　人民團體有下列情事之一者，主管機關得限期整理：

一、年度內未依章程規定召開會員（會員代表）大會、理事會議、監事會議或經召開未能成會者。

二、經主管機關通知限期改選、補選、改推，逾期未完成者。

三、經主管機關依法指定召集仍未能成會者。

第20條　人民團體經主管機關限期整理者，其理事、監事之職權應即停止，由主管機關就非現任理事、監事之會員（會員代表）中遴選五人或七人組織整理小組，並指定一人為召集人，於指定後三個月內完成整理工作。

第21條　整理小組之任務如下：

一、接管立案證書、圖記、人事、檔案、財產及清理財務，造具清冊，移交於下屆理事會。

二、清查會籍。

三、召開會員（會員代表）大會，選舉理事、監事。

四、處理下列事項：

（一）政府委託服務事項。

（二）對會員（會員代表）應提供之服務事項。

整理小組於新任理事長選出後十日內應辦理交接完竣，並即解散。

整理小組無法依第一項第一款規定接管立案證書、圖記時，得準用第十一條之規定，報請主管機關將原發立案證書、圖記註銷，重新發給。

第22條　人民團體解散之清算程序，如經法人登記者，除法律另有規定外，依民法之規定辦理；如未經法人登記者，應依章程或會員（會員代表）大會決議辦理，章程未規定或會員（會員代表）大會無法召開時，由主管機關選任清算人，並準用民法清算之規定辦理。

第23條　人民團體之考核評鑑，由主管機關辦理；其涉及目的事業者，得會同目的事業主管機關爲之。

第24條　本辦法自發布日施行。

民生主義現階段社會政策

中華民國五十四年四月八日行政院令頒

查依據民生主義，促進經濟與社會之均衡發展，前曾確定各項有關政策。今反攻基地之經濟情況，日趨繁榮，社會福利措施，亟待加強，爰以建立社會安全制度，增進人民生活爲目標，以採取社區發展方式，促進民生建設爲重點，決定現階段社會福利措施之實施方針如下：

甲、社會保險

一、社會保險，應於現行勞保、公保、軍保以外，視社會需要，逐步擴大，分期分類實施。商店店員、私立學校教職員、新聞從業人員、公益事業暨人民團體之工作人員、機關工友、技工、司機，應先納入保險。

二、公保、軍保之疾病保險，應逐步擴及其配偶與直系親屬。

三、現行勞保之保險費率，應就實際情況，作合理之調整，並逐步增辦免費門診。

四、勞保、公保之醫療服務，應力求改善，確保被保險人醫療之實惠。

五、訂頒社會保險法及有關法規，建立社會保險之完整體制。

乙、國民就業

六、配合經濟發展計畫，獎勵投資開辦工廠農場暨興建大規模工程，積極創造就業機會；並加強聯繫各公私企業及公共工程機構，調劑人才供求。

七、擴充國民就業輔導機構及其業務，視工商業發展情形，增設就業輔導中心或輔導站，加強實施職業介紹。

八、經常辦理勞動力調查及就業容量調查，供應就業資料。

九、建立職業指導制度，舉辦就業、轉業暨在職訓練，並建立工廠學徒制度。

十、都市以日雇勞動方式，救濟臨時失業者，並酌設平民工廠，容納貧苦民眾。

十一、訂頒國民就業服務法及有關法規，以利就業服務之推行。

丙、社會救助

十二、改善公私立救濟設施，並擴展院外救濟，救助貧苦老幼人民維持最低生活。

十三、擴大貧民免費醫療，並特約設備完善之公私立醫院，劃撥床位，承辦免費醫療。

十四、加強防治傳染病，擴大對殘廢病者之救助與重建，並積極收容精神病患者。

十五、拯救不幸婦女，訂定有效辦法，救助被虐待之養女及被壓迫之娼妓。

十六、修訂社會救助法，規定受救條件，給予標準，並改善其救助方式。

丁、國民住宅

十七、由政府興建國民住宅，廉租或分期出售平民居住，並加強其社會服務設施。

十八、採行長期低利貸款方式，協助平民及公務人員自行興建住宅，並運用分期收回之本息，轉向銀行貸款循環擴建。

十九、鼓勵私人投資，建設國民住宅出租或分期出售。

二十、運用金融機構資金，開發都市近郊坡地或不適農耕土地，以合理價格，供給國民所需之建築基地。

二十一、設計改良住宅，供應圖樣，獎助居室工業，大量生產建築器材，並劃一其規格標準，以利國民自建住宅。

二十二、修訂國民住宅法及有關法規，力求便利人民，以促進國民住宅之興建。

戊、福利服務

二十三、加強勞工福利，改善勞工生活，並倡行勞工分紅入股辦法，促進勞資合作。

二十四、鼓勵農會漁會，加強或增辦對農家及漁民服務之業務，以改善農、漁民生活。

二十五、地方政府應於都市、鄉村及工礦區加設托兒所及兒童福利中心，並鼓勵公私企業、民間團體，擴建兒童福利設施。

二十六、重視家庭教育、家庭衛生、國民營養、生育常識，並推廣家庭副業，加強家政指導，以增進家庭幸福。

己、社會教育

二十七、結合社會力量，設置獎學基金，獎助在學暨社會清寒優秀青年，依其志願與資質，完成學業。

二十八、擴大社會各種技藝訓練暨職業補習教育，並充實地方公共圖書館與博物院之設備。

二十九、電影、電視、廣播、報紙、雜誌及文藝書刊，應以社會教育爲大衆傳播之主要目標，當積極輔導其負起社會教育之責任。

庚、社區發展

三十、採社區發展方式，啓發居民自動自治之精神，配合政府行政措施，改善居民生活，增進居民福利。

三十一、設立社區服務中心，由社區居民推薦熱心公益人士組織理事會，並僱用曾受專業訓練之社會工作人員，負責推進各項工作。

三十二、加強公共衛生暨康樂設施，尤應積極推廣道路橋樑之修築，暨公井、公廁、公園、公墓、游泳池、體育場之設置。

三十三、鼓勵社區內人民，以合作組織方式辦理消費、副業生產與運銷、暨公用福利等事業。

以上各項措施，爲求迅著成效，必須妥籌財源。對社會福利事業，應寬列預算，並以實行都市平均地權所增收之地價稅，設立社會福利基金。更應訂頒辦法，獎勵人民捐資興辦福利事業，減免其所捐部分之所得稅與遺產稅。至於所需人才，則應儘量任用各大學有關社會工作學系之畢業生。對現有工作人員，亦當隨時舉辦在職訓練，增加其專業知識，改進其工作方法。總之，今後社會福利措施之推行，務須積極推動，政府與社會協力並舉，俾全體人民之生活，同臻於安全康樂之境地。

社會福利政策綱領（83年）

行政院八十三年七月十四日第二三八九次院會審議通過
行政院八十三年七月三十日台八十三內字第29453號函修正核定

依據憲法促進經濟與社會均衡發展之原則，衡酌國家總體資源及政府財力，期以就業安全達成自助、社會保險邁向互助、福利服務提昇生活品質，國民住宅安定生活，醫療保健增進全民健康，逐步建立社會安全制度，發揮政策功能，特訂定本綱領。

壹、基本原則

一、著重社會與經濟之均衡發展，兼顧政府財力，倡導施重於取、權利義務對等之福利倫理，本助人自助促進國民應有權益之保障。

二、健全社會福利之行政體制，適時修訂社會福利相關法規，以因應社會變遷產生之需求，並發揮規劃、執行、協調、評估社會福利整體功能，從而落實各項福利政策與法規。

三、建構以家庭為中心之社會福利政策，以弘揚家庭倫理，促進家庭關係，藉家庭倫理來維護成員福利。

四、結合衛生、教育、司法、農業推廣等相關單位，運用社會福利專業人員，採專業社會工作方法，推展各項社會福利工作。

五、積極倡導勞資合作，兼顧勞資雙方利益，培養企業與職業倫理精神，保障國民充分就業權益。

六、規劃各類社會保險，本財務自給自足、不浪費、不虧損之原則，建立完整之保險體系，以保障國民之基本生活及健康。

七、福利服務應本民眾福祉為先，針對現況與需求，著重城鄉均衡發展；並結合學術與民間組織，共同發展合作模式的服務輸送體系。

八、依據國民住宅政策，推動國民住宅計畫，協助較低收入家庭解決居住問題，以安定國民生活及增進社會福祉。

九、推動各項衛生政策，強化醫療保健體系，保障國民享有均等醫療保健服務之權利，以增進國民健康。

貳、實施要項

（壹）就業安全

一、因應社會變遷與產業結構未來發展，積極規劃人力資源之開發、培育與運用，並推動就業服務、職業訓練、技能檢定、失業保險與技職教育有關措施之相互配合，以促進國民就業。

二、強化公、私立就業服務機構之管理輔導，並建立專業人員制度，加速就業資訊流通、求才求職媒合及區域間職業資訊交換工作，促進就業市場健全運作，提高就業服務效能。

三、落實國民就業機會平等與禁止就業歧視；研訂婦女、青少年、中高齡者、殘障者、原住民及低收入戶中具有工作能力者之就業訓練、轉業輔導及就業輔助相關計畫，並擴大運用社會資源，建立正確職業觀念。

四、配合經濟轉型及就業市場需求，提升公共職業訓練機構之功能，調整訓練之職類、方法及重點，並輔助與激勵企業單位自行辦理教育訓練，培育國家建設人力、提升企業員工技術水準。

五、推動與公共安全、公共衛生有關行業事業機構雇用一定比例之技術士、擴充技能來定之職類、推展職業證照制度，倡導技能價值觀念，提升具有技能專業人員之社會地位。

六、規劃辦理失業保險，並結合職業訓練及就業服務，以發揮就業安全之整體功能。其財務應以收支平衡爲原則，依精算訂定合理之保險費率。

（貳）社會保險

七、社會保險之實施應以現行公保、勞保、私校教保及農保之被保險人及其眷屬爲主軸漸次擴大及於全民。

八、社會保險應分健康保險、老年殘障遺屬年金保險、失業保險及職災保險及職災保險等類辦理，並檢討改進現行各類保險制度以逐步建立完整之社會保險體制。

九、社會保險應本互助共濟危險分擔原則辦理，財務力求收支平衡自給自足以達不虧損、不浪費之目標。

十、實施全民健康保險，減少民眾就醫之經濟障礙，提供國民適當的醫療服務。

十一、建立國民年金保險制度，以保障老年、殘障及遺屬之生活。

十二、加強實施職業災害保險制度，逐步擴大採用投保單位實績費率制，以激勵雇主重視安全衛生設施之改進。

（參）福利服務

十三、推展多元化福利服務，並採收費原則，惟對於所得較低或弱勢族群，得予減免，以保障個人及家庭免於經濟匱乏和疾病困窮之威脅。

十四、對於需要指導、管教、保護、身心矯治與殘障重建之兒童與其父母、養父母、監護人提供親職教育與社會服務；並提供周延兒童托育與育樂服務，以保障兒童權益，健全其身心發展。

十五、健全少年身心發展，滿足少年對於教養、輔導、服務、育樂之各類需求，以增進少年福利。

十六、維護婦女人格尊嚴，保障婦女基本權益，開發婦女潛能，促進兩性地位實質平等。

十七、加強社區老人安、療養設施，結合社區資源建立居家照顧服務網絡；協助高齡者儘早建立生涯規劃，培養健康之生活態度。

十八、舉辦各項殘障福利服務措施，以維護殘障者生活，尊重其人格，保障其合法權益。

十九、社會救助工作應對於接受救助具有工作能力之民眾輔導參加職業訓練與就業，或採以工代賑，俾期自力更生，並協助其子女升學，以免貧窮延及下一代。

二十、配合社會變遷，修定社會救助相關法規，調整貧窮認定標準，提供足以維持有尊嚴之基本生活津貼，改善社會救助設施，以建立社會救助完整體系。

二十一、輔導社區居民依法成立社區姐織，鼓勵居民參與社區事務，發揮團結互助之精神。

二十二、社區發展應加強弘揚志願服務理念，塑造服務文化，以充分運用社區之人力與物力。

二十三、政府相關單位對社區之環保、交通、治安、育樂等透過社區組織與居民直接溝通，以發揮協調整合之功能。

(肆) 國民住宅

二十四、爲協助收入較低家庭解決居住問題，以安定國民生活及增進社會福祉，政府宜推動國民住宅福利政策。

二十五、根據住宅供需情形，統籌規劃興辦國民住宅，並酌量提供出租國民住宅。

二十六、結合民間力量，以稅賦優惠或銀行提供建築融資方式，鼓勵民間業者參與興建中低收入住宅。

二十七、爲減輕較低收入家庭購屋負擔，宜提供長期低利貸款，協助人民購建國民住宅。

二十八、非公用之公有土地及公營事業機構欲出售之土地適宜興建國民住宅者，應以公告現值或作價讓售主管機關興建國民住宅出售或無償提供興建國民住宅出租。

二十九、爲統籌興建國民住宅，政府每年應依國宅興建計畫及貸款資金需求提撥土地增值稅或編列經費抑注國宅基金。

(伍) 醫療保健

三十、推行國民保健工作，包括辦理孕產婦與嬰幼兒保健工作、推展兒童與青少年保健工作、加強成年人保健工作、積極提供高齡者健康服務、防制菸害與藥物濫用、改善食品衛生與營養均衡。

三十一、強化防疫措施，包括繼續辦理急性傳染病防治工作、加強慢性及其他重要傳染病防治工作，防止境外移入傳染病。

三十二、普及醫療服務，包括規劃醫事人力、建立完善醫療服務體系、加強特殊醫療服務、提升藥品品質與安全、加強醫藥品之流通管理及推動全民健康保險。

三十三、發展醫藥衛生科技、促進國際衛生交流，包括加強醫藥衛生科技研究、促進中醫藥現代化與科學化，積極參與國際衛生活動。

社會福利政策綱領實施方案（83年）

行政院八十三年七月十四日第二三八九次院會審議通過
行政院八十三年七月卅日台八十三內字第二九四五三號函修正核定

壹、就業安全

一、規劃辦理失業保險，並建立完善之就業服務網及職業訓練，使保險機構與就業服務機構密切配合，以安定勞工生活，促進就業安全。（勞委會、省、市政府）

二、推動第三期加強職業訓練工作方案，第二期加強就業服務方案，加強技能檢定，建立技術士職業證照制度實施計畫、技能檢定制度改進方案，並適時檢討，以建立技能提昇及人力培訓、調配之完備制度。（勞委會、省、市政府）

三、研擬修正職業訓練法及相關法規，以推動職業訓練與相關措施之相輔相成，達到促進就業安全之健全體制。（勞委會、省、市政府）

四、規劃進行省市就業服務輔導中心、服務站、青輔會及役政單位之電腦連線作業，以提高就業資訊之流通。（勞委會、省、市政府）

五、貫徹「就業服務法」、「省市公立就業服務機構設置準則」及「私立就業服務機構許可及管理辦法」，加強輔導管理公私立就業服務機構。（勞委會、省、市政府）

六、定期舉辦公私立就業服務機構專業人員訓練，增進專業知能，提昇服務品質。（勞委會、省、市政府）

七、研擬「促進生活扶助戶就業措施」、「促進婦女就業措施」、「促進中高齡者就業措施」、「促進殘障者就業措施」、「促進原住民就業措施」，落實國民平等之就業機會。（勞委會、內政部、省、市政府）

八、研訂「公共職業訓練機構低收入戶、殘障者、清寒者受訓學員獎助金設置要點」及負擔家計婦女、中高齡者、殘障者、原住民參加職業訓練期間生活津貼補助試辦要點與作業須知，強化職業技能之培訓。（勞委會、內政部、省、市政府）

九、配合實施青少年監獄、少年輔育院收容人之技能訓練計畫。（勞委會、法務部、省、市政府）

十、成立公共職業訓練機構業務協調會報，適時檢討改進公共職業訓練機構之訓練職類及相關措施。（勞委會、省、市政府）

十一、研擬「應辦職業訓練事業機構之業別、規模、職業訓練費用提列比率」，促使企業單位參與職業訓練。（勞委會、省、市政府）

十二、執行「職業訓練機構設立及管理辦法」，鼓勵事業機構附設職業訓練機構自行辦理教育訓練。（勞委會、省、市政府）

十三、擴大輔助與激勵企業訓練措施，協助事業機構提升人力素質，強化競爭能力。〔勞委會、省、市政府〕

十四、規劃設立技能檢定專責機構、建立技能檢定標準化制度。（勞委會、省、市政府）

十五、推動中央目的事業主管機關對於主管業務與公共安全衛生有關之業別，於其相關法規中規定僱用技術士之人數或比例，並定期檢討。（勞委會、省、市政府）

十六、協調各目的事業主管機關對於持有技術士證者訂定激勵措施，鼓勵國民參加技能檢定。（勞委會、省、市政府）

十七、定期表揚推展技能檢定業務及職業證照制度績優機關、團體、學校、事業單位及個人。（勞委會、省、市政府）

貳、社會保險

一、擴大並合併公教人員保險體系之保險範圍與對象。（銓敘部、省、市政府）

二、逐步擴大勞工保險投保範圍，凡受僱者均應納入勞保之強制投保對象，以確切保障受僱勞工之保險權益。（勞委會、省、市政府）

三、擴大農民健康保險投保範圍，將農民眷屬納入醫療給付對象。（內政部、省、市政府）

四、實施全民健康保險，將現行公保、勞保、農保及私校教保醫療給付部分併入單一體制辦理。（衛生署、銓敘部、勞委會、內政部）

五、為釐清勞保財務責任並因應全民健保實施，醫療給付業務劃歸全民健保辦理，逐步建立勞工保險完整體系，將現行綜合保險改採分類保險，分為普通事故保險、職業災害保險、老年保險、失業保險、老年附加年金保險。（勞委會、省、市政府）

六、立法明定各類社會保險依精算結果訂定保險費率，以及費率修訂條件、程序及財務監督辦法。（衛生署、銓敘部、勞委會、內政部）

七、確立保險財務系統獨立，政府財務責任限於法定比率之保險費及行政事務費補助，不負盈虧責任。（衛生署、銓敘部、勞委會、內政部）

八、加強特約醫事服務機構的管理和稽查，防止浮濫申報醫療費用。（衛生署、銓敘部、勞委會、內政部）

九、協調健康保險機構修正特約醫事服務機構費用核付辦法，並實施醫療費用部分負擔，以減少誘發性醫療需求。建立分區分級醫療轉診制度，促進醫療服務之均衡與普遍化。（衛生署、省、市政府）

十、規劃現行各種保險現金給付中之殘障、老年及死亡一次給付改制為年金給付，成為老年殘障遺屬年金保險。（銓敘部、勞委會、內政部、經建會）

十一、積極研究規劃國民年金保險制度，並蒐集世界各國實施經驗及評估對社會經濟制度之影響，以為決策之參考。（內政部、勞委會、農委會、銓敘部、經建會）

十二、於勞保條例中明訂改進職業災害保險費率的適用標準，實施部分大型投保單位實績費率制，提撥職業災害預防基金並檢討研修職業病種類表，以落實職業災害保險精神，達到減少職業災害之目的。（勞委會、省、市政府）

十三、加強宣導社會保險正確觀念，使民眾了解互助共濟的精神，防止浪費保險資源。（衛生署、銓敘部、勞委會、內政部）

參、福利服務

一、中央成立社會福利專責機關，鄉、鎮、市、區成立社會福利專責單位，並設必要之福利服務機構，進用專業人員，或對工作人員施予專業訓練，俾提供各項福利服務。（研考會、人事行政局、內政部、省、市政府）

二、採取補助、委辦、公設民營等方式，並充分運用志願服務人力，由政府支援經費及設施，透由民間組織提供多樣化及合適的服務。（內政部、省、市政府）

三、各級政府對於轄區內居民之福利需求及供給情形，應予調查、評析，並據予規劃福利措施，分期分年執行。（內政部、省、市政府）

四、鼓勵政府及民間各機關（機）、體辦理促進家庭功能之相關活動。（內政部、教育部、省、市政府）

五、建立完善兒童保護體系暨諮詢輔導服務網絡。（內政部、省、市政府）

六、對發展遲緩之特殊兒童建立早期通報系統，並按其需要提供早期療育、醫療、或就學等相關方面之特殊照顧。（衛生署、教育部、內政部、省、市政府）

七、研訂兒童福利機構設置與管理準則暨其專業人員資格標準與訓練辦法，並規劃家庭托兒保姆專業制度。〔內政部、省、市政府〕

八、訂定獎勵公民營機構設置育嬰室、托兒所等各類兒童福利設施及優待兒童、孕婦措施之辦法。（內政部、省、市政府、暨各目的事業主管機關）

九、建立少年保護網絡，結合各級政府相關單位、民間團體、機構共同參與。（內政部、省、市政府）

十、獎勵民間單位設立各類少年福利機構，提供少年各項需求服務。（內政部、省、市政府）

十一、鼓勵地方政府設置青少年福利服務中心，並結合區域內相關機關，以加強中心功能提供區域性諮商輔導及支持性服務。（內政部、省、市政府）

十二、檢討各機關相關法規，共同落實婦女權益之保障（考試院、內政部、教育部、衛生署、勞委會、法務部、新聞局、及其他相關部會）

十三、廣設婦女福利服務中心，提供多元化服務，建立不幸婦女保護網絡。（內政部、省、市政府）

十四、檢討修正老人福利機構設立標準，以加強老人福利機構之輔導管理，促進老人安、療養服務。（內政部、省、市政府）

十五、規劃實施老人生活津貼措施及年金保險制度以保障老人經濟生活安全。（內政部、省、市政府）

十六、結合區域內相關老人機構，提供居家服務、居家護理、托老及文康休閒等措施。（內政部、衛生署、省、市政府）

十七、普及老人教育，倡導老人生涯規劃。（內政部、教育部、省、市政府）

十八、舉辦殘障者福利需求調查，整合規劃福利施政，並定期評估其執行績效。（內政部各相關部會、省、市政府）

十九、結合區域內相關殘障福利機構，辦理殘障者就醫、就學、就業、就養之各項社區化福利服務。（內政部、教育部、勞委會、衛生署及各相關部會、省、市政府）

二十、提供傷殘預防與早期療育服務，強化職能評估功能，籌設復健研究發展中心，推動傷殘復健之研究發展。（衛生署、勞委會、教育部、內政部、省、市政府）

二十一、全面建立無障礙生活環境，落實保障殘障者人格及合法權益，賡續推動

定額雇用殘障者就業保障措施，積極促進其參與社會生活。（內政部、教育部、勞委員、衛生署各相關部會、省、市政府）

二十二、提高低收入戶家庭生活補助，對無家可歸者提供服務，以保障民眾最低生活，維持尊嚴。（內政部、省、市政府）

二十三、提供低收入戶免費職業訓練及就業輔導，增加以工代賑工作機會，協助其自力更生、自助人助。（內政部、勞委會、省、市政府）

二十四、減免低收入戶子女就學學雜費，提供其就學期間生活補助，以延長子女就學期間，早日脫離貧窮。（內政部、教育部、省、市政府）

二十五、修正社會救助相關法規改善社會救助機構設備，統一訂定合理貧窮線計算標準，以維持有尊嚴之最低生活。（內政部、省、市政府）

二十六、配合全民健康保險，提供低收入戶健康保險及各項醫療補助，以照顧低收入者之健康，並減輕民眾醫療醫用之負擔。（內政部、省、市政府）

二十七、社區發展協會應廣徵社區居民為會員，並鼓勵社區內各機關、機構、學校、團體、公民營企業之參與，做為社區發展協會之團體會員，以結合資源建設社區。（內政部、教育部、省、市政府）

二十八、推廣社區志願服務理念，發展志願服務人力，根據社區居民意願與需要，提供適切之服務。（內政部、省、市政府）

二十九、各級學校應配合各級政府訂定辦法鼓勵學生參與社區服務工作，以激發學生愛國家、愛鄉土之情懷。（教育部、內政部、省、市政府）

三十、依據個別社區特性辦理社區文化、環保、治安、交通宣導等活動，加強社區精神倫理建設，建立社區生活共同體意識。（文建會、內政部、教育部、環保署、省、市政府）

肆、國民住宅

一、中央及地方政府應寬籌國民住宅基金，依左列方式辦理國民住宅：

（一）政府直接興建。

（二）貸款人民自建。

（三）獎勵投資興建。

（四）貸款人民自購。〔內政部、省、市政府〕

二、政府每年應視國民住宅等候需求及財務狀況，訂定不同辦理方式之計畫戶數。其計畫辦理總戶數不宜少於國民住宅等候戶數六分之一。（內政部、省、市政府）

三、公司組織之住宅興建業，其興建國民住宅部分之營利事業所得稅及附加捐總額，不得超過該部分全年課稅得額百分之二十五。（內政部、省、市政府）

四、公司組織之住宅興建業，其興建國民住宅售予符合承購國民住宅條件之家庭免徵不動產買賣契稅。（內政部、省、市政府）

五、購（建）國民住宅貸款額度為售（造）價百分之八十五，並得依銀行法所定期限攤還貸款。國民住宅基金提供貸款之利率不得超過年息九釐。（內政部、省、市政府）

六、購買獎勵投資興建之住宅及貸款自購住宅者，其優惠貨款額度得較政府直接興建國民住宅貸款優惠（內政部、省、市政府）。

七、非公用之公有土地適宜興建國民住宅者，應以公告土地現值或公告土地現值及必要之加成優先讓售主管機關興建國民住宅，或修正國宅條例無償提供興

建國民住宅出租，而必要加成由雙方協議，最高不得超過百分之四十。（內政部、省、市政府）

八、公營事業機構欲出售之土地，適宜興建國民住宅者得作價優先讓售國民住宅主管機關興建國民住宅，其作價方式由雙方協議。（內政部、省、市政府）

九、統籌規劃興建國民住宅之資金來源，土地增值稅應依有關規定提撥。（內政部、省、市政府）

伍、醫療保健

一、辦理孕產婦與嬰幼兒保健工作：

（一）加強孕產婦保健服務品質。

（二）推動「母乳哺育推廣計畫」。

（三）建立出生通報系統。

（四）辦理周產期照護系統。

（五）辦理「新生兒先天代謝疾病篩檢推動計畫」。（衛生署、省、市政府）

二、推展兒童與青少年保健工作：

（一）辦理零至六歲兒童健康管理改進。

（二）辦理「學齡前兒童事故傷害防制推動計畫」。

（三）成立青少年保健門診，提供生育保健服務。

（四）協調教育單位共同辦理國中、國小老師生育保健研習會。

（五）製作推廣生育保健教材。（衛生署、省、市政府）

三、加強成年人保健工作：

（一）辦理健康體能促進工作。

（二）依據「職業病防治計畫」，加強職業病防治工作。

（三）依據國民保健中老年病防治計畫，辦理慢性病預防工作。

（四）加強癌症預防工作。（衛生署、省、市政府）

四、提供高齡者健康服務：

（一）推展老人慢性疾病預防工作：包括中老年疾病、癌症及骨質疏鬆症等工作。

（二）加強老人保健工作：含事故傷害預防、口腔保健、視力保建及健康檢查等工作。（衛生署、省、市政府）

五、菸害防制：

（一）研訂及修訂菸害防制相關法規。

（二）辦理菸害防制教育。

（三）辦理禁菸活動：包括醫療衛生機構、工廠、特定場所禁菸活動。

（四）辦理戒菸教育活動：包括輔導公私立醫療衛生機構辦理戒菸班。

（五）辦理國際合作及學術交流。

（六）辦理台灣地區民眾吸菸及二手菸之流行病學調查，菸害防制成效、吸菸及戒菸行爲、菸害防制法規之研究。（衛生署、省、市政府）

六、防杜藥物濫用：

推行行政院肅清煙毒執行計畫：

（一）執行「毒癮戒治」、「醫藥用麻醉藥品管理」及「反毒教育宣導」工作；並定期召開藥物濫用防治工作業務協調會。

（二）完成反毒之重要網絡：

1. 建立全國毒品之尿液檢驗體系。
2. 建立全國毒品戒治之醫療體系〔衛生署、省、市政府〕。

七、改善食品衛生與營養均衡：
（一）研（修）訂食品衛生及國民營養有關法令及標準。
（二）輔導食品業者建立自主衛生管理制度。
（三）加強宣導教育。（衛生署、省、市政府）

八、急性傳染病防治工作：
（一）法定及報告傳染病防治
繼續加強防範十一種法定傳染病及十九種報告傳染病之發生。
（二）病媒蚊傳染病防治：
1. 瘧疾防治。
2. 日本腦炎防治。
3. 登革熱防治。
（三）加強預防接種工作
爲使可用疫苗接種而預防之傳染病能達到根除之目標，並配合世界衛生組織於西元二千年全球根除小兒麻痺症，特訂定「根除小兒麻痺症、先天性德國麻疹症候群、新生兒破傷風及麻疹計畫」，大力推動各項預防接種措施。同時建立預防接種受害救濟制度，加強保障接受預防接種民眾之權益，使能安心接受預防接種。（衛生署、省、市政府）

九、慢性及其他重要傳染病防治工作：
（一）實施結核病、癩病等慢性傳染病，擬定防治方案。
（二）腸內寄生蟲病防治。
（三）性病防治計畫。
（四）肝炎防治計畫。
（五）後天免疫缺乏症候群防治。（衛生署、省、市政府）

十、防止境外移入傳染病：
（一）協助並督導各級衛生醫療機關辦理防疫、檢疫及院內感染控制有關業務。
（二）受聘僱外國人（外籍勞工）健康管理（衛生署、省、市政府）

十一、強化防疫功能，健全傳染病防治工作之組織及提高效率。（衛生署、省、市政府）

十二、規劃醫事人力：
（一）規劃培育所需之各類醫事人力：
培訓家庭醫師、充實基層人力；健全專科醫師制度；加強醫事人員繼續教育及醫院管理人員培訓；鼓勵醫學研究發展。
（二）健全公立醫院人事制度，研訂全理之組織編制，促進醫事人員交流合作，並彈性運用現有人力。（衛生署、省、市政府）

十三、建立完善醫療服務體系：
（一）將醫療機構依功能分爲醫學中心、區域醫院、地區醫院及基層醫療單位，加強辦理醫院評鑑，以提升各級醫療機構服務水準，發揮應有之功能。
（二）將台灣地區劃分爲十七個醫療區域，以區域爲單位規劃醫療人力與設施。

（三）在醫療資源過多地區限制醫療機構新、擴建，並獎勵民間於醫療資源缺乏地區設置或擴充地區醫院及基層醫療單位。

（四）加強輔導規模較小且管理未上軌道醫院改變經營型態，建議改爲聯合診所或慢性醫療機構經營以符合成本效益。

（五）分別就都會、城鎮、鄉村、山地離島等不同地區之特性，充實基層醫療保健單位之設施及人力，強化其功能。（衛生署、省、市政府）

十四、加強特殊醫療服務：

加強緊急醫療救護、精神疾病防治、復健醫療長期照護，暨血液供輸醫療服務等特殊醫療服務。（衛生署、省、市政府）

十五、提升藥品品質與安全：

（一）促進中藥發展計畫：

1.訂定中藥標準處方及中藥製成分藥材薄層層析鑑別法。

2.辦理中藥傳統劑型實施優良藥品製造標準（GMP），以提升中藥製劑品質及中藥製藥工水準。

（二）新藥安全監視制度：

建立新藥臨床試驗體系，進一步保障民衆用藥安全並使藥政管理更臻健全。

（三）建立民間受理中藥摻加西藥檢驗體系：

1.加強藥商普查及抽驗工作。

2.補助準醫學中心級以上醫院及消費者文教基金會建立受理民間申請案件之藥品檢驗服務體系。（衛生署、省、市政府）

十六、加強醫藥品之流通管理：

推動醫藥分業：

（一）頒定「健全醫療服務體系加強輔導社區藥局——推動試辦醫藥分業方案」。

（二）成立模型保險藥局及藥品供應中心。

（三）建立醫藥分業社區藥局作業模式及流程。

（四）辦理藥事人員繼續教育。

（五）擴大醫藥分業及民衆正確使用藥物宣導〔衛生署、省、市政府〕。

十七、加強醫藥衛生科技研究：

（一）加強重要健康問題之研究。

（二）加強藥物、食品衛生科技之研究。

（三）加強醫療保健服務及制度之研究。

（四）推動臨床試驗研究。（衛生署、省、市政府）

十八、促進中醫藥現代化與科學化：

（一）推動省、市立醫院設立中醫部。

（二）統一病名、方劑及處方登載方式。

（三）加強中醫藥之研究發展。

（四）整理中醫藥典籍與電腦化。（衛生署、省、市政府）

十九、積極參與國際衛生活動：

（一）繼續對開發中國家提供醫療援助，並與先進國家辦理雙邊交流。

（二）積極參加國際性會議。

（三）爭取國際間支援，重返世界衛生組織，以促進國際衛生交流。（衛生

署、省、市政府）

社會福利政策綱領（93年）

中華民國九十三年二月十三日行政院院台內字第0930081882號函修正核定

前言

社會福利政策是我國的基本國策之一，早在民國五十四年政府即通過「民生主義現階段社會政策」，作為我國因應工業化起步下的經濟與社會均衡發展的指針。此後，隨著政治經濟與社會的變遷，迭有修正，如五十八年的「現階段社會建設綱領」、六十八年的「復興基地重要建設方案」、七十年的「貫徹復興基地民生主義社會經濟建設方案」。而最近一次的通盤檢討則屬八十三年的「社會福利政策綱領」，事隔已近十載。

民國八十年代，我國的社會福利發展在政治民主化、民間社會的倡導、新知識的引進，以及國民社會權利意識覺醒等因素的影響下，迎頭趕上，包括新的社會立法的修正與通過，社會福利預算的成長，以及社會福利方案的推陳出新，而有社會福利「黃金十年」之稱。然而當代社會、政治、經濟變化迅速，各工業先進國家均面對二十一世紀新的挑戰，我國亦不例外。面對來自人口老化、家庭功能萎縮、政府財政困難，以及社會價值變遷的挑戰；復加上全球化、後工業化帶來之生產結構丕變、勞動彈性化、經濟低度成長、貧富差距擴大、跨國人口流動，以及失業率攀高等全球風險曝露的升高，調整國家社會政策圖求因應，實已不得不然。但是，因應之道，絕非唯有緊縮社會福利一途，整合資源、調節供需、提升效率、積極回應等都是良方。

國家興辦社會福利之目的在於保障國民之基本生存、家庭之和諧穩定、社會之互助團結、人力品質之提升、經濟資本之累積，以及民主政治之穩定，期使國民生活安定、健康、尊嚴。基於憲法保障國民基本人權之精神，因應政治經濟社會變遷的挑戰，吸納工業先進國家的經驗，回應民間社會完善我國社會福利體系的呼聲，遂依以下原則訂定本綱領：

一、人民福祉優先：以人民的需求為導向，針對政治、經濟、社會快速變遷下的人民需求，主動提出因應對策，尤其首要保障弱勢國民的生存權利。

二、包容弱勢國民：國家應積極介入預防與消除國民因年齡、性別、種族、宗教、性傾向、身心狀況、婚姻有無、社經地位、地理環境等差異而可能遭遇的歧視、剝削、遺棄、虐待、傷害，以及不正義，以避免社會排除；並尊重多元文化差異，營造友善包容的社會環境。

三、支持多元家庭：各項公共政策之推動應尊重因不同性傾向、種族、婚姻關係、家庭規模、家庭結構所構成的家庭型態，及價值觀念差異，政府除應支持家庭發揮生教養衛功能外，並應積極協助弱勢家庭，維護其家庭生活品質。

四、建構健全制度：以社會保險維持人民基本經濟安全，以社會救助維護國民生活尊嚴，以福利服務提升家庭生活品質，以就業穩定國民之所得安全與社會參與，以社會住宅免除國民無處棲身之苦，以健康照護維持國民健康與人力品質，再以社區營造聚合眾人之力，建設美好新故鄉。

五、投資積極福利：以積極的福利替代消極的救濟，以社會投資累積人力資本，以社會公平與團結促進經濟穩定成長，以經濟成長回饋人民生活品質普遍之提升。

六、中央地方分工：中央與地方應本於夥伴關係推動社會福利，全國一致的方案應由中央規劃推動；因地制宜之方案由地方政府負責規劃執行。然而，中央政府應積極介入縮小因城鄉差距所造成的區域不正義。

七、公私夥伴關係：公部門應保障人民基本生存、健康、尊嚴之各項福利；民間能夠提供之服務，政府應鼓勵民間協力合作，以公私夥伴關係提供完善的服務。

八、落實在地服務：兒童、少年、身心障礙者、老人均以在家庭中受到照顧與保護爲優先原則，機構式的照顧乃是在考量上述人口群的最佳利益之下的補救措施；各項服務之提供應以在地化、社區化、人性化、切合被服務者之個別需求爲原則。

九、整合服務資源：提升社會福利行政組織位階，合併衛生與社會福利主管部門，並結合勞動、教育、農業、司法、營建、原住民等部門，加強跨部會整合與績效管理，俾利提供全人、全程、全方位的服務，以及增進資源使用的效率。

參酌國際慣例大抵以社會保險、社會救助、社會服務、醫療保健、就業服務、社會住宅，以及教育爲社會政策之主要內容；復考量我國社會福利政策的歷史傳承與實施現況，爰以社會保險與津貼、社會救助、福利服務、就業安全、社會住宅與社區營造、健康與醫療照護等六大項目爲本綱領之內涵，依序臚列如次：

一、社會保險與津貼

（一）國家應建構以社會保險爲主，社會津貼爲輔，社會救助爲最後一道防線的社會安全體系。

（二）社會保險之目的在於保障全體國民免於因年老、疾病、死亡、身心障礙、生育，以及保障受僱者免於因職業災害、失業、退休，而陷入個人及家庭的經濟危機，據此，其體系應涵蓋職業災害保險、健康保險、年金保險、就業保險等。

（三）社會保險應兼顧個人與家庭的所得安全，以及社會中各人口群、職業別，及家戶所得組間的所得重分配效果，以減緩所得分配不均的現象。

（四）社會保險之保險費除職業災害保險應由雇主全額負擔外，其餘各種保險之保險費應由被保險人與其雇主依比例分攤，其中被保險人之保險費分攤比例不得高於雇主之分攤比例；若無雇主者，其保費應由本人自行負擔；政府再依公平正義原則對無所得者與低所得者提供保險費之補助。

（五）社會保險的給付應考量適足性，不宜偏低，以免無法維持被保險人及其家庭的經濟安全；給付亦不宜過高，以免保險費負擔過重。

（六）全民普及之社會保險給付水準，不宜因職業、性別、所得因素而有所差異；與所得相關之保險給付，倘若因不同職業別、所得等級間所造成的給付水準、所得替代率、給付條件之差距，政府應積極介入使其差距儘可能縮小。

（七）參與勞動市場就業之國民的退休給付，應以年金化、年資可隨當事人移轉的社會保險原則爲優先來設計。

（八）爲健全社會保險體系之財務，保險費率、給付水準、支付制度、行政費用等均應翔實評估，並避免浪費。
（九）國民年金制度之設計應足以保障國民因老年、身心障礙，及死亡等事故發生後之基本經濟安全，以及達到國民互助、社會連帶、世代間公平合理的所得重分配爲原則。
（十）社會津貼應針對社會保險未涵蓋之給付項目，因國民特殊的需求而設計，非以所得高低作爲發放與否的根據。
（十一）政府應明定社會保險、社會津貼、社會救助三者之功能區分，避免發生保障重複、過當、片斷、不公等情事。

二、社會救助

（一）社會救助之設計應以能維持人民在居住所在地區可接受的生計水準爲目的。
（二）政府應定期檢討社會救助的請領資格、給付水準，及行政程序，以確保有需要的人口得到適切的救助。
（三）國家應積極協助低收入家庭累積人力資本與資產形成，以利其家庭及早脫貧。
（四）國家應提供低所得家庭多元社會參與管道，豐富其社會資源。
（五）政府應建立失業給付與社會救助體系間的銜接，以紓緩失業者及其家庭之經濟困境。
（六）社會福利提供者應結合社會救助與福利服務體系，以滿足低所得家庭的多元需求。
（七）政府對於人民因重大災難所造成的損害，應施予災害救助，以利人民儘速生活重建。

三、福利服務

（一）國民因年齡、性別、身心狀況、種族、宗教、婚姻、性傾向等社會人口特質而有之健康、照顧、保護、教育、就業、社會參與、發展等需求，政府應結合家庭與民間力量，提供適當的服務，以促進其身心健全發展。
（二）國家應與他國建立互惠協議，以保障因婚姻、工作、學習、旅遊等因素而居住在他國的本國國民之人權。
（三）國家對於因婚姻、工作、學習、旅遊等因素居住於本國之外國人，應提供適當的對待與協助。
（四）國家針對經濟弱勢之兒童、少年、身心障礙者、老人、婦女、原住民、外籍或大陸配偶等民眾的社會服務應有專案協助，以提升生活品質。
（五）各項健康與福利服務之提供應以容易接近、連續性、權責分明、費用負擔得起，以及滿足全人需求爲原則規劃之。
（六）政府與社會應協力營造有利於兒童與少年身心健全發展之家庭、學校、社區、及社會環境。當原生家庭不利於兒童與少年的身心健全發展時，政府應保護之，並協助其安置於其他適當之住所，以利其健康成長；不論兒童及少年在自家或家外被養育，其照顧者若有經濟、社會與心理支持之需求時，政府應給予協助。
（七）政府應整合社會福利、衛生、教育等部門，提供兒童早期療育服務。

（八）政府應保障兒童及少年獲得整合之教育與照顧機會，並對處於經濟、文化、區域、族群發展等不利條件下的兒童及少年提供額外之協助。
（九）政府應結合民間部門協助少年擁有建立自尊、培養社區歸屬感、熱愛生命、因應生活壓力、學習獨立自主，及發展潛能等之機會與環境。
（十）政府應積極推動無障礙之社區居住及生活環境。
（十一）國家應協助身心障礙者公平接近教育、就業、醫療與福利等服務機會，並使其轉銜無礙。
（十二）政府與民間應積極維護老人尊嚴與自主，形塑友善老人的生活環境。
（十三）以居家式服務和社區式服務作爲照顧老人及身心障礙者的主要方式，再輔以機構式服務；當老人及身心障礙者居住於家內時，政府應結合民間部門支持其家庭照顧者，以維護其生活品質。
（十四）保障兩性工作權之平等，消除性別歧視，促進兩性地位實質平等，國家應積極推動防止性別歧視、性騷擾，以及促進工作平等之措施。
（十五）政府應積極推動性別平等教育，以提升婦女社會、經濟、政治地位。
（十六）政府應完備保障婦女人身安全之法令，且建構反性別暴力之安全網，確保被害人人身安全、尊嚴與權益。
（十七）配合社會變遷與政府改造，檢討社會福利行政體系，合理調整中央與地方社會福利行政之分工，以及社會福利工作人力之配置。

四、就業安全

（一）政府應加強社政、勞政、教育、原住民行政部門的協調與合作，建立在地化的就業服務體系，強化教育與職業訓練的連結，提升人力資本投資的效益。
（二）政府應整合失業給付、職業訓練與就業服務體系，健全就業與轉業輔導，流通就業資訊管道，促進就業媒合，以利人民參與勞動市場。
（三）因應勞動市場彈性化的趨勢，政府應保障各類勞工之勞動基準。
（四）政府應保障勞工不因種族、語言、思想、宗教、黨派、籍貫、性別、婚姻、容貌、性傾向、身心狀況、以往工會會員身分而有就業歧視。
（五）政府應結合雇主與勞工積極投入職業災害之預防，並提供職業災害勞工復健與職業重建的協助。
（六）政府應保障就業弱勢者如中高齡者、原住民、身心障礙者、低收入者、負擔家計婦女及更生保護人等之就業機會與工作穩定。
（七）針對原住民族各族群之文化特色，政府應推動符合族群特性之職業訓練、就業服務、就業與創業機會的開發。
（八）爲促進國民就業，政府積極鼓勵雇主僱用本國勞工，除非爲補充本國勞動力之不足，不得引進外籍勞工。

五、社會住宅與社區營造

（一）爲保障國民人人有適居之住宅，政府對於低所得家庭、身心障礙者、獨居或與配偶同住之老人、受家庭暴力侵害之婦女及其子女、原住民、災民、遊民等家庭或個人，應提供適合居住之社會住宅，其方式包括以長期低利貸款協助購置自用住宅或自建住宅，或提供房屋津貼補助其向私人承租住宅，或以低於市價提供公共住宅租予居住，以滿足其居住需求。

（二）政府應結合民間力量，以各種優惠方式，鼓勵民間參與興建各類型之社會住宅，作爲非營利用途。
（三）政府應於都市計劃中配合劃設社會福利設施用地；政府提供之社會住宅應保留一定坪數作爲社會福利或社區活動之用。
（四）政府應補助低所得家庭維修住宅，以維持其所居住社區可接受之居住品質。
（五）政府應保證社會住宅所在之社區有便利之交通、資訊、社會服務等支持系統，以利居民滿足生活各面向之需求。
（六）政府對於因重大災難造成之房屋損害，應有妥善之社區與住宅重建計畫。
（七）各級政府應鼓勵社區居民參與社區發展，活化社區組織，利用在地資源，營造活力自主的公民社會。
（八）政府應整合觀光旅遊、工商業、農漁業、文化產業、環境保護、城鄉發展、古蹟維護、教育、衛生、社會福利等資源推動社區家園永續發展。
（九）政府應結合原住民部落文化與生態特色，推動新部落總體營造工程。

六、健康與醫療照護

（一）政府應以建設健康城鄉爲己任，營造有利國民身心健康之生活環境。
（二）政府應積極推動國民保健工作，落實民眾健康行爲與健康生活型態管理，預防疾病，促進國民健康。
（三）政府應依據社區之醫療保健需求，整合社區醫療保健資源，全面提升醫療品質，發展優質、安全、可近性之全人的醫療照護體系。
（四）政府應建置以社區防疫爲基礎之傳染病防治體系，強化疫病通報與防治工作，並嚴密篩選疫病境外之傳入，以防範傳染疾病之擴散。
（五）政府應建構以社區爲基礎的心理衛生服務系統，推動分級預防工作。
（六）政府應增進藥事服務資源的利用，建構一元化之藥物食品管理體系，保障民眾飲食衛生與用藥安全。
（七）政府應建置完善之管制藥品管理，並防治物質濫用，以維護國民健康。
（八）政府應鼓勵醫療產業參與生物科技產業之研發，建立生物醫療科技品質標準，並改善臨床試驗環境，以提升國民健康水準。
（九）政府應結合民間共同促進國際醫療科技交流與合作，以提升本國醫療保健之水準。

社工叢書　19

社會立法析論

作　　者／陳武雄
出 版 者／揚智文化事業股份有限公司
發 行 人／葉忠賢
登 記 證／局版北市業字第 1117 號
地　　址／22204 新北市深坑區北深路三段 260 號 8 樓
電　　話／(02)8662-6826
傳　　真／(02)2664-7633
網　　址／http://www.ycrc.com.tw
E-mail ／service@ycrc.com.tw
郵撥帳號／19735365
户　　名／葉忠賢
印　　刷／鼎易印刷事業股份有限公司
ISBN ／978-957-818-794-8
初版一刷／2003 年 9 月
二版二刷／2012 年 9 月
定　　價／新台幣 650 元

國家圖書館出版品預行編目資料

社會立法析論 = Analysis to social legislation
/ 陳武雄著. -- 二版. -- 臺北縣深坑鄉 :
揚智文化, 2006 [民 95]
面； 公分（社工叢書；19）
參考書目:面
ISBN 978-957-818-794-8（平裝）

1.社會福利 - 法規論述

547.7 95017547